秦文明新探丛书

秦长城研究

徐卫民 佘熠 著

上海古籍出版社

"秦文明新探丛书"编委会

主　　任：侯宁彬　李　岗
副 主 任：田　静　王原茵　武天新　郭向东　周　萍
　　　　　侯宏庆　陈志平

执行主任：史党社　张卫星
委　　员（以姓氏笔画为序）：
　　　　　马三恒　马生涛　由更新　朱学文　刘　珺
　　　　　李　军　李艳斌　张锦涛　张满林　陈立阳
　　　　　邵文斌　赵新刚　贾　涛　夏　寅　黄　琰

本册审稿：焦南峰　张天恩
特约审稿：王子今
编　　辑：陈　洪　任建库

图版一　宜君魏长城

图版二　内蒙古赵长城

图版三　临洮古树湾 1 号墩台遗址

图版四　临洮陈家窝窝烽燧遗址

图版五　固阳秦始皇长城

图版六　富县秦直道遗址

图版七　吴起县薛岔乡双庙村处三道堑(张海报提供)

图版八　神木市大柳塔镇特麻沟村处长城(张海报提供)

现的文明"等世界文明系列;"平天下——秦的统一""传承与谋变——三晋历史文化展""泱泱大国——齐国历史文化展""幽燕长歌——燕国历史文化展""神秘王国——古中山国历史文化展""南国楚宝惊采绝艳——楚文物珍品展""水乡泽国——东周时期吴越历史文化展""寻巴——消失的古代巴国""帝国之路·陇东记忆——秦文化与西戎文化考古成果展""帝国之路·雍城崛起——秦国历史文化展""铜铸滇魂——云南滇国青铜文化展"等东周历史文化展系列;以及"溢彩流光——陕西出土秦金银器展""萌芽·成长·融合——东周时期北方青铜文化臻萃""破译秦朝:里耶秦简中的帝国真相""'丽山园'遗珍——秦始皇陵园出土文物精华展"等专题展览,为促进中国古代历史文化,尤其是秦汉历史、考古、科技、艺术等研究做出了重要贡献。

多年来,与秦始皇帝陵和兵马俑的考古发现、学术研究相呼应,全国各地有关秦的考古发现也此起彼伏、层出不穷,极大地带动了全球秦文明、秦文化以及秦历史研究的纵深发展。尤其甘肃早期秦文化遗存,陕西凤翔雍城、宝鸡阳平、阎良栎阳城、郑国渠遗址、西安上林苑建筑群、废丘遗址("三秦"之雍王章邯所都废丘)、秦咸阳城、咸阳早期秦王陵、临潼秦东陵,湖南里耶古城,湖北荆州胡家草场秦墓、湖北宜城楚皇城,四川渠县城坝遗址("宕渠"县城)等考古发现,以及云梦简、放马滩简、王家台简、周家台简、甲耶简、岳麓简、清华简、北大简、相家巷封泥等大批地下出土文献资料的面世,极大地弥补了文献记载的不足,促进了秦史、秦文化研究的长足进步。

纵观百年来中国乃至世界关于秦史、秦文明、秦文化研究的广度、深度与维度,以及新时期社会对博物馆保护、研究、展示、传播职责和功能的认知和期盼,秦始皇帝陵博物院所做的工作显然微不足道。由此,我们立足于秦始皇帝陵和兵马俑目前的考古发现和专题研究,结合全国各地最新考古发现、文献释读以及专题研究等领域的热点问题,决定联合上海古籍出版社,组织知名学者编写这套"秦文明新探丛书",以推进秦始皇帝陵博物院乃至全球秦文明、秦史、秦文化的专题研究和价值阐释,为保护遗产、传承文明、弘扬文化提供支撑。

"秦文明新探丛书"第一批图书,包含13个选题。这些选题将以秦统一的进程和意义为主线,在全球视野下用最新的政区扩张、战争防御、官僚制度、法治思维、文字档案、行政管理、社会治理、交通组织、民族融合等多维度,对秦始皇"奋六世之余烈,振长策而御宇内"的伟大壮举进行解读和诠释,以反映秦统一对中国历史的贡献和影响。

为了保证图书的权威性、可读性和客观性,项目组还邀请国内知名专家担任审稿专家和学术顾问,对所有书稿进行审核。在此,谨向付出劳动的所有专家、撰稿人及工作人员表示诚挚的谢意!

未来项目组还将根据学术研究和展示需要,择时组织丛书续编。

"秦文明新探丛书"的出版发行,是秦始皇帝陵博物院学术研究"立足陕西,面向全国,放眼全球"的一次有益尝试,也是博物馆人落实习近平总书记"强化中华民族精神标识""一个博物馆就是一所大学校"讲话精神的具体实践。两千多年来,秦文化早已融入中国传统文化的洪流之中,并部分沉淀为民族文化基因,成为过去、现在乃至未来治国理政、资政育人的重要源泉。今天,我们坚定文化自信,离不开对中华文明、中国历史的认知和自觉。期待"秦文明新探丛书"能够使更多的人"记得起历史沧桑、看得见岁月留痕、留得住文化根脉"。

感谢上海古籍出版社对丛书出版的支持!

秦始皇帝陵博物院院长

侯宁彬

目 录

"秦文明新探丛书"序 / 1

绪 论 / 1
 一、长城的定义 / 3
 二、长城的起源 / 5
 三、长城的沿革 / 12
  (一)春秋战国时期各诸侯国长城 / 14
  (二)汉长城 / 20
  (三)北方少数民族修建的长城 / 23
  (四)隋长城 / 25
  (五)明长城 / 26
 四、国外长城 / 30

第一章 秦长城研究现状 / 33
 一、秦昭襄王以前长城研究现状 / 33
  (一)"堑洛"研究现状 / 35
  (二)"上郡塞"研究现状 / 41
  (三)合阳县、澄城县长城研究现状 / 43
 二、秦昭襄王长城研究现状 / 47
  (一)考古发现与调查 / 48
  (二)秦昭襄王长城线路 / 52
  (三)城墩遗迹 / 66
  (四)障塞遗址 / 69

（五）秦昭襄王长城西端起点和东端终点问题 / 70

三、秦始皇长城研究现状 / 72

  （一）对秦始皇长城的实际考察 / 74

  （二）秦始皇长城走向的研究 / 75

  （三）秦始皇长城西端起首的争论 / 88

  （四）秦始皇长城修建的时间 / 94

  （五）高阙地望研究 / 97

第二章　"堑洛"长城与上郡塞 / 103

一、秦与晋、魏的争夺 / 103

二、"堑洛"长城的定性 / 105

三、"堑洛"长城的路线 / 108

四、"堑洛"长城遗迹及相关遗存 / 110

  （一）蒲城县主要遗迹 / 110

  （二）白水县主要遗迹 / 113

五、雕阴城址地望考 / 114

六、上郡塞的定性 / 117

第三章　秦昭襄王长城 / 123

一、文献中关于秦昭襄王长城的记载 / 123

二、修建时间 / 124

三、修建原因 / 125

四、与昭王长城有关的两个人物——秦昭襄王与宣太后 / 126

五、秦昭襄王长城路线 / 134

  （一）甘肃段路线 / 136

  （二）宁夏段路线 / 158

  （三）陕西段路线 / 168

  （四）内蒙古段路线 / 179

第四章　秦始皇时期的万里长城 / 182

一、秦始皇修建长城的原因 / 182

二、秦始皇长城的修建 / 192

三、秦始皇在甘肃宁夏新修的长城 / 195

四、秦始皇对赵、燕两国长城的修葺与利用 / 204

五、与秦始皇长城相配套的边疆行政建制 / 218

六、秦始皇长城与直道 / 225

第五章　秦长城的修筑方法与防御体系的形成 / 234

一、秦长城的修筑方法 / 236

（一）夯筑土墙 / 236

（二）三道堑方式 / 241

（三）石砌或土石混筑 / 246

（四）木栅 / 249

二、秦长城的防御体系 / 250

（一）秦昭襄王长城的防御体系 / 254

（二）秦始皇万里长城的防御体系 / 261

第六章　秦长城地带的形成 / 270

第七章　秦长城修建的作用与意义 / 279

一、正面意义 / 282

（一）保障了边防安全 / 283

（二）保障了边疆地区的开发和建设 / 285

（三）巩固了军事征服取得的成果 / 291

（四）促进了边疆地区文化交流 / 292

（五）加深了民族融合 / 296

（六）现实意义 / 297

二、负面影响 / 301

第八章 "过秦思潮"影响下的"孟姜女哭长城传说"的讹传 / 306
一、"过秦思潮"的兴起 / 306
二、"孟姜女哭长城传说"的流传与演变 / 308
三、"孟姜女哭长城传说"的讹传 / 311
四、揭秘"孟姜女哭长城传说"故事的历史真相 / 311

第九章 "汉承秦制"影响下的汉长城 / 322
一、西汉为何也要修建长城 / 322
二、西汉长城的修建 / 327

参考文献 / 342

后　记 / 351

绪　　论

长城是一个由连续性墙体以及配套的关隘、城堡、烽燧等构成体系的军事防御性工程。它与其他军事防御工程的最大区别在于：其一，长城防御体系的主体由连绵不断的墙体所构成，体现出长城的"绵延不断"；其二，其防御体系中，关隘、城堡、烽燧等与绵延的墙体相互联系，是按照特定的结构方式组合而成的具有防御功能作用的有机整体。

长城由史前时期的壕沟和文明社会的城墙发展演变而来。筑城以居是人类进入文明时代的重要标志之一，随着社会的不断进步与发展，人类的防御设备从壕沟发展到城墙，而且把高耸的城墙推广到漫长的边防，从而形成一道绵延不断的长城。令人惊讶的是，几乎在世界的同一历史发展阶段，地球上东西方的人们都想到了这种军事防御的形式。东方的中国长城起源于春秋时期的诸侯国长城。西方的罗马帝国在公元前后称霸欧洲的时候，也在帝国北部边界陆续修建了长城——古罗马长城体系（包括哈德良长城、安敦尼长城、日耳曼长城）。可以看出，长城是人类社会发展到某一阶段而产生的共同智慧，只是我们目前找不到相互影响的文献依据。有趣的是，西方的长城工程并没有延续下来，而古代中国却把这一军事工程的修建延续了两千多年并不断发扬光大。为什么亚欧大陆两端的长城会有不同的归宿？主要是因为长期以来在中国疆域内，始终保持着农耕和游牧两种不同的经营方式在地域上的划分和争夺，双方有割舍不断的情结和交流。而欧洲没有这种环境差异如此之大的自然地理分割，因此，当罗马帝国解体以后，再修建长城便失去了意义。

中国历代的长城大多修建在北方自然气候与地理环境的分界线上，即 400 毫米降水量分界线上，也是中国农牧业的分界线上。长城不是国界，而是农耕与游牧两种不同生产方式的分界线。游牧地区由于生业的单一性和不稳定性，缺少对自身产品转化的内部机制，同时为了维系自身生命的某些必需品而依赖于农耕地区。因此从古至今，游牧地区对农耕地区有很强的依赖，经常性的对外产品交换，是游牧地区人民繁衍发展的必然。这种产品交换可能是有序的定期定点贸易，也可能是无序的抢掠和军事对抗。长城的修建就是要把无序变为有序。长城既可以看作军事对抗的产物和手段，同时也是统治者控制贸易有效的管理方式，兼有御外制内的双重功能。在古代中国的正统观念中，长城更被看作华夏与外夷的分界线，或者说是胡、汉分域的象征。

人类历史上第一条万里长城是在秦始皇时期修建完成的，它像一条巨龙盘卧在中国的北方，被誉为"世界新七大奇迹"之一，是举世无双的智慧结晶。先民们在极其贫乏的物质条件下，以最原始、最简单的生产工具完成了如此浩大的工程，充分显示出他们的智慧、力量和决心。长城不仅是中国的，也是世界的，1987年被列入"世界文化遗产"名录，是中国文化遗产被列入世界文化遗产的首批名单之一，被公认为人类史上最伟大的奇迹之一。

长城兴起于春秋时期，成熟于秦汉时期，废弃于明末清初。在其矗立的2 000余年的漫长岁月中，与中国古代的大多数王朝共始终，不少王朝的兴盛衰亡与长城有密不可分的联系。长城的历史可以说就是一部波澜壮阔的中国历史，是中国古代社会历史的缩影。中国历史上分别有23个时代、30个政治实体修建过长城。长城可谓是弥足珍贵的巨型文化遗产，因此国家决定要修建"国家长城文化公园"，从而对长城进行有效的保护和利用，以弘扬长城文化。

中国历史上的长城包括春秋战国长城、秦长城、汉长城、北朝长城、隋长城、北宋长城、辽金长城和明长城等。其中春秋战国时期各国修建的长城有齐长城、楚长城、燕长城、魏长城、赵长城、鲁长城、秦长城和中山长城，汉长城有故塞长城、河西长城、外长城，北朝长城有北魏、东魏、北齐、北周等长城。从现有的传世资料和考古调查来看，多数时代的长城并不是一次修建的，同一时代不同阶段因防御的对象不同而建造不同路线的长城，即使是同一时代也有先后修建多条长城的现象，并且长城也不是简单的一道墙体，它是和烽燧、墩台、道路等互为支撑的防御体系；长城作为一种军事设施体系，随着战争方式的不同、社会的不断进步和武器种类的差异，经过了从简单到复杂的发展过程。

秦长城在中国长城发展史上具有重要的承前启后的作用，既是对之前长城的继承与发展，又对后代长城产生了重要深远的影响。本书中讲到的秦长城，既包括战国时期的"堑洛""上郡塞",以及昭襄王时期的长城,也包括中国历史上第一条万里长城——秦始皇长城。秦始皇之前修建的秦长城以防御性为主,而秦始皇时期的万里长城则是建立在战略优势的基础之上。由于其重要性,因此学术界关注度极高,对其研究和评价也是众说纷纭。

在中国历史上,从春秋战国时期开始,经过秦、汉、魏晋南北朝、隋、辽、金,到明代将中国古代长城的修建发展到了顶峰,以致后来人将这项蜿蜒于河山大川、高原丘壑、沙漠的大型军事防御工程——长城,称作中国建筑史上的杰作、人类建筑史上的奇迹。学术界虽然很早就已关注和研究长城,但是由于对其概念尚不明确,学界并未有明确界定,有的只认为墙体是长城,有的将墙体、烽燧、壕堑、障城等统称为长城。

长城修筑的历史悠久,但早期长城的文献记载却比较少,修筑长城的王朝又没有明确概念,因而目前人们在谈论长城时总是存在不同的看法。

一、长城的定义

两千多年来,中国各朝各代在修筑长城和记载长城时,所使用的名称多有不同,如长城、塞、界壕、边墙等,但其作用是相同的。

关于长城的定义,学术界观点分歧。

侯仁之认为:"长城是针对相对固定的作战对象,按照统一的战略,以人工筑城方式加强与改造既定的战场,而形成的一种绵亘万里、点阵结合、纵深梯次的巨型坚固设防体系。"[①]

景爱认为:"长城是人工修筑的以土、石、砖为墙体的连续性高墙,系古代边境御敌的军事建筑工程。""长城是一种体积特别庞大的古代军事建筑工程,是由长城本体和附属设施两大部分构成的,每一部分又由许多建筑实体所组成。长城本体与长城附属设施,既有密切的联系,又有严格的界限,长城附属设施是为长城本体服务的,不能代替长城本体,二者主次分明,不容混同。"[②]承认附属

---

① 侯仁之:《长城国际学术研讨会论文集》,吉林人民出版社,1984年,第334页。
② 景爱:《长城》,学苑出版社,2008年,第4页。

设施也是长城的一部分,但在定义长城时却认为长城只是连续性的高墙,前后似乎有些矛盾,且认为山险和壕堑不在长城之列。

李琳认为:"秦长城是比较完备的防御体系。其构成绝非单一的墙体,而是由墙体、壕沟、烽燧、亭障组成的多形制防御系统。以墙体和壕沟为主体,与烽燧亭障相配套。就总体来看,秦长城是防御体系或系统。"[1]

景生魁认为:"似未筑有长城,然于扼险之地,立有障塞,亦在长城之列。"[2]李琳和景生魁描述的虽是秦长城的概念,但能从字里行间看出他们均将长城当作一个防御体系来对待。

《长城百科全书》认为:"(长城是指)中国古代巨型军事工程体系,由绵延伸展的一道或多道城墙,一重或多重关堡,以及各种战斗设施、生活设施、报警峰堠、道路网络等组成。是一条以城墙为线,以关隘为支撑点,纵深梯次相贯、点线结合的巨型军事工程体系。"[3]

董耀会认为:"到了春秋战国时期,随着战争规模的扩大,运动战的开始运用,以及战争改用步兵、骑兵为主力,经常采用野战和包围战等方式,原来的防御手段远远不能满足军事上的需要,于是就产生了用城墙把烽燧、城堡、河谷、山崖、壕堑、道路等联系起来的思想,从而在边境上形成了大规模的防御体系。这种防御体系不同于只能防守一个都邑或据点的城堡,而构成相当长的防线,防卫着极为广阔的地区。就一个地段来看,它是一个完整的防御工程:既有传递军情的烽燧,又有瞭望垛口;既有戍守人员居住的障城,也有作为驻军和军需物资供应之地的边城。同时,在交通要道处,还修筑可守可攻的关塞。由于它长达数十里,甚至上千里,从总体上看,是一条线状工程,所以被称为长城。"[4]

总而言之,目前学术界对长城的定义是有争议的。

笔者认为,长城是点、线、面相结合的军事防御体系,不只包括长城墙体,还包括与之密切联系的烽燧、壕堑、关堡等其他附属设施,在长城沿线利用天险来防御的河谷或山崖也属于长城防御体系。长城与其他军事防御工程的本质区别

---

[1] 李琳:《对秦长城西起临洮即今甘肃岷县的再认识》,《丝绸之路》1999年第2期。
[2] 景生魁:《秦长城西端遗址探索》,《甘肃社会科学》1988年第3期。
[3] 中国长城学会:《长城百科全书》,吉林人民出版社,1994年,第3页。
[4] 董耀会:《长城》,中国水利水电出版社,2004年,第2—3页。

有两点：一、长城防御体系的主体，由连绵的墙体所构成，这就是长城的"长"；二、长城防御体系有防御的纵深，也就是说长城不仅仅是一道墙。长城防御体系是由关隘、城堡、烽燧等，与延绵的墙体相互联系，按特定结构方式组合而成，具有完整防御功能的有机整体。也就是说历史上的长城可分为狭义和广义两种，狭义指连绵不断的墙体，广义则指以墙体为主体的长城防御体系。本书所探讨的长城是其广义概念，即以墙体为基础，以沿线的烽燧、障城、关堡、堑壕等为辅助，同时结合自然山河天险而形成的线性防御体系。长城除了墙体以外，山险和河险虽没有墙体建筑，却属于当时人为利用的防御体系，这种被人为利用的山崖和河谷已经具备了人为的属性，不能单纯地归为自然实体，因此在长城沿线被人为利用的山崖和河谷都应在长城之列，是长城体系中不可或缺的部分。长城为了达到有效防御的效果，大都依着山岭、河流等险要地形修筑，而且在特别险要的地方还建有关塞，修成双重以至多重的城墙，层层设防，充分反映出古代人的高明之处。

长城是一种文化存在，虽说长城是为防御而建，但当今研究长城不能赋予它阶级性，我们研究的是长城本身这一文化现象。各朝各代因地制宜是修筑长城的一个重要原则，在山势平缓处挖掘壕堑体现了古人的防御智慧。而利用天然险阻不仅起到良好的防御作用，又可省工省力，一举多得。所以古代修筑长城，尽量让长城穿越山区或者借用河流，如战国时期秦长城、齐长城，秦始皇时期长城，汉代长城，明代辽东镇长城等等，这也是劳动人民在长城修建过程中的不断创新。

二、长城的起源

关于长城的起源问题，学术界也有不同的观点。目前主要的观点有"河堤"说、"城墙"说、"封"说三种。它们都遵循了物质决定意识理论，即在长城出现前，必定有一个非长城的物质给予了作用和映射。之所以得出不同结论，是因为三者追溯的出发点不同，"河堤"说与"城墙"说从长城防御角度追溯，而"封"说则认为长城首先是一道"边界"。长城防御外敌侵扰的主观修建原因决定了"边界"是客观效果，且并非真正意义上的边界，故"封"说不妥。此外，长城是人类防御观念的物质表现之一,而人类防御观念的物质表现演变过程表明,长城起源定为"河堤"是牵强附会,为"城墙"略显滞后,起源于"城墙"则合情合理。由此可见,"长城是什么",是追溯长城起源的起点和关键,因为只有了解某一物质才能了解其起源。[1]

游牧民族"逐水草而居"的移动性掳掠,给农耕地区的人民生活和社会发展造成许多灾难和痛苦,自然也影响到一个王朝的安全与稳定。《诗经》中所谓"靡室靡家,猃狁之故""天子命我,城彼朔方",[2]应该就是农耕民族筑城以预防北方少数民族侵袭的源头。不过西周时期的城只是单独的防御城,中间没有城墙联系,因此还不能称之为长城。春秋时期,齐国首先修筑长城,用以防止其他诸侯国的骚扰,这在防御功能上是一个很大的发展。在古代还只是用刀剑、戈戟、弓弩等冷兵器作战的时候,高大的城墙确实是一种非常有力的防御措施。再加上有军队把守,那就更难逾越了。纵然兵力强大可以强攻越过,也需要付出较大的代价和较长的时间。这时,防守的一方就可以在敌人进攻的时候争取时间,调集兵力进行抗御。

长城起源于春秋时期,春秋战国时期是中国历史上一个巨大的转变时期,随着分封制造成诸侯国实力的增强,诸侯国之间为争夺土地、财富、人口等资源,侵略兼并战争日益频繁,各国军队数量大大增加,步、骑兵协同作战逐渐代替了原来的车战,战争的机动性和运动性加强。这样,战争的防御手段大为改进,长城这种冷兵器时代最为理想的防御工程就应运而生了。大的诸侯国都修建长城以防御其他诸侯国的侵袭。有的国家甚至修建多条长城,魏有东西两长城,燕、赵两国均有南北长城。秦国所筑更多,前后就有四条。即使七雄之外的中山国,也修建有长城。这些长城分别修建于今陕西、甘肃、河北、山西、内蒙古、宁夏、河南等省区。

长城到底先在哪一个诸侯国出现?学术界是有争论的,有人认为在齐国,有人认为在楚国。笔者根据相关史料分析研究,认为齐国的长城早于楚国长城。目前齐国长城的保存情况也优于楚国。"长城"一词最早见于史籍记载是在《管子·轻重》篇中,有"长城之阳,鲁也,长城之阴,齐也"句,[3]根据管仲生平和齐桓

---

[1] 黄永美、徐卫民:《中国长城起源探析》,《江西社会科学》2013年第2期。
[2] 十三经注疏整理委员会:《毛诗正义》,北京大学出版社,2000年,第687、697页。
[3] 李山译著:《管子》,中华书局,2009年。

公在位年代推断,齐长城的修筑年代大约在公元前685—前645年之间。但现在学术界有学者认为《管子》这本书是后人托名于管仲的著作,是见于《汉书·艺文志》中的书籍,因而不能由此断定齐长城是最早的长城。笔者认为尽管《管子》是《汉书·艺文志》中才提到的书籍,但不能否定书中记载的史实不是管仲时期的,这样的否定是不负责任的。我们也不能因为《史记》是汉代司马迁写的,就认为汉代以前的记载都靠不住。而且管仲时期齐国实力强大,有能力修建长城。况且《吕氏春秋·下贤》中记载,魏文侯时"南胜荆于连堤,东胜齐于长城,虏齐侯,献诸天子"。[1] 这就明确提出,魏文侯时(前446—前397年)就有齐长城了。而魏文侯虏齐侯和自己被封为侯的时间大约是在公元前403年。郦道元的《水经注·汶水》引《竹书纪年》也记载:"梁惠成王二十年,齐筑防以为长城""晋烈公十二年,王命韩景子、赵烈子、翟员伐齐,入长城。"[2]晋烈公十二年,正当周威烈王二十二年(前404年)。而作为佐证的是出土于洛阳金村古墓的羌钟上的铭文,中有"迩入长城,先会于平阴"句。"平阴"是齐长城西端的起点,即山东平阴城。按照顾炎武的说法:"至于战国井田始废而车变为骑,于是寇钞易而防守难,不得已而有长城之筑。"[3]实质上长城的修筑早于战国,应是春秋时期。

战国时期以匈奴为代表的北方游牧民族,经常骚扰中原边境,掠夺财物与人口,且这种掠夺是间断性的。长期的实践证明,修筑长城在当时冷兵器时代是相对来说比较好的办法。汉文帝时晁错有一篇关于修筑长城烽燧以备胡(即匈奴)的奏疏,他认为:

> 胡人食肉饮酪,衣皮毛,非有城郭田宅之归居,如飞鸟走兽于广野,美草甘水则止,草尽水竭则移。以是观之,往来转徙,时至时去,此胡人之生业,而中国之所以离南亩也。今使胡人数处转牧行猎于塞下,或当燕代,或当上郡、北地、陇西,以候备塞之卒,卒少则入。陛下不救则边民绝望而有降敌之心。救之,少发则不足;多发远县才至,则胡又已去。聚而不罢,为费甚大,罢之,则胡复入。如此连年则中国贫苦而民不安矣。陛下幸忧边境,遣将吏发卒以治塞,甚大惠也。然令远方之卒守塞,一岁而更,不知胡人之

---

[1] 陈奇猷校释:《吕氏春秋校释》,学林出版社,1984年,第880页。
[2] (北魏)郦道元著,陈桥驿校证:《水经注校证》,中华书局,2007年,第629页。
[3] (清)顾炎武著,陈垣校注:《日知录校注》卷三一《长城》,安徽大学出版社,2007年,第1800页。

能;不如选常居者,家室田作,且以备之。以便为之高城深堑,具蔺石,布渠答,复为一城其内,城间百五十步。要害之处,通川之道,调立城邑,毋下千家,为中周虎落。……以陛下之时,徙民实边,使远方亡屯戍之事。塞下之民,父子相保,亡系虏之患。①

可以看出,晁错深入分析了胡人的飘忽无定与中原地区农业生产要求安定之间的矛盾斗争激烈。到底如何解决这一尖锐的矛盾,最好的办法还是高城深堑,发卒以治塞,修长城,立关险,设城邑,才能解决胡人的骚扰。汉族政权如此,在内地建立政权的少数民族也是如此。北魏是少数民族政权,在面对北方的游牧民族的骚扰时,也修建长城。正如高闾向孝文帝建言说:

北狄……所长者野战,所短者攻城。若以狄之所短夺其所长,则虽众不能成患,虽来不能内逼。又狄散居野泽,随逐水草,战则与家产并至,奔则与畜牧俱逃,不赍资粮而饮食足。是以古人伐北方攘其侵掠而已。历代为边患者,良以倏忽无常故也。……今宜依故于六镇之北筑长城,以御北虏。虽有暂劳之勤,乃有永逸之益。如其一成,惠及百世。即于要害往往开门,造小城于其侧,因地却敌,多置弓弩,狄来有城可守,有兵可捍。既不攻城,野掠无获,草尽则走,终必惩艾。②

《资治通鉴》记载,出于同样的考虑,拓跋魏入主中原后为对付柔然骚扰,中书监高闾上表献策:

凡长城有五利:罢游防之苦,一也;北部放牧无抄掠之患,二也;登城观敌,以逸待劳,三也;息无时之备,四也;岁常游运,永得不匮,五也。③

中原地区"农业生产需要安定,方能耕种收获。对于这些飘忽无定的游骑,如果派许多大部队追击,他就远遁,但当大兵退后,他又依然返回骚扰"。④ 因此中原王朝的追击虽有一时之成效,但最终中原王朝并没有实力彻底解决游牧民

---

① (汉)班固:《汉书》卷四九《爰盎晁错传》,中华书局,1962年,第2285页。
② (北齐)魏收:《魏书》卷五四《高闾传》,中华书局,1974年。
③ (宋)司马光:《资治通鉴》卷一六三,中华书局,1956年。
④ 罗哲文:《长城》,清华大学出版社,2008年,第73—74页。

族的威胁和骚扰,如赵武灵王、蒙恬、卫青、霍去病等出击匈奴的胜利,往往"少发则兵力不足,难有所获,多发则补给困难,不能毕其功于一役。而修筑长城据险省戍,则可收到以常备防突袭、以步兵御骑兵、先处战地以逸待劳的功效。故而长城之兴是中原政权的统治者权衡利弊、掂量了战争效费比之后的明智选择"。① 因此通过修建长城以戒备少数民族不定时的突袭,是统治者面对当时情况"两害相权取其轻"的结果,这也是中国古代为何持续修建长城的原因所在。

修建长城属于人类主观防御观念的物质表现形式之一。然任何物质都有发生、发展、壮大、衰落的过程,因此人类防御观念的物质表现也经历了漫长的演变递进过程。早期人类为在自然中生存,运用了多种防御灾害的方法,如用火驱逐猛兽、聚居山洞等。随着氏族部落发展,为保卫本部落居住区利益,避免冲突,各部落之间也修建了防御设施,浙江义乌的桥头遗址是迄今所知东亚大陆最早最完整的环壕聚落,距今约九千年。② 又如"公元前6000—前5000年兴隆洼聚落周围有一条椭圆形壕沟,长径183米,短径160米,沟宽约2米,深约1米"。③ 西安半坡遗址居住区外也有大围沟,"大围沟是为保护居住区和全体氏族成员的安全而作的防御设施之一,平面呈南北长的不规则圆形"。④ 近年来发现的西安高陵区杨官寨遗址北区的聚落环壕"平面大致呈梯形……周长约1945米,壕内面积达24.5万平方米,壕沟宽约6—9、深约2—4米,最宽处约有13米"。⑤ 随着生产力的发展,人们认识到壕沟经受不住长年的风吹日晒雨淋。为了提高防御的功效,墙垣、护城河便应运而生,湖南澧县城头山遗址则是人类开始利用土墙、护城河作为主要防御设施的重要证据,其中城头山的城墙"外形基本上呈圆形,外圆直径325米。城墙现存高度,据实测,东南角顶距护城河水面垂直距离为6.3米,西北角顶距护城河水面高度为5.7米。内墙根的斜坡上,筑城之始就有人居住,可见城墙的防御功能较好",而挖壕沟时取出的土多就近处理在壕沟内

---

① 孔令铜:《关于中国长城的战略思考》,《军事历史》1997年第3期。
② 《"最早浙江人"完整遗骸惊现义乌桥头遗址 诸多全国之最震撼考古界》,《浙江日报》2019年8月13日。
③ 马世之:《中国史前古城》,湖北教育出版社,2002年,第13页。
④ 中国科学院考古研究所、陕西省西安半坡博物馆:《西安半坡——原始氏族公社聚落遗址》,文物出版社,1963年,第49页。
⑤ 陕西省考古研究院:《陕西高陵县杨官寨新石器遗址》,《考古》2009年第7期。

外两侧,从而堆垒成土垄。受这些土垄影响,又因筑墙技术的发展,为提高防御功效,墙垣便代替了壕沟,或者与壕沟同时发挥作用。① 还有郑州西山城址"现存城垣残长约265米,宽3—5米,高1.75—2.5米",②可以看出防御体系已从以环壕为重心转向以城墙为重心。河南淮阳平粮台城址"平面呈正方形,现存城墙顶部的宽度约8—10米,下部宽约13米,残高3米多。从城垣夯土堆筑及结构来看,筑城用土主要来自外侧壕沟,且是由近及远逐渐向外取土的"。③ 平粮台城址城墙发展到一个新的阶段,不只夯筑较好,更在于其形制已经从圆形变为方形。此后随着国家的产生,为了保卫国君或诸侯王的安全,修建城墙作为防御性设施,特别是春秋战国时期,由于战争更加频繁和残酷,"城垣的建筑已达到成熟阶段,建筑规模越来越大,城墙越来越高厚越坚固,设备也越来越完整"。④ 从考古资料来看,春秋战国时期的城防体系愈来愈高大、愈来愈完善。特别是到秦汉时期,春秋战国时期的城郭防御外敌的功能,开始被位于边境沿线的长城所取代,但并非完全按城墙四周封闭的概念进行修建,而是利用墙体和天然山川险要相结合的线性防御体系。

由上述可知,城是长城出现之前的防御观念的物质表现,长城的出现是受城墙影响的。虽然城是用夯土筑成或者其他建筑材料修城的高大墙体,而将其展开成为一线称为长城,围成一圈就是城。但城并不是长城观念直接的反映物质,因为长城只是提取和运用了城防御理念中最实用的部分——城墙,所以城与长城均为墙体的衍生物。城和长城虽出现时间有早晚,但作为防御观念的物质表现,二者的级别是相同的,效果也是一样的。然而二者的具体设施、布局、功能又有不同,维护的利益也不同。长城维护的是整个政权的大利益,是内外冲突的结果。而城维护的是小团体、少数个人即城内贵族的利益,是防止内部冲突的产物。故长城区分的是不同的政权或民族,而城区分的是同一政权中不同身份的人。

---

① 湖南省文物考古研究所:《湖南澧县城头山遗址城墙与护城河2011—2012年的发掘》,《考古》2015年第3期。
② 马世之:《中国史前古城》,湖北教育出版社,2002年,第21页。
③ 马世之:《中国史前古城》,第30页。
④ 武伯纶:《西安历史述略》,陕西人民出版社,1979年,第3页。

简而言之,长城就是长长的城墙,是对城的扩大和延长,由城演变而来,根据防御建筑工程发展的过程推断,长城是由长长的墙垣、烽燧和障城等单体建筑发展而成的。起初先建彼此相望的烽燧,或是连续不断的防御城堡,然后用城垣把它们联系起来,便成了长城。《诗经》中有"天子命我,城彼朔方,赫赫南仲,玁狁于襄"的诗句,[1]"城彼朔方"就是公元前九世纪周宣王时为了防御猃狁的进攻而修建的小城,这种小城不是孤立的而是有联系的防御城堡,并配合着烽燧传递军情。周幽王烽火戏诸侯的故事,正反映了用烽火来传递军情的情况。但是长城也不只是城的扩大和延长,而是在城墙基础上添加了不少辅助设施,并不断加以完善。长城虽然起源于城墙,但与城墙有别,其根本区别在于城墙只是长城的基础和骨架,而长城比城墙更丰满和系统化,更因地制宜灵活化,不仅有人工设施,还与天然的山川河流相得益彰。

长城在外在形态和内部结构上均具有自己明显的特征。

其一,绵延不断。长城的伟大之处,表现在两个"长":一是体量长,动辄长度达千里、万里;二是历史长,从春秋开始,长城有两千多年历史。它以墙体为支撑点,与连续不断的烽燧、障城、关口等形成防御体系,作纵深梯次配置,组成宽阔有效的防御体系,把全线防御和重点防御紧密结合起来。

其二,高大险峻。长城为了防御敌人侵略而修建,既要达到防御目的,还要便于修建。因而必须是据险制塞、扼控要道。把人工筑防和河流山脉天险巧妙地结合起来,达到事半功倍的效果,把险关要隘建立在交通要道之上,使敌方难以逾越。

其三,坚固耐用,因材施用。长城是永备防御工程,建筑要求坚固耐久。虽然是因地制宜、就地取材,比如遇土夯筑,遇石叠垒。但均为国家重要工程,都以当时最好的建筑技术、最好的工匠进行构筑。如在内蒙古发现的秦始皇长城,山东发现的齐长城等,虽为块石叠筑,两千多年至今仍然屹立不倒。在玉门关内外现存的汉长城更是物尽其才,根据当地的原料,把砂砾、红柳条、芦苇条交错筑起,至今留下大量的遗迹,实为能工巧匠智慧之结晶。

中国历代的长城大多修建在自然气候与地理环境的分界带上,被称为"长城

---

[1] 十三经注疏编委会:《毛诗正义》,第697页。

地带"。长城带北部分布着辽阔的蒙古高原、沙漠;南边则是华北平原、黄土高原及河西走廊,是自然地理地貌上的带状过渡区。除此之外,这些长城还分布在气候的过渡带及其影响下的农牧界限的过渡带上。除东西两端分别位于半湿润和干旱地区外,长城地带大部分地段位于我国由半湿润向干旱气候区过渡的半干旱气候区,由于降水、气候自然环境因素的影响,这一地区恰好处于我国的农牧业交错地带上。农牧空间界限在这一地区频繁移动,长城成为这一地带的重要分界线。由于这些长城的带状过渡区域性质,历史上的中原王朝和游牧民族向来沿着长城一线不断彼此争夺,从而使长城成为历代各政治集团为了地域扩张或防御,选择并逐步形成的平衡地带。中国的长城具有文化地理的指标意义,也就是将农业为主的农业文化与游牧为主的游牧文化割裂开来。农业民族建立的政权这样做了,游牧民族在农业地区建立政权以后同样也有这样的举措。

长城防御体系是军事工程,目的是用以弥补地理形势的不足、防御外来的攻击、保卫疆土的安全,特别是都城及其所在地的安全。我国历史长河中,王朝政权改朝换代犹如走马灯,其中曾经筑过长城的王朝政权,其都城所在以关中者居多数,曾经有十三个王朝以关中作为政治中心,时间长达千余年,既有战国时期的秦国和统一六国后的秦王朝,还有西汉和北周,最后则是隋唐。因而在其附近及有关的地区先后修筑长城,有些王朝政权的都城虽不在关中,为了保卫它的疆土和都城,也在周边建筑起了长城。战国时期的魏、赵两国和后来的北魏、金、明都是如此。

三、长城的沿革

2012年6月5日上午,时任国家文物局副局长童明康在北京居庸关长城郑重向世界发布:经国家文物局组织调查、认定,中国历代长城总长度为21 196.18公里,这是我国首次公布历代长城的数据,这一数字是经过文物工作者多年艰辛调查而得出的。

长城是中华民族的文化象征,也是我国1987年首批被联合国教科文组织评定的"世界文化遗产"。2006年,国务院颁布实施《长城保护条例》,国家文物局就此启动了长城保护工程,并将长城资源调查和认定作为首要的工作任务。2007年,国家文物局与国家测绘局合作开展了明长城资源调查工作。此后,国家文物局又组织了持续五年的秦汉及其他时代长城资源的调查工作。

根据发布的长城资源调查成果,国家文物局经过各省申报、专家审核、各省复核和专家委员会集体评审的严格程序,批复完成了长城认定工作。认定长城分布于北京市、天津市、河北省、山西省、内蒙古自治区、辽宁省、吉林省、黑龙江省、山东省、河南省、陕西省、甘肃省、青海省、宁夏回族自治区、新疆维吾尔自治区等15个省、自治区、直辖市,包括长城墙体、壕堑、单体建筑、关堡和相关设施等长城遗产43,721处。[①]

历代长城经春秋战国、秦汉、北朝、隋、唐、五代、宋、西夏、辽、金、明等2 000余年的修建,是世界上延续时间最长、分布范围最广、军事防御体系最复杂、规模最庞大、影响最深远的文化遗产类型,国家目前已经正式启动了"长城国家文化公园"的大型工程,此项工作光荣而艰巨,对于保护利用这一人类历史上的奇迹有巨大的帮助作用。

在冷兵器时代,长城对于抵御外敌入侵特别是防止游牧民族入侵的作用是显而易见的。城墙、关隘对于防御、守备确实具有非常重要的作用,历史事实也是如此。有了坚固的长城,一旦有敌人前来攻打骚扰,就可以居高临下、据城固守。特别是我国古代北方游牧民族的"逐水草而生"的特性,骑兵非常剽悍,速度快,来去飘忽不定,如果没有坚固的防御体系来阻挡,中原王朝同他们邻接的地区就有随时被攻入的危险。因此,两千多年间很多王朝都不惜投入巨大的人力、物力、财力来修筑长城。

处于对立状态的民族往往是游牧于北方的引弓控弦之民,他们往往把战争和掠夺作为获取财富的手段,因此严重地侵犯了定居于中原地区从事农业生产的民族,威胁中原王朝的统治。当这一对矛盾发展成强烈对抗的时候,抵御强敌的长城就筑得又高又厚又长。

少数民族统治者同样分析了北狄游牧民族常常飘忽扰掠的特点,当他们在中原地区建立政权后,只能用修筑长城来防御。因此从春秋战国到明代,诸多王

---

① 《中国首次公布历代长城数据:总长21 196.18千米》,《光明日报》2012年6月6日。

朝都在修建长城,用以维护内地的安全和经济发展的需要。

(一) 春秋战国时期各诸侯国长城

春秋战国时期,由于社会经济的发展、分封制造成的弊端,相对来说比较强大的诸侯国对弱小国家的土地、人口的占有欲更加强烈,兼并战争日益频繁而残酷,投入的兵力越来越多,战争的规模愈益扩大。为了防御邻国的骚扰和侵入,各诸侯国都不惜耗费人力、财力、物力修筑长城。由此,长城作为大国争霸的防御手段而出现在中国的军事历史舞台上。

春秋战国时期五百多年的时间里,曾经发生过规模大小不等的战争 480 余次。战争的目的是保存自己、消灭敌人、扩大国土、增强势力,故而出现了"春秋五霸"和"战国七雄"称霸争雄的局面。而各国间的不断争战,又迫切要求加强防御工事,因此修筑长城是各国通用的方法。

可以看出,长城产生的历史背景是由于春秋战国时期诸侯之国为了领土进行的频繁的兼并战争。最早修筑的长城不是秦、赵、燕北部用以拒胡的长城,而是齐长城,之后楚国率先在易受侵犯的重要边境上筑起了高大的城墙。其时各诸侯国尾大不掉,军事实力增强,因而兼并战争加剧,各个诸侯国为了保卫自己、抵御敌国,纷纷修建长城作为各国间的防御体系。

1. 齐长城

《清华大学藏战国竹简(贰)》即《系年》中有"晋敬公立十又一年……齐人焉始为长城于济……"的记载。① 晋敬公于公元前 451—前 434 年在位,可以看出至晚在公元前 440 年就有齐长城了。实质上,齐国的长城不是短时期修建而成的,西段长城始建于齐桓公元年(前 685 年),止于齐灵公 27 年(前 555 年)。至战国齐宣王时代(前 342—前 324 年),东段长城竣工。修建了三百多年才告竣,各个时期的防御重点也不尽一致。骉羌编钟系 1928—1931 年间洛阳金村出土,是推断齐长城始建年代的重要依据。共 14 件,个体较大者 5 件,钲间铸铭 61 字,内容为一次晋伐齐之战,有"入长城,先会于平阴……"的文字。骉羌编钟是战国时期韩国的青铜器。

---

① 清华大学出土文献研究与保护中心:《清华大学藏战国竹简(贰)》,中西书局,2011 年,第 186 页。

齐长城位于今天山东中部,西起于济南市平阴县、古济水的东岸,从大峰山山顶通过,直达青岛市黄岛区东于家河村北入海。此军事巨防,蜿蜒起伏于1518座山峰上。历经平阴、长清、肥城、泰山区、泰安郊区、历城、章丘、莱芜、博山、淄川、沂源、临朐、沂水、安丘、莒县、五莲、诸城、胶南、黄岛共19个县市区的94个乡镇、街道办事处,长500多公里。2001年6月25日,齐长城遗址作为春秋战国时期古建筑,被国务院批准列入第五批全国重点文物保护单位名单。

齐长城的建造方法是因地制宜、因材施制,充分利用地形,建筑材料也是就地取材。在平原和矮丘地带,以土板筑成宽12—13米、高7—8米的土城墙。比如,岭子头处搞"大寨田"挖掉南侧一半,现遗址底宽仍达5.2米,高2.5米。穆陵关西大岘山上坍塌后的遗址底宽达15米,高5米。土筑城墙就地取材,黄土、黄黏土、沙土、砂砾土都有。板筑时夯层10—25厘米不等,现裸露处夯层明显。山上以石垒砌。有的沿山脊砌成宽5—7米的双面城墙。更多的城墙不在山脊,而选在山脊阳侧陡坡上开挖少量土方,垒成宽1—2米的单面石墙,墙阴填土石,形成阳面高6—7米、阴侧高仅1—2米居高临下的态势,达到了因地制宜、易守难攻的目的。用料上有块石、条石、片石、花岗岩、石灰岩、沉积岩等,就地取材。长城所经之地,多处有地名"长城岭",说明是长城曾经过的地方。

齐国为何要率先修建长城呢?张维华认为:"春秋间,列国诸侯,竞相争伐,或因河为堤防,或沿山置障守,其所谋以自立之求,愈之且密。至于战国,车战之制渐息,徒骑之用渐广,战争范围,益为扩大,于是有长城之兴筑矣;齐国因设齐长城,当与此相关。"[1]《战国策·秦策一》载张仪说秦王:"昔者齐南破荆,中破宋,西服秦,北破燕,中使韩魏之君,地广而兵强,战胜攻取,诏令天下,济清河浊,足以为限,长城、钜防足以为塞。"[2]《史记·楚世家》引《齐记》记载:齐宣王"乘山岭之上筑长城,东至海,西至济州千余里以备楚"。[3] 可以看出齐筑长城,主要是为了防御南方的楚国。

齐长城是我国长城中唯一起于黄河止于大海的长城。整个长城峰峦叠翠,景

---

[1] 张维华:《中国长城建制考》上编,中华书局,1979年,第22页。
[2] (汉)刘向集录:《战国策》,上海古籍出版社,1985年,第99页。
[3] (汉)司马迁:《史记》卷四〇《楚世家》,中华书局,1959年,第1731页。

色秀丽,蜿蜒在崇山峻岭之上,十分壮美。目前已成为山东省著名的旅游景点。

2. 楚长城

楚长城在历史文献记载上被称作"方城"。《左传》云,公元前 656 年,齐楚召陵之盟,齐桓公向屈完炫耀他的军事实力时,屈完答道:"君若以德绥诸侯,谁敢不服?君若以力,楚国方城以为城,汉水以为池,虽众,无所用之。"①《史记·齐太公世家》:"夏,楚王使屈完将兵捍齐,齐师退次召陵。桓公矜屈完以其众。屈完曰:'君以道则可,若不,则楚方城以为城,江、汉以为沟,君安能进乎?'乃与屈完盟而去。"②楚方城作为楚长城在古代历史文献中得到确证。《汉书·地理志》南阳郡叶县下注云:"楚叶公邑。有长城,号曰方城。"③郦道元《水经注·汝水》也记载:"楚盛周衰,控霸南土,欲争强中国,多筑列城于北方,以逼华夏,故号此城为万城,或作方字。唐勒《奏土论》:'我是楚也,世霸南土,自越以至叶,垂弘境万里,故号曰万城也'"。④唐李泰《括地志》云:"楚襄王控霸南土,争强中国,多筑列城于北方,以敌华夏,号为方城。"⑤此"列城"当是"方城"无疑。

楚国长城线路西南起自河南邓县,向北入内乡境,过湍河,经郦县故城北,达翼望山,复向东沿伏牛山脉,经鲁山、叶县,折向南,过方城县达泌阳境,长约 300 公里。楚国长城以土筑为主,"故长城在邓州内乡县东七十五里……无土之处,累石为固"。⑥从目前的考古调查来看,长城大多已毁坏,仅存两处遗址,其一为大关口长城遗址,位于方城县东北独树镇黄家门村、方城山西麓大关口两侧。大关口是长城的古塞,在叶县南约 60 里,它的东侧筑有南北两道土城垣,现存高 1.5—3 米,底宽 10 米,顶宽 1.5 米。北垣长 810 米,南垣北侧有土台 7 个,两城垣相距 250—380 米。西侧亦有两道土城垣,长 400 米,城垣均夯筑,夯层不明显,城垣旁发现战国时期铜戈和镞,当是战争遗存。其二为象河关长城遗址,位于泌阳县城北象河乡北一线,该段长城东至五凤岭,西到关山,全长 6 公里,墙基宽 12 米,残高 2—3 米,夯筑,夯层厚 14—16 厘米,旁有烽燧遗迹,推测是一处关隘遗址。

---

① 十三经注疏整理委员会:《春秋左传正义》,北京大学出版社,2000 年,第 380 页。
② (汉)司马迁:《史记》卷三二《齐太公世家》,第 1489 页。
③ (汉)班固:《汉书》卷二八《地理志》,第 1564 页。
④ (北魏)郦道元著,陈桥驿校证:《水经注校证》,第 503 页。
⑤ (唐)李泰著,贺次君辑校:《括地志辑校》,中华书局,1980 年,第 195 页。
⑥ 同上注。

3. 魏长城

魏国有三条长城,分别为河西长城、河南长城、宜君长城。

战国时期的秦魏是邻国,尽管双方有"秦晋之好",但为了争夺河西地区领土,双方展开了长期的拉锯战,战事不断。公元前354年,秦夺取了魏城少梁;公元前352年,秦攻魏河东,夺取安邑(今山西夏县);公元前351年,秦攻魏固阳;公元前340年,秦攻魏,大破魏军,俘公子卬,魏国实力渐衰。公元前332年,魏惠王将阴晋邑献给秦国以求和,秦改阴晋为宁秦县(今陕西华阴一带)。

魏国为抵抗秦军不断的入侵,于公元前358年,即魏惠王十二年开始在黄河以西、洛河以东与秦交界处修筑长城。用了七年的时间,于公元前351年魏国长城完成修建。次年又进一步扩建。

河西长城是魏国在西部修建的防御秦国的长城,《史记·秦本纪》云:孝公元年(前361年),"魏筑长城,自郑滨洛以北,有上郡"。《史记正义》也记载:"魏西界与秦相接,南自华州郑县,西北过渭水,滨洛水东岸,向北有上郡鄜州之地,皆筑长城以界秦境。"①《史记·魏世家》载:(魏惠王)十九年(前352年),"诸侯围我襄陵。筑长城,塞固阳"。②魏国西长城起于陕西省华阴县西南、华山北麓朝元洞,濒长涧河西岸往北渡渭水,过大荔,循洛河东岸北上,经蒲城、白水,折东历澄城、合阳、韩城,直抵黄河西岸,长约400里。城垣由黄土夯筑,现宽3—5米,高5—6米。通过在华阴试掘证明,城墙曾经多次修缮。河西长城有些地方保存比较好。

河南长城位于魏都大梁之西。在其所经的郑州、新密发现两处遗址。郑州青龙山长城遗址位于市区东圃田乡李南岗村东岗,现为连绵的夯筑岗丘,呈西北—东南走向,长约3公里。该地望与《水经注·渠水》记载圃田泽"泽在中牟县西,西限长城"是吻合的。③新密现存魏长城北起香炉山(今河南荥阳市、新密市交界处),中经蜡烛山、沙口、凤门口、五岭,南止茶庵村北,全长5.8公里,墙基宽2.5米,高2.5米,由青石砌筑而成。该段城墙北端伸向荥阳市崔庙乡王宗店村南山上,存数段石块砌筑的城垣。

宜君战国魏长城位于铜川市宜君县,该长城遗址是2009年进行全国第三次

---

① (汉)司马迁:《史记》卷五《秦本纪》,第202页。
② (汉)司马迁:《史记》卷四四《魏世家》,第1845页。
③ (北魏)郦道元著,陈桥驿校证:《水经注校证》,第525页。

文物普查时首次发现的。修筑在沟壑险峻的山梁、沟边，依山就势蜿蜒形成一条纵贯南北的军事防御屏障和攻守兼备的军事要塞。总长 9 594.5 米，其中残存 2 993.5 米，呈东北西南走向，夯土筑成。距今有 2 300 多年，由 6 段城墙、9 处烽燧、1 处城址组成防御体系。其中保存较好的单体烽燧，遗址呈东北至西南方向，9 处烽燧之间距离均约为 500 米，由城墙连接。其中偏桥村北现存一段城墙遗址长约 150 米，宽约 3—5 米，高约 3 米，整个城墙与烽燧由 10 厘米厚夯土层堆筑成（图版一）。

修建此长城的目的就是阻断子午岭与桥山之间的南北通道，在此地，洛河河谷险峻，不堪通行，南北通道主要沿着子午岭与桥山之间的青河和沮河分布，该长城就是要阻断这条通道，防御南侧的秦国。在该长城北侧的南城村城址是一处战国至秦汉时代的城址，在该城址发现有外绳纹、内布纹的筒瓦，外侧的绳纹凌乱不整齐，可断代为战国时代，地域文化特征则指向魏国。发现的动物（凤鸟）纹圆瓦当与五铢钱，说明该城址在秦汉时代仍在使用。该城址位于长城遗迹的北侧，这种结构关系类似于少梁城与韩城长城的关系，也类似于雕阴城与富县长城的关系，以及阴晋城与华阴长城的关系。据此推断，该城址最初是魏国的建筑，后被秦国沿用。[1]

4. 赵长城

赵国长城据史书记载有南北两条，南长城在邯郸境内沿漳、滏之滨修筑，但目前邯郸境内遗迹尚未发现，北长城保存较好，东西穿越河北、内蒙古。

赵北长城是为了防御北方少数民族侵扰，是赵武灵王"胡服骑射"改革以后修建的。修筑于赵武灵王二十年至二十六年（前 306—前 300 年）。《史记·匈奴列传》记载：赵武灵王"北破林胡、楼烦。筑长城，自代并阴山下，至高阙为塞，而置云中、雁门、代郡"。[2] 该长城横亘于云中、雁门、代三郡北部的阴山南麓。从实地调查获知，自河北省尚义县以西，至内蒙古境内的兴和、察右前旗、集宁、卓资、呼和浩特、土默特左旗、土默特右旗，至包头、乌拉特前旗一线的阴山山脉东段即大青山南麓都发现有长城遗迹，并往西越过昆都仑河抵乌拉山下。长城

---

[1] 于春雷：《战国魏西长城的界定》，《考古与文物》2017 年第 4 期。
[2] （汉）司马迁：《史记》卷一一〇《匈奴列传》，第 2885 页。

用灰黄土夹少量砂粒夯筑成,或用石块叠砌,现宽3.5—4米,残高1—2米。沿线及南侧10余里范围内,布列有大小烽燧、障城和古城遗址。

赵国北长城的起止点,学术界尚有争论。根据文献是东端至代,即河北省西北部,今一说至蔚县,一说至张北。至于西端的高阙,由于学术界对高阙的地望所在众说纷纭,因而至今没有定论。保留比较好的一段在包头至石拐公路10公里处。站在土筑长城之上眺望,可隐约看到这段从大庙起,东向边墙壕村,西向昆都仑区的遗迹(图版二)。

5. 燕长城

燕国也有南长城和北长城。

燕南长城位于燕下都南、南易水北岸,故也称易水长城。它起自太行山下,沿南易水北岸东行,历易县、徐水、容城、安新、文安,抵大城县。用夯土筑或土、石合筑。目前有13公里地面遗迹明显,现高6—7米,宽15—20米。

燕北长城,据《史记·匈奴列传》记载:"燕亦筑长城,自造阳至襄平。置上谷、渔阳、右北平、辽西、辽东郡以拒胡。"[①]造阳即今张家口一带,襄平即今之辽阳。按照今天的行政区划来看,燕长城西起张家口,东北行经内蒙古、河北、辽宁等省区交界处,一直延伸到今朝鲜清川江北岸。大抵西起河北省张家口市的独石口,东经沽源、围场、喀喇沁旗、赤峰市南、建平北、敖汉旗、北票,至阜新。沿线设有烽燧、障城。城墙修筑方法有夯土筑、石砌、土石合砌等形式,发现有巧妙利用山险,在两峰间筑石墙的,现墙高1—2米,基宽2—10米不等(图一)。

图一 赤峰燕国长城

---

① (汉)司马迁:《史记》卷一一〇《匈奴列传》,第2885—2886页。

6. 中山国长城

中山国具有传奇的历史。原称鲜虞,是北方游牧民族白狄的别种,春秋时期越过太行山东进,多次与晋发生战争。春秋晚期,鲜虞转移至唐县,改称中山,中山武公建都于顾(今河北定州)。公元前 406 年,中山为魏所灭。公元前 380 年左右,中山复国,迁都于灵寿(今河北平山),与赵、燕发生过激烈的战斗,最终于公元前 296 年被赵所灭。

中山国长城分布于河北保定西部太行山区的涞源、唐县、顺平、曲阳四县,是为了防御赵国入侵而修建的,总长约 89 公里。中山国长城以主干城墙为主体,另在一些险要的关口筑城或筑墙扼守。在城墙内侧修筑较大的城址为屯戍点,或在城墙附近驻兵防守,共同构成一道严密的防御体系。

中山国长城起自西北距唐县周家堡的顺平县神南乡大黄峪村西北,沿山脊顺势而呈西北—东南走向,蜿蜒于山脊和绝壁之上。由神北村向南,绝壁连绵,未筑城墙,以山为险。在神北村南长城又出现于大悲乡西山岭上,向南依地势曲折前行,至富有村西的西水磨台,为一条汇入唐河的小支流隔断,随后又在富有村东山岭上出现,大致呈西北—东南走向,翻越两座山峰后经大岭后村北,再经李家沟村东北的险峻山峰转而向南入齐各庄乡界内,经柏山村西北绝壁,沿大碗岭、黄坡山、乔尔坡,直插顺平、唐县交界的马耳山北麓,转而入唐县界。长城又在马耳山西南麓唐县一侧半山腰出现,在峒䃎乡西峒䃎村西北先为东—西走向,转而成北—南走向,穿过一块平坦的山间盆地,翻过盆地中间葫芦山的突兀山峰,在西峒 4 村西、上赤城村东的山梁上蜿蜒曲折,总的走向是向西南延伸,进入白合乡上庄村北,顺山坡而下,在上庄村南偏西的山梁上大致呈北—南走向,又向西南延伸到大洋乡万里村北山梁上,呈东—西向延至山南庄北梁后向西南延伸,然后在西大洋水库南岸鼋水乡凤山庄村西呈东北—西南走向,沿山脊前行,分为两条,一条向东南,终止于凤山庄村南的悬崖之上;另一条沿西南坡而下,向北沿罗庄乡坡上村、南屯村东山梁延伸,到水库南岸山坡上又为水库所隔断。灌城是主干城墙的终点。

(二) 汉长城

汉长城由西向东,沿着河西走廊北侧,东行至沙漠和黄土高原交接处,再经内蒙古高原和冀北山地交错地带,直抵大海。防御的对象主要是匈奴,匈奴人"逐水草迁徙,毋城郭常处耕田之业",与中原农耕为业不同。汉长城起到了长期分割匈奴与汉的作用。汉武帝在抗击匈奴和大规模用兵后,修建了长达约2万里的防御体系。汉长城在西北地区修建了新的长城,对防御匈奴和丝绸之路的畅通发挥了重要的作用(图二)。

图二　玉门汉长城

河西走廊汉代烽燧亭障遗址历来为中外学者所瞩目。由于气候干燥,汉代西北地区的长城保存状况相对较好,目前在地面上可以看到连绵不断的城墙。考古工作者发掘了诸如居延、敦煌、悬泉、肩水金关等长城相关遗址,同时获取数以万计的简牍,给研究汉代边防制度等提供了宝贵的资料。通过考古调查和试掘,把河西走廊的汉塞揭示给了世人。《史记》《汉书》所载汉武帝筑从令居(今甘肃永登)至盐泽(今新疆罗布泊)的防御工程,因修筑时间不同可分为四段。其一,从令居至酒泉塞。首起自兰州河口的黄河北岸,沿庄浪河北上,经永登、天祝,越乌鞘岭,入古浪折向西北,历永昌、山丹、张掖、临泽、高台,止于酒泉北大河东岸。其二,从酒泉至玉门关塞。东起金塔县北天仓乡,经嘉峪关、玉门、安西、敦煌，止于疏勒河下游榆树泉盆地东缘。其三，从张掖至居延塞。南起金塔县东南正义峡，循黑河（额济纳河）东岸北上，经鼎新、额济纳旗，止于居延泽西。从鼎新至布肯托尼，仅在河东岸设烽燧线，现存烽燧遗址近200座。从布肯托尼向北、向东筑有三道塞墙，保护了额济纳河下游三角洲屯垦区。其四，从姑臧至休屠泽塞。休屠泽位于今民勤县境，汉塞遗址已大部分没入沙漠。现存似分两线，东线南起姑臧（今甘肃武威）北部塞，傍大东河，抵休屠泽（今白碱湖）南岸；西线南起黑山傍大西河，抵休屠泽西南岸。

酒泉以东的汉塞（包括居延塞、休屠泽塞），是由堑壕构成的。在戈壁、沙漠中间掘沟，把掘开的土、砂砾堆放在沟的两侧，形成两道梯形土垄。在山地为一侧掘沟，把土堆放低坡侧成土垄。平地则多两侧掘沟，把土堆在中间形成较高土垄。现存堑壕一般宽7—10米，深约0.5—2米，土垄约高1—3米，基宽6—8米。在堑壕内铺有细沙，当时是用于查看偷越者的足迹。酒泉以西则是筑墙形式，因地制宜，取捆扎成束的芦苇（或红柳）和砂砾分层叠压构筑，一般基宽约3米，高可达3.75米。砂砾因当地水内盐分高，凝结得极为坚固。河西走廊汉塞沿线发现有许多障、坞、烽燧、关的遗址，与墙体形成完善的防御体系。近年在敦煌发掘的悬泉置邮驿遗址与汉代边防、边屯制度有极密切的关系。

在新疆东部的营盘西北，发现有绵延不断的烽燧线，它沿库鲁克塔格山南麓、孔雀河北岸，入沙漠至库尔勒，直达库车西北。烽燧结构与甘肃境内略同。

汉武帝在阴山以北蒙古草原上建有东西横亘的两条平行长城，它贯穿于潮格旗、乌拉特中后旗、达茂县，约折向东南入武川县西部，与阴山北麓的秦始皇长城相接。西端自潮格旗往西北延伸入外蒙古境内。北长城蜿蜒至阿尔泰山中，南长城至居延塞。两线相距约20—37.5公里。北长城全由砂土构成，沿线未见烽燧遗址。南长城有夯土、砂土或块石构筑多种，高约2米，沿线有烽燧和障城（图三）。

汉代除新疆、河西走廊、蒙古高原上有大规模的长城边塞新筑外，其他地段大体上沿袭秦始皇长城而有些增建。如在乌兰布和沙漠、贺兰山麓即发现了一系列的烽燧遗址。[①] 在河北、内蒙古东部、辽宁西部建了一道以烽燧为主的防御

---

① 侯仁之、俞伟超：《乌兰布和沙漠的考古发现和地理环境的变迁》，《考古》1973年第2期。

图三 玉门汉烽燧

线,它西起丰宁、滦平、隆化、承德、宁城、喀喇沁旗、建平,直抵敖汉旗南老虎山下,在辽东境内,烽燧计125座,间距1.5公里左右,夯土筑,现多呈圆丘形,高1.5—5米,径10—30米。一些地段筑了土墙、石墙或土石合筑墙,墙外有壕,如河西走廊的堑壕形制。辽宁省东部沈阳、抚顺境内亦发现一线烽燧遗址,在70余里内共见21座,形制同辽西。

(三)北方少数民族修建的长城

在中国长城修建历史上,将长城用于防御并不是汉族的专利,少数民族在历史上也修建长城防御其他民族的骚扰。东汉初年,匈奴内乱,分为南北两部,南匈奴内附,并助汉守边和击破北匈奴,匈奴由此衰落。北朝时期,鲜卑人入主中原北方,建立了北朝政权。北朝政权是汉化或正在汉化的鲜卑人所建政权。鲜卑人南下中原建立政权之时,北边柔然、突厥相继崛起。于是北朝政权为防止他们的南侵,也筑起了长城。

在过去的研究中,大多把入主中原的北方民族修筑的长城与中原传统长城区别对待。实际上入主中原后的北方民族修筑长城,是中国古代长城的一部分,是中国长城发展史中不可或缺的一环。北魏政权是鲜卑族建立的,是游牧民族占领了农业民族而建立的政权,扩大了草原文化在中原地区的影响,也使农业地区与草原地区在自然地理上有所沟通。然而,大约同一时期,蒙古高原上又兴起了一个强大游牧民族柔然,他们与其他活动在大漠南北的游牧民族共同成为北魏王朝北方的强敌,对北魏王朝形成了强大的威胁。为防御柔然,北魏政权先后三次在北方边境及都城附近修筑长城。据《魏书·明元帝纪》记载:明元帝泰常八年(423年)筑长城于长川之南,起自赤城(今河北赤城县),西至五原(今内蒙古五原县),延绵二千余里。又在太平真君七年(446年)发四州十万人,筑畿上塞围,起上谷,西至于河,广袤千里。即从现在北京居庸关,向南至灵邱,再向西经平型、北楼、雁门、宁武、偏头诸关而达山西河曲县。当时把这道长城称为畿上塞围,因为它环绕于首都大同的南面,用来保卫首都。北魏修筑的长城基本没有越出秦汉长城的区域,此时长城的实际作用仍然是农耕文化与游牧文化的分界线。不同的是,兴建和修缮长城的统治民族是游牧民族。他们将游牧文化带到了农业地区,但为了维护自身的统治利益,以修筑长城的办法来阻止其他的北方游牧民族南下。

此后,北齐、北周时期,北方突厥崛起并灭柔然,突厥成为北齐政权北部的最大威胁。北齐的北方有突厥、柔然、契丹等游牧民族的威胁,西边又有北周政权的对峙。为了防御,北齐便大修长城。据《北史》记载,北齐天保三年(552年),自西河总秦成(今大同西北)筑长城,东至渤海(今河北山海关)。天保六年(555年)皇帝下诏,征发180万人修筑长城,自幽州夏口(今北京居庸关南口)西至恒州(今大同)九百余里。天统元年(565年)自库堆戍东距海二千余里间,凡有险要处堑山筑城,断谷超障。北齐前后修筑长城东西凡三千余里,六十里设一戍。并在险要地方设置州、镇凡二十五处,用以驻兵防守。并在天保八年(557年)初,于长城内筑重城,自库洛拔(今大同西南)至坞纥戍(平型关东北),长四百余里,天统元年又把坞纥戍的重城向东伸延至居庸关与外城相接合。此外,为了防御西边的北周,还修筑了南北向的长城,《资治通鉴》记载,北齐河清二年(563年),诏司空斛律光,督步骑二万,筑勋掌城于轵关(今河南济源),仍筑长城二百里,即今尤关、广昌、阜平之间的长城。北周为了防御北方突厥、契丹等,把西魏原来的北部长城加以修缮。

金代也修有长城,称"界壕"或"壕堑"。金代为防蒙古诸部,先后修建了两道界壕。北界壕又称明昌旧城、金源边堡或兀术长城,分布在我国内蒙古的东北部、蒙古国的东部以及俄罗斯外贝加尔斯克一带。东段起于内蒙古自治区呼伦贝尔盟额尔古纳右旗境内根河支流库力河畔,沿根河南岸向西伸延,抵额尔古纳河出国界,进入俄罗斯,又进入我国满洲里,再进入外蒙古肯特山脉东麓。全长1400余里。

南界壕又称明昌新城、金壕堑、金内长城。位于北界壕以南,延伸于今黑龙江、吉林、内蒙古等省区,可分为三段,即东段、中段、西段,从最东端的嫩江开始到最西边的大青山,三段互不衔接,但相距均不甚远。

为何称金长城为界壕呢？这是因为金长城的主体不是墙垣,而是宽深的壕沟,主要用深堑阻挡敌方的骑兵。挖出来的土石不经夯打砌筑,就堆放于壕沟内侧,远远望去,犹如一道长垣,故也称为长城。在堑壕的内侧把挖出的土石堆筑加夯成长堤,现壕一般宽5—8米,深2—3米,墙基宽5—8米,高2.5—5米。在重要地段,尤其是南线的内线之外侧筑有副墙、外壕,形成主墙、内壕、副墙、外壕四道防线,副墙、外壕规模略小。在主墙或单墙上加筑马面与烽燧,马面间距南线为60—150米,北线为20—40米。烽燧有的建于堑壕附近,烽燧间距500—2500米。各线的内侧设置边堡和关城。

金界壕的大部分在内蒙古自治区境内,呈东北西南走向,长达3000余里,修建了近半个世纪。

从根本上讲,长城的修建作为农耕文化对游牧文化的抵御方法仍然占据主导地位,这一点并未因统治民族是北方游牧民族而改变其文化地理界线的意义。

(四) 隋长城

隋朝为了防御吐谷浑、突厥、契丹的侵扰,也在北方修筑了两段长城:一段是朔方至灵武的长城,一段是榆林到紫河的长城。朔方至灵武的长城修建于隋文帝开皇五年(585年),西起灵武,东达朔方、绥州,灵武故城在今宁夏灵武县西南,朔方故城位于今陕北横山县以西,绥州即今陕西绥德。这段长城横亘于宁夏东部、陕西北部,与后来明代长城的路线十分相近。

西起榆林、东到紫河的长城是隋炀帝大业三年（607年）征发民工100余万修建的。隋时的榆林郡治在今内蒙古伊克昭盟准格尔旗。紫河即今和林格尔南的浑河（一名红河），这段长城从今准格尔旗境内趋向东北，越过黄河，沿浑河，抵杀河口同北齐旧长城相接（图四）。

图四　榆阳隋长城

(五) 明长城

明代长城的修造将中国古代长城的修建推向高峰，是中国古代长城的集大成者。据《明史·兵志三》载："元人北归，屡谋兴复。永乐迁都北平，三面近塞。正统以后，敌患日多，故终明之世，边防甚重。"[①]

因为历史上孟姜女哭长城的影响深广，为区别于秦始皇所筑长城，明代人称长城为"边墙"。

---

① （清）张廷玉等:《明史》，中华书局，1974年，第2235页。

明是灭元后建立的,蒙古被赶往漠北,但仍有相当大的势力,不断企图卷土重来,造成明代边患严重,明太祖朱元璋命徐达筑居庸关等边城。朱元璋于永乐十九年(1421年)迁都北京,数次亲征鞑靼。正统十四年(1449年),瓦剌掳去英宗。这无疑是有关明朝兴亡的殊死斗争,明廷吸取了宋朝向金投降求和、偏安江南的惨痛教训,面对蒙古鞑靼、瓦剌的进攻,再一次筑起了一道长逾万里的坚固长城,并不断完善防御设施,从而确保了明代300余年的安全。

为了对付北方的蒙古族,整个明代一直没有停止过修长城,前后达十八次之多。明代长城东起山海关,西至嘉峪关。其中自山海关到鸭绿江一段由土石筑起,工程较简单,至今已大部分毁坏,而自山海关到嘉峪关一段建筑坚固,至今大部分保存完好。居庸关一带土墙高8.5米,厚6.5米,顶部宽5.7米,女墙高1米。

国家测绘局和国家文物局联合对明代长城进行了近两年的实际调查与测量,于2009年4月18日首次公布明长城数据:其东起鸭绿江畔辽宁虎山,西至祁连山东麓甘肃嘉峪关,从东向西行经辽宁、河北、天津、北京、山西、内蒙古、陕西、宁夏、甘肃、青海十个省(自治区、直辖市)的156个县域,总长度8 851.8公里。其中,人工墙体的长度为6 259.6公里;壕堑长度为359.7公里;天然险长度为2 232.4公里。现存墩台7 062座,马面3 357座,烽燧5 723座,关堡1 176座,相关遗存1 026处。

为了便于防守,明代在长城沿边设立九个军事重镇,合称九边,自东向西名为辽东(辽宁沈阳)、蓟州(河北蓟县)、宣府(河北宣化)、大同、太原(山西太原)、延绥(榆林)、宁夏(银川市)、固原、甘肃(今甘肃张掖)九镇。

辽东镇长城东起自鸭绿江西岸,经宽甸、凤城、本溪、新宾、抚顺、昌图、开原、铁岭、沈阳、辽中、辽阳、海城、盘山、台安、黑山、北镇、阜新、义县、锦州、锦西、兴城,抵绥中县锥子山,全长975公里。沿线发现有关城、边堡、墩台等遗址,与记载基本能印证。城墙结构有砖墙、夯土墙、石砌墙、劈山墙、石垛墙、险山墙和木栅墙等多种,有的地段还辅以堑壕。东端首起处原认为在宽甸县虎山乡老边墙村的老边墙,近年通过调查发掘资料改定在宽甸县虎山乡虎山村南。

蓟镇长城是明朝都城北京的重要屏障,也是明长城的精华和核心所在,这一段长城建筑最坚固,防御设施最完善最严密。这里墩台林立,烽燧众多,名关名隘迭出,长城犹如苍龙腾越在燕山山脉的峻岭之上,雄伟壮观,气象万千。九门口、山海关、喜峰口、黄崖关、古北口、金山岭、慕田峪、八达岭、居庸关等都是闻名遐迩的长城遗迹,其中有些已经过考古考察和发掘,且大部分已修复并向游人开放。秦皇岛、抚宁、卢龙、迁安、迁西、遵化、蓟县、平谷、密云、滦平、怀柔、延庆、昌平、门头沟(区)等市县都有长城分布和发现。这一段长城以砖包砌墙为主,石砌墙次之,山险墙也有分布。砖墙顶宽者4.5—6.5米,窄者2.5—3米,顶部设有女墙、垛口。

河北省西北部和山西省北部的长城属宣府、大同、太原三镇管辖。其中从北京市昌平县居庸关附近向西至山西偏关县老营头,长城分为南北两道,北墙称外边,南墙称内边。外线长城大抵经延庆、赤城、崇礼、宣化、张家口、万全、怀安、天镇、阳高、大同、左云、右玉、平鲁、清水河、偏关抵河曲。内线长城大抵经延庆、怀来、涞水、涞源、灵丘、繁峙、浑源、应县、代县、山阴、原平、宁武、朔县、神池至偏关。有的地段修筑了多道复线,墙体有砖包砌、石砌、土石合砌、夯土诸种。这几道边墙位于河北、北京、山西、内蒙古境内,成为拱卫北京的西北屏障,有著名的内、外三关。内三关指今河北境内的居庸关、紫荆关、倒马关,外三关则指今山西境内的雁门关、宁武关、偏头关。

陕西、宁夏、甘肃的明长城属延绥、宁夏、固原、甘肃四镇管辖。长城自山西河曲县渡黄河,西南方向经府谷、神木、榆林、横山、靖边、吴起、定边七县。贯穿陕西的长城始终分南北二道,北道称"大边",南道称"夹墙"或"二边"。"大边"行至定边县分歧,趋向西北者和盐池县河东墙相接;西去者与盐池县"深沟高垒"相连,平行往西北至兴武营相会。河东墙继行止于灵武县东北横城黄河东岸,长城又循黄河东岸北上经陶乐越过黄河,抵石嘴山市,沿贺兰山东麓南下,经平罗、贺兰、银川、永宁、青铜峡、中宁抵中卫,过黄河趋往西南,长城自景泰西行,经古浪、武威、民勤、永昌、山丹、张掖、临泽、高台、金塔、酒泉,至嘉峪关,止于祁连山支脉文殊山北麓。在甘肃古浪南出一段长城沿庄浪河东岸经乌鞘岭、天祝、永登,抵达兰州。此外,贯穿宁夏南部同心、海原的固原镇长城,除发现数座古城与下马关遗址及相连的30多公里长城夯土墙体外,大都已无遗迹可寻。这四镇长城城墙以土筑为主,多石山区用石砌或土石合砌,堑壕、山险墙也有发现。墩台、城墩、烽燧和城堡遗址仍可觅,名关"嘉峪关"独立于广漠之中,目前已修复并向游人开放(图五)。

图五 河西走廊明长城

综上而言,历史上长城跨山越谷、蜿蜒曲折。在地形的选择上有一定规律性,一般建于高山峻岭之上或河流旁,均是利用自然环境为其防御服务。建在高岭上可以增其高,位于河流旁又添设了一道天然的堑壕屏障,充分反映出古代劳动人民的聪明才智。在修筑上自始至终贯彻了就地取材、因地制宜的方针。在黄土高原上以黄土夯筑为主,多石的山地则石砌,或以石砌两侧,中间实以碎石砂土,或以石砌基,上筑土垣。在戈壁、沙漠、草原地带往往采用堑壕形制或者三道堑。遇高坡、峭壁、河流则加削切成劈山墙,加筑山险墙。随着建筑材料的改进,至明代则普遍采用砖墙,尤其是蓟镇诸重地。砖的制作精密,城墙高大坚固,骑墙的墩台因墙的负重能力增加而如林耸立,加强了长城的防御功能。砖墙的使用在长城构筑史上是一大进步。

长城是一道军事防御线,为了增强防御能力在沿线还设置烽燧、障城、坞壁、边堡。烽燧建于长城上,或沿长城线分布,一般多在内侧,有的烽燧延伸向驻兵的戍城和卫所。烽燧呈圆形或方形，其间距视地形而定，以能彼此望见烽烟为度，0.5—10余里不等。长城也是一条中国文化地理的分界线，中国历史上各个朝代兴筑的长城，都具有区分文化地理的意义，通过长城把以农业为主的文化与游牧为主的文化人为地割裂开来。农业民族建立的政权这样做了，游牧民族建立的政权同样也有这样的举措。而且还出现了"金界壕"等不同特色的长城。随着长城的南移和北移，中国的文化地理也相应地出现了变化，各种文化的交流呈现南来北往的反复过程。中国古代民族融合过程中各种独特的现象的出现也与这种文化地理的变迁有关。

四、国外长城

长城并非只有中国才有，世界上与秦汉王朝同时代的罗马帝国也有。在世界其他地方也有因同样需求而建立起的防御性建筑。实际上，古代欧亚农耕文明地区各自为了防御北方"蛮族"入侵，不仅东方的秦汉王朝有长城，西方的罗马帝国几乎在同一时期也建造了长城。至于两者之间有何关系还值得探讨。朝鲜高丽王朝曾筑起高墙抵挡契丹人，罗马帝国也在英国修建长城以区隔异族，耶路撒冷周围的城墙更是见证了历代不同民族、不同信仰者之间的利益争夺。

公元前457年，古希腊的雅典城与重要的海港比雷埃夫斯之间有一条宽阔的直道，为了保障战时雅典的出海口安全，雅典人就在其直道两旁修筑了两条共计长达79里的"壁垒"。这是目前所知欧洲最早类似长城的防御体系。古罗马曾是称雄欧亚非大陆的帝国。但是为了抗衡北方的日耳曼人，罗马皇帝也下令修筑了多条长城，如黑海沿岸、多瑙河流域的"日耳曼防线"以及大不列颠岛上的"哈德良长城"等。日耳曼防线亦称"罗马壁垒"。那是当时罗马皇帝势力发展到地中海北岸广大地域时，为了防止日耳曼人的南侵，便动用大批人力、物力在黑海沿岸、多瑙河以及莱茵河流域修筑了几道巨大的土墙，全长约500公里。大不列颠岛上的长城有两条，即"哈德良长城"与"安敦尼长城"。当古罗马势力继续向北扩展到大不列颠岛上之后，为抵御北方民族的入侵，罗马皇帝便下令在今英国境内的苏格兰与英格兰的交界地带修筑了一条蜿蜒的土墙，当地人称之为"哈德良长城"。该长城西起爱尔兰海，东到北海，把大不列颠岛一分为二，全长约

200公里,修筑时间为公元117年。当哈德良长城修成后不久,罗马军队继续向北部扩张势力,于是在福斯—克莱德地峡上又建了一道长50多公里的新长城。但它未能像哈德良长城那样保留至今,在战乱中被摧毁了。

罗马帝国与秦汉帝国同样处于政权强大的统一时期,不约而同地采用修建长城的方式来加强边疆地区防御。2世纪古罗马的边界防御设施——罗马边墙(Roman Limes),属于与中国长城相同性质军事防御工程。罗马边墙全长超过5000公里,从英国北部的大西洋海岸开始,贯穿欧洲黑海,延伸至红海和整个北非大西洋沿岸。罗马帝国以罗马边墙划分与自由日耳曼族的边界。然而罗马帝国的长城修建并没有被继承,其原因何在呢?罗马帝国的统治,对外省份的统治者主要是通过地方军阀家族以及那些表示臣服的当地政治势力来实现。罗马统治者对外省失去统治力时,外省的实权拥有者便纷纷独立,发展成众多的独立国家。罗马帝国依靠军事征服保障下的法律进行管理,缺少中国文化中对统一的追求和行之有效的郡县制等政治制度。所以,随着罗马帝国的军事解体,政治的统一也就不复存在。在这样的背景下,处于分裂状态的欧洲,自然不再有修建长城的必要了。与同时期的罗马帝国不同,秦汉王朝之后的各个时期,为了继续在全国推行郡县制、实行中央集权统治,特别是北方的少数民族一直比较强势,始终是中原王朝的心腹之患,长城就需要继续沿用和修建。

在今天的伊朗境内有一条长城,建成于公元5—6世纪之间,是伊朗萨珊波斯王朝为了抵御外敌入侵而建的长城。该长城因位于戈尔甘(Gorgon)地区而得名"戈尔甘长城",又因其翻新后的墙块颜色为红色被称为"红蛇墙",由泥砖、烧砖、石膏、砂浆以及黏土筑成。绵延近200公里,宽10米,高3米,西起里海一直延伸到东边的皮什卡马山脉,每10—50公里处就有一个防御要塞,整座长城沿线有30多座,防御非常严密。当时的波斯帝国正处在如日中天的时期,一再西征虚弱的东罗马帝国,试图开疆拓土。然而,帝国也有无法击败的敌人,那就是北方强悍的白匈奴人。白匈奴人只是西方史学家给这个部族起的名字,其正式名称叫嚈哒人。他们是中亚的塞种人部落同大月氏人融合的产物,起源于塞北,公元4世纪70年代初越阿尔泰山西迁粟特,其政治中心在今天的阿富汗。在南北朝时期,白匈奴人与柔然联合,广泛活动于阿尔泰山脉以西的地方,侵略当时处于衰落中的贵霜王国,扩展其势力于波斯,并将波斯击败。为了一劳永逸地抵挡白匈奴南下,波斯国王下令在戈尔甘地区修起城墙,并驻扎了大约3万名士兵来保卫。同时戈尔甘长城南面,波斯人开掘了一些运河来方便后勤运输,其中一条长约50公里长的运河专门将戈甘鲁德河里的水引到长城内。一方面,将水引入作为长城防卫的附属品,成为骑兵难以跨越的障碍;另一方面,发达的水路也可以将内地的粮食和士兵源源不断地运往戈尔甘长城要塞,不仅解决了物资保障问题,也方便了人们的生活用水。

可以看出,长城作为一种防御体系,在中外历史上均存在,并发挥了重要的作用。

第一章 秦长城研究现状

在古代的文献、志书中有不少关于长城的记载,然而开长城研究先河的应首推明末清初的顾炎武,他在《日知录》的《长城》,以及《京东考古录》的《考长城》《考楚境及秦长城》中对东周至隋的历代长城进行了文献考证,并提出了长城修建的起源是由于"战国井田始废而车变为骑,于是寇钞易而防守难,不得已而有长城之筑"。[①] 民国以来,研究长城的专著和论文开始出现,不过这些论著,除极少数有实地考察外,一般尚停留在文献的考证上。中华人民共和国成立后,长城的田野考古调查逐渐展开,尤其是20世纪80年代后,国家文物局为配合《中国文物地图集》的编纂,在全国开展文物普查,长城被列为其中一项重要的内容。特别是从2007年开始由国家文物局、国家测绘局联合进行的全国长城普查是最彻底的一次,由此摸清了全国长城的家底。随后,有关长城的考察专著和考古报告大量出版,取得的成绩比过往的总和还要多。长城已走出了少数人研究的学术殿堂,形成了一门学问——长城学。

一、秦昭襄王以前长城研究现状

春秋战国时期是中国古代社会重要的转型期。进入春秋时期,周王室逐渐衰微,周天子地位每况愈下、徒有虚名,已无力控制诸侯国。各诸侯国为了自身利益,扩军备战,彼此征伐。特别是进入战国时期后,战争的目的、性质发生巨大变化,诸侯国间的兼并战争变得更为频繁、更为残酷,因此各国在开疆拓土的同时,纷纷开始修建长城来巩固边防,从而进入长城修筑的高峰期。

公元前770年,秦襄公因护送周平王东迁有功,被周平王分封为诸侯,从此

---

① (清)顾炎武著,陈垣校注:《日知录校注》卷三一《长城》,第1800页。

秦人的历史进入发展的快车道。秦穆公时期独霸西戎，令东方诸国刮目相看。战国初期，秦国占有今陕西关中和甘肃东南部，但秦国自厉共公以后，经躁公、怀公、简公、惠公等统治时期，因常常发生内乱，国力削弱，不断遭到外部攻击。当时对秦国威胁最大的是三家分晋后的魏国和赵国，于是秦修建了"堑洛"和"上郡塞"长城。直到商鞅变法后，秦国国势日盛，不断东进，开始了对中原的兼并战争，不断蚕食各诸侯国领土。

秦国在不断东进的同时，也要防止后患，遂不断地用兵于西北方的戎族，其中义渠戎是西戎中最大的一支。义渠和秦国的关系最为复杂，义渠对秦国时叛时降，两者斗争也较为激烈。据《史记》记载，厉公"伐义渠，虏其王"；[①]惠文王"遂拔义渠二十五城"；[②]直至"宣太后诈而杀义渠戎王于甘泉，遂起兵伐残义渠"后，[③]秦国才把周围大小戎族吞并。秦国在灭掉义渠，设立陇西、北地、上郡后，便修筑了一条长城，以抵御西北方游牧民族。由于此长城是在昭王时期修筑的，所以后人多称为秦昭襄王长城。

除了秦昭襄王长城，战国时期秦国是否还修筑其他长城，史籍中并无明确的记载，史家也多有争论，主要有以下认识：

彭曦认为，秦厉共公十六年（前461年）修筑了"堑河旁"长城；秦灵公八年（前417年）有"城堑河滨"长城，[④]《长城遗存》一文中有同样的看法。[⑤]

姚双年认为，秦灵公九年到秦简公六年之间，即公元前417—前409年之间，秦国在今陕西省合阳县修筑一条防御魏国的长城。[⑥]

史念海、彭曦等均认为，秦简公时期修筑了一条防御魏国的"堑洛"长城。[⑦]

[①] （汉）司马迁：《史记》卷五《秦本纪》，第199页。
[②] （汉）司马迁：《史记》卷一一〇《匈奴列传》，第2885页。
[③] （汉）司马迁：《史记》卷一一〇《匈奴列传》，第2885页。
[④] 彭曦：《十年来考察与研究长城的主要发现与思考》，《长城国际学术研讨会论文集》，吉林人民出版社，1994年。
[⑤] 《长城遗存》，《文博》1997年第3期。
[⑥] 姚双年：《陕西合阳县新发现战国时期秦长城》，《考古与文物》1993年第3期。
[⑦] 史念海：《黄河中游战国及秦时诸长城遗迹的探索》，《陕西师范大学学报（哲学社会科学版）》1978年第2期，又载《河山集·二集》，生活·读书·新知三联书店，1981年；《中国长城遗迹调查报告集》，文物出版社，1981年；史念海：《论西北地区诸长城的分布及其历史军事地理》（上篇），《中国历史地理论丛》1994年第2期；彭曦：《秦简公"堑洛"遗迹考察简报》，《文物》1996年第4期；史党社、田静：《追寻秦昭襄王长城》，《文博》2004年第6期。

史念海、彭曦、马建华、张力华、姬乃军、史党社、田静等指出,秦惠文王时期修筑了"上郡塞"长城。①

由于秦国修筑长城距今年代久远,长城遗迹破坏严重,加之文献匮乏,所以学术界形成了不同的认识。笔者通过对文献资料及历年来秦长城的考察发现,对研究成果进行梳理。

(一)"堑洛"研究现状

关于秦简公"堑洛"性质,学术界至今尚有很多争论,是秦昭襄王长城研究之外最受史家关注的问题。史念海、彭曦等认为"堑洛"就是沿洛河修筑的长城,但瓯燕、叶万松等则持反对态度。

1. 有关"堑洛"的文献记载

《史记·秦本纪》载:"简公六年,令吏初带剑。堑洛,城重泉。"②

《史记·六国年表》载:"简公七年堑洛,城重泉。"③

《三秦记辑注》云:"堑洛在蒲城东五十里,秦筑长城即堑洛也。"④

2. 相关调查及研究成果

今人对秦简公"堑洛"性质较早作出判断的是史念海先生。他认为:"'堑洛'的'堑'是掘的意思,这里所谓的'堑洛'是削掘洛河岸边的山崖。这是修筑长城的一种方法。"⑤

彭曦于1991—1993年,先后三次沿洛河徒步考察,在大荔、蒲城、白水等县均发现"堑洛"遗迹,尤其以蒲城、白水最为丰富,进一步证实了关于"堑洛"长城的说法。⑥

陈平认为,尽管"堑洛"本身从字面看不含修筑长城的意义,似乎"也可能是一项水利工程",但若考虑到它正处于秦、魏战国早、中期近百年军事对峙的分界线

---

① 史念海:《黄河中游战国及秦时诸长城遗迹的探索》,《中国长城遗迹调查报告集》。
② (汉)司马迁:《史记》卷五《秦本纪》,第200页。
③ (汉)司马迁:《史记》卷一五《六国年表》,第708页。
④ (清)张澍辑,刘庆柱辑注:《三秦记辑注》,三秦出版社,2006年,第107页。
⑤ 史念海:《黄河中游战国及秦时诸长城遗迹的探索》,《陕西师范大学学报(哲学社会科学版)》1978年第2期。
⑥ 彭曦:《秦简公"堑洛"遗迹考查简报》,《文物》1996年第4期。

上,而所堑洛右岸断崖又正对着东面强敌魏军,近侧的烽燧、戍守城塞等军事防御工程也由东向西往秦国腹心延伸,可大体确立其为秦长城。[1] 张文江认为洛水流经大荔以北的河段过山沟处多、经平原处少,所以堑削处多、夯筑长城少,这是太史公不云筑长城曰"堑洛"的原因。好多处的洛水都是从河西崖底流过,土石崖陡峭,这绝非洛水长期冲刷所致,而应有古时人工堑削的成分。在澄城、蒲城、白水交界处的三眼桥、坊家河、任村一带长达10多里的洛水西岸,全是如此。"堑洛"长城是秦国在失去河西地后退至洛水西岸,依洛水所筑的最后一道防线。[2]

聂新民也提出了类似的看法,他认为"堑洛"是秦简公沿洛河西岸挖掘的堑壕,可能还把挖掘出的土夯筑于壕的西侧成垣垒。他并未直接指出"堑洛"为长城,只是在所绘图上注明为"简公堑城"。[3]

瓯燕、叶万松在《"上郡塞"与"堑洛"长城辨》一文中,从三个方面对"堑洛"长城说进行质疑。第一,从字面解释上看,"堑洛"不含有筑长城之意。当然,用堑山的办法修筑山险墙也应是可以的。所以"堑洛"当解作挖掘、疏浚洛河、削整洛河两岸陡壁,使之有利于防御,但也可能是一项水利工程。如果说秦简公"堑洛"是修筑了一条长城,那么,秦厉共公十六年(前461年)"堑河旁"、秦灵公八年(前417年)"城堑河濒",难道都在黄河滨修筑了长城?第二,对《太平寰宇记》中有关"堑洛"记载进行了质疑。他们认为《太平寰宇记》中引《史记》云孝公九年筑长城,实为孝公元年魏筑长城,后人多已指出。简公二年堑洛,亦六年或七年之误。故云"自郑滨洛"等,也应指魏长城,与堑洛无关。至于所引的《三秦记》,大约成书于汉魏时,今书已佚。清张澍辑录成《辛氏三秦记》,有关蒲城长城条下:"长城在蒲城东五十里,秦筑长城(《舆地志》)。澍按:《寰宇记》秦孝公九年筑长城。简公二年堑洛。今沙苑长城是也。"可见《三秦记》并未以蒲城长城为堑洛长城。《太平寰宇记》著于宋太平兴国年间,距秦简公时已近一千四百年,记述、理解附会的错误在所难免,显然不能作为确定堑洛长城的依据。第三,从文献中考证,认为一些学者推定的"堑洛"长城经由路线的某些地段与当时秦晋形势不甚符

---

[1] 陈平:《关陇文化与嬴秦文明》,凤凰出版社,2004年。
[2] 张文江:《渭南地区秦魏诸长城考辨》,《文博》2004年第1期。
[3] 聂新民、聂莉:《秦简公堑洛及相关的历史地理问题》,《秦文化论丛》(第十一辑),三秦出版社,2004年,第256页。

合。《史记·六国年表》载：秦简公二年（前413年），"与晋战，败郑（今陕西渭南华州）下"。《史记·魏世家》载魏文侯十六年（前409年）"伐秦，筑临晋（今陕西大荔）、元里"。魏文侯十七年（前408年）即秦简公七年，"西攻秦，至郑而还，筑雒阴（大荔西南）、合阳"。郑、临晋、雒阴都在推定"堑洛长城"之西，尤其是临晋、雒阴，魏文侯已于公元前409、公元前408年筑城，秦不可能于公元前408年（简公七年）在其东筑长城而把魏国的两成包围在自己的领土范围内。第四，引用一些考古调查资料，认为洛河右岸一些长城若是秦长城，也不一定是"堑洛"长城。大荔境内早见的秦长城或是"秦筑高垒以临晋"的高垒。不过该秦高垒或长城应修于魏文侯十六年（前409年）魏筑临晋之前，而不是秦简公七年（前408年）"堑洛"。蒲城、白水的长城或是魏长城的一部分。[①]

史党社在《陕西渭南市的秦魏长城及城址考察》一文中对"堑洛"也进行了质疑。首先，从长城的定义上对"堑洛"进行了质疑。一般意义上讲，长城的主体是土石墙体，一个防御工程如果没有土石墙体，则不能称作长城。因此从这个原则上讲，史念海、彭曦认为"堑洛"为修筑长城，证据是薄弱的。其次，通过三个方面对史念海所持"堑洛"长城说进行质疑。第一，他所认为的"堑洛"长城的起首处——华阴县小张村一带的所谓长城遗迹，已经被证明是阴晋故城的一段城墙遗迹。即使呼林贵等先生认为，华阴县城西的魏长城沿用了秦长城的起首段，仍有待考证。第二，在今天洛河西岸、蒲城县钤铒镇东北，有两个城南村——北城南、南城南，史念海先生以为乃长城由此经过的证据。关于城南村名的由来，也有可能是由晋城地名而来。因为，城南村位于今晋城东南。晋城一地，由来已久，相传为春秋时代晋公子重耳出亡于蒲所筑；或说晋国建立以防秦穆公。后世有晋城镇，有内外两重城墙，若干年前犹存。现今在村西北还有夯土城墙遗迹。另外，秦简公"堑洛"同时，还在此筑重泉城，地方也在晋城一带，很可能沿用了晋城城墙。所以，城南村之命名，也有可能是由晋城、重泉而来，而与长城无关。第三，史先生所举的实证材料偏少。在史先生所举的三种实证材料中，蒲城县平路庙乡阿坡村一段，只有三、四百米，过于短促。在大荔县西北的党川村一带，也有长城遗址，与蒲城县东南阿坡村的长城遗址隔河相望，史党社断定，这两段长城

---

① 瓯燕、叶万松：《"上郡塞"与"堑洛"长城辨》，《考古与文物》1997年第2期。

本是一条长城，可以连接起来，而且本来就是秦长城，后来被魏长城利用。今天的大荔县西北党川村一带，是向南突出的源头，与西、南两个方向的地方有三、四十米的高差，魏国利用这里的地势修筑长城，守卫河西地，已经断无可疑。但与秦长城的关系，还需要重新考虑。可见，史先生关于秦长城的实证材料是缺乏的。他通过对蒲城县东部蔡邓乡水电站、西头乡政府、钤铒镇（已并入龙池镇）所属旧钤铒镇一带的三处地点进行踏查，发现彭曦文中所举材料今天不是业已消失，就是与考察结果不符。据彭曦云在今蒲城县东北蔡邓乡西南水电站一带的洛河岸边，有"堑洛"与戍守遗迹。我们对洛河岸边与水电站南2公里的范围内，进行了仔细踏查，在洛河右岸台地与原顶部，除了发现大量瓦片外，并无长城遗迹，或许经历十年的风雨与人为破坏，这里长城遗迹早已不存。发现的大量陶片，主要是细绳纹陶罐残片，据当地人介绍，是用来埋葬逝者骨灰的容器。但以质地、花纹判断，应是较早时期的遗物，彭先生以此判断此有戍守遗迹，或当有据？在水电站南洛河岸边，并无明显的铲削迹象。倒是在洛河边上，有许多类似夯土的淤积层，若不仔细辨认，很容易会误以为夯土而被看作长城。这种淤积层是由于雨水的冲击作用形成的，厚度在10厘米左右，又由于年代的久远，每层因质地不同，留下了明显不同的风蚀痕迹。这种淤积层很可能就被彭先生误认为是夯土遗迹，是长城墙体。在晋城—钤铒一带的上堡村一带有"堑洛"长城遗迹，晋城周围有烽燧遗迹。上堡村，村名应为堡上村，彭先生笔误。堡上村位于晋城东南约1.5公里处，东边仅紧邻洛河。经调查发现，今堡上村一带没有发现长城遗迹。倒是在村北的坟地一带、靠近洛河发现有一段南北向的夯土墙体，长约100米，圆夯，夯层厚6—10厘米，径14厘米，呈梅花状分布，排列十分整齐。在夯层中夹杂有其他时代的陶片，值得注意的是还有两块秦砖，由此断定本段墙体并非"堑洛"遗迹，依照地形判断，可能是历史上一要塞堡寨之类。彭先生报道，今晋城村西至于五更村、晋城村东南，有烽燧分布，但经调查发现，无论是从所谓烽燧的形制、方位、周围的遗物判断，不可能是"堑洛"同时代建筑。在洛河旁边发现的大量陶片，据史党社等在西头、晋城、蔡邓乡的标本来看，大部分则是汉代以后的，也不利于"堑洛"作为长城的判断。[①]

[①] 史党社：《陕西渭南地区的秦魏长城及城址考察》，《秦文化论丛》（第十辑），三秦出版社，2003年，第239—243页。

于春雷认为"堑洛"不是长城,也不是农业水利工程,只是秦国当时谨守严格津关之类的举措,所涉及的洛河段落是在可以渡河成为津关之处。①

综上所述,对于秦简公"堑洛"性质的判断,学者们有着较大的分歧。

3. "堑洛"背景研究

三家分晋以后,秦与魏对峙于河西地区。魏文侯任用李悝、吴起等进行改革,使魏国成为战国初期的军事强国。而与此同时,秦国因"厉、躁、简公、出子之不宁",宫廷政变多发,内耗严重,政局动荡,国力积贫积弱,处于中衰时期。自厉公十六年"堑河旁"始,秦转入战略防守期。《史记·魏世家》记载:魏文侯十三年(前412年)"使子击围繁、庞,出其民",《史记·六国年表》"使子击围繁庞,出其民",繁庞应为一地,在今陕西韩城。②魏文侯十六年(前409年)"伐秦,筑临晋、元里",临晋今大荔县;元里,今澄城县西南,亦秦河西地。魏文侯十七年(前408年)即秦简公七年,"魏西攻秦,至郑而还,筑雒阴、合阳"。同年,秦亦"堑洛,城重泉"。由以上战争形势不难看出秦与魏在河西的战争中,连年兵败失地,到简公七年失河西大部分土地而退守洛水西岸,依洛水固守。

聂新民对"堑洛"的背景做了解释,认为"堑洛"是秦简公沿洛河西岸挖掘的堑壕,与魏西长城同时修筑。这种双方夹洛河修筑长期对峙的防御工事体系,在先秦少见,出现这种情况有特定的原因。魏国修筑西长城和魏国总战略是直接相接的。魏国主要采取巩固西线、发展东线的战略,虽然魏国在河西取得巨大的进展,但魏国主要精力放在东面,不断举伐中山、齐、郑、楚、宋、韩等国,所以在西面还是以巩固防守为主。而秦国采取守势,是因为秦简公面临着一股潜在的反击力量,这就是灵公旧部和公子连,黄河、洛水间的有利地形再加上背后有魏国的支持,使得这股力量有了赖以生存的条件,时刻给秦简公带来压力。因此这条对峙线既是秦魏间的,又是简公、惠公与献公之间的防御线。③

4. "堑洛"长城南、北端及走向

史念海师经过考察与考证认为,此条长城南端达到渭河以南华阴的华山北麓,北端达到白水以北的黄龙山下,实际就是要凭借这条长城堵塞住华山和黄龙

---

① 于春雷:《秦简公"堑洛"考》,《考古与文物》2012年第5期。
② 王子今:《关于史记秦地名"繁庞""西雍"》,《文献》2017年第4期。
③ 聂新民、聂莉:《秦简公堑洛及相关的历史地理问题》,《秦文化论丛》(第十一辑),第254—255页。

山之间这个广阔的缺口,填补自然地形的不足。①南端起于华山之下、华阴县(今华阴市)东南小张村,东北行,越渭河,循洛河右岸西北行,至蒲城县北城南村越洛河,至大荔县长城村,再越洛河,仍循洛河右岸西北行,约止于白水县西北洛河侧畔。②

关于"堑洛"长城在渭河南段的路线有着比较大的争论。从现在考古调查和相关研究成果来看,渭河南岸存在两条长城。

第一条是华阴市西的一条,顺长涧河北上过渭河的长城。中国社会科学院考古研究所陕西工作队、史念海、陈孟东、刘合心、张文江、夏振英、呼林贵等均认为此条长城是存在的,并做了相关论述,但是对此条长城性质学者们却有着截然不同的看法。中国社会科学院考古研究所陕西工作队、史念海、陈孟东、刘合心认为是魏长城。而张文江认为是秦长城,并列出了两个理由:其一,华阴县西的长城滨长涧河西,是秦于公元前408年利用有利地形在渭南"堑长涧",魏不会犯兵家之大忌,背水筑长城于长涧河西。其二,华阴县东的长城经过阴晋古城,该城是魏攻占河西的最后一战时,即前408年"伐秦至郑"时所筑,已为魏地,秦怎能于此时筑长城于此呢? 所以,华阴县城东的长城才是魏长城,是魏国于公元前361年即秦孝公元年转入战略防守时所筑的"自郑滨洛"长城。③夏振英、呼林贵等更进一步指出,这条长城虽被大家确定为魏长城,但在之前应是秦简公六年所修的"堑洛"长城的南端部分,魏长城在这一段是沿用了秦长城。④

第二条便是史念海师所述,华阴县城东的一条,由城南小张村起,逶迤东绕,或断或续,经战国时期的阴晋故城遗址跨沙渠河东北,到渭河滩上。⑤对于史念海先生此观点,夏振英、呼林贵先生有着相反的看法,两位先生认为华阴县之东没有秦长城遗址可寻,更无跨"沙渠水"的长城遗址。《华阴县志》所讲的跨沙渠河的长城遗址实是把阴晋、定城和西汉京师仓城(即战国及秦时宁秦县城)遗址

---

① 史念海:《黄河中游战国及秦时诸长城遗迹的探索》,《中国长城遗迹调查报告集》。
② 史念海:《洛河右岸战国时期秦长城遗迹的探索》,《文物》1985年第11期。
③ 张文江:《渭南地区秦魏诸长城考辨》,《文博》2004年第1期。
④ 夏振英、呼林贵:《陕西华阴境内秦魏长城考》,《文博》1985年第3期。
⑤ 史念海:《洛河右岸战国时期秦长城遗迹的探索》,《文物》1985年第11期。

三者的部分残垣联系在一起了。华阴县之东没有秦长城遗址可寻,更无跨"沙渠水"的长城遗址。①

(二)"上郡塞"研究现状

关于秦国"上郡塞"的记载,见于《史记·张仪列传》:"(张)仪相秦四岁,立惠王为王。居一岁,为秦将,取陕。筑上郡塞。"②

关于"上郡塞"性质,学术界有不同看法,一些学者认为"上郡塞"为战国秦时所筑长城,一些学者则持怀疑或者否定的态度,至今并无定论。

1. "上郡塞"的调查发现

1988年,姬乃军等对陕西富县境内洛河两岸的长城做了考察,1991年又对富县境内洛河东岸的长城进行了考察。经过考察,调查人员推断富县洛河两岸的长城为战国时期秦"上郡塞"长城,是秦惠文王二年(前324年)修筑的防御北面赵国的军事防御工程。调查人员对此长城起止点、经行线路、修筑方法等问题进行了探讨。③

2. "上郡塞"长城相关研究

"上郡塞"长城的研究成果不多,主要见于史念海师《黄河中游战国及秦时诸长城遗迹的探索》一文。他认为:《史记》中"上郡塞"是战国时期秦国在洛河中游(今陕北富县)修筑的长城,为防御赵国而筑。通过文献考证和现存遗迹判断,在富县洛河两岸均有分布。东晋十六国时期,苻坚所建立的前秦政权曾设置过长城郡和长城县。《元和郡县志》三《鄜州》载,郡和县设在长城原上,而长城原由于这条长城而得名。这个长城原在现在富县、洛川两县间的洛河西侧。原上现无长城遗迹,不过既然以长城为原名,则本来有长城应是毫无疑义的。而且这里的长城应是这条长城在洛河以西的一段。据唐代《元和郡县图志》三《鄜州》记载洛交县东北三十里有秦长城。据宋代《太平寰宇记》三十五《鄜州》记载,洛交县东南四十里有秦长城。唐宋时期的洛交县就是现在的富县。又据清代嘉庆《洛川县志》记载,洛川县东北有崭绝的遗迹,疑是长城经过的地方。现在富县城西

---

① 夏振英、呼林贵:《陕西华阴境内秦魏长城考》,《文博》1985年第3期。
② (汉)司马迁:《史记》卷七〇《张仪列传》,第2284页。
③ 姬乃军:《陕西富县秦"上郡塞"长城踏查》,《考古》1996年第3期。

南两公里处洛河东侧的监军台,尚有一段长城遗迹,由监军台斜趋东南行,长750米。长城的筑成既是为了控制洛河河谷,自不会仅止于河谷平地。洛河西侧不远就是子午岭的余脉。当时的长城可能就直至山麓。如果这样的说法不错,则这条秦长城是筑在黄龙山和子午岭之间的洛河河谷,东西两端都至于山下。①

彭曦对战国时期秦国修筑的长城做了统计,认为秦国共筑有5条,其中一条便是"上郡塞"长城。② 马建华、张力华认为:惠文王更始元初年(前324)秦国已开始修筑长城。但是,这段长城到秦昭襄王时才修筑完成。③ 史党社、田静认为:战国时代的秦国,有三次修建长城的历史。第一条是秦简公七年(前408年)时所筑的"堑洛"长城,第二条是秦惠王后元二年(前324年)所筑的"上郡塞"长城,第三条是秦昭襄王长城。"上郡塞"长城位于今陕西北部的富县境内,基本上也是沿着洛水,呈东北-西南走向,东西两端分别至于黄龙山和子午岭两山之下。④

3. 对"上郡塞"长城的质疑

对"上郡塞"长城提出质疑的有景爱、瓯燕、叶万松等。

景爱在《中国长城史》一书中,从三个方面对史念海《黄河中游战国及秦时诸长城遗迹的探索》中所论述的洛河中游长城"上郡塞"进行了商榷。第一,对"塞"的含义进行了释读,认为"塞"的含义比较广泛,举凡山险、城堡等具有军事价值的自然实体和人工建筑,都可以称为塞。"筑上郡塞"应是指城塞而言,不能视作长城。第二,通过查阅《战国策·齐策五》,认为史念海先生所说定阳为赵国领土不正确,指出它本是秦国城邑,魏惠王曾围攻定阳,定阳或曾成为魏国河西领土的一部分。第三,河西地区对秦国威胁最大的是魏国,而不是赵国,赵国势力虽扩大到河西,但并没有到达洛河中游。因此,秦国在洛河中游筑长城防御赵国显然缺乏根据。⑤

---

① 史念海:《黄河中游战国及秦时诸长城遗迹的探索》,《陕西师范大学学报(哲学社会科学版)》1978年第2期。
② 彭曦:《十年来考察与研究长城的主要发现与思考》,《长城国际学术研讨会论文集》。
③ 马建华、张力华:《长城》,敦煌文艺出版社,2004年,第5页。
④ 史党社、田静:《追寻秦昭襄王长城》,《文博》2004年第6期。
⑤ 景爱:《中国长城史》,上海人民出版社,2006年,第157页。

瓯燕、叶万松在《"上郡塞"与"埝洛"长城辨》一文中,认为富县长城不会是张仪所筑的上郡塞。作者首先对"塞"进行了解释,认为"塞"应作边界讲,而将战国时张仪所筑的"上郡塞"释为上郡长城是缺乏根据的。并指出"上郡塞"似乎应该是张仪在拔取陕城后在上郡某地所建的要塞。通过对文献的梳理,分析秦国的形势,认为秦惠文王前后秦国和魏国、赵国相比较,表现出咄咄逼人之势。因此在秦强魏、赵弱的形势下,秦国无必要在已取得的上郡西边今富县筑一条长城以自限,富县长城不会是张仪所筑的上郡塞,而应该是魏长城的一段。①

张文江在其《渭南市秦魏诸长城考辨》一文中,认为今富县调查发现的长城,应是魏"自郑滨洛"长城的一部分,但未做论述。②

笔者认为,"上郡塞"是秦的长城,后文将详细论述。

(三) 合阳县、澄城县长城研究现状

1. 合阳县长城

1988年7月,姚双年、李双乾在陕西省渭南合阳县新池乡、和家庄乡一线发现了23处战国长城遗迹,并做了详细记录,通过研究初步判断为秦国长城。③

合阳县位于关中平原东北部的台原地带,北与黄龙山区接壤,西邻澄城县,东濒黄河,南为广袤的关中平原。新池乡、和家庄乡在该县中部,位处黄河的西岸。地形以台原为主,原面平坦,沟谷不多,有南北走向金水沟、南沟、井溢沟等。他们认为合阳境内所发现的长城既与魏国的西长城无关,也与秦国的"埝河旁""埝河濒""埝洛"没有联系,并从三方面做了解释。首先,该段长城遗迹在修筑方法上与魏国西长城不同。虽然魏国的西长城和合阳县境内长城均是就地取土,两壁加挡厚木板,中间填土夯实后,再一层一层地续高,但使用的夯具不同,魏国河西长城为圆形平底小夯。其夯层厚度不一,最薄层为5厘米,最厚层为15厘米,夯窝直径基本为5厘米,比较一致。而合阳县新池乡、和家庄乡一线发现的23处长城遗迹,使用的夯具却为方形平底大夯和圆形平底大夯。夯层的厚度也基本相近。况且,在合阳县境内有南北并行的两条战国长城遗迹,即北部的甘井

---

① 瓯燕、叶万松:《"上郡塞"与"埝洛"长城辨》,《考古与文物》1997年第2期。
② 张文江:《渭南地区秦魏诸长城考辨》,《文博》2004年第1期。
③ 姚双年:《陕西合阳县新发现战国时期秦长城》,《考古与文物》1993年第3期。

镇—皇甫庄乡—杨家庄乡一线的长城遗迹,其间距最近处仅30余公里,最远距离也不到60公里。魏国在如此小的区域内修筑两条并行的长城似乎不太合理。其次,该段长城遗迹在地形、地貌上与秦国的"堑河旁""堑河濒"长城不合。再次,该段长城遗迹在地理位置上与秦国"堑洛"长城不符。根据《史记·秦本纪》记载的秦晋、秦魏争夺河西的战争进程,推测这段长城应是秦国在秦灵公九年到秦简公六年之间(前417—前409年),为了阻止魏国军队从少梁南下而修筑的防御工事。现存长城遗迹从黄河西岸的东王乡起,向西经新池乡的南顺村、张家庄乡、秦庄村,越过金水沟,到和家庄乡的良石村、良石城村、长洼村、固池村,跨井溢沟继续西延,然后横过大峪河进入澄城县的雷家洼乡,与该乡的城墙头村、城郊乡长城头村的两段长城遗迹连接后不见遗迹。《中国文物地图集》对此条长城也有着详细的标注,从地图上看,此条长城延续到澄城县城东。[①]

主要遗迹有:其一,南顺村的六处遗迹:南顺村东南约600米处的公路北侧有一段长350米的战国长城遗迹,宽2米,高1.5米。夯筑,东西走向。南面夯土层较为清晰,层厚10厘米,夯窝为平底长方形,长30厘米,宽22厘米。土色黄白,质细坚硬。夯筑遗迹的东段伸入东面的冲沟中,东面不远处即河滩和黄河。南顺村南的公路北侧自东至西还有五处战国时期的长城遗迹。分别长620、30、40、54、61米,残高2.2—0.6米不等。东西走向,夯筑,夯层厚10—12厘米。夯窝为平底长方形,长30厘米,宽22厘米。除西边的一段位于一条无名小冲沟的东沿外,其余四段的周围均为平坦耕地。其二,张家庄村的四处遗迹:张家庄村东约2公里处的无名沟西沿,留存有15米长的战国长城遗迹,宽3.5米、高2米。夯筑,东西走向。其南面的夯土层较为清晰,层厚10—12厘米。夯窝的形状、大小和夯筑遗迹的土质,都与南顺村的战国长城相同。其东面隔沟与南顺村西边的那段战国长城遗迹相连接,北、西、南三面为平坦耕地。在该段长城遗迹的周围,发现三块残板瓦。板瓦为泥质灰色,外饰粗绳纹、细绳纹。由此向西沿张家庄村南的东西向公路北侧,又分别存在长167、65、28米的长城遗迹,其宽为1.5—0.5米不等,高为2.5—0.7米。其走向、夯层、夯窝、土质与前段战国长城遗迹相同。周围地貌除北、东、西三面为平坦耕地外,南面都有一些小冲

---

① 国家文物局:《中国文物地图集·陕西分册》(上),西安地图出版社,1998年。

沟。其三,张家村的四处遗迹:张家村南500米处有一段长102米的战国长城遗迹。宽1.5米,残高1米。夯筑,东西走向。夯层、夯窝、土质与张家庄村的战国长城遗迹相同。东、西两面为平坦耕地,南、北两面为约400米处,都有一条东西走向的小冲沟。由此向西大约间隔200米,分别有长95、28、52米的三处战国长城遗迹,宽2.5—1米不等,高2—2.8米不等。夯层、夯窝、走向、土质与前段战国长城遗迹相同。周围地貌,除西边的一段西、南两面邻近为沟坡外,其余三处仅南面700余米处有一些小冲沟,东面、北面为平坦耕地。其四,秦庄村的四处遗迹:秦庄村西300米处有一段长166米的战国长城遗迹,宽3.5米,高2.3米。夯筑,东西走向。夯层、夯窝、土质与张家村战国长城遗迹相同。但在该段长城的东段,筑有一方形城墩,宽5.7米,高2.3米。城墩东面邻近秦庄村,其他三面为平坦耕地。沿此段长城向西又有三段战国长城遗迹,分别长11.8、76、60米,宽为3.3—3米,高3.1—0.8米。夯层、走向、夯窝、土质均与秦庄村西的战国长城相同,四周均为平坦耕地。其五,良石村遗迹:良石村北约100米,沿金水沟西沿向西,留存有一段长达1 500米的战国长城遗迹,宽约6米,残高4米。夯筑,东西走向。夯层厚7—15厘米。夯窝为圆形,直径8厘米。土色黄白,质细坚硬。长城遗迹的南、北、西三面为平坦耕地。其六,良石城村遗迹:良石城村西北500米处有一段长为1 000米的战国长城遗迹,宽约7米,高2.6米。夯筑东西走向。夯层厚7—15厘米。夯窝为圆形,直径8厘米。该段长城遗迹的四周均为平坦耕地。西安—禹门口的公路在良石城村西自南向北穿过长城遗迹。其七,七一村长城遗迹:七一村西南约200米处有一段长达2 000米的战国长城遗迹,宽4—5米,残高3米。夯筑,东西走向。夯层厚6—10厘米。夯窝为圆形,直径7厘米。遗迹的四周为平坦耕地。西安—韩城的铁路自南向北跨长城遗迹而过。其八,长洼村遗迹:在长洼村西南300米处至良石城村方向,保存有一段长达2 000米的战国长城遗迹。夯筑,东西走向,下宽12米,残高3米。断面可见夯土层,层厚7—18厘米。夯窝为圆形,直径7厘米。遗迹四周为平坦耕地。其九,故池村遗迹:在故池村东北300米处有一段长为1 200米的战国长城遗迹,宽6米,高约4.7米。夯筑,东西走向。夯土层厚15—17厘米。夯窝为圆形,直径8厘米。该段长城遗迹的西、北两面为井溢沟,东面为一无名小冲沟。南面为平坦耕地。其西南方向数公里处即大峪河。

2. 澄城县长城

位于澄城县中部的台原地带,东西走向。地面上墙体多已无存,仅在城墙头村、长城头村发现夯筑墙体残段。雷家洼乡城墙头村东,现存断续墙体总长约2公里,基宽0.3—5米,残高1—4米,夯层厚7—12厘米。夯窝方形,边长30厘米,宽22厘米。城郊乡长城头村的一段长城长736米,基宽1—2米,残高0.5—1米,夯层厚9—12厘米,夯窝径10—12厘米。①

3. 澄城、合阳县战国秦长城质疑

史党社对其持怀疑态度,认为此条长城很可能是魏国在华阴—韩城那条弧形长城之后,由于魏国势力在河西的退缩所修的另一条长城。②

史党社认为,虽然姚双年说法有一定的道理,但是也存在两个疑点:一是与文献记载相异;二是与历史事实对比也不符。从文献记载来看,如辛德勇先生所引,③此条长城在宋《太平寰宇记》十八卷同州夏阳县条下说:"长城,魏惠王所筑以备秦"。宋之夏阳在今天的合阳县东南40里,而本书在合阳县下没有长城的记载,可见《太平寰宇记》所说的魏长城就是今天合阳县南部的这条长城,唐宋时期人们已经认为是魏惠王所筑的魏长城。从历史事实作推测,魏惠王此次所筑长城,当是十九年(前351年)"筑长城,塞固阳"的长城。固阳如张筱衡先生所说,④当是郃(合)阳之误。史书记载魏文侯十七年(前429年)"攻秦,至郑而还,筑洛阴、合阳"。合阳地在今合阳县东南黄河边上莘里村一带,正在这条长城的东端,与魏长城联合组成一道防线。此前秦孝公八年(前354年)的元里(今陕西澄城县南)之役,魏国大败,少梁亦被秦攻下。从元里到少梁,当无阻碍,河西地的北部已经被蚕食,魏长城北段的作用正在失去。随着魏在军事上的退缩,在韩城南部的魏长城以南再修筑一条长城,以把其他地方与城池保护起来,也是可能的。史党社也考察了良石乡的固池、七一、长洼村三地的长城。固池村长城遗迹位于固池村北,南面为广袤的合阳原,北为一流水冲蚀的东西向深沟。现可以看

---

① 国家文物局:《中国文物地图集·陕西分册》(下),西安地图出版社,1998年,第546页。
② 史党社:《陕西渭南地区的秦魏长城及城址考察》,《秦文化论丛》(第十辑)。
③ 辛德勇:《论魏国西长城的走向——与陈梦东、刘合心同志商榷》,《人文杂志》1985年第1期。
④ 张筱衡:《梁惠王西河长城考》,《人文杂志》1958年第6期。

到的夯土墙约有长100米,高4米,基宽3米。修筑方法系先挖筑沟槽为地基,再逐次夯筑而成,夯层下部较薄,为6—7厘米;上层较厚,以10—12厘米居多。七一村长城位于村中和东部,断续延伸约1公里以上。村中的长城有的被村民用作房基。村东一段,位于七一村半个城东,合阳至和家庄公路从中穿过,长度200米,夯层厚7—10厘米。长城沿七一村继续向东数公里,到达长洼村北约1公里处,这里可以目测的长度在2公里以上。长洼村一带的地形,是东西连绵的丘陵地带,长城位于丘陵北侧。丘陵现今被平整成梯田状,长城墙体就暴露在其中的一级土崖上,修筑方法为堑地为基、又取北(外)侧土夯筑而成,夯层厚10—12厘米。

与姚双年所调查成果相比较,两者主要是关于长城遗存的长度有较大差距,姚双年调查发现故池村处长城长1 200米,七一村和长洼村处长城均长达2 000米,出现这种情况的原因可能是和长城的破坏以及两者测量记录方式差异有关。

于春雷也认为:合阳—澄城南部的长城正是将河西区域分为南北两部分的军事分界线,是战国时魏国修建;该长城修建时间应该是秦国"东地渡洛"(前350年)至"东地至河"(前340年)期间;作用就是在秦国占有了河西北部后,守卫河西南部区域。①

笔者同意史党社、于春雷的观点,认为澄城县、合阳县境内的长城是魏国长城的一部分,不是秦长城,把这段长城定义为战国秦长城没有明显的史料依据,论证不够严密。

二、秦昭襄王长城研究现状

秦昭襄王(前324—前251年),即秦昭王,在位时间是秦历代君王中最长的。初由其母宣太后当权,外戚魏冉为相。公元前266年,秦昭襄王用范雎计,夺宣太后、魏冉等人的权,拜范雎为相。在位期间,秦昭襄王在政治、军事诸方面都建立了卓越的功勋,特别是军事方面,不断东进,连挫三晋、齐、楚等国,并灭掉东周,为秦国统一大计做出了杰出贡献。秦昭襄王在同中原诸国斗争的同时,也抽出精力对付西、北方的戎族,最终灭掉了对秦国东进造成后患的义渠,解除了

---

① 于春雷:《战国魏西长城的界定》,《考古与文物》2017年第4期。

秦的后顾之忧。灭掉义渠后，为了进一步防范西北游牧民族的骚扰，秦昭襄王在占领地设立了陇西、北地、上郡三个新郡，并修筑了长城，对于防止北方游牧民族的内侵、稳定后方起到了积极作用。秦昭襄王长城是文献记载中关于战国时期秦国修筑长城最为明确的一条。

(一) 考古发现与调查

中华人民共和国成立后，长城的研究进入一个新阶段。此前研究长城的重点放在历史文献的考证上，很少进行实地考察。随着国家对长城的重视，特别是20世纪70—80年代，在全国范围内展开了文物普查，一些学者、考古学家开始对长城进行实地考察，取得了丰硕成果。

秦昭襄王长城的考古发现与调查主要分为两类：一是全线的考察；二是区段考察。

对于秦昭襄王长城较完整、系统、综合性的考察和研究成果是彭曦的《战国秦长城考察与研究》[①]一书。彭曦1986—1988年先后四次徒步考察，从甘肃经宁夏、陕西至内蒙古，总行程一万多公里。最为全面地记录了甘肃定西市、平凉市、庆阳市、宁夏固原市和陕北区段的实地考察结果，并结合古文献对战国秦长城的地理位置、工程的数量规律与相关文化内涵、长城内外侧遗址的时代和数量变化、长城遗址中出土的建筑材料和其他器物等进行了科学的剖析和论证。被誉为"理论研究长城的第一人"。2007年后，国家文物局组织相关省份对中国早期长城进行实际调查，目前大多出版了调查报告，从而为秦昭襄王长城的研究提供了第一手的资料。

关于秦昭襄王长城区段性考察成果较为丰富，下面按省、市和调查时间的早晚顺序介绍如下：

1. 甘肃省

甘肃省境内秦昭襄王长城调查主要有以下七次。

1981年4月，陈守忠、陈秉璋赴甘肃省通渭县所属榜罗镇作重点调查。同年9月，陈守忠、王宗元、王楷又对临洮、渭源两县境内秦长城做调查。通过两次

---

① 彭曦：《战国秦长城考察与研究》，西北大学出版社，1990年。

调查,对所调查的长城线路、保存现状、相关遗存做了陈述,并对秦长城的起源以及所调查长城的修筑年代均作了论述,认为所调查秦长城为秦昭襄王时期所筑长城,它起自今临洮北三十里墩而不起自岷县。①

1981年7—10月,甘肃省定西市文化局抽调有关各县文物干部组成长城考察组,对临洮、渭源、陇西、通渭四县境内的战国秦长城进行了一次实地考察,基本查清了该市战国秦长城的起点和走向,认为所调查长城为秦昭襄王长城,长城首起于临洮县城北新添乡三十墩南坪望儿嘴。②

1984年6月,陈守忠与李并成对甘肃庆阳市镇原县、环县、华池县境内秦昭襄王长城做了考察,对长城线路、相关遗迹等做了论述,并认为陕西、甘肃两省边界之箭竿岭向东南方向,经边墙梁、城梁盖、南湾、营盘梁、长城(地名)、西梁,穿越省界入陕西吴起之梨树掌,至城墙(地名)止的一段长城为秦长城经明代重筑。③

1985年5—6月,甘肃庆阳博物馆李红雄、杨罕峰,华池县文化馆赵保州,环县文化馆道全耀,镇原县文化馆郑益清等,对庆阳市华池县的元城乡、乔川乡,环县的契川、环城、西川、虎洞、何坪、合道、演武,镇原县的三岔、马渠、武沟等12个乡镇境内长城分布、长城沿线主要遗迹与遗物等做了详细调查。并对长城的建制特点、长城修筑的年代做了论述,认为所调查长城为秦昭襄王长城,其中今华池县境内的长城,从贺家湾至营盘梁直至营崾岘这一段属明代复修。④

1994年7月,李璘对渭源县陈家梁境内秦长城遗址进行了考察;1995年8月,对临洮县长城岭秦长城遗址进行了考察;1995年11月,对陇西县长城梁秦长城遗址进行了考察;1995年10月,对通渭县长城湾和城墙梁秦长城遗址进行了考察。对调查地区长城位置、现状、建制、遗物等提出看法,作者认为所调查长城为秦昭襄王时期所建,从长城沿线遗物判断这段长城上起战国,下至东汉,一直都在实际使用。⑤

---

① 陈守忠:《甘肃境内秦长城遗迹调查及考证》,《历史教学问题》1984年第2期;陈守忠:《陇上战国秦长城调查之一——陇西段》,《河陇史地考述》,甘肃人民出版社,2007年。
② 甘肃省定西地区文化局长城考察组:《定西地区战国秦长城遗迹考察记》,《文物》1987年第7期。
③ 陈守忠:《陇上战国秦长城调查之二——陇东段》,《河陇史地考述》。
④ 李红雄:《甘肃庆阳地区境内长城调查与探索》,《考古与文物》1990年第6期。
⑤ 李璘:《甘肃境内秦长城考察纪略》,《丝绸之路》1996年第6期。

2009年国家文物局组织的全国早期长城调查,甘肃的秦昭襄王长城由西北大学文化遗产学院和甘肃省文物局共同承担,进行了扎实的调查,取得了明显的成果,考古调查报告即将出版。

2019年4月,岷县组织专业人员开始对秦长城遗存遗迹做全面系统考察。同年5月31日,中国长城学会常务副会长董耀会先生亲临岷县检查秦长城考察工作,调查结果在《中国长城博物馆》杂志发表。

除了上述七次调查明确说明为秦昭襄王长城外,还有一次调查值得注意,那便是顾颉刚先生于1937年、1938年两次对临洮、渭源、岷县等地的考察。调查发现秦长城自岷县折而向北,东行至渭源,又西北至今临洮,又北至皋兰,然后沿黄河进入宁夏,东北行。顾先生所述为秦长城,但并未说明是战国时期所筑还是秦统一后所筑,而张维华先生和吴礽骧先生则认为顾先生所述秦长城所起处岷县,当是秦昭襄王时期所筑。①

2. 宁夏回族自治区

宁夏境内秦昭襄王长城调查主要有以下四次。

第一次,宁夏回族自治区博物馆、原州区文物工作站对宁夏境内的部分战国秦汉长城遗迹进行了初步调查,对长城的线路、建制、遗物做了较为详细的论述。②

第二次,1984年5—6月,陈守忠、李并成对宁夏西吉、固原、彭阳境内以及甘肃庆阳市镇原、环县、华池境内秦长城做了调查。通过调查,基本摸清了长城线路,并对长城建制、保存现状、遗物、城墩做了相关论述,认为所调查秦长城为秦昭襄王时期所筑长城,它起自今临洮北三十里墩而不起自岷县。③

第三次,2006年,宁夏回族自治区所组建的长城调查组,对固原境内战国秦长城做了详细的调查。对固原战国秦长城主体(包括城墩)的起止地点、位置走向、形制结构、时代、保存现状及沿线的烽燧、障城、城堡、关城的长宽高,保存现

---

① 顾颉刚:《甘肃秦长城遗址》,《史林杂识初编》,中华书局,1963年;张维华:《中国长城建制考》上编;吴礽骧:《战国秦长城与秦始皇长城》,《西北史地》1990年第2期。
② 宁夏回族自治区博物馆、固原区文物工作站:《宁夏境内战国、秦、汉长城遗迹》,《中国长城遗迹调查报告集》。
③ 陈守忠:《陇上战国秦长城调查之二——陇东段》,《河陇史地考述》。

状以及毁坏因素等都作了详细调查。①

第四次,2009年国家文物局组织的全国早期长城调查,宁夏的秦昭襄王长城由宁夏回族自治区考古所承担,《宁夏早期长城调查报告》已经由文物出版社出版。

3. 陕西省

陕西省境内秦昭襄王长城调查主要有三次。

第一次,1988年,延安市文物普查队姬乃军、王沛、袁继民、袁继锋、宿玉成、吕军、王贵等在1987年延安市文化普查队调查的基础上,对该地秦长城又进行了一次实地考察,基本查清了该段长城的走向,并且对长城建制、长城沿线遗迹遗物做了论述。②

第二次,20世纪80年代,陕西省考古研究所陕北考古队、榆林市文物管理委员会对神木市窟野河上游秦长城进行了实地考察,详细介绍了窟野河上游长城沿线的地形地貌、长城走向、遗迹等,并认为此条长城是战国末期秦昭襄王时期所筑,从遗物也说明汉代还继续使用这道长城。③

第三次,2009年国家文物局组织的全国早期长城调查,陕西的秦昭襄王长城由西北大学文化遗产学院和陕西省考古研究院共同承担,《陕西早期长城调查报告》已经由文物出版社出版。

除了以上三次调查外,1990年9月,榆林市文管会在榆林巴拉素镇进行了调查,经过调查在乔家峁西发现了一段秦汉长城遗址。长城从红石桥乡的井界村西向东北蜿蜒曲折延伸至巴拉素镇乔家峁西侧的吴沙。长城为黄土夯筑,夯层的厚度为15—20厘米不等。夯窝平底印、半圆底印皆有,半圆形夯印的直径为9厘米,平底夯印的直径为20厘米。长城沿线两侧地面上遗留着大量的秦汉时期的遗物。其中遗留最多的是秦汉时期的建筑材料和生活用具残陶片。这些陶片的纹饰多为粗绳纹、篮纹、方格纹、麻点纹等。陶片质地为夹砂黑陶、灰陶、

---

① 冯国富、海梅:《固原战国秦长城调查》,《宁夏师范学院学报》2009年第4期。
② 延安地区文物普查队:《延安地区战国秦长城考察简报》,《考古与文物》1990年第6期。
③ 陕西省考古研究所陕北考古队、榆林地区文物管理委员会:《神木市窟野河上游秦长城调查记》,《考古与文物》1988年第2期。

夹砂灰陶等,但并未明确说明此长城的修筑年代。①

4. 内蒙古自治区

长城调查主要有三次。

第一次,史念海师对鄂尔多斯高原东部,即内蒙古伊克昭盟秦昭襄王长城做了考察,通过实地考察和文献考证,摸清了长城线路。②

第二次,1996年5月,李逸友前往内蒙古伊克昭盟,会同伊克昭盟文物工作站尹春雷对战国时期秦长城北段进行了实地考察,从而进一步肯定了文物普查成果,修正了史念海先生当时未能实地考察的长城部分地段的分布与走向。③

第三次,2009年国家文物局组织的全国早期长城调查,内蒙古的秦昭襄王长城由内蒙古自治区考古研究所承担,《内蒙古自治区长城资源调查报告——鄂尔多斯—乌海卷》已经由文物出版社出版。

(二) 秦昭襄王长城线路

经考古调查发现,秦昭襄王长城先后历经甘肃省定西市、平凉市,宁夏回族自治区固原市,甘肃省庆阳市,陕西省延安市、榆林市,内蒙古自治区鄂尔多斯市,具体线路如下:

1. 甘肃定西市

针对定西市的战国秦长城,陈守忠、甘肃省定西市文化局长城考察组、彭曦先后均作了考察。经过几次调查,现在甘肃定西市秦昭襄王长城整体线路清晰,调查者所述路线并无太大分歧,只是在长城西端起点问题上至今仍存有争执。一种观点认为起于今甘肃岷县,持此观点的大多是文献考证者;另一种观点认为起于今甘肃临洮,持此观点的大多是考古调查者,陈守忠、孙益民、王楷以及甘肃省定西市文化局长城考察组均持此观点。

陈守忠经过实地调查,发现渭源境内向岷县去的方向,无任何长城遗迹,并认为如果确实有则不可能毁坏净尽。还指出顾颉刚先生于1938年曾到过岷县,

---

① 戴志尚、刘合心:《榆林市境内新发现一段秦汉长城遗址》,《文博》1993年第2期。
② 史念海:《鄂尔多斯高原东部战国时期秦长城遗迹探索记》,《中国长城遗迹调查报告集》。
③ 李逸友:《内蒙古史迹丛考》,《内蒙古文物考古文集》(第二辑),中国大百科全书出版社,1997年。

也未找到长城。最后根据调查所得,明确指出秦长城不起于岷县。秦长城的确切起点,就在今临洮三十里墩的洮河边上。同时认为甘肃定西市的此条长城系秦昭襄王长城。[①]

1981年7—10月,甘肃省定西市文化局抽调有关各县文物干部组成长城考察组,对临洮县城北面新添乡三十墩南坪望儿嘴(亦称小坡头)进行调查时候发现,此处地面可见明显的长城遗迹,暴露大量的绳纹瓦片。同时据不完全的调查,不管从今岷县至渭源,还是从今岷县到今临洮之间,均未发现早期秦长城遗迹。同时认为这条长城筑于秦昭襄王时期。[②]

孙益民、王楷经过多年的调查,认为起于甘肃省临洮县新添乡三十墩村古洮河之滨的杀王坡,南距临洮县城15.6公里。并依据文献及所发现的涡纹、绳纹、网纹残瓦判断,此长城为秦昭襄王时修建,蒙恬后来加以修缮。[③]

彭曦经过调查后,认为现在甘肃境内秦昭襄王长城西首可觅的遗迹在杀王坡三级台地上,即梁头上的望儿嘴。但对于秦昭襄王长城西首在杀王坡的观点持怀疑态度。他认为,且不论现在依文献记载是临洮或岷县之争论,仅就常识判断,西首绝不会是今杀王坡。因为秦国陇西郡治就在今临洮县城附近,将长城远筑其北,目的是有效保护洮河河谷及内侧的秦版图。河谷自古至今乃交通要道,怎可会使长城放弃这河谷要津?故长城始筑之初,必修于山下洮河谷地。并依据对全线各河谷的考察,以及对内蒙古秦汉长城的考察,认为长城如果不能有效保护郡治河谷,绝不可能。故推测长城沿洮河岸还必有一段,至于从杀王坡山下河谷沿洮河东岸向南筑于何地,是否岷县,还需要再次实地调查。[④]

王宗元、齐有科指出,20世纪70—80年代以来,甘肃省及岷县的文物工作者对岷县文物作过普查,均未发现秦长城的遗迹;吴可谦为了寻找秦长城,到达过岷山顶上的山神爷庙,未发现秦长城的遗址。对岷县秦长城遗址进行考察者不乏其人,无论是当地的学者,还是外地的文物工作者、历史学家,至今对秦长城

---

① 陈守忠:《甘肃境内秦长城遗迹调查及考证》,《历史教学问题》1984年第2期;《陇上战国秦长城调查之一——陇西段》,《河陇史地考述》。
② 甘肃省定西地区文化局长城考察组:《定西地区战国秦长城遗迹考察记》,《文物》1987年第7期。
③ 孙益民、王楷:《万里长城西部起首于今临洮辩》,《兰州学刊》1982年第1期。
④ 彭曦:《战国秦长城考察与研究》,第2、259—160页。

的遗址仍然是"无能举者",所以最后肯定地指出,岷县境内没有秦长城,秦长城起于今临洮。[1]

调查成果表明,甘肃定西市秦昭襄王长城从临洮县城北新添乡三十里墩杀王坡处,沿东浴沟北岸向东南延伸,到达渭源县城以北,复向东经陇西县境的北部、东部,横贯通渭县境后进入甘肃平凉市静宁县,此段长城横跨渭河多条小支流的中上游地带,把东峪沟、咸河、鱼家峡沟、小干川、常家沟、苦水河、牛谷河等大部分都囊括在长城内侧。长城经过详细线路,由于各个调查者所使用地名不同,所以所述线路名称不尽相同,具体见下:

陈守忠认为,[2]长城从甘肃临洮县北三十里墩东面的小梁开始东行,至傅家北坪,经皇后沟,长城由沟北坡而下。再向东南方向走,长城经潘家湾、水泉湾,至陈家川子和上阳山中间下山,过沟至阴岔,在阴岔上新庄右面的平岔梁穿过,再经胡家湾,过一条大沟,经苏家鏊岘、穆家嘴、苟家嘴、窑儿沟,从罗家湾偏东的梁顶经过。经窑儿沟后长城到苍鹰嘴,然后从苍鹰嘴北面半山腰的李家湾经过,向东经蔡家岭沿山梁而下,至尧甸乡的花麻口,过沟经支家鏊岘,再过大禹沟,就到了尧甸镇北面的长城坡。由长城坡向东,即出临洮界,进入渭源县之庆坪乡。长城进入渭源县后,经关门湾、夹槽梨、孟家嘴、红土嘴、柴家山、太平滩,至庆坪镇之东北。长城过庆坪镇后,度关山,经自鏊岘、亲王寺,上渭源县城北面山梁。长城由唐家河北山向东走,经城壕里、壕坑,越过西岔沟进入陇西县。进入陇西后,由德兴乡南面东走,至福星乡北面之长城梁,再折为东北方向,从鸟龙沟北面山梁经过。从鸟龙沟至云田镇,过卤沟经碌碡坡、马莲滩、小于川至康家店梁。自陇西康家店梁向东南方向走,到四落坪川口,进入通渭界。由四落坪南面的城壕梁上山向东,至涧滩里转弯向北,由榜罗镇的下店子然后翻山越岭,一直向北,经潘家湾、文树川、城墙湾、第三铺南面之县城湾,转为东北向,再经马营东面的坡儿川,北城乡三北城铺,寺子乡之韦嘴村,由石峰堡出境,入平凉市静宁县之四合乡。

定西市文化局长城考察组认为,长城首起临洮县城北面新添乡三十墩南坪

---

[1] 王宗元、齐有科:《秦长城起首地——"临洮"考》,《西北师大学报(社会科学版)》1992年第3期。
[2] 陈守忠:《甘肃境内秦长城遗迹调查及考证》,《历史教学问题》1984年第2期。

望儿嘴。长城由此经南坪北庄，东上"长城岭"，沿山顶经陆家坪"城墙湾""万长岭"等地而下，过"皇后沟"、宿家坪、水泉湾，从水泉湾之南顺下阳岇［wā］山梁而下，由沿川子乡所在地北面经过，经王家山、临洮李家，伸延到塔湾乡糖房湾东南的蔡家岭上。然后经史家山北面下山，再上塔岇山、纱帽山，至县城东四十里铺田家坪北面的古树湾。再由古树湾西南面"长城梁"山口向东南，经李家湾和傅家湾西面的山梁到李家湾南面的制高点"娃娃垛垴"，然后长城依山南下至山脚上杨家山，经茨湾转向东南，直达尧甸乡"长城坡"，然后进入渭源县境内。长城自尧甸进入渭源县黎家湾乡的窦家湾，康家山南面，沿关山南下，过卢家后湾、白崖岇，到城关乡新林村老虎湾，沿山梁插向大石岔南面，经七圣乡所在地及汪家山达于"城壕队"，北过方家梁、红岘林场上高嘴山，转向东到池坪梁，再北经祁家坪南面之史家沟梁，北至康家崖湾北面，从上盐滩、下盆滩中间穿过，由野狐湾梁进入陇西县。①

进入陇西县德兴乡，在德兴、柯寨两乡交界处的胡家墩堡子北面直到福星乡长城梁。再由福星乡所在地东北经庞家岔东南的长城梁，沿红岘城壕山、兴平村陡岇生产队的范家坪后梁，越乌龙沟至云田乡杜家岔。经水泉乡、渭阳乡向东南延伸，经和平乡小干川、马儿坪入通渭县境内。经榜罗乡四罗坪南、平道村许家堡子。长城从许堡村岘背后下山后，过马家河、涧滩崖边下，翻桃园子梁，经下店子城壕地、四湾川，翻牛梦头梁过大河滩进入文树乡境，呈南北走向。然后，经焦家山从庄湾南面下山，由潘家河西面上城墙梁，翻梁经卢家嘴当庄，从涧涝来西面上山。翻山后从树儿岇东边下山过李家沟后，从红沟东面上何家坪的"长城坡"，进入第三铺乡"城墙湾"村姚家湾。姚家湾以北到郭家山一带长城遗迹不明显，到郭家山西面翻野韭菜湾即为第三铺的"长城湾"，从"长城湾"翻山到郜家岔梁后，长城经郭家山，过牛谷河，上史家山进入锦屏乡店湾的城墙梁，下山过大河沟上阳坡了山，经硬湾、贾岔、郭家岔到李家川。由此往东北经权家山、杨家嘴、卢家河、翻剪子崾岘梁，过北城乡周家嘴、黄家湾南面的"城壕梁"到陈家上湾。长城再翻过李家岔南面的那坡山后，即沿北城铺梁北经鲜家城壕、朱家湾沟、湾儿来、郭家山。过山从华刺沟东面进入寺子乡境内。上吊嘴山、过王儿河后在潘

---

① 甘肃省定西地区文化局长城考察组：《定西地区战国秦长城遗迹考察记》，《文物》1987年第7期。

家峡西面上"长城梁",经白崖迊、过贾家沟的"长城湾"。长城由此处翻山后从"长城梁"下山,过宋家河湾经山坪村上大营梁到张家湾。长城从张家湾翻山后进入静宁县田家堡乡陆家湾,经马家堡子高庙梁一直向东北延伸。

彭曦考察后认为,[①]今临洮县新添乡三十里墩杀王坡是其三级台地上,即梁头上的望儿嘴,长城遗迹从此起,沿洮河东侧支流大林河(又称大碧河)与洮河交汇处的原峁北缘修筑,将两河交汇的制高地势完全控制在长城内侧。由新添乡的南坪北庄转向东南方向,经长城岭、陆家坪东的城墙湾、皇后沟,八里乡的傅家北坪、城墙岭、郑家坪东之长城岭,沿川乡之下阳迊、长城梁、长城岭,八里铺乡的罗家湾、安家湾、窑沟,塔湾乡的蔡家岭、雷祖庙,尧甸乡的长城岭(史家庄)、花马沟、陈家坪、大峪沟、长城梁、田家坪、武家(又称武街)、尧儿坪沟、杨家山、池沟(又称茨沟)、长城(关门)、孟家嘴,出临洮县,进入渭源县庆坪乡。经窦家湾后,进入洮河流域和渭河流域的分水岭带。从窦家湾向东,经康家山,长城转折向正南方向。经芦家后湾、刘家尖山、黄家庄科、李家堡,转向东南,经上岔东、白崖迊,再转向东。经大河南、老虎湾、大石岔,越七圣乡的崔家河,经红岘、高家迊(县城至北寨乡公路73公里处)、郑家梁、池坪北梁、史家沟、祁坪、罗家湾、康家湾、长城岭、史家沟口,越过咸河。经上、下盐滩中间的马家坪、野狐湾梁,出渭源县进入陇西县。经德兴乡乌龙湾,从牛家川越过寒水沟(秦祁河支流),经鱼家嘴、庞家岔、白上岘、蒙家湾、长城梁、鹿鹤、红岘,沿栾家川南侧分水岭,经马营滩、新坪后梁、回岔长城梁、桌儿坪、长城梁,在云田乡(北三十里铺)北越过咸河、断岘堡河,经神家川,沿揭皮沟向东,经渭阳北、王家坪、董家岔、崔家湾,从小干川出陇西进入通渭县。经过榜罗乡四罗坪西之山脊后,完全爬出咸河流域而进入散渡河流域各支流的上游,由向东南转折而向东北转折。经榜罗乡的城壕梁、积麻川、付家岔南、庄湾、涧涝,越过潘家河,经南家坡东、文树川(阳山)乡,从树儿迊越过古城沟,经何家坪、长城坡、墩墩梁,过苦水河,经郭家山西的长城湾,进入第三铺乡。再经长城湾、下邰家岔。这一带又是一个各岔沟的小分水岭。再经郭家山,从王家河村越牛谷河,爬上通渭县至马营公路的山梁,经小湾村西、斜迊山、贾家岔、李家岔、李家川,越过中川河,经杨家、卢家河、周家湾、张家回岔、

---

① 彭曦:《战国秦长城考察与研究》,第2—32页。

北城铺(这里是牛谷河和金牛河分水岭的最高山梁)、鲜家城濠、朱家湾、郭家山、花刺沟、花亭、刘家窑坡,从潘家峡越过金牛河,爬上长城梁,过董家河的长城湾(当地也称长城梁),再经宋家河,从张家湾出通渭县,进入平凉市静宁县田堡乡西南的陆家湾。

2. 甘肃平凉市

陈守忠、彭曦两位先后进行过调查。二人均认为平凉市仅静宁一县有长城。但是两者所认为的路线有较大的分歧。陈守忠认为,[①]长城自通渭进入静宁县境后,由田堡乡之陆家湾折而向北,至上寨子经四合乡之吊岔,红四乡之张家峡、雷爷山、高界即界石铺乡之岔儿湾、高家湾,至原安乡之党家河、李堡出境,入宁夏西吉县。彭曦认为,[②]长城由陆家湾东行,过长城岭后,走甘沟川南岸台地,过王家堡、鲍家嘴头,开始沿葫芦河东岸北上,经村子河、陈家河、吕家河、张家崖、北峡口,从闫庙进入宁夏西吉县。

3. 宁夏固原市

宁夏回族自治区博物馆及原州区文物工作站、陈守忠、彭曦、冯国富和海梅等做了调查。主要有两个地方值得注意:一是长城从甘肃什么地方进入宁夏而至西吉县将台。宁夏回族自治区博物馆、原州区文物工作站没有说明具体地方,冯国富、海梅认为是从甘肃静宁县原安乡进入宁夏西吉,而陈守忠指出从静宁县原安乡之李堡村进入西吉县,彭曦指出从今静宁县顺葫芦河东岸,经北峡口后从闫庙进入宁夏西吉县;二是经过几次调查发现,长城在固原城北分了两道长城,多称之为"内城"和"外城","内城"和"外城"在明庄附近开始分叉,在沙窝处相汇。

宁夏回族自治区博物馆、原州区文物工作站调查认为,长城由甘肃境进入宁夏西吉县境内而到达将台、马莲乡后,沿着马莲川河一直东北上,经过红庄乡,穿过滴滴沟,到孙家庄南折而向东,过海子峡河到吴庄北,绕过原州区城西北五公里的长城梁、明庄、郭庄,到达清水河岸。清水河岸有内外两道长城,一道从海堡开始,绕乔洼过清水河到郑家磨,再沿河岸南下至陈家沙窝;另一道从海堡向东,

---

[①] 陈守忠:《陇上战国秦长城调查之一——陇西段》,《河陇史地考述》,第177页。
[②] 彭曦:《战国秦长城考察与研究》,第33—69页。

直插过清水河,也到陈家沙窝。两道长城合并为一,然后进入原州区东山,一直东南斜行经河川乡北,到城阳乡白岔、长城原,自叶家寨转向东北到孟源乡赵山庄、草滩、麻花坬后折而北出宁夏境,入甘肃省镇原县马渠乡的城墙湾村庄。

陈守忠认为,①长城在固原先后经西吉、原州、彭阳。长城自静宁县原安乡之李堡村进入西吉县后,由西南走向东北,从流入滥泥河的两条支沟中间的山梁上通过,经王民乡之李拐、南湾、高山上等村落,穿过滥泥河经石家窑坡抵达将台乡之堡子梁。过堡子梁后,长城进入葫芦河谷地。穿越葫芦河,东北抵将台镇之南。然后折向东,由马莲川河北岸的二级台地通过。经马家堡子、牟谢家、火家沟、上堡子、下堡子至马莲川乡。长城越过马莲川乡镇后,经陈家堡子、巴都沟被马连川水库截断。过水库即进入原州区之张易乡,沿马莲川河谷东去,至张易乡之黄堡村折向东北上山,经红庄乡之毛套子、达红庄,越红岘子山进入滴滴沟,沿沟谷东侧行,至沟口处又越沟上山,再经小沟口下山,即进入清水河谷之开阔地带。由滴滴沟出六盘山进入清水河谷,取东北走向,经中河乡之孙家庄、吴家庄、闵家庄,至明家庄东北,分为内外两道:一道经海家堡子向东,直过清水河至固原城庄之沙窝,是为内城;一道由海家堡子北面向东北行,经长城梁过王家堡,至郑家窑南穿清水河,是为外城。过清水河后即折向东南,至将近东山处与内城合而为一。长城绕固原城北过清水河,转向东南,爬上黄峁山,经背后沟,过文家大山坬,顺着小河川两条支沟间分水岭之南梁走,经乔家沟、黄家河、洞子台、黄家湾等村落进入彭阳县。进入彭阳县后,继续由小河川东北面的山梁东南行,经墩墩梁、里湾、侯家峁,又经过一个墩墩梁,至周堡梁,即折向正东,经西峁盖,过城阳乡、余崾岘、白岔,爬上长城原。取东南方向,经长城岭、乔梁、吴家岔、白岔壕抵长城村之白马庙,至涝池村之张沟圈,再折向东北达杨小庄。长城从杨小庄下原,经姚圈湾、三岔口、老压湾过柳家园,即达镇原县武沟乡之刘家堡。

彭曦认为,②长城从今静宁县顺葫芦河东岸,经北峡口从闫庙进入宁夏西吉县后,先后经黄家岔、玉桥、张结子、好水川口、单民、兴隆镇、谢家东坡、王家湾、韩家堡、将台,入固原市(今原州区)。长城由将台以90°的角度折向东,顺马莲河

---

① 陈守忠:《陇上战国秦长城调查之二——陇东段》,《河陇史地考述》。
② 彭曦:《战国秦长城考察与研究》,第69—100页。

河谷至马莲水库出西吉而进入原州区的张易乡。长城在张易乡境内仍沿马莲河上游南侧台地,取以河为池、以山为城的修建原则,至黄堡东转折为东北方向,过红庄后便进入滴滴沟。长城出滴滴沟至孙家庄、白家湾后折向东。长城从孙家庄东越过海子峡河之后,直趋东北清水河乔洼方向。经过吴庄、闵家庄至明庄西北,长城分为两道。形成"内城"和"外城"之分。内城从明庄过公路,便爬上固原西北5公里的一道顺向小丘陵上,经郭庄、十里铺过清水河后至沙窝。外城更向西北形成一个不规则的弓背状,经乔洼过清水河。过河后再折向东南至沙窝与内城合二为一。长城在沙窝过清水河后,爬上清水河与茹河(泾河上游支流之一)的分水岭。经阳洼以南、中庄(乔家沟)、上黄水库、王家崾岘、黄家而出原州区进入彭阳县境。经川口乡的黄湾以北、彭阳乡的姜洼、丰台、阳洼、崾岘(前洼)、陡坡子、李岔、城阳乡的瑶湾、白岔、乔渠、长城(白马庙)、祁家庄、张沟圈、小庄、施坪、从刘家堡子出彭阳,进入甘肃省庆阳市镇原县的孟庄原的孟庄。

冯国富、海梅认为,[1]固原战国秦长城跨越西吉、原州、彭阳3县。长城由甘肃静宁县原安乡境进入固原西吉县境,沿葫芦河东岸北上,经兴隆镇的黄岔、玉桥、兴隆至将台乡的东坡、保林、明荣、明台村折向东进入马莲乡境。沿马莲川河北岸东进,经牟荣、火家沟、张堡原、陈家堡子(巴都沟)村再进入原州区张易镇境。经黄堡(樊西堡)、阎关折向北,过红庄、越陇山(今六盘山),穿滴滴沟又进入中河乡油房沟村南(孙家庄)。又折向东过海子峡河,经吴庄西北行至苦井后进入清河镇的阎家庄。再经陆家庄、长城、明庄、海堡北侧分内外城。内城经海堡、郭庄向东经十里,过清水河至陈家沟。外城从海堡、郭庄,绕乔洼(南王堡),经郑磨过清水河至陈家沙窝。内外城合并后,又东南行过李家塔山、水泉湾进入喇家阳洼、蔡家洼至河川乡马家坪、海坪、上坪、母家沟、上黄,东南行至黄家河。沿骆驼河东南行入彭阳县古城镇境,沿小河川西南侧经田庄、郑庄进入白阳镇的袁老庄。经罗堡、小河口再北上,过陡坡村(杨湾、陡坡),再东行过白岔村(余崾岘、白岔、下岔)后,又进入城阳乡长城村的乔渠渠,过长城原,经祁庄过涝池村的张沟圈折向北至杨小庄。沿沟东侧北行至孟源乡虎山庄的施坪,再北行经赵山庄、草滩(与甘肃镇原武沟乡孟庄的白草洼)交界处,过沟至韩家台,又北行进入马崾岘

---

[1] 冯国富、海梅:《固原战国秦长城调查》,《宁夏师范学院学报》2009年第4期。

(东侧为镇原县马渠乡的城墙湾)。又过沟至孟原乡张家湾、玉原村(麻黄洼、糜岔原)。再过马渠乡的山庄湾后,经孟原乡的牛耳原进入甘肃镇原县境。

4. 甘肃庆阳市

进入甘肃庆阳市后的秦昭襄王长城走向,陈守忠、李红雄、彭曦等进行了调查。三人均认同秦长城在庆阳市先后历经镇原、环县、华池三县。但在镇原境内的认识上存在差别,即长城在安家川河沿岸的线路认识不同。

陈守忠认为,[1]秦长城由宁夏彭阳县之柳家园进入镇原县武沟乡孟家原之刘家堡村,穿孟家原最窄处,仍取东北走向,经白草山、城墙梁、过彭阳县之韩家台(彭阳、镇原两县边界,在此段成犬牙交错状),再入镇原之城墙湾,转为正北方向,又穿过彭阳县之张家山、赵寨子两个村庄,至镇原之米岔原。过马渠乡之前山壕、乔岔墩、白草山,越大岔崾岘直抵三岔乡之水磨沟,由这里穿过安家川河,折而向东,由该河北面的山梁,经高庄、许家台、上庄坪至三岔乡驻地北面二里许之黑刺山,再折向东北,经黄坪湾、周家庄东面的山梁,越过火地梁进入环县境。至演武乡之上畔村,越石嘴山,过康家河,顺着河东面的山梁北走,经枣树渠、海子台抵刘坪,继续北走过墩墩沟、墩湾、墩墩山,爬上党家岭,越过合道川,经墩墩山、后梁、柳沟渠至常崾岘,再转北东向,过杨家崾岘、堡山梁、半个城,复折向东北,顺着城西川东南岸的山梁走,经段家台、堡子梁、堡子湾、贾家崾岘、汤家原、沈家原、东台坪、半路湾、生地湾、沈老庄至玉皇山,下山即进入环江谷地。由环江西岸之城子岗,横越环江东北行,经宋环州古城北侧,跨上山梁,经沈家沟门、前崾岘、吊子园、苏家掌、堡子阴山,穿李家原,过李白岔、薛家原,经曹崾岘达樊川乡之长城原,顺原向北延伸,至显神庙折向东北入华池县境,东北向经过太湾、住台子、五掌梁,折向正东,由缺角城南面过安川河,经章桥拐沟梁、营盘山、长城(地名),即达陕西、甘肃两省边界之箭竿岭。由箭竿岭沿陕、甘边界甘肃的一侧,仍有长城向东南方向走,经过边墙梁、城梁盖、南湾、营盘梁、长城(地名)、西梁,穿越省界入陕西吴起之梨树掌,至城墙(地名)止。

李红雄认为,[2]长城从宁夏的彭阳县东境进入甘肃省镇原县武沟乡孟庄村

---

[1] 陈守忠:《陇上战国秦长城调查之二——陇东段》,《河陇史地考述》。
[2] 李红雄:《甘肃庆阳地区境内长城调查与探索》,《考古与文物》1990年第6期。

刘家堡,东至白草圿原畔,再东入韩家台村,进入镇原县马渠乡三合村。经城墙湾村西部,过城墙峁,再到交口河上游的玉家甘川,跨甘川河入彭阳县,再入镇原马渠乡境甘川原、前山壕、寺坪、芦家岔、水磨渠,过安家川河,进入三岔乡境的吊梁,折东向,沿安家川河北岸阶地高庄梁、后河新庄湾到老爷岭山前。长城从这里东渡白家川河,到三岔镇北岸半公里的梁台。然后翻越大岘子沟,再到周庄壕、城墙湾,长城从此即进入环县境。经演武乡的吴家原行政村的上畔、旧庄,再到枣树渠村的石嘴山,北抵演武乡所在地,过康家川河与殷家沟交汇处的三角台地,沿黑泉河左岸经黄家山行政村的虎山庄村的海子台入刘坪行政村的中庄,再西北入黑泉河村堡子山进入合道乡赵台村的庙嘴沟、李堡子山、老庄沟,北上箭竿梁入何坪乡境,经杨大湾、杨堡子山梁,过晴天梁、大稍嘴入虎洞乡境。北下西川河上游右岸坡地的边墙梁,抵半个城,沿西川河右岸(南岸)东行,经过段家台、彭家原、文吊嘴堡子、沟峰火山梁,再东经张沟门村的东原、沈家原、阳庄东山、玉皇山,北下河谷,过西川河到西川河与环江交汇处的城子岗。东跨环江,过环县城北之沈家沟门,再经北关村的狼洼山,过城东原、只家原、羊窑窝、下原、苏家掌、宁老庄油崾岘到麻渠原。出环县城镇辖地东北入樊川乡李家原,跨越安山川河抵长城原行政村的康家原、北折经白草塬、唐崾岘、刘阳湾东去华池县境的乔川乡艾蒿掌村曹嘴子崾岘。此处有两座特大的城墩,分立于崾岘东西两边的山鏊口中,由此折北经任台子村的胡前庄,北上王掌梁、吊墩岭,再复东行,下章桥村的王边台。王边台是处障城遗址,从这里跨过乔川河,南上拐沟梁山坡,沿红大梁营盘山,转鱼儿掌,东下贺家湾墩儿台,再东上廖山村李庄大梁,北行再东下吴起县的黑河沟,越过寺沟岔小溪上源,爬上白洞梁,入华池县境的箱子湾,再经吴起县的刘梁,又入华池县境的南湾,这里是陕甘两省的分界线处的山脊。长城再经华池县元城乡的营盘梁、林沟梁、营崾岘后,再东入吴起县的犁树湾。

  彭曦认为,[①]长城从彭阳县孟原乡刘家堡子南侧,取东北向,进入甘肃省镇原县武沟乡孟庄原的孟庄,然后西向东北经草滩沟、韩家台、甘川原、城墙湾、西岔洼、玉家甘川、山庄湾、佛家岔、石嘴山、虎家沟而至水磨渠。过水磨渠后,长城沿安家川河南岸东行,至三岔乡政府西门外的梁台大台地,然后东北行。在黑刺

[①] 彭曦:《战国秦长城考察与研究》,第 101—195 页。

沟东面,先后经山庄崾岘、周家、城墙湾至旧庄。过旧庄后,长城进入环县演武乡的后沟。从后沟沟口过康家河后,利用河东岸台地北上。至今演武乡政府所在地的泄郭嘴,继续沿康家河东岸延伸。康家河自泄郭嘴以上名黑泉河,长城沿黑泉河东岸北上,过狗拉梁,至庙嘴子后,顺合道川南岸向东延伸,至苏家崄西之杨大湾沟,则过合道川而沿杨大湾沟转折向北。经黑风口、大路洼、常崾岘、谢房房,一直在分水地带中的岭、梁、峁上延伸。至堡子梁,便循张南沟东侧台地,约2公里,越杨沟、老庄台沟爬上虎洞乡的西杨原。从西杨原转折向东北直趋半个城。过半个城后,长城沿城西川南岸东行,经马别梁、文吊嘴、寺嘴子、马莲台、张滩滩,过环江口后沿城东沟南岸台地东行,经王庄科、苏家掌拐沟、椿树台、油房崾岘、滚子山、堡子台、邰家庄、李堡崾岘、李家原、安山川、长城原、刘阳湾、曹嘴,过曹嘴后,长城便出环县进入华池县的桥儿川乡艾蒿掌沟。顺沟至任台子,越过陶岔沟,再上陶岔沟与桥儿川之间的分水岭,经岭上吊墩梁至王掌子。长城绕王掌子山梁下坡后沿西岔沟至王砭台,东至三道川上游的大分水岭,从小庄畔出甘肃华池县进入陕西吴起洛河三道川。

5. 陕西延安市

关于延安市秦昭襄王长城走向,彭曦及延安市文物普查队做了调查,延安市文物普查队调查最为详细,其基本线路也已经摸清,但在三道川的长城线路存在分歧。

彭曦认为,[①]长城在今吴起、志丹两县境内的具体走向是,从三道川中的长官庙乡,经寨子河沟从姚沟门进入洛河河谷。越过洛河河谷向东从高油房爬上城墙岭、韩坪沟岔,向北至窨子、西沟塔。再折向东,经阳台,顺杨青沟南岸经瓦杜、李拜寺、新庄台、任新庄,再趋向东北方向。经志丹县纸坊乡的爱要湾,柳树崾岘、老庄沟、李家畔,再次进入吴起县薛岔乡,经大路沟、墩梁、周崾岘、马家沟、卧虎梁、沙柳沟、包界、杨新庄、黑刺湾、深崾岘,出吴起县进入靖边县。

延安市文物普查队认为,[②]由甘肃省华池县桥川乡贺家湾村的电杆梁崾岘以东的大掌梁进入吴起县庙沟乡境内。东行经大掌崾岘向东延伸,在庙沟乡郝

---

① 彭曦:《战国秦长城考察与研究》,第196页。
② 延安地区文物普查队:《延安地区战国秦长城考察简报》,《考古与文物》1990年第6期。

林沟村南四沟岔过沟后复上山。沿陕甘交界的城墙岭由西北而向东南折行。先后经过郝林沟背峁、四盘峁、白涧、城梁盖、刘梁、胡掌崾岘、三涧、林沟掌、新庄涧、营湾、墩梁、胡西涧、东涧崾岘、东涧、瓦渣崾岘等地，进入长官庙乡境内。经大梁峁、来子涧崾岘、上梁、上壕崾岘、前崾岘、前梁、城墙村垴畔山、阳圪，在阳圪村以东的嘴梢子因遇齐南沟这一三道川小支流而过三道川，沿三道川南岸山梁前行。长城在嘴梢子一带跨过三道川后，经前梁，过湫滩沟，又经中扶盆村，过刘河渠沟，又经张沟门、犁树台，过李沟水，又经瓦窑堡子，在齐桥村东复过三道川，沿三道川北岸二级台地向东延伸，经柳庄砭、金盆湾、阳庄、庙梁、高台、槐树庄、齐家砭子、石窑台等地，从金汤口子墩山以东进入洛源乡境内。经兰砭子、阳台板、宗砭子、白土沟台等地向东延伸。长城在白土沟台村以东的深圪筒崾岘处复上山峰主梁，经卢沟峁、高窑子梁、黑印子梁、杨脚台垴畔山、双墩梁，在边墙壕下山，经城壕沟村过洛河。跨过洛河后，长城从宗石湾南侧小沟上山后，沿城墙岭向东延伸，经大墩梁盖、李圪子垴畔山、二程沟沟掌、河沟沟掌、马鞍梁峁、红崖渠崾岘、柳沟沟掌、大梁头、柳树渠沟沟掌崾岘、白土湾沟垴畔等地，从小桥沟沟掌过杨青川水，又经高楼湾沟沟掌、南梁、高楼湾垴畔山背峁等处进入吴起县薛岔乡境内。经排子沟对面崾岘、后贺阳湾垴畔山、转转湾垴畔山、马连崾岘、李渠崾岘等地，在小木界村以东进入志丹县纸坊乡黄草圪村境内。经黄草圪沟掌崾岘、酸刺沟沟掌、崖窑湾、柳树崾岘、木瓜树崾岘、谢嘴子、李大梁、墩崾岘等地，在墩崾岘北侧城墙嘴子下沟，至李家畔村。过李家畔沟，在村北垴畔崾岘上山后又复下山，进入吴起县薛岔乡大路沟村境内。此后，基本呈南北走向，由城壕沟下山后，先后跨过两条小沟，并穿越延(安)定(边)公路134公里500米处的小桥东侧，复上山，经杜梨树崾岘，复下山，过南沟，经马蹄梁、门前疙瘩，穿越周崾岘村，至瓦渣梁。由瓦渣梁向北延伸，经沙湾崾岘、柳沟、卧虎梁、包界、石嘴山、大梁峁、老虎沟、姚腰湾、邢家沟、窑子沟、漫泉河小元峁等地进入吴起县五谷城乡郝家沟。经后湾村，在石嘴村以东进入榆林市靖边县红柳沟乡的宁条沟沟掌崾岘，折向东北，经白于山主峰向东北方向延伸。

6. 陕西榆林市

陕西省考古研究所陕北考古队、榆林市文物管理委员会及彭曦做了相关考察，但各有侧重点。陕西省考古研究所陕北考古队、榆林市文物管理委员会主要是调查神木市窟野河上游,即神木市城以北,而对神木市城以西并未作调查。彭曦对靖边境内做了相关调查,对横山、榆阳区大部分未作调查,只是在镇北台一带做了考察,神木市境内则未作调查,因此整体来说,榆林市靖边县及神木市城北的线路较清晰。神木市和榆阳区境内存在的主要问题是,秦长城与明长城的关系问题,因为明长城也经过此地,所以有学者认为,[①]此地主要是明长城,并无秦长城遗址。彭曦经过考察研究后认为,靖边县杨桥畔以北经横山、榆林至秃尾河的这一大段长城,应是明长城利用了原战国秦长城遗迹。

在靖边县境内,除了有一条向北行的线路,还有一条偏东的线路。彭曦认为,[②]这条偏东线路从大路沟乡城墙梁北、杏树台东的双圪塔向东分出,经高墩山(又称高峁山),偏向东南延伸,趋向安塞县的镰刀湾乡。从横山山脉东行至绥德,再沿无定河至今榆阳区的鱼河堡。彭曦得出此条线路主要是通过文献记载、大路沟乡的考察成果以及绥德县四十里铺无定河西侧发现的袁家砭长城遗址[③]推测所得,但其并未做实地考察,也不见有价值的考古资料。

彭曦及陕西省考古研究所陕北考古队、榆林市文物管理委员会所绘榆林市长城线路见下:

彭曦经考察认为,[④]长城从吴起县五谷城乡的深崾岘进入榆林市靖边县红柳沟乡与石窑沟乡的交界地。长城从红柳沟乡的宁条梁(与吴起分界山梁)、石窑沟乡的石磕沟、白铁赐,转折60°,趋东南至新庄,再经大路沟乡政府西北、火石梁、城墙梁、杏树台,再转折向北,沿西芦河与芦河之间的南北向长梁,经马项口、古城子,直抵镇靖乡的伙场圿。从伙场圿向东,长城经西梁北坡,约3公里多至三个墩湾。从三个墩湾偏向东北至杨桥畔,过芦河,经高墩沙至瓦窑界东北,出靖边进入横山。从瓦窑界进入横山区后,经塔湾乡与黄篙界乡的乡界线,再经城寨峁、石庙梁,至城关镇西北的魏墙西北,再经墩梁,至边墙壕越过无定河,进入榆阳区巴拉素乡的黑色墩。在巴拉素乡境内约4公里,复进入横山区波罗乡约

---

① 史念海:《黄河中游战国及秦时诸长城遗迹的探索》,《陕西师范大学学报(哲学社会科学版)》1978年第2期。
② 彭曦:《战国秦长城考察与研究》,第208—211页。
③ 彭曦:《战国秦长城考察与研究》,第226—227页。
④ 彭曦:《战国秦长城考察与研究》,第205—215页。

20 多公里,再次进入榆阳区境内。长城从横山区两次进入榆阳区,经芹河乡境内的黄沙墩、三十台、十六台、河口梁,越过芹河至榆阳区城北 6 公里的红石峡,越过榆溪河至镇北台,再经吴家梁、边墙、塌崖畔、刘房则、十八墩、六墩、麻河梁、断桥、李家峁,至大河塔乡的海则沟东北约 1.5 公里处,出榆阳区进入神木市境。

长城进入神木市境后,东北行至市区西的雷家石畔,此段线路不甚清晰。市区以北长城线路较为清晰,陕西省考古研究所陕北考古队、榆林市文物管理委员会调查认为,①长城在进入神木市城西雷家石畔后,便向北循窟野河及其上游秃尾川北上,沿途主要经过有陈家沟岔、寨峁、边墙梁、油坊梁、黑圪蛋、傲包梁、城墩沟、哈拉沟峁、馒头塔等地,过馒头塔后进入内蒙古伊金霍洛旗古城壕之南的七盖沟。

7. 内蒙古鄂尔多斯市

史念海、彭曦、李逸友等对进入内蒙古的秦昭襄王长城线路作了相关调查。由于遗迹破坏较严重,在一些路线的认识上存在争议。通过调查发现,从神木市进入内蒙古直至巴龙梁一段的路线,并无分歧。但自点素脑包北上至十二连城这一段,彭曦和史念海有着不同的看法。从彭曦调查发现,史念海所绘的自点素脑包北上至十二连城这段线路上,没有任何长城遗迹,并且通过对十二连城考察,认为史先生所述路线并不准确。李逸友于 1996 年 5 月前往伊克昭盟,会同伊克昭盟文物工作站尹春雷同志前往实地考察,从而进一步肯定了文物普查成果,即长城从东胜区东北及达拉特旗北部经过,从而修正了史念海当时未能实地考察的长城部分地段(傲包梁以北)的分布与走向。② 彭曦认为,③史念海所述路线大部分位置是对的,只是自点素脑包北上至十二连城这一段尚有问题。长城至坝梁后,绝非从点素脑包而北上直达十二连城,这一段沙漠覆盖的长城位置应在上述推测线更西,从黄河的地形来看,长城也不会仅止十二连城以北,而必须沿黄河南岸有一段河防工程。

---

① 陕西省考古研究所陕北考古队、榆林地区文物管理委员会:《神木市窟野河上游秦长城调查记》,《考古与文物》1988 年第 2 期。
② 李逸友:《内蒙古史迹丛考》,《内蒙古文物考古文集》(第二辑)。
③ 彭曦:《战国秦长城考察与研究》,第 227—235 页。

(三) 城墩遗迹

城墩是长城的主要设施之一,经调查发现,城墩主要有两种形式,一种是依城墙而建或建筑在城墙上,称之为城墩,也有称为敌墩的;另一种是远离城墙而建的城墩,一般称之为烽燧。关于秦昭襄王长城沿线城墩的建制、数量、作用等,虽然各地的野外调查人员都做了相关记录和论述,但都缺乏系统性、全面性。而彭曦先生在这方面的成果最为显著。

城墩,依城而建,现呈卧鲸状,墩的纵轴基线与长城墙线一致,残高一般为2.5—4米,高出残城墙1—2米,基宽一般为10—12米,每个城墩周围及墩体坡面上,皆可发现各种绳纹、麻点纹、环轮纹等残瓦。城墩间相距依地形不同而有疏密之分,平缓地带,一般200—230米一个,在起伏较大的崾岘处,亦有相距80多米或100多米者。以临洮至准格尔黄河岸这条主线计算,全长近1 800公里,每公里最少有城墩3—4个,以其保守的平均数3.5个计算,最少约有6 300至6 500个,这些城墩以其残留的大量瓦片及一定数量的"雷石"判断,其上皆有屋室建筑,或类似《居延汉简》中的"候楼",以供戍卒瞭望守备之用。以其残留墩体的卧鲸状判断,这些墩上建筑,应皆有门与两端城墙相通,以便戍卒于城上巡守。以墩上面积测估,最初约在20多至40平方米范围。这个面积的屋室,约可供最少10人守望居住。故全线城上平时守备戍卒约需7万—10万,从墩上现残存器物中无大型陶器而多小型器判断,城上守卒们应是轮流当值上城的,平时居住在内侧障城中。城墩主要是用来守望,但在一些重要河谷、梁峁等地和长城转弯处,城墩多高大,这种特殊位置的城墩,应该兼作烽燧之用。[1]

烽燧是我国古代主要用来从边境向内地传递战争警报的重要通讯措施,始于周代,沿用了两千多年,是古代国防设施建设中的组成部分。多建在长城大转弯地带、河谷交汇地带,以及下山过沟处两对面的山头上。彭曦认为,[2]秦昭襄王长城沿线烽燧位于长城内侧1—2公里山峁最高处,烽燧间距多数在2—3公里,烽燧与长城之间,烽燧与烽燧之间,与内侧更远向内地传输信号的烽燧之间都有良好的视野空间。内传烽燧,都是筑在较大河流之间的分水岭上,相距多为

---

[1] 彭曦:《战国秦长城考察与研究》,第7—8、238—239页。
[2] 彭曦:《战国秦长城考察与研究》,第9—10、239—240页。

3—5 公里。烽燧大小并不一致，现在多数残高 3—5 米，呈圆锥体。有的不但特别高大，且下部为方形。如甘肃临洮杀王坡长城内侧 1 公里处的一个烽燧，下部呈巨大的方形台基，残高 5 米多，基最宽达 26 米。甘肃渭源县庆坪乡李家堡长城内侧的一个烽燧，上部为 3 米多高的圆锥体，基部为方台形，台壁高 1.5 米，无夯层，完全是利用小峁地形堑削而成。就是长城内侧的遗址，不论大小，其中必有一个烽燧，这又是一条定则，这种烽燧，其形状与城墩略有不同，皆为圆状体。此类烽燧之数，最少应有 1 000 多个，平时守望，每个烽燧戍卒应不少于 5 个，故戍卒总数应为 5 000 至 1 万。

从对全线考察来看，城墩基本上是以黄土为主要原料进行夯筑的，在不同的地方会夹杂一些它物，比如瓦片、料礓石、沙子、石子等。城墩的现状一般为土堆状，烽燧一般呈圆锥体。但在陕北神木市境内，一些城墩有着显著的特点，从形制和建筑材料上都和甘肃、宁夏等地不同。如城墩沟村处城墩、陈家沟岔城墩，①城墩在山峁最高处，平面呈长方形，南北宽 9 米，东西长 20.8 米，残高 2—3 米。此处地阔土厚，台基突出，城垣东西两侧分别为 5 米和 10.8 米，城垣宽 5 米，与城墩成十字形相交。该城墩东临陡坡，城墩底部地势西高东低，其在东面陡坡之上，垒砌四、五层石头作垫撑，使之与西面地基的水平接近，这样处理后，夯层才不至于倾斜而成水平铺卧。再以黄土、石灰和沙子混合的"三合土"夯筑四五层做基础，其上为黄土夯筑。土粒细腻，结构紧密，十分坚牢，虽经两千多年的风蚀雨淋、冰冻雪封，仍未倾圮而显示出其雄浑高大的风姿。陈家沟岔城墩，位于考考乌苏河沟口沟北山峁上。该城墩呈方形，基部每边长 10 余米，下大上小，残高 4 米。此城墩曾经修葺，西、北两面包砌石护面，垒筑法与宋城墙相似，应是晚期的。其内的夯土城墩无论土质和筑法如土中夹杂大量粉碎礓石和夯层的厚薄、夯窝的密集等都同于秦长城，故可断为秦筑，再从其南北远处长城经行路线分析，此为长城城墩无疑，只是后代对其加以利用。

秦昭襄王长城沿线主要烽燧如下：

甘肃通渭县鄀家岔 5 处烽燧。1 号烽燧正对长城湾村，在长城内侧约 180

---

① 陕西省考古研究所陕北考古队、榆林地区文物管理委员会：《神木市窟野河上游秦长城调查记》，《考古与文物》1988 年第 2 期。

米处,位于一个小峁之上,现外侧高3米多,内侧高1米多,周长20多米。烽燧周围遍布典型的外绳纹、内麻点纹瓦片;2号烽燧在1号烽燧北800米,距长城200米,高3米多,前有一约20×20米的平台,周围及平台上布满典型外绳纹、内麻点纹瓦片;3号烽燧位于2号烽燧北1公里处,也是一城墩,但又与一般城墩不同,一是所处地形高亢,四周10公里无障碍物。二是高大,现内侧高3米,外侧高6米,基径约12—14米,呈圆锥体。三是内侧有一个东西宽10余米、南北长约30米的条形台地,台地上密布典型瓦片、生活器皿、岩石板块等,其瓦片、器物分布面积和密度,为一般城墩所不及,故认为是兼有烽燧作用;4号烽燧特点与3号同;5号烽燧位于3、4号烽燧东约3公里的一个独立山峁上,为一烽障结合式的遗址。遗址为一不规则椭圆形小城,有七个突出的"马面",城中心一高大圆锥体烽燧,垂直高14米,东西径55米,南北60米,小城内径约90多米,城外为一周人工堑壕。城墙内侧高1—1.5米,外侧高2.5—3米。堑壕深1米,宽18—20米。堑壕的部分翻土使其周围又成一圈土梁式城垣。故这个遗址实际上是一个有内城外郭、烽障结合的建筑。在城墙的夯上层中,发现上下不同,下部夯土纯净,而上部夯层中杂有少量早期绳纹瓦片、木炭粒、篮纹灰陶片等。依据遗迹资料综合分析,此烽燧应在后期得以改造、修葺。[①]

通渭县发现4个烽墩遗址,即榜罗乡城壕梁、许家堡子、岔口下之长梁及牛孟头梁4处,各相距10里,而且均在长城内距城墙100—200米之制高点上。测量了其中两个,城壕梁西端的一个,现在是个圆土墩,周围30米,垂直高度9.5米;岔口下长梁的一个,40年前是长方形的,平地崛起,相当雄伟,现因平整农田被挖去了一半,剩下的一半,东西长10米,高5米。因挖破不久,破碎秦瓦散乱地上。分层厚薄不一,最厚的10厘米,最薄的5厘米,一般的约在8厘米左右。[②]

陕西延安市吴起县薛岔乡马蹄梁东侧墩山上有一座较大的长城烽燧。烽燧平面基本为四方形,南北长26、东西宽25米,主体为一个高起的望楼,每边长13、高6、顶宽7米。夯层厚7—9厘米,烽燧附近有许多建筑遗物,如绳纹板瓦、

[①] 彭曦:《战国秦长城考察与研究》,第18页。
[②] 陈守忠:《陇上战国秦长城调查之一——陇西段》,《河陇史地考述》。

筒瓦等,还有许多陶罐、陶盆残片等。①

(四) 障塞遗址

彭曦经过实地考察,在战国秦长城遗址发现了不少的障塞。障塞为戍卒居住、生活之所,沿线障塞建在长城内侧,或依墙体而筑,或在墙体内侧山峁上、河谷台地上修筑,地形高畅。战国秦长城障塞最主要的特点是,大多为无垣障塞。这个无垣,主要是指无高于地表的夯土墙,而不是真正的无垣。它们都是选择长城内侧的山梁或河谷台地,利用台地的自然地形,周围施以堑削,仅在极少部分以夯土墙使堑削之垣壁补修整齐和加固,如通渭县古城沟的何家坪遗址,环县演武殷家沟口台地遗址,吴起周崾岘遗址等。除了无垣障塞外,也发现一些有垣障塞,但在宁夏西吉县的明荣、马莲,原州区从张易经红庄至明庄、乔洼一段内侧的有垣遗址,以及至彭阳、镇原孟庄原为止,有城垣的障城遗址发现不足20个,这些有垣障多为晚期遗迹,经后期修葺。

秦昭襄王长城的障塞,有大小、位置、等级、内涵的区别,主要分为三类:

第一类是紧贴长城内侧的小遗址,数量最多,平均每3.5公里必有一个,一般文化遗存面积为200—300平方米。绝大多数无城垣之设,为早期遗迹。少数有城垣者,多为晚期遗迹。

第二类位于长城内侧的河谷台地或山梁通道山峁之上,其面积又因河谷大小险要和山梁通道的长短位置等因素而有不同。小者文化遗存面积在3 000至5 000平方米,大者5 000至1万平方米。这些遗址内多数发现有烧制建材如瓦、排水管和生活器皿的窑场。以窑场遗迹判断,一般有5至7个陶窑,窑体均有高2米多,腹直径约2米的容积。窑场遗址一般临沟近水,这类遗址中往往发现有云纹瓦当,遗址附近有墓葬区。

第三类是更大型的遗址,远离长城,在长城内侧3—4公里范围之内,在更大的河谷通道和分水岭的山梁通道上,则必有由城、烽、障构成的纵深1至2公里的立体式防御布局,可称为要塞。如渭源七圣、上盐滩,固原清水河谷,镇原县的三岔梁台,环县环江河谷,吴起洛河河谷、周崾岘等。这些要塞中都有一个较大

---

① 延安地区文物普查队:《延安地区战国秦长城考察简报》,《考古与文物》1990年第6期。

的核心遗址,面积达数万至10万平方米,附属有河谷各个台地上的大小不同的障城遗址,以及各台地制高点上的烽燧。这种大型遗址的特点是文化遗存明显丰富,瓦片、陶片数量多,堆积厚,灰层灰坑密集,大型生活器皿数量多、种类多、纹饰繁、质地精良,遗址中弃骨多,弃骨中以羊骨为最。都能发现早期居住面以及建材中数量极少的绳纹薄砖、云纹瓦当,特别是有字瓦当如:"千秋万岁""长乐无极"瓦当。还发现铸造铁器和后期铸钱遗址,说明其被后代沿用。

第四类是比上述更小者,形式多样、特殊。彭曦认为主要有"重障城""墩式障""横城"。"重障城"是在梁坡河口或小山峁于长城内侧加筑一节数十米长的墙壁、有直有曲,不拘一格,如镇原县甘川原、华池县强家梁等。"墩式障"有1墩、2墩、3墩,有以墙相连接和不连接数种。多位于小而独立的山峁上。这种"墩式障"也有5至12个城墩者。"横城"较多,但其特点是一律在长城内侧数十米或百米的梁头、原头或峁头前沿。"横城"之设,目的十分明显,均为防止敌人从低处攻入长城内侧而为。比如环县狗拉梁、长城原,华池强家梁,吴起杨青川城墙岭等。

(五)秦昭襄王长城西端起点和东端终点问题

1. 西端起点

关于秦昭襄王长城的西端起点是学术界一直争论的学术问题,主要是围绕着是岷县还是临洮。

彭曦指出,且不论现在依文献记载是临洮或岷县之争论,仅就常识判断,西首绝不会是今杀王坡。道理十分简单,秦国陇西郡治就在今临洮县城附近,将长城远筑其北,目的是有效保护洮河河谷及内侧的秦版图。河谷自古于今乃交通要道,怎可会使长城放弃这河谷要津?故长城始筑之初,必修于山下洮河谷地。并依据对全线各河谷的考察,以及对内蒙古秦汉长城的考察,认为长城如果不能有效保护郡治河谷,绝不可能。故推测长城沿洮河岸还必有一段,至于从杀王坡山下河谷沿洮河东岸向南筑于何地,是否岷县,彭先生指出还需要再次实地调查。[①]

---

① 彭曦:《战国秦长城考察与研究》,第2、259—160页。

不少学者通过考证,认为秦昭襄王长城西端起点在今甘肃岷县,张维华、史念海、罗哲文等先生均持此说。① 黄展岳先生指出,今甘肃岷县、临洮、陇西、通渭、庆阳、环县以及宁夏南部、陕西北部、内蒙古鄂尔多斯高原东部的若干地段都发现有长城遗迹,连结已发现的遗迹,这条长城的干线应起自甘肃岷县。② 景爱先生认为:"将临洮附近的长城说成是秦昭襄王时期所筑,没有任何直接的证据,……起始于临洮的长城,属于秦始皇时代蒙恬所筑的长城,不能将二者等同为一。"③

谭其骧先生主编的《中国历史地图集》把秦昭襄王长城起点标在今甘肃岷县。④

也有一些学者认为根据目前地面上的遗迹而断定秦昭襄王长城的起点在临洮,不在岷县。

2. 长城东端终点问题

关于秦昭襄王长城东端终点,学术界也有分歧,主要有以下观点。

张维华认为,秦昭襄王长城入绥德县境后,再东行,止于黄河西岸;罗哲文先生也持此观点。⑤

李文信认为,长城经榆林后,直到河曲附近黄河岸边。⑥

罗庆康认为,长城止于陕北东北的黄河岸边。⑦

黄麟书认为,长城止于神木市窟野河。⑧

景爱认为,止于无定河南岸,北与渔河堡相对。许多学者所标绘的止于黄河南岸的十二连城长城,实际是秦始皇统一六国以后蒙恬所筑长城,而不是秦昭襄王长城。⑨

---

① 张维华:《中国长城建制考》上编;史念海:《黄河中游战国及秦时诸长城遗迹的探索》,《陕西师范大学学报(哲学社会科学版)》1978年第2期;罗哲文:《长城》,北京出版社,1982年。
② 黄展岳:《新中国秦汉长城遗迹的调查》,《新中国的考古发现和研究》,文物出版社,1984年。
③ 景爱:《中国长城史》,第149—151页。
④ 谭其骧:《中国历史地图集》,中国地图出版社,1982年。
⑤ 张维华:《中国长城建制考》上编,第118页;罗哲文:《长城》。
⑥ 李文信:《中国北部长城沿革考》(上),《社会科学辑刊》1979年第2期。
⑦ 罗庆康:《战国及秦汉长城修建原因浅析》,《内蒙古社会科学(文史哲版)》1988年第6期。
⑧ 黄麟书:《秦皇长城考》,造阳文学社,1972年,第39页及秦昭襄王长城图。
⑨ 景爱:《中国长城史》,第153—154页。

史念海认为,秦昭襄王长城的止点有两处,一是在秦上郡治所肤施县附近,即今榆林市南无定河西侧;一是在内蒙古托克托县十二连城附近黄河岸边。①彭曦基本因之史先生两处止点说,只是在内蒙古有所差异,认为长城不会仅止于十二连城以北,而必须沿黄河南岸向东有一段布防;从靖边县分出的一支长城,东至绥德后,沿无定河止于今榆林的鱼河堡。②

谭其骧主编的《中国历史地图集》中所标注的秦昭襄王长城止点和史念海先生所述相同,即一处在陕西无定河岸边,一处在内蒙古黄河岸边。③

辛德勇通过考证,认为史念海复原的秦昭襄王长城北端走向看来不够准确,秦昭襄王长城北端并没有抵达"北河"岸边,而是向东折向"西河"河岸。"西河"在战国秦汉时期,是指今山西、陕西两省之间的黄河河段。④

长城止点处之所以出现以上不同的观点,一方面是因为学者们对文献有着不同的解读,并未做实地考察。另一方面是长城遗迹破坏严重,考古调查人员虽做了相关调查,但却不能尽知其地,所以长城的止点处还有待于进一步考察研究。

三、秦始皇长城研究现状

"千古一帝"秦始皇,用了十年的时间,便"续六世之余烈,振长策而御宇内",⑤依靠祖上拓展积蓄的实力,施展种种谋略,先后灭掉了韩、赵、魏、楚、燕、齐六个诸侯国,建立了中国历史上第一个统一的、中央集权制的国家,实现了中国历史上的第一次大统一。

为了进一步巩固统一的成果,秦始皇采取了诸多措施,颁布了一系列法令,如废除分封制,设立郡县制,统一文字、货币、度量衡等,修建直道和驰道等。为巩固其统治及边疆的安全,在军事上瞩目于北方边疆。经过对匈奴的几次战争,

---

① 史念海:《黄河中游战国及秦时诸长城遗迹的探索》,《陕西师范大学学报(哲学社会科学版)》1978年第2期。
② 彭曦:《战国秦长城考察与研究》,第207—235页。
③ 谭其骧:《中国历史地图集》。
④ 辛德勇:《张家山汉简所示汉初西北隅边境解析——附论秦昭襄王长城北端走向与九原云中两郡战略地位》,《历史研究》2006年第1期。
⑤ (汉)司马迁:《史记》卷六《秦始皇本纪》,第280页。

特别是公元前215年和前214年两次战争的胜利,使匈奴头曼单于不得不放弃黄河南北的大片土地,向北退却700余里。

秦始皇在匈奴向北退却后,为防御匈奴再南下骚扰中原,遂将战国时期秦、赵、燕三国北边的北方长城进行重新修葺和增筑,使其连接成一线。同时,在匈奴退出的地方设置九原郡(今内蒙古包头市),并因河为塞,筑县城44座(今内蒙古河套和鄂尔多斯高原),由九原郡管辖。同时采取"徙民实边"的政策,在《史记·秦始皇本纪》中有"徙谪,实之初县"[①]和"迁北河、榆中三万家"[②]的记载。还派蒙恬率兵数十万长期驻守。这些措施,确实收到了防御效果,使"胡人不敢南下而牧马",[③]保证了边疆的安全。

关于秦始皇长城的研究,学术界已经取得了不少的研究成果,分别就秦始皇长城的路线、秦始皇长城与秦、赵、燕三国长城的继承关系、秦始皇长城的西边起点等问题进行了深入的讨论和研究,有些问题已经达成一致,但是还有不少的问题存有争论。特别是一些学者通过实际考察以后提出一些新的线路,还需要学术界的认可和重新调查。下文将对秦始皇长城的研究状况予以叙述:

历史文献中对秦始皇长城的记载不多,从而对秦始皇长城的研究带来比较大的困难,我们可以看到即使在同一部书上记载秦始皇时兴筑的长城,也有一些不同之处。比如,蒙恬率领大军筑长城有十万和三十万、五十万三种不同记载,临河筑县城有三十四座和四十四座两个数字,渡河后所据之山有阴山和陶山的不同,是筑长城于阴山北假还是筑长城后又据阴山北假?等等。前两个数字不同,尚不影响理解长城位置,后两个疑问则是判断长城位置的关键。秦始皇派蒙恬率大军北击匈奴时,首先攻占了河南,所谓河南系指黄河以南,即今巴彦淖尔盟乌加河以南地带,包括今伊克昭盟及乌海市广大地区,有人释为鄂尔多斯,不够确切。古代黄河在今河套市有北河与南河两条河道,郦道元《水经注》中记载黄河的北流为主干流,北魏时可通舟楫,南河即今黄河河道。今乌加河河床北面的大山,为阴山山脉的狼山,水之北为阴,蒙恬占据的阴山,即指河水北面的狼山,也可证上述史料中的"陶山"乃是阴山之误。北假邻近九原,汉武帝时改九原

[①] (汉)司马迁:《史记》卷六《秦始皇本纪》,第252页。
[②] (汉)司马迁:《史记》卷六《秦始皇本纪》,第259页。
[③] (汉)司马迁:《史记》卷六《秦始皇本纪》,第280页。

为五原郡,北假系指今查石太山以南、乌拉山及大青山北麓地带,将这片新开拓的土地假借给移民耕种,所以称为北假。

(一) 对秦始皇长城的实际考察

实地考察是研究长城的重要方法。近代对于秦始皇长城的探索,始自20世纪早期。1911年,傅运森在《地学杂志》2卷7期发表了《秦长城东端考》一文,可以看作其发端。对秦始皇长城西段的实地探索,当始自顾颉刚先生1937—1938年亲临洮河流域的考察。1964年盖山林、陆思贤先生曾踏勘过自呼和浩特西至包头市一段长城。随后史念海师也对秦长城进行了实地考察,并写出了多篇高质量的研究文章。[1]

后来许多省、市、自治区组织人力对其管辖内长城遗迹进行了普查,使长城研究进入实际考察阶段,从而大大促进了秦始皇长城的研究。

1985年暑假,中国秦汉史研究会组织长城考察队考察内蒙古境内秦汉长城遗迹,取得了明显的成果。经考察得知,秦长城北段从内蒙古磴口县北的哈隆格乃山口入狼山,沿狼山之脊逶迤而东,经呼鲁斯太沟、乌不浪口、巴音哈太东南山区、小畲太、固阳县北部的西斗铺,再沿大青山东行,经武川县南向东延伸。长城遗迹时断时续,大抵在交通要道破坏严重,地面遗迹甚少。人迹罕到之处则保存较好,山岭上有高达四、五米的石墙。

围绕甘肃长城,学者们进行了大量的考察,并撰写了不少的文章。[2] 2006年

---

[1] 史念海:《黄河中游战国及秦时诸长城遗迹的探索》,《陕西师范大学学报(哲学社会科学版)》1978年第2期;《鄂尔多斯高原东部战国时期秦长城遗迹探索记》,《考古与文物》1980年第1期;《洛河右岸战国时期秦长城遗迹的探索》,《文物》1985年第11期;《再论关中东部战国时期秦魏诸长城》,《中国历史地理论丛》1985年第2期;《秦长城与腾格里沙漠》跋,《中国历史地理论丛》1992年第2期;《论西北地区诸长城的分布及其历史军事地理》(上篇),《中国历史地理论丛》1994年第2期;《论西北地区诸长城的分布及其历史军事地理》(下篇),《中国历史地理论丛》1994年第3期。

[2] 李琳:《对秦长城西起临洮即今岷县的再认识》,《丝绸之路》1999年第2期;何钰、苟惠迪、张芳贤:《定西市战国秦长城考察记》,《文物》1987年第7期;孙益民、王楷:《万里长城西部起首于今临洮辩》,《兰州学刊》1982年第1期;陈守忠:《甘肃境内秦长城遗迹调查及考证》,《历史教学问题》1984年第2期;王宗元、齐有ര:《秦长城起首地》,《西北师大学报》1992年第3期;李并成、李琳:《对长城西起临洮即今岷县的再认识》,《丝绸之路》1999年第2期;景生魁:《秦长城西端遗址探索》,《社会科学》1988年第3期,以及《岷县秦长城遗址考察》,《丝绸之路》1996年第2期;范学勇:《秦长城西端起点临洮地望与洮州边墙考》,《西北民族学院学报》2003年第1期;金迪:《定西市战国秦长城若干问题研究》,西北大学2011年硕士毕业论文等。

国家启动了对长城的实际调查，先是对明长城的全国普查。2009年又开始对早期长城的实际调查，就包括有秦始皇时期的长城，目前资料大多已经公布，考古调查报告已经正式出版，大大提高了人们对秦始皇长城的认识，也为进一步的研究提供了第一手的资料。

（二）秦始皇长城走向的研究

秦始皇长城大体可以分为西、中、东三段，学界基本无太大争议。其走向为：西起于甘肃省岷县，循洮河向北至临洮县，由临洮分为两条线路，一路是秦始皇时期新修的，经定西南境向东北至宁夏固原，一路继续沿用秦昭襄王长城，由临洮向东、经固原向东北方向经甘肃省环县，到陕西吴起、志丹、靖边、横山、榆林、神木，然后折向北至内蒙古自治区境内托克托南，抵黄河南岸。

黄河以北的长城则由阴山山脉西段的狼山，向东直插大青山北麓，继续向东经内蒙古集宁、兴和至河北尚义县境。由尚义向东北经河北省张北、围场诸县，再向东经辽宁抚顺、本溪然后折向东南，终止于朝鲜平壤西北部清川江入海处。

1. 秦始皇长城西段的研究

此段长城是凭藉洮河与黄河天险而成，以障塞城堡为主，不全是互相连属的长城。而当年横贯甘肃、宁夏南部、陕北、内蒙古的西南至东北向的秦昭襄王长城已不能起到前沿作用，作为第二道防御。经专家学者考证，在秦始皇时代也曾对秦昭襄王长城"缮而治之"。

秦始皇长城的西段起自甘肃岷县，一部分沿用秦昭襄王长城，循东北方向，经临洮、渭源、宁夏固原，又入甘肃环县、陕西吴起、靖边北达内蒙古准格尔旗东北的十二连城。蜿蜒在鄂尔多斯高原上的一段保存较好，长城随山就势高低起伏，至今犹隐约可见。城墙系夯土筑造，夯层清晰可辨，夯窝紧密。[①] 另一部分从甘肃临洮北上，从兰州东南经过榆中，向北沿着黄河东北向到内蒙古与战国时期赵、燕长城连接起来。[②]

金迪在经过实地考察后认为，从实际考察资料来看，在甘肃定西市秦始皇的

[①] 董耀会：《万里长城纵横谈》，人民教育出版社，2004年。
[②] 徐卫民、胡岩涛：《也谈甘肃秦始皇时期长城——与〈甘肃无秦始皇长城考〉商榷》，《中国历史地理论丛》2017年第4期。

长城沿用了战国时期的长城。①

下面分省对秦始皇长城西段研究情况予以叙述：

(1) 甘肃段秦始皇长城

目前学术界关于秦始皇长城在甘肃的路线有两种不同的观点：一种观点认为秦始皇长城在甘肃的路线沿用秦昭襄王长城；另一种认为部分利用秦始皇长城，部分是新建的，由临洮往北到兰州然后沿黄河往东北，与秦始皇北长城相连。

秦始皇长城在甘肃省内沿用秦昭襄王长城。而对于秦始皇长城有没有经过兰州，学界有两种截然不同的看法。有些专家认为，兰州境内有秦长城，有些专家认为兰州境内没有秦长城，这个争论从 20 世纪 30 年代起就开始了，近几年经过一些专家的实地考察，人们初步断定兰州境内是有秦长城存在的，在兰州和永靖交界的地方，就发现了秦长城遗迹，另外兰州榆中区桑园峡还保留着秦长城遗迹。明代兰州军民在修筑"河南边墙"时，利用了秦长城残迹。

兰州境内的秦始皇长城是秦始皇派蒙恬修筑的。秦始皇长城从洮河和黄河的交汇处，沿着黄河进入永靖，然后沿着黄河，顺着山势向东修筑，从永靖兰州交接处开始的盐锅峡南口开始，沿黄河南岸下至八盘峡口，途经上铨、上车、下车、扶河小茨沟等地，这段长约 12 公里，基础宽约 4—5 米，最宽的地方达 14 米，残高最高处 7 米，1983 年文物普查的时候，这一带挖出了排水陶管数节。然后经过兰州市西固区、七里河、城关、榆中等地，走出兰州境内，大约沿黄河东行，与宁夏、内蒙古的秦长城汇合。

宋代《太平寰宇记》陇右道兰州条载："兰州，《禹贡》雍州之域，古西羌地，秦并天下，为陇西郡……及秦既并天下，筑长城以界之，众羌不复南渡。"②贾衣肯认为蒙恬所筑长城是秦始皇长城的重要组成部分。关于这段长城的分布走向问题，多数学者主张在秦西，即由今甘肃榆中县（或兰州）以西沿黄河北上至内蒙古包头以西，大致呈南北走向。该文则通过分析蒙恬筑长城的背景，考证与长城分布密切相关的秦榆中方位和秦代众羌、匈奴等部落的分布，认为这段长城在秦北，为东西走向。并就秦皇北伐性质、蒙恬所筑长城具体所指、长城起止及秦

---

① 金迪：《甘肃定西地区战国秦长城若干问题研究》，2011 年西北大学硕士毕业论文。
② （宋）乐史著，王文楚等点校：《太平寰宇记》，中华书局，2015 年。

直道与秦长城关系、秦长城西北段等学术界长期以来存有争议或留意不够的问题提出了自己的看法。①

秦始皇统一天下后，其疆域在西部有所扩展，军事前哨扩展到永靖、兰州、榆中、皋兰、靖远县一带，并修建长城。《史记·蒙恬列传》载："秦已并天下，乃使蒙恬将三十万众，北逐戎狄，收河南。筑长城，因地形，用制险塞，起临洮，至辽东，延袤万余里。"②秦始皇时所筑长城，沿洮河东岸行经岷县城北、临洮县城西、永靖县城南。洮河汇入黄河后，长城又沿黄河南岸东行经兰州，又沿东岸行经皋兰东、靖远西，最后进入宁夏回族自治区内。又经内蒙古河套，与燕长城相接，过燕山绵延至辽东。

不少学者据《史记·匈奴列传》"可缮者治之"的记述，以为秦始皇长城大抵因秦昭襄王、赵、燕长城之旧，加以修缮和连接。其实不尽然。秦始皇虽对昭王、赵、燕长城有修缮，但由于拓地甚广，长城的某些地段是大大向西、向北推进了。原秦昭襄王长城从陇西向东经宁夏、陕北至内蒙古，却未能把新收取的大片河南地置于它的保护之内。出于军事的需要，秦始皇当时在其西北设置新的防线，这就是《秦始皇本纪》所说："三十三年……西北斥逐匈奴，自榆中并河以东，属之阴山，以为四十四县，城河上为塞。……筑亭障以逐戎人，徙谪，实之初县。"③对这条防线，有学者认为"似未筑有长城，纵于扼险之地，立有障塞，亦未必互相联贯，故称之曰边则可，称之曰长城则未妥"。④

但也有持不同意见的，认为"秦始皇所筑的长城不在今宁夏境内东渡黄河，那就可能是由贺兰山东北趋向阴山山脉西端的。这两条山脉之间现在是乌兰布和沙漠……秦长城当已陷入流沙之中"。⑤ 在这一地带是否筑有长城，恐怕只能有赖于实地考古勘探了。不过，可以肯定始皇长城并不只是修缮秦昭襄王长城。这条防线确曾存在，而且北移了。因为在榆中(今甘肃兰州东)是筑有长城的。因此认为兰州只有明长城的看法是不对的。

---

① 贾衣肯：《蒙恬所筑长城位置考》，《中国史研究》2006年第1期。
② （汉）司马迁：《史记》卷八八《蒙恬列传》，第2565—2566页。
③ （汉）司马迁：《史记》卷六《秦始皇本纪》，第253页。
④ 张维华：《中国长城建置考》上编。
⑤ 史念海：《黄河中游战国及秦时诸长城遗迹的探索》，《河山集·二集》。

然而,有学者认为非也。兰州市黄河南岸明长城西起西固区新城,沿黄河而下,经七里河区、城关区、榆中县、皋兰县而至靖远县。此段长城地方志中多有记载,过去曾有人认为是明代在秦长城基础补筑的,对此,张维华先生早已做过驳正,指出秦始皇长城未经过兰州。近年来,兰州市博物馆的文物工作者对此段长城做了详细的调查,亦证明此段长城确为明长城。①

朱耀廷、郭引强、刘曙光等先生认为:"秦始皇长城的西段,据《史记·秦始皇本纪》载:始皇三十三年(前214年),'西北斥逐匈奴,自榆中并河以东,属之阴山,以为三(四)十四县,城河上为塞'。这里所说的榆中,应是今甘肃兰州、永靖一带。由于蒙恬收复河南地之后,横贯甘肃、宁夏南部、陕北、内蒙古的秦昭襄王长城已失掉防御作用,西北边地已推进到黄河和贺兰山之间。秦始皇长城的西段是凭藉黄河天险而成,其中多修有障塞和城堡。经考察西起甘肃省岷县,循洮河东岸向北临洮县、兰州,再东折至榆中。向北沿黄河东岸修筑了不少城塞,直到内蒙古河套市,和历史文献'自榆中并河以东……城河上为塞'相吻合。"②

还有另一种观点认为:"秦始皇万里长城西南首起于甘肃省岷县城西,自此而西出岷县,经临夏、卓尼二县而北,入康乐县抵安龙关遗址。又西北沿明河州卫二十四关遗址出康乐,经和政县、临夏市,入积石山县境抵积石关遗址,全线呈东南——西北走向,长400—500公里。积石关北拒黄河,长城自此不筑墙垣,但'因河为塞'或'城河上为塞'而东北,出甘肃,过宁夏。"③还有人认为,秦长城的西端起点是位于甘肃省卓尼县阿子滩乡玉古村东南的石崖,距其以东10公里的羊巴古城即"临洮城";洮州"明代边墙"的大部分也是在秦长城古址上修筑的。④这种观点认为在长城起点处存在明代边墙与秦长城的叠压打破关系。

(2) 宁夏回族自治区秦始皇长城

关于宁夏回族自治区有没有秦始皇长城,学界也有争论。实质上是对秦始皇时期长城的概念有分歧。固原的战国时期秦长城秦始皇时期沿用没有任何问题,但对于西部的黄河边有没有长城争论比较大。一些学者认同《史记》说法,至

---

① 鲜明、尚无正:《甘肃永靖县境内秦长城质疑》,《文博》1992年第3期。
② 朱耀廷、郭引强、刘曙光:《战争和和平的纽带——古代长城》,辽宁师范大学出版社,1996年。
③ 巩如旭:《秦始皇万里长城首起处遗迹求索》,《西北史地》1984年第2期。
④ 范学勇:《秦长城西端走点临洮地望与洮州边墙壁考》,《西北民族学院学报》2003年第1期。

少从史料考证的角度看,宁夏西部、北部确曾存在过秦始皇长城。专家根据黄河沿岸宁夏相邻甘肃、内蒙古的考古发现,也推断其有。2009年9月,宁夏博物馆原馆长周兴华在中卫市沙坡头区北长滩村境内,新发现数公里长秦始皇石砌长城。根据周兴华介绍,秦始皇统一六国后,派蒙恬统兵三十万修筑万里长城,其中有很大一部分是在战国秦昭襄王"拒胡"长城的基础上修建的长城。这时的秦始皇长城从秦境西南向东北修筑,依次经过临洮、榆中、并河以东、阴山、辽东五段。秦始皇长城在西北"河南地"的修筑方式是"因河为塞""城河上塞""因边山险"和"堑山堙谷"等,其中北长滩村秦始皇长城属于"并河以东"段部分。记者跟随周兴华乘坐羊皮筏子渡过黄河,来到中卫市沙坡头区北长滩村下滩水车对岸的高山上,发现这里的长城残高最高处约10米,顶宽3米到4米,是建筑者按照防御需要,根据山体走向、坡度、高低、豁口、崖壁及水沟情况的不同,因地制宜,就地取材。有的长城墙体是加高山脊,有的是填补豁口,有的是补立山坡,有的劈山为墙,还有的是人工墙体与天然峭壁相连接。除了部分劈山作为长城墙体外,其余长城墙体皆为石块垒砌。这些石块岩面平整,接缝严密,收分合度,下宽上窄,依山后倾,墙体稳重牢固。北长滩秦始皇长城经历了2 200多年的天灾人祸,只有少数长城墙体保存完好,大部分已经破落坍塌或者被荒草碎石湮没。[①]当然学界对以上看法提出了质疑。我是赞成秦始皇时期沿黄河修建了一条长城,只是由于利用河流地段比较多,所以没有留下来更多的遗址供我们现在考察和认可。

2. 秦始皇长城中段

关于秦始皇长城中段的路线争论不大。

董耀会认为:中段由内蒙古兴和县,经黄旗海北岸,绕过集宁市北境,顺大青山而西,经察右中旗,武川县南的南乌不浪,固阳县北部的大庙、银号、西斗铺,然后北依阴山,南障黄河后套,经五原、杭锦后旗北境,西抵乌兰布和沙漠北缘,这是秦统一以后,蒙恬北逐匈奴,辟地数千里,利用战国时期赵长城的基础,加以重新修缮而成的。阴山至贺兰山之间的广阔缺口当是秦统一以后新筑的。其长城的建筑由于基本上依托大青山和阴山,主要是用石块垒砌,在乌拉特中旗南部

[①] 武勇:《宁夏中卫北长滩新发现秦始皇石砌长城》,新华网宁夏频道2009年9月26日。

发现用石块垒砌的墙面有多次修缮的痕迹,基宽3.9米,高约3.9至4米。沿长城内外,在连绵的山巅上,还用石块垒成供传递军情用的烽燧,山谷间的通道则构筑了一些关隘城堡设施,沿黄河岸还夯筑了一系列障塞,使秦统一以后的长城中段形成纵深防御体系。[①]

这段长城部分利用了战国时期赵国北线长城的基础,但更多的是新筑的。此段长城的建筑基本依托大青山和阴山,多用毛石块垒砌。文物考古工作者在阴山北麓,考察了一处长达450公里的秦始皇长城,东端在今呼和浩特市北郊的坡根底村与赵长城相衔接,向北偏西方向,翻越阴山到武川的什尔登古城,沿大青山北麓至固阳县空村山、阿塔山北麓,再循色尔腾山的中支查尔泰山北麓西行,在乌拉特中旗沿狼山南支的北麓逶迤而西,直到临河市北的石兰计山口,保存好的地段长城一般高5—6米,顶宽3米。隔1至2公里有一小烽燧,隔5公里有一座大烽燧和驻军营盘。在乌拉特中旗南部还发现用石块垒砌的墙面有多次修缮的痕迹,基宽4米,高4—5米。沿长城内外,在连绵的山巅上,还用石块垒成供传递军情用的"烽燧""亭燧",山谷间的通道则构筑了一系列史称"障塞"的城堡。在固阳县银号乡看到的秦始皇长城,用大型方整的石块砌里外两壁,中间填以小块石头,墙面平整坚固,在固阳九分子乡包白公路西侧现建有秦长城遗迹保护碑,这里的长城用黑褐色的石片砌筑,外侧残高约3—5米,内侧1—2米,顶宽1.5—2.5米之间,并且还有"分段包干"施工留下的接缝痕迹。

关于秦始皇中段长城内蒙古段是否沿用了赵长城,何清谷师认为是否定的。之所以如此,是因为:首先,从赵武灵王到秦始皇时,北方游牧民族的防御线发生了很大的变化,因而秦长城北段不可能"悉因"赵长城之旧。关于赵长城的西端还有一条史料可证,《水经注·河水》引《虞氏记》曰:"赵武侯自五原河曲筑长城,东至阴山。"其次从现存遗迹看,在今内蒙古境内的赵长城与秦长城北段,是迥然不同的两条长城。可见,秦长城北段断无利用赵长城之处。至于再向东去,我们没有调查,不排除秦利用赵长城某段的可能。[②]

秦始皇长城绵延万里,经两千多年的风雨侵蚀和自然变迁,遗迹已较罕见。

---

① 董耀会:《万里长城纵横谈》,人民教育出版社,2004年。
② 何清谷:《秦始皇北段长城的考察》,《人文杂志》1989年第4期。

唯独在内蒙古阴山深处人迹罕至的山谷之中,仍保存有数百公里,而且雄风犹存。

3. 秦始皇长城东段

有关燕秦东段长城的研究,在20世纪七八十年代曾有一次高潮,并在90年代初形成了基本结论,即认为在东北地区存在着这样一条燕、秦长城线:"从今朝鲜大同江入海口北岸的碣石山起,向东北去,经大宁江、昌城江,至鸭绿江,约因宽甸的下露河乡过江,经太平哨一线,转向北去,进入桓仁县,再到新宾、清原,复向西经过铁岭、法库,进入彰武到阜新,然后到库伦、奈曼、敖汉,过赤峰,再西就和围场段(即赤北长城)相衔接了。"①秦始皇长城东段从内蒙古化德县境,往东经过河北省康保县南、内蒙古太仆寺旗、多伦县南,河北丰宁、围场县北,内蒙古赤峰市北境及奈曼旗、库伦旗南境,至辽宁阜新市北,这段长城或沿用战国燕长城旧迹,或新筑。辽河以东地区,据文献记载,秦始皇长城一直延伸到朝鲜境内平壤大同江北岸。其建筑方法,因这段长城所经过地带的自然条件差别较大,采取了因地制宜、就地取材、累石为城、树榆为塞的不同方法。②

对于秦利用燕国长城的问题,学术界意见不一。

一种意见认为,辽宁的秦始皇长城始建于燕国,《史记·匈奴列传》载:"燕亦筑长城,自造阳至襄平,置上谷、渔阳、右北平、辽西、辽东郡以拒胡。"③秦始皇统一中国后,在辽宁的行政建置仍依燕之旧制。修筑方法也是"因边山险,堑溪谷,可缮者治之",加以修缮、连缀而已,当然,也有一些增大和扩筑。秦长城在辽宁境内段落,是沿用的原燕国的外线长城,在旧有的墙址上加以修缮的,故长城走向与燕长城基本相同。从西边进入辽宁阜新市后,又经彰武、法库、开原与铁岭一带,越过辽河,向东经清原、新宾、桓仁、宽甸,过鸭绿江而后直达长城所起的碣石山。辽宁境内幸存的秦始皇长城在建平县北部努鲁儿虎山的崇山峻岭之中,那里断断续续地盘亘着一条被当地群众称为"石龙"或"土龙"的古代长城遗迹。经考证,这就是历史上著名的燕秦长城。在建平县张家湾南山至蛤蟆沟北梁之

---

① 李健才、刘素云:《东北地区燕秦汉长城和郡县城的调查研究》,吉林文史出版社,1997年,第287页。

② 董耀会:《万里长城纵横谈》。

③ (汉)司马迁:《史记》卷一一〇《匈奴列传》,第2886页。

间,至今还保留着长7公里、宽约2米、高1米左右的城墙遗址。其中烧锅营子乡化匠沟村北山上的一段保存最好,石砌结构仍清晰可见。另外,这一带还发现了许多古代用于驻兵、屯粮的附属城池。燕秦长城之所以被当地群众称为"石龙"或"土龙",主要是因为长城因地制宜建造而成,越山岭时凿石垒砌,经平川就用土夯筑,须跨河流便设立关口。而辽宁境内其他的秦始皇长城就很难找到地上的痕迹了。

冯永谦、何浦滢的《辽宁古长城》认为:"秦长城在辽宁境内段落,是沿用原燕国的外线长城,在旧有的墙址上加以修缮的,故长城走向与燕长城基本相同。从西边进入辽宁阜新市后,又经彰武、法库、开原与铁岭一带,越过辽河向东经清原、新宾、桓仁、宽甸,过鸭绿江而后直达长城所起的碣石山。"[1]

萧景全认为:"秦在辽东仍是沿用了燕国长城障塞的旧址,只是对个别倾塌和湮失地段进行了维修和加固",进一步明确长城"从阜新市的彰武县出境后,进入沈阳市所属的新民北部,然后东行进入法库县叶茂台镇,再东行经铁岭市的镇西堡、龙首山,折而南下过新台子镇邱台子、懿路复又进入沈阳境内。在沈阳市大体沿今沈(阳)铁(岭)高速公路一线,即新城子区和东陵区东部的矮丘一带南北通过,然后抵浑河北岸,在东陵区高坎镇附近跨越浑河,经东陵区上伯官进入抚顺市顺城区李石寨镇,再经刘尔屯、四方台、抚顺县大南乡东台、越东陵区深井子镇鄂家沟进入抚顺县拉古乡,然后南行过沈阳市苏家屯区白清寨乡的和顺、关台沟一带复又进入抚顺县海浪乡,接着进入本溪市,经该市溪湖区的后湖公园、明山区高台子镇威宁、牛心台镇的大浓湖,然后东行经本溪满族自治县的小市张家堡、谢家崴子水洞、山城子镇的朴家堡,再继续向东至碱厂镇,然后经抚顺市新宾满族自治县南部边缘进入桓仁满族自治县,经该县木盂子镇,四道河子乡的三道河子村、县城、雅河乡驻地及该乡口龙山进入宽甸满族自治县,再经该县步达远、太平哨、红石砬子、永甸、长甸等乡镇抵鸭绿江边。"[2]

另一种意见认为秦长城应该在燕长城以北。燕长城北的始皇长城则自内蒙古的察右后旗向东经商都、化德、太仆寺旗、多伦,再经河北的围场北,内蒙古的

---

[1] 冯永谦、何浦滢:《辽宁古长城》,辽宁人民出版社,1986年。
[2] 萧景全:《辽东地区燕秦汉长障城塞的考古学考察研究》,《北方文物》2000年第3期。

赤峰北、敖汉旗、奈曼旗、库伦旗,入辽宁省的阜新。这两段长城遗址不相连接,相近端的兴和和察右后旗、化德南北相距甚遥,不知原因何在。也有人认为位于燕之北的长城亦是燕长城,燕长城是采用了复线的形式。①

总之,这一地带的长城走向和年代问题扑朔迷离,是需要花些力气才能搞清楚的。

辽河以西的长城中,据文物考古工作者考察发现认为,秦始皇万里长城要比燕北长城靠北,过去称为康保三道边即由内蒙古化德、康保东去和赤峰最北面一道长城是秦始皇时期所筑。

秦始皇长城东段沿线也修筑了许多城池、障和烽燧一类的防御建筑设施。今赤峰、围场、丰宁一带的秦始皇长城,建在山岭上的取自然石块垒砌,方法是内外两侧用较规整的自然大石块,中间填以乱石碎块或砾石,基宽一般为2至3米,横断面呈梯形,下宽上窄,估计当时城墙高度约3至4米,顶宽1米左右。在石筑城墙残基上,有的地段发现明显的接痕墙缝,证明当时筑造长城是按区域分段施工的。敖汉旗以东一段长城建在丘陵间,则多为以土夯筑或土石并用。

李文信认为,秦始皇长城是从阜新西来,"经彰武、法库、铁岭、开原一带,跨越辽河,再折而东南,经新宾、宽甸,向东至当时国境"。② 刘子敏认为,"长城的走向应自铁岭以北折而东南,经抚顺大伙房水库以东的南杂木一带穿越浑河、苏子河而南走,越太子河中游一带,经宽甸县以东过鸭绿江"。③ 张博泉认为,长城出阜新后,"再经彰武、法库而至辽河。再沿河北上至河之上游,又东北折至今吉林市北,东向至珲春滨海一带"。④ 李文信和佟柱臣二位过去曾调查了燕北长城的西段,即围场至赤峰这一线。⑤

辽宁省文物工作者实地调查了赤峰至敖汗一段。李殿福对西接敖汗的奈

---

① 盖山林、陆思贤:《内蒙古境内战国秦汉长城遗迹》,《内蒙古文物资料续辑》,1984年;郑绍宗:《河北省战国、秦、汉时期古长城和城障遗址》;布尼·阿林:《河北省围场县燕秦长城调查报告》;项春松:《昭乌达盟燕秦长城遗址调查报告》,均见《中国长城遗址调查报告集》。
② 李文信:《中国北部长城沿革考》,《社会科学辑刊》1979年创刊号。
③ 刘子敏:《战国秦汉时期辽东郡东部边界考》,《社会科学战线》1996年第5期。
④ 张博泉:《东北地方史稿》,吉林大学出版社,1985年。
⑤ 佟柱臣:《考古学上汉代及汉代以前的东北疆域》,《考古学报》1956年第1期。

曼、库伦两旗境内的燕长城进行了调查。[1] 并在1973年和1974年对燕北长城以南的奈曼旗南湾子乡三一村的沙巴营子战国古城（初步考证该城为西汉辽西郡文成县旧址）进行了发掘，更进一步得到了验证。因此说西迄独石口，东经围场、赤峰北、敖汗、奈曼、库伦这一段已十分清楚。东去彰武、法库至开原，虽没有来得及实地调查，但据辽宁省文物工作者的同行介绍，过去曾在法库县境断断续续的有过发现，因此说大体走向已趋明晰。[2]

秦始皇万里长城的"因地形、用险制塞"，表现在长城大多建在山梁上和水边，而且内侧为缓坡。在长城穿越河谷的地段，或以沟堑代替墙壁，或在河谷一侧增筑一段平行的墙壁，两山之间则用天然石块砌成石墙，形成"石门"。有的还开有"水门"，在长城穿越山谷要道的地方，往往于深入山口处的陡立峡谷中切断山路，筑起一条如同封山水库大坝一样的石筑或土石混筑的"当路塞"，并在"当路塞"的侧旁修建城堡。

秦始皇长城东端止于何处？《史记·匈奴列传》和《蒙恬列传》指出：秦始皇长城"起临洮，至辽东。"在辽东何处？没有详指。据《水经注·河水》："始皇令太子扶苏与蒙恬筑长城，起自临洮，至于碣石。"这里的"碣石"是具体所指。但碣石之地名又不止一处，到底是那个？学界也是众说纷纭。考"碣石"有三：一在河北昌黎，谭其骧《碣石考》一文认为，在河北昌黎。[3] 是据《通典》："碣石在本州南二十里。"即今河北昌黎县北二里的碣石山。二在辽宁省南部，据《山海经·北经》曰："碣石之山，绳水出焉。"郝懿行注云："地理志：辽西郡临渝有桑，云又有碣石水，疑碣石水即绳水也。"三是汉乐浪郡遂城之碣石。在《晋书·地理志》："遂城县有碣石山，长城所起。"《通典》卷一八六高句丽传："碣石山在乐浪郡遂成县，长城起于此山。"又据《通典》记载，"遂城县有碣石山，长城所起"。说明长城遗址在唐杜佑著《通典》时尚清晰可辨。《通鉴地理通释》亦云："秦筑长城，起所自碣石，在今高丽界。"这里所说的碣石亦是指汉乐浪郡遂城县之碣石，也就是现在朝鲜半岛平安南道之龙岗地方。在平南道曾经发现过燕国刀币和铁器工具以

---

[1] 李殿福：《吉林省西南部的燕秦汉文化》，《社会科学战线》1978年第3期。
[2] 李殿福：《东北境内燕秦长城考》，《北方文物》1982年第1期。
[3] 谭其骧：《碣石考》，《学习与批判》1976年第2期。

及秦戈等遗物。① 阎忠的结论与之略同:"概言之,燕北外线长城的西端在今张北西,从张北起,东北行经太仆寺、多伦南,至英金河上源,又沿英金河北岸东行,过老哈河,经敖汉北、库伦南、彰武北,又东北行,经梨树北,又东南行,经新宾北、桓仁西,然后过鸭绿江,经朝鲜慈江道西,再前行过清川江,最后止于今平安南道西部的龙岗。"② 之所以会形成不同的结论,是因为秦汉时期有多个地名叫碣石。我觉得第三种观点是正确的。因为当时长城的东端起点在朝鲜北部。

萧景全认为:有些学者考察辽东长障城塞,多拘泥于要找出一道连绵不绝的石垣或土垣,例如辽西和内蒙古地区那样。其实古文献对辽东长城的记述是很明确的。《史记·朝鲜列传》记燕时"为置吏,筑障塞"。③《汉书·匈奴传》载侯应语:"起塞以来,百有余年,非皆以土垣也。或因山岩石,木柴僵落,溪谷水门,稍稍平之,卒徒筑治,功费久远,不可胜计。"④ 这种记述与辽东地区的长障城塞的实际情况正相符合。辽东不但早期长障城塞如此,甚至到明代,辽东边墙也绝不像其迤西长城那样墙连垣接,而是因地制宜,采取多种形式筑墙。这皆因辽东,特别是抚顺、本溪和丹东三市的东部地区,山岭起伏,河流纵横,许多地段本身就具天险之利,修筑者利用地势,稍加筑治即成。同时,又由于辽东"地踔远,人民希",浩大的长障城塞工程,如果到处修成连绵不绝的墙桓,势必耗费巨大,这是任何当权者都难以承担得起的。⑤ 对此,张维华也持同样的观点:"边远辽阔之地,起筑不易,或难于防守,则仅间置以障城烽燧,未必悉行起筑。"⑥

《史记·匈奴列传》:"燕亦筑长城,自造阳至襄平。"⑦ 襄平属辽东郡,约今辽宁省辽阳老城。而《史记·朝鲜列传》载:"自始全燕时,尝略属真番、朝鲜,为置吏,筑鄣塞。秦灭燕,属辽东外徼。汉兴,为其远难守,复修辽东故塞,至浿水为界。"《史记正义》引《地理志》云:"浿水出辽东塞外,西南至乐浪县西入海。"⑧ 乐

---

① 李殿福:《东北境内燕、秦长城考》,《黑龙江文物丛刊》1982年第1期。
② 阎忠:《燕北长城考》,《社会科学战线》1995年第2期。
③ (汉)司马迁:《史记》卷一一五《朝鲜列传》,第2985页。
④ (汉)班固:《汉书》卷九四下《匈奴传》,第3804页。
⑤ 萧景全:《辽东地区燕秦汉长障城塞的考古学考察研究》,《北方文物》2000年第3期。
⑥ 张维华:《中国长城建置考》上编。
⑦ (汉)司马迁:《史记》卷一一〇《匈奴列传》,第2886页。
⑧ (汉)司马迁:《史记》卷一一四《朝鲜列传》,第2985页。

浪县即今朝鲜平壤。《汉书·地理志下》乐浪郡下浿水云："水西至增地入海。"①汉增地约当今新安州,浿水即今清川江。一些学者据此推论,燕北长城已及朝鲜,为秦时长城直达朝鲜之所因。据《史记·匈奴列传》,秦始皇长城"起临洮至辽东万余里"。辽东郡地域辽阔,具体止于何处?《史记正义》引《括地志》云:"延袤万余里,东入辽水。"②而较多较早的记载说明可至朝鲜。《淮南子·人间训》:秦"因发卒五十万,使蒙公、杨翁子将,筑修城,西属流沙,北击辽水,东结朝鲜。中国内郡挽车而饷之。"③《水经注·河水三》:"始皇三十三年,起自临洮,东暨辽海,西并阴山,筑长城。"④该辽海即渤海,也泛指辽东滨海之地。《水经注·河水三》又云:"始皇令太子扶苏与蒙恬筑长城,起自临洮,至于碣石。"⑤此碣石位于朝鲜。《通典》(卷一八六):"碣石山在汉乐浪郡遂城县,长城起于此山。今验长城东截辽水,而入高丽,遗址犹存。"《晋书·地理志上》乐浪郡遂城县下:"秦筑长城之所起。"按,遂城县在今朝鲜平壤南,秦时即属辽东郡管辖。

目前燕北长城调查发现东端已至奈曼、库伦、阜新。在此段长城之南北尚未见另外的长城遗迹,但是长城南部沿线的古城、烽燧遗址中包含燕、秦、西汉时期的遗物。这或许是秦筑长城,袭燕之旧的关系。⑥那么燕国北长城位置及走向到底如何?李殿福指出:随着考古事业的发展,对于燕国北长城之谜,几乎趋于全部揭晓。实际是西迄独石口,经围场、赤峰北至敖汉旗的南半部进入奈曼旗的牤牛河上游,东去库伦旗南部,再继续往东蜿蜒达阜新县北部,过彰武、法库东抵开原。开原以东以障塞形式一直伸延到朝鲜半岛之龙岗(碣石)。李文信和佟柱臣二位先生过去曾调查了燕北长城的西段,即围场至赤峰这一线。⑦近年辽宁省文物工作者调查了赤峰至敖汉一段,李殿福对西接敖汉的奈曼、库伦两旗境内的燕长城进行了调查。并在1973年和1974年对燕北长城以南的奈曼旗南湾子乡三一村的沙巴营子战国古城,初步考证该城为西汉辽西郡文成县旧址进行了

---

① (汉)班固:《汉书》卷二八下《地理志》,第1627页。
② (汉)司马迁:《史记》卷一一〇《匈奴列传》,第2886页。
③ 刘文典撰,冯逸、乔华点校:《淮南鸿烈集解》,中华书局,2013年,第751—752页。
④ (北魏)郦道元著,陈桥驿校证:《水经注校证》,第77页。
⑤ (北魏)郦道元著,陈桥驿校证:《水经注校证》,第85页。
⑥ 李殿福:《吉林省西南部的燕秦汉文化》,《社会科学战线》1978年第3期。
⑦ 佟柱臣:《考古学上汉代及汉代以前的东北疆域》,《考古学报》1956年第1期。

发掘,更进一步得到了验证。[①] 因此说西迄独石口东经围场、赤峰北、敖汉、奈曼、库伦这一段已十分清楚。东去彰武、法库至开原,虽没有来得及实地探查,但据辽宁省文物工作者介绍,过去曾在法库县境断断续续有过发现,因此说大体走向已趋明晰。事实证明既不是王国良—张驭寰之说;也不是日人松井等和金毓黻、冯家升二位的中经朝阳说。实际上通过考古发掘和考古调查得知,燕国北长城还在朝阳北240里以外的敖汉、奈曼等旗穿过。通过调查知道燕北长城,有土筑,有石筑,而以土筑段为长。遇山而以石垒,过平原而以土筑。土筑段,多为夯土筑之,保存尚好的段落,至今尚残存1—2米多高,底宽6—8米。

文献记载秦长城,"迄于辽东""迄于碣石",前者是泛指,后者为专指。因为辽东郡地理位置已固定,是在辽河以东,故称辽东,而辽东郡的西安平县治所在鸭绿江下游的丹东市北的叆河尖古城,说明辽东郡东界已达鸭绿江下游一带,秦长城东端止于辽东郡的东部,即乐浪郡遂城县之碣石,也就是现在朝鲜半岛平安南道之龙岗地方。有人把河北之碣石当为秦长城之终点,是把西起嘉峪关东至山海关这条明代的长城当为秦长城了。这是讹之千里的误传。实际上东北境内的秦长城,东端起于朝鲜汉乐浪那遂成县之碣石,即今日之龙岗,西渡清川江(一名大同江),再西渡鸭绿江,西去宽甸、新宾、开原、法库、彰武、阜新、库伦、奈曼、敖汉、赤峰北、围场,之后辗转至独石口,即燕国的北长城旧址。

但据2009年12月12日中新网报道:吉林省通化县境内新近发现十一处秦汉长城遗址,其中有四处已经确认,七处有待进一步发掘。专家表示,这标志着目前秦汉长城的最东端将重新界定为通化县,而并非普遍认为的辽宁省新宾县旺清门镇孤脚山烽燧。调查小组对西起通化县三棵榆树镇沿江村、东至通化县快大茂镇的范围内进行调查走访、挖掘,共发现十一处遗址,包括古城址和烽燧等。据吉林省文物考古研究所所长宋玉彬介绍,吉林省境内发现的长城应该是长城的附属设施,当时应该由士兵看管。据了解,这种长城主要是围绕当地所设的郡或县城,构成一个总的军事防御体系,士兵依据的天险可能就是一块孤立的石头,就近拢一些火,放狼烟传递信息,并不像人们所常见的北京八达岭那样是有城墙的长城,具有防御和界限的功能。考古人员在遗址发掘出的一些瓦片、

[①] 李殿福:《西汉辽西郡水道、郡县治所初探》,《辽宁大学学报》1982年第2期。

陶片、石器等都是反映汉代特征的文物,尤其是绳纹瓦、布纹瓦都较流行于汉代。从发现的十一处长城遗址分布来看,基本是一条线,依着通化境内河谷分布,专家推测这些只是吉林省境内秦汉长城的一部分,再往东端还可能存在秦汉长城遗址。

笔者认为,秦始皇长城东端的终点在朝鲜的北部是没有问题的,至于是从辽宁还是吉林进入朝鲜,我认为不要急于下定论,还要做扎实的考察工作,其实两种情况都是有可能的。

(三) 秦始皇长城西端起首的争论

关于秦始皇长城西端的起首,学者们长期以来争论激烈,且难分胜负。有的认为在今天甘肃岷县,有的认为在今甘肃临洮。史党社、田静在《关于秦始皇长城西端起首地"临洮"的几种说法简评》一文中已对相关观点予以比较全面介绍。[①]

1. 岷县说

今岷县就是秦汉时代的"临洮","岷县说"是一种最为流行的说法,来源最早。《史记》之《蒙恬列传》《匈奴列传》就明言西起自"临洮",大约同时代的文献《淮南子·人间训》也明确记载秦始皇时代所作长城是"西至临洮"。《汉书·匈奴传》也记载是起自"临洮"。后来的徐广、郦道元、李泰、杜佑等人都跟随此说。如《蒙恬列传》之《集解》引徐广说"临洮在陇西",也就是说临洮指的是属于秦陇西郡的"临洮"。《水经注·河水》也说蒙恬所筑长城"起自临洮,至于碣石"。《史记·匈奴列传》之《史记正义》引李泰《括地志》云:"秦陇西郡临洮县,即今岷州城。本秦长城首,起岷州西十二里,延袤万余里,东入辽水。"[②]《元和郡县图志》云:"溢乐县,本秦汉之临洮县也,属陇西郡。……秦长城,首起县西二十里。始皇三十四年,并天下,使蒙恬将三十万众北逐戎狄,筑长城,起临洮至辽东,延袤万余里。"[③]杜佑《通典》"州郡典"之岷州条说:"岷州,春秋及战国时属秦,蒙恬筑

[①] 史党社、田静:《关于秦始皇长城西端起首地"临洮"的几种说法简评》,《秦汉研究》(第一辑),三秦出版社,2007年。

[②] (汉) 司马迁:《史记》卷一一〇《匈奴列传》,第2887页。

[③] (唐) 李吉甫:《元和郡县图志》,中华书局,1989年,第996页。

长城之所起也。"注又云:"属陇西郡,长城在今郡西二十里崆峒山,自山傍洮而东,即秦之临洮县境在此矣。"① 宋乐史的《太平寰宇记》陇右道岷州条、清顾祖禹的《读史方舆纪要》陕西岷州卫条,均同《通典》之说,谓岷州境内有秦长城之遗址。唐岷州即今岷县,也就是秦汉之"临洮"。

"岷县说"长期作为一种主流观点,近现代学者也大多持赞成态度。王国良先生认为,"秦长城西起于今甘肃岷县,东行经狄道、固原、隆德等地,包六盘山而北走,再东经环县而入陕西境,过绥德,渡黄河,历山西河北境,到山海关转向东北,横贯辽宁南部",一直到今朝鲜平壤南之"碣石"。②

顾颉刚先生 1937—1938 年考察后认为,秦始皇长城的走向,"自岷(县)折而北,东行至渭源,又西北至今临洮,又北至皋兰,沿黄河至宁夏而北而东,与赵长城相衔接"。③

罗哲文先生早在 1963 年即考察过临洮东尧甸乡的秦昭襄王长城,并认为就是秦始皇时期的长城,在其发表的考察简报中,承认秦始皇长城起点的"岷县说"。④ 他在 1982 年出版的《长城》一书中认为,秦昭襄王长城西起今岷县,后来这段长城被秦始皇长城所沿用,北段、东段则沿用了燕、赵长城。⑤ 在黄河到阴山一段长城,是设立"亭障要塞"的。在其后来出版的《世界奇迹——长城》一书中,他认为,秦始皇长城的西段"从甘肃岷县起,沿洮河东岸北行,经临洮、兰州,入宁夏,沿贺兰山至内蒙古的高阙,与蒙恬率兵修筑的长城相接。东段,大抵循着赵国、燕国的北界长城的路线,从内蒙古、河北,向东跨越辽宁省辽阳市,直抵鸭绿江边"。中段,即今河套和阴山一带,基本是利用、增修赵长城而成的。⑥

张维华认为秦始皇长城的西段之长城,沿用了秦昭襄王长城,在兰州以南段长城的走向上,看法与顾颉刚同。兰州以东,顾先生认为是沿黄河而东北行,最后与赵长城相接的,而张维华则认为是"再由皋兰东行,越陇山,入原州区境。复东北行,入合水与环县之境。自此再东北行,入今陕西之鄜县境。再东北,经延

---

① (唐)杜佑:《通典》,中华书局,1988 年。
② 王国良:《中国长城沿革考》,商务印书馆,1930 年。
③ 顾颉刚:《甘肃秦长城遗迹》,《史林杂识初编》,中华书局,1963 年。
④ 罗哲文:《临洮秦长城、敦煌玉门关、酒泉嘉峪关勘察简记》,《文物》1964 年第 6 期。
⑤ 罗哲文:《长城》。
⑥ 罗哲文、刘文渊:《世界奇迹——长城》,文物出版社,1992 年。

安县而入绥德县。再东行,达于黄河西岸而止"。①

史念海先生认为,今岷县至于临洮,是沿用了秦昭襄王旧城的,秦昭襄王长城与秦始皇长城在临洮一带分支,一行向东者为昭王长城。向北至于兰州者乃秦始皇长城,秦长城的西段,只有临洮至于兰州、阴山一段为新筑。他认为,兰州以东至于阴山,也是筑有长城的,只不过今或消失,或湮没于宁夏一带黄河以西的流沙之中。②

谭其骧先生主编的《中国历史地图集》第二册秦"关中诸郡"图上,在今岷县至于临洮之间,也标注有长城,与史念海先生看法一致。在今兰州——内蒙古河套一带的黄河岸边也标注有"始皇时所筑长城",说明谭先生在认为秦始皇长城起于"临洮"的同时,也承认兰州以东的黄河岸边所筑为长城。1983年谭先生又发表了《秦关中北边长城》一文,认为"因河为塞"者,乃蒙恬新筑之长城,在今阴山之上。③ 艾冲先生的看法基本与史、谭先生同。④

吴礽骧也主秦始皇长城西起点的"临洮说"。但他同时也认为,秦昭襄王长城是从今临洮北三十里墩村附近开始的,而秦始皇长城则起自今岷县的。⑤

彭曦认为,秦始皇时代是利用修缮了秦昭襄王长城的,而且,秦长城决不可能只止于今三十里墩村的杀王坡一带,而向南之延续情况到底如何,则还需要更加细致的实际考察,须不仅仅限于文献探讨。对于兰州以东至于河套的"城河上为塞"的,是否就是长城,彭先生基本持肯定态度,觉得应是长城的不同形式而已,但也须实际调查的帮助。⑥

另外有学者也进行了许多考察,也列出了一些实物证据。李琳所列有以下几项:1947年岷县曾出土有秦货币万余枚;大量的秦瓦遗存,这些瓦片与临洮等地长城沿线的形制一致;有大量的壕沟存在,当是以"堑"作长城的遗留。⑦ 景生

---

① 张维华:《中国长城建置考》上编。
② 史念海:《黄河中游战国及秦时诸长城遗迹的探索》,《中国长城遗迹调查报告集》;《论西北地区诸长城的分布》,《长城国际学术研讨会论文集》,吉林人民出版社,1995年。
③ 谭其骧:《秦关中北边长城》,《长水集》下,人民出版社,2011年。
④ 艾冲:《中国的万里长城》,三秦出版社,1994年。
⑤ 吴礽骧:《战国秦长城与秦始皇长城》,《西北史地》1990年第2期。
⑥ 彭曦:《战国秦长城考察与研究》。
⑦ 李琳:《对秦长城西起临洮即今岷县的再认识》,《丝绸之路》1999年第2期;《甘肃境内秦长城考察记略》,《丝绸之路》1996年第6期。

魁实地考察后认为,秦长城当起于进岷县县城西十里乡的大沟寨一带,沿洮河岸下行,一直可与康乐、临洮的长城联系在一起。李琳与景生魁都列出了一条重要的理由,就是说长城的修筑,也是为了防止羌人的,故"岷县说"不容否定。巩如旭认为,秦始皇万里长城起首于岷县城西,向西出岷县,经卓尼、临潭而北,然后经康乐、和政、临夏,抵积石山县境黄河岸边,大致呈东南—西北走向,全长四、五百公里。然后在黄河岸边"因河为塞"走向东北,出甘肃、宁夏而到达内蒙古。①

范学勇通过对明清时代的"洮州边墙"的考察,把秦汉临洮的位置向西大幅移动了100公里以上,认为卓尼县西卡车乡的羊巴城即秦汉临洮城,而且绵延二、三百华里、位于今卓尼、临潭境内的"洮州边墙",大部分是沿用了秦长城的。若按照范学勇的解释,秦长城起于今羊巴城西,那么秦始皇长城就是从今卓尼一带大致呈北行状,至于黄河的。可以看出,其所定的长城的走向,与巩如旭之说是相似的。②

史党社、田静认为:秦长城其从临洮向南延伸到岷县是极为可能的。秦代与羌人虽然矛盾并不尖锐,但仍要发挥使"众羌不复南度"的作用,羌人不是匈奴在秦之北,而是分布在洮河以西,故防线须从临洮向南延伸。所以秦代修筑于洮河流域的这条防御线,无论是长城还是别的什么形式,都应是一种客观存在。由于其与秦昭襄王、赵、燕长城等相接,也有所新筑,构成了宏伟的"万里长城",所以无论是什么形式,把这些关塞,看作"绵延万里"的秦始皇长城的一部分,都是可以的。秦始皇长城南到岷县说,也就有了合理的理由,不能轻易否定。我们怀疑,在临洮—岷县一线,可能没有长城建筑,而与"榆中"以东的"城河上为塞"一样,也是以筑城为堡垒、或者"堑溪谷"的这些形式进行防御的。因为这里并不同于北方较为平坦的沙漠草原地带,需要有连续的防御工事;这里有的只是连绵的黄土丘陵和山岭,其西侧逐渐向黄河上游的草原地带过度,所以只需在交通要道设立据点,或者别的什么形式,就足以达到防御的目的。后来明清时代的"洮州边墙",设立在本条防线更西的卓尼、临潭境内的草原地带,与此处洮河中下游的

---

① 巩如旭:《秦始皇万里长城起首处遗迹求索》,《西北史地》1984年第2期。
② 范学勇:《秦始皇长城西端起点临洮地望与洮州边墙考》,《西北民族学院学报》2003年第1期。

情况正好相反,正可作为此处因属山区而不须修筑连续性长城的证据。难怪今日临洮—岷县一线无长城踪迹可寻了。因此,"临洮说"者根据今临洮南无长城遗迹,就认为秦始皇长城也是起点于临洮,论据也是不坚实的。"临洮说"存在明显的缺陷,主要有以下两个方面。第一,对文献的曲解。此点最突出的表现就是对"临洮"的理解上。我们现在见到的最早的记载秦始皇长城的文献是《史记》《汉书》等,其中都提到"临洮"是秦始皇长城的西端起点,"临洮说"为了适应自己的观点,强解文献说"临洮"乃泛指,即洮河岸边的某处。第二,在对于考古资料的解释上是不可取的。因此,"临洮说"者根据今临洮南无长城遗迹,就认为秦始皇长城也是起点于临洮,论据也是不坚实的。[①]

2019年岷县长城研究者张润平等对长城再一次考察,取得了明显的进展,写出了《秦长城首起于岷县的文献梳理与调查考证》。[②]

何钰不同意临洮说,但也不认为在岷县,在岷县西崆峒山。他认为秦始皇长城西起岷县之说不妥,岷州有崆峒山,"秦长城首起岷州西十二里,或二十里,乃唐初李泰《括地志》之言。他们考察的岷县境内迄今并未发现长城遗迹。秦始皇统一后的万里长城西部首起何在?作者认为:司马迁《史记》中的'起临洮至辽东'是广义言之。临洮即指陇西郡滨临洮河的地带,非具体实指临洮县而言"。[③]定西市博物馆、临洮县博物馆的《秦代长城西端遗迹的调查》一文对有关地方志及有关论著中对秦长城西端起点"临洮城"的地望提出质疑。通过实地考察,并结合地方志文献,对岷县、临潭、卓尼、康乐、渭源、广河、临洮诸县境内滨临洮河的山涧溪谷与洮河交汇的古代河流冲积扇和有关台地作了踏勘。洮河沿岸的秦汉遗址虽经2000多年的风雨剥蚀和人为破坏,但相当一部分烽燧坞障遗迹犹存。据此认为,秦长城西端并非首起岷州"西十二里"或"二十里",其建置形制亦非绵延不断的长城墙垣,而是由洮河沿线烽燧坞障、河流山险以及峡谷栈道所组成的"塞"。[④] 景生魁认为:"秦长城起点应在岷县城西十里乡的大沟寨一带。往

---

① 史党社、田静:《关于秦始皇长城西端起首地"临洮"的几种说法简评》,《秦汉研究》(第一辑)。
② 张润平等:《秦长城首起于岷县的文献梳理与调查考证》,《丝绸之路》2019年第4期。
③ 何钰:《秦长城西部起首崆峒山刍议》,《社科纵横》1994年第1期。
④ 定西地区博物馆、临洮县博物馆:《秦代长城西端遗迹的调查》,《考古学集刊》(第13集),中国大百科全书出版社,2000年,第83页。

东北,岷州古城西南角有关门,原有古城墙,即《太平寰宇记》提到的溢乐城南 1 里的秦长城遗址。西魏置溢乐县,即今岷县治。往北,茶埠乡隔河有秦长城遗迹者二:其一,杏树崖对面低西村背后山梁上有大滩,滩中存残垣断壁,高二三尺尺,长 50 米,形似城墙根基;其二,茶埠乡对面的西京里傻拉池弯梁右侧山坡上,有高 10 米、长 50 米的墙形,直壁上不生草,呈土红色。这两处长城遗迹是西北民族学院董文义先生于 20 世纪 40 年代求学时发现的。其下,经将台、脚步城、石嘴等地,皆能通马道。至红城,有完整的城墙遗址。维新乡红莲寺右侧,有岷县三中郭世威先生发现的一段城墙遗址。长城从维新乡的元山铁城出岷县境,经边墙河、石门等地,一直到康乐县的安龙河口,就可和现今临洮县的长城遗址连接在一起。以下长城走向我们和临洮学者的看法基本一致。"[1]巩如旭认为:《括地志》《元和郡县志》等史籍之所以将《史记》中的始皇长城首起"临洮",解释为岷州(今岷县),并认定长城首起于岷州,并不仅是由于岷州古称临洮的缘故,而且应该是当时岷州境内确有这条长城首起处遗迹的存在,与《史记》的有关记载相符。我们至今没有找到秦始皇长城首起处遗迹的原因也许在于我们至今没有找到它真实的地理方位,而不在于它无迹可考。从具体情况看来,在岷县城附近寻找它是没有多大希望的;比较可行的方案是,实地考察今甘肃省临夏市暨积石山、和政、康乐、卓尼四县境内的明代河洮长城遗址,首先是考察其中的河州卫二十四关。如果二十四关确与始皇长城有关联并得到证实,那么就可以自二十四关东南端的安龙关起,向东南方穿临潭县境入岷县境,逆向寻找始皇长城首起处遗迹。[2]

2. 临洮说

这种说法代表性的人物主要是当代甘肃一些学者,还有其他一些人也同意此观点。

孙益民、王楷认为:秦始皇长城的西端起点"临洮"不是秦汉临洮,即今岷县,而是今临洮即秦汉狄道县。"临洮说"一个最主要的论据就是今岷县(秦临洮一带,并无长城遗迹,而今临洮)秦狄道北则有明显的秦长城村子。秦始皇长城

---

[1] 景生魁:《岷县秦长城遗址考察》,《丝绸之路》1996 年第 2 期。
[2] 巩如旭:《秦始皇万里长城首起处遗迹求索》,《西北史地》1984 年第 2 期。

西段,也是利用了原来的秦昭襄王长城的,它的起首地就是原来秦昭襄王长城的西端起点,在今临洮县城北约15公里左右的新添乡三十里墩村附近,村东即为城墙岭,从此向东都是丘陵地带,长城在此向东南连绵。城墙岭之边有地名叫杀王坡。①

陈守忠、王宗元也发表了两篇观点、论述过程与孙、王大致相同的文章。这三篇文章的作者都认为,自己的成果都是在20世纪80年代初前后实际考察的结果。② 王宗元、齐有科也撰文,对于"临洮"问题加以讨论,观点与上述人的大同小异。③ 有的学者将西端起点问题分为秦昭襄王和秦始皇两个不同的阶段。从而主张首起今临洮的长城是秦昭襄王长城遗迹,而始皇长城起于岷县西。④

秦长城西首起处至今仍是一个值得深入探索的问题,我们期待着学者对长城的定义必须有共同的认识,从而在综合分析文献资料的基础上,经过深入细致的考察研究,才能得出令人信服的结论。

(四) 秦始皇长城修建的时间

学术界意见不一,有的认为从秦统一当年就开始修建长城了。

秦代万里长城的修建,分为前后两个阶段,共12年之久。第一阶段,由秦始皇二十六年至三十二年(前221—前215年)。这时刚刚平灭六国,国内正紧张地进行一系列改革和推行巩固统一的各项措施,对匈奴采取的是战略防御方针。在这一阶段中,为了确保边境的安全和为下一步对匈奴实施战略反击做准备,重点维修了原秦、赵、燕三国的边地长城,并新筑若干部分,以使其互相连接。《史记·秦始皇本纪》二十六年载:"地东至海暨朝鲜,西至临洮、羌中,南至北向户,北据河为塞,并阴山至辽东。"⑤这段史料既指出了秦统一初年的边界,也指出了秦代初年长城的走向、维修与新筑的段落和开始修建长城的时间。

自战国中后期起,中原各诸侯国与北方游牧族相邻,无不筑长城以为界,边

---

① 孙益民、王楷:《万里长城西部起首于今临洮辩》,《兰州学刊》1982年第1期。
② 陈守忠:《甘肃境内秦长城遗迹调查及考证》,《历史教学问题》1984年第2期。
③ 王宗元、齐有科:《秦长城起首地——"临洮"考》,《西北师大学报》1992年第3期。
④ 巩如旭:《秦始皇万里长城首起处遗迹求索》,《西北史地》1984年第2期。
⑤ (汉)司马迁:《史记》卷六《秦始皇本纪》,第239页。

界所至之处，亦即长城所建之处。秦代更是如此。所谓"并阴山至辽东"，正如唐人张守节《正义》所云："从河傍阴山，东至辽东，筑长城为北界。"[1]也就是说，秦灭六国的当年即开始了维修和新筑长城的工程，这里维修的是原赵国的阴山南长城（阴山北长城此时尚为匈奴所控制）和燕国的边地长城，并新筑二者之间的段落，使其互相连接。所谓"北据河北塞"，指的是原秦国边地长城的东端和赵国阴山南长城西端之间的一段黄河，这一段从前无人筑城，现在通过筑城立塞，从而把秦、赵长城连接起来。所谓"西至临洮、羌中"，就是指在维修原秦国边地长城的基础上，进一步将其延伸到羌中。羌中指的是羌人聚居地，遍于今青海湖以东各处，这里所指为今甘肃永靖、兰州一带，亦即新筑自狄道沿洮水向西北与黄河相连的长城。所谓"东至海暨朝鲜"，就是指秦界东临大海，其东北边境把原燕国的边地长城加以延伸，直到秦代辽东郡的东南端。《水经注·河水》："始皇令太子扶苏与蒙恬筑长城，起临洮，至于碣石。"[2]《通典》："碣石山在汉乐浪郡遂成县。长城起于此山，东截辽水而入高丽，遗址犹存。"[3]这就是秦初第一阶段维修和新筑长城的全部工程。

上述史料表明秦始皇长城开始修筑的时间是始皇二十六年，而且《史记·蒙恬列传》指出：始皇二十六年，"蒙恬因家世得为秦将，攻齐，大破之，拜为内史。秦已并天下，乃使蒙恬将三十万众北逐戎狄，收河南。筑长城，因地形，用制险塞，起临洮，至辽东，延袤万余里。于是渡河，据阳山，逶蛇而北。暴师于外十余年，居上郡。"[4]这段记载表明，修建万里长城的工作是在蒙恬的主持领导下进行的，蒙恬为了击匈奴、筑长城，前后共"暴师于外十余年"。而蒙恬开始击匈奴的时间是秦始皇三十二年，到秦始皇三十七年蒙恬被秦二世赐死，首尾不过6年，是远不足"十余年"的。事实是，蒙恬自秦始皇二十六年破齐之后，遂即开始率兵屯边、防御匈奴，兼筑长城，经过长期准备，而后才出兵反击匈奴，击败匈奴后又进一步修筑长城，所以才"暴师于外十余年"。但是，由于第一阶段的重点任务是维修旧长城，新筑部分不多，工程量不大，主要是由蒙恬所率部队和沿边郡县军

---

[1] （汉）司马迁：《史记》卷六《秦始皇本纪》，第241页。
[2] （北魏）郦道元著，陈桥驿校证：《水经注校证》，第85页。
[3] （唐）杜佑：《通典》。
[4] （汉）司马迁：《史记》卷八八《蒙恬列传》，第2565—2566页。

民完成的,没有大规模动员全国的人力、物力和财力,因而史书上对这段情况的反映比较少。

第二阶段,自秦始皇三十三年至三十七年(前214—前210年)。这时形势已发生巨大变化,秦始皇巩固内部的工作已经完成,边地长城的修缮已基本结束,边防已经巩固,对匈奴作战的各项准备皆已就绪,已由战略防御转入战略进攻,并取得重大胜利。秦始皇三十二年,蒙恬大败匈奴军,一举收复河南地;次年又渡过黄河,攻占高阙,控制了阳山、北假一带,从而使秦代的边境向北推进很远。为了巩固新占领的地区,于是开始第二阶段修建长城的工作。第二阶段的任务共有两项。一是"自榆中(今甘肃兰州榆中)并河以东,属之阴山,以为(四)十四县,城河上为塞"。① 也就是从今天的甘肃省兰州市榆中县一带开始,同第一阶段由狄道沿洮水向西北延伸的长城相连,沿黄河而东转北,直到与阴山相连,即与原赵国阴山南长城的西端相连,并在沿河岸边建立44县,修建44座城塞,从而加强沿河的防御;二是在高阙、阳山、北假一带"筑亭障以逐戎人"。② 也就是重新修复赵武灵王时所建的阴山北长城,并自高阙向西南延伸很长一段,直至与当时的流沙(今巴丹吉林沙漠、腾格里沙漠、乌兰布和沙漠的总称)连接;向东与原赵国阴山南长城会合后,于今内蒙古卓资一带转向东北,逶迤于今内蒙古商都县北、化德县南、河北康保县南,在今内蒙古太仆寺旗一带与原燕国的长城相连。这两项任务都是以新筑为主,包括修建阴山北长城,由于地形复杂,多行于崇山峻岭之中,因而任务十分艰巨,仅靠蒙恬所率部队和沿边郡县的军民是难以完成的,遂大规模地动用了内地的人力和物力。《淮南子·人间训》指出:"秦皇挟录图,见其传曰:'亡秦者胡也。'因发卒五十万,使蒙公、杨翁子将,筑修城,西属流沙,北击辽水,东结朝鲜,中国内郡挽车而饷之。"③司马迁曾亲自游历秦代长城,他在《史记·蒙恬列传》的结语中说:"吾适北边,自直道归,行观蒙恬所为秦筑长城亭障,堑山堙谷,通直道,固轻百姓力矣。"④《水经注·河水》中引杨泉《物理论》说:"始皇使蒙恬筑长城,死者相属,民歌曰:'生男慎勿举,生女哺用

---

① (汉)司马迁:《史记》卷六《秦始皇本纪》,第253页。
② (汉)司马迁:《史记》卷六《秦始皇本纪》,第253页。
③ 刘文典撰,冯逸、乔华点校:《淮南鸿烈集解》,第751—752页。
④ (汉)司马迁:《史记》卷八八《蒙恬列传》,第2570页。

铺，不见长城下，尸骸相支柱'"。① 由此可知，秦代劳动人民为了修建万里长城，不知付出多少牺牲和巨大的代价！

不同的观点认为：秦代修建万里长城开始的时间是秦始皇三十三年。② 即蒙恬击败匈奴、收复河南地以后；或认为开始于秦始皇三十年。③

关于秦始皇长城修建的人数也有不同的说法。《淮南子·人间训》："因发卒五十万，使蒙公、杨翁子将筑修城，西属流沙，北击辽水，东结朝鲜。中国内郡，挽车而饷之。"所谓三十万、五十万者，仅指卒而言。另一种观点认为，当时动用劳动力多达100万。④

（五）高阙地望研究

在中段秦始皇长城中，高阙地望所在是一个争论比较大的问题。高阙是战国秦汉时期我国北方著名的军事要塞。由于史书记载的简略，高阙具体地理位置的研究众说纷纭。

高阙最早出现在司马迁的《史记》中，《史记·秦始皇本纪》云："使蒙恬渡河取高阙、阳山、北假中。"《史记·匈奴列传》也云："赵武灵王亦变俗胡服，习骑射，北破林胡、楼烦，筑长城，自代并阴山下，至高阙为塞。""汉以卫青为大将军，将六将军，十余万人，出朔方、高阙击胡。"⑥后代的史料中也有试图破解高阙地望的，如郦道元的《水经注》"河水又屈而东流，为北河，东迳高阙南"下注曰："《史记》赵武灵王既袭胡服，自代并阴山下，至高阙为塞，山下有长城，长城之际，连山刺天，其山中断，两岸双阙，善能云举，望若阙焉，节状表目，故有高阙之名也。自阙北出荒中，阙口有城，跨山结局，谓之高阙戍，上古迄今，常置重扞，以防塞道"这一描述，⑦试图通过地貌特征和高阙名称比较，加上一些实地考察和文献资料予以说明。另外《史记》三家注中徐广和司马贞也有一些关于高阙的观点，《匈奴

---

① （北魏）郦道元著，陈桥驿校证：《水经注校证》，第77页。
② 马非百：《秦集史·国防志》，中华书局，1982年，第692页。
③ 罗哲文：《长城》。
④ 《秦代的长城与国防》，《中国军事通史》第四卷《秦代军事史》，军事科学出版社，1998年。
⑤ （汉）司马迁：《史记》卷六《秦始皇本纪》，第253页。
⑥ （汉）司马迁：《史记》卷一一〇《匈奴列传》，第2885页，第2907页。
⑦ （北魏）郦道元撰：《水经注》，上海古籍出版社，1990年，第64页。

列传》中徐广《集解》云："在朔方。"并且在该句后面的《正义》中说："《地理志》云朔方临戎县北有连山,险于长城。"①在《秦始皇本纪》"高阙"字下,徐广注："高阙山名,在五原北,两山相对若阙,甚高故名高阙。"这一观点与郦道元基本相同。另外在后面的《索隐》中又谈到"高阙,山名,北假,地名,近五原"。② 这些都是关于高阙位置最早的研究。可以看出,古代的注家、学者皆认为它是狼山中某一山口。

近现代以来,围绕高阙地望也在不断争论。大体可以归纳为"狼山说""乌拉前山说"和"多地说"。下面按观点提出的先后叙述。

1. 狼山说

"狼山说"的代表性人物是唐晓峰。他根据《水经注》中对于高阙塞状貌和地理位置的记载,在今天乌加河北岸的狼山——乌拉后山一带寻找,发现其中"石兰计山口"最为符合《水经注》中的记载。③ 后来谭其骧主编的《中国历史地理地图集》基本遵从其说,在绘制赵国疆域图时,将赵国长城分为南北两段:南段东起卓资县,西至乌拉山中部;北段东起武川县,西至磴口县。将高阙方位标在石兰计山口,只是略微偏西。④ 史念海先生在《黄河中游战国及秦时诸长城遗迹的探索》中指出:通过史料和地理知识对秦始皇所筑的长城西段的方位和走向进行确认,认为"因为赵长城早已到达了高阙,而高阙就是今石兰计山口。其地在内蒙古杭锦后旗的西北",认为高阙在今石兰计山口。⑤ 张海斌的《高阙、鸡鹿塞及相关问题的再考察》提出高阙塞是因山得名,他引用李贤注《后汉书》"高阙山名,因以名塞",认为高阙塞在高阙山中,而高阙山的位置通过《水经注》等文献资料的记载推断在狼山哈隆格乃沟到石兰计山口一带。高阙塞须符合"山下有长城""阙口有城"和"两岸双阙,善能云举"的双重特征,并且还要位于高阙山中,因此哈隆格乃沟是高阙塞的位置所在。在文章最后他否认了高阙塞位于乌拉山西端的说法,并认为大坝沟只不过是哈隆格乃沟最大的一条支沟,因此它只能是高

---

① (汉)司马迁:《史记》卷一一〇《匈奴列传》,第2886页。
② (汉)司马迁:《史记》卷六《秦始皇本纪》,第254页。
③ 唐晓峰:《内蒙古西北部秦汉长城调查记》,《文物》1977年第5期。
④ 谭其骧:《中国历史地图集》(第二册)。
⑤ 史念海:《黄河中游战国及秦时诸长城遗迹的探索》,《陕西师大学报》1978年第2期。

阙塞的一个组成部分。① 魏坚《河套地区战国秦汉塞防研究》一文中明确指出高阙塞的具体位置"位于乌拉特后旗那仁宝力格苏木那仁乌布而嘎查北侧的山脚下",即在达巴图沟口和查干沟口交汇处。根据对阴山南麓的赵长城进行实地调查,在巴彦淖尔境内达巴图沟口发现有长城遗迹,且地表现存南北两城,通过从建筑风格分析认为两城非同一时代所筑,在对该城周边的调查中发现"古城和烽燧西面,扼查干沟两侧,有两座对称高耸的暗红色山峰,十分高大,形似双阙"。②

2. 乌拉前山说

对于狼山说,不少学者提出了质疑,他们从《史记》中记载的情况出发,提出在乌拉前山的观点,而这种观点在20世纪90年代以后逐渐得到认同。

1985年夏,中国秦汉史研究会组织的"秦汉长城考察队"到内蒙古考察后,发表了一系列论文,对高阙地理位置等提出了许多很有价值的见解。何清谷师在《高阙地望考》一文中认为高阙塞在乌拉山西段某山口,而非狼山。他认为高阙塞的设置应该在赵国国境之内,因此要寻找出高阙所在位置,就必须找到赵国的西北边界。通过分析指出,赵国鼎盛时期其西北边界没有越过乌拉山的西山咀,那么当时所设的高阙塞只能在西山咀以东,即乌拉山西段某山口。首先,他认为,赵国边县九原与狼山口相距较远,不可能在该处设置军事要塞;第二,现存赵长城遗迹只到乌拉山西段;第三,狼山当时叫阳山,而当时的阴山实指大青山和乌拉山;最后作者又从考古的角度论证了他的观点。③ 后来针对鲍桐的质疑,他又撰写了《关于高阙位置的反思——兼答鲍桐同志》一文。指出高阙的地望,按《史记·匈奴列传》《汉书·匈奴传》所载,在阴山下的赵长城西向终点就在高阙塞。因此,要确定高阙的位置,关键在于找出赵长城的终点。而鲍文认为"赵长城西端在巴音花旗",并据沟身特点、附近障城、民国时期的称谓推断出赵高阙塞在昆都仑沟,作者在对鲍桐所给理由认同的基础上提出两点疑问:第一,高阙塞离赵长城西端的巴音花旗距离偏远;第二,长城线上的军事隘口与同一时期的

---

① 张海斌:《高阙、鸡鹿塞及相关问题的再考察》,《内蒙古文物考古》2000年第1期。
② 魏坚:《河套地区战国秦汉塞防研究》,《边疆考古研究》2007年第6辑。
③ 何清谷:《高阙地望考》,《陕西师范大学学报(哲学社会科学版)》1986年第3期。

交通大道并非一致。认为昆都仑沟之说还需进一步的考察和论证。对于鲍桐认为大沟口不是高阙的论述作者表示认同，但同时对其考证和论证方法给予建议。关于高阙的问题，鲍桐认为存在两个，即一赵高阙，在昆都仑沟；二秦汉高阙，在狼山石兰计山口。作者认为不存在两个高阙的说法，秦汉三次打匈奴所过高阙就是赵高阙。而出现这种分歧来源于对史料的解读，作者认为鲍桐有"削足适履"之嫌。同时对于鲍桐引用证明高阙在石兰计山口的史料逐一反驳，认为不能作为力证，高阙位置的考定"只有认真从战国秦汉有关记载中找线索，结合现代手段的考古发掘和调查，用王国维提倡的二重证据法进行全面、缜密的研究，才能逐步解决"。[1]

李逸友的《高阙考辨》对高阙塞的地理位置从文献资料的分析与实地考察两个方面进行了论证。他认为要考证高阙地望，需要满足文献史料中对高阙地貌和高阙作为赵长城西端起点的两项记载，因此否认了将石兰计山口作为高阙的观点：第一，当地未发现赵长城遗迹；第二，通过《史记·匈奴列传》的记载，发现如果在石兰计山口则与当时的战略战况不合；第三，《秦始皇本纪》中将高阙、阳山(狼山)、北假中三处并列，说明高阙不在阳山。通过对《虞氏记》中"赵侯自五原河曲筑长城"判断出赵长城的起点应该在今天的乌拉特前旗西境的乌拉山西端，也就是今大坝沟口，并结合当地地貌考察，以及以往对赵长城的研究和史料的分析论证了这一观点。最后李逸友还提出"高阙塞"并非专有名词，其中的"塞"字当边界讲，因此他认为并不存在有一座名为高阙的关塞。[2]

3. 多地说

有些学者提出了同时满足《史记》与《水经注》记载的第三种说法，那就是"多处俱存说"，这一认识主要认为高阙塞并非一处，由于秦、赵的长城修筑位置不同，以及历史地名的演变等原因，而产生了两处或多处高阙。

辛德勇认为：战国时赵武灵王在赵国北部边境修筑的长城，位于今乌拉前山—大青山南麓。这道山系，即古阴山山脉，因此，《史记·匈奴列传》所记赵武

---

[1] 何清谷：《关于高阙位置的反思——兼答鲍桐同志》，《中国历史地理论丛》1993年第2期。
[2] 李逸友：《高阙考辨》，《内蒙古文物考古》1996年第1期。

灵王"筑长城,自代并阴山下,至高阙为塞"的"高阙",就应当是这道长城西端的一处山口。这座山口,可以称之为"阴山高阙"。秦始皇统一六国后,其北方边防设施,在秦人故土沿用了秦昭襄王长城;在赵国旧境,则沿用了赵武灵王长城,《史记·秦始皇本纪》谓始皇二十六年时,其疆界"北据河为塞,并阴山至辽东",指的就是在北边沿用赵国长城的这种情况。至秦始皇三十二年,蒙恬率军"北击胡,略取河南地",并在第二年亦即秦始皇三十三年,动工修建了"起临洮,至辽东,延袤万余里"的所谓"万里长城"。这道长城的西北地段,是"自榆中并河以东,属之阴山"。其在原赵国北边地带,仍是利用赵武灵王所建长城。在原秦国北边,由临洮至狄地道段,利用了战国秦昭襄王所筑长城;由狄道至枹罕西北的黄河岸边地段,是重新兴修了一段城垣;由枹罕西北的黄河河岸亦即"榆中"地区,至阴山西南端的赵武灵王长城起点,则是利用黄河河道作为防御设施,并未修筑城垣。这种"因河为塞"的做法,具有很古远的历史渊源。长城本身,即源于开挖壕堑作为界沟。古人表述疆界的"封略"一词,"略"字即应指这种界沟。下令建造"万里长城"之后,秦始皇随即在当年,又"使蒙恬渡河,取高阙、陶山北假中,筑亭障以逐戎人"。这里"陶山"应为"阴山"的形讹,"北假"应通假为"北各",是指山体的北部。所谓"阴山北假中",是指阴山的北坡部分及其迤北直至阳山(即今狼山—乌拉后山山系)南麓,这里也就是现在所说的河套(后套)。蒙恬出兵占据这一区域,是为利用这里优越的农业生产条件,解决"河南地"边防驻军的粮食供给问题。为保障这里农业生产环境的安定,便又在河套北侧的阳山山脉上,修筑了一道新的长城,以阻遏匈奴的袭扰。这道长城建成后,秦人原来一直沿用的赵武灵王长城,已经远离边界线,失去了防守疆界的功能,这道长城上的关塞"高阙",也随之丧失了控扼边境通行要道的隘口作用。中国古代的关隘,具有随着区域开发和疆域拓展而向外侧推移的规律,"高阙"这一关口,即随着秦朝疆域向"阴山北假中"的扩展,迁移到阳山长城西端的一处山口。与"阴山高阙"相对应,这座山口,可以称之为"阳山高阙"。[①]

鲍桐也认为有两个高阙,一是战国时期的赵高阙,在昆都仑沟;一是秦汉时

---

① 辛德勇:《阴山高阙与阳山高阙辨析——并论秦始皇万里长城西段走向以及长城之起源诸问题》,《文史》2005年第3期。

期的高阙,在狼山石兰计山口。认为石兰计山口是基本吻合的。高阙地望问题复杂,涉及赵国和秦汉的疆域、长城的走向和终点等诸多问题,而长城的走向和终点是弄清其位置的重点,根据考察从修筑长城选择的地势、构筑长城采用的材料、沿线所出土的文物三个方面认为阴山南北两段长城并非一个时期所筑。至于出现两高阙的原因在于"高阙既然是即状表目,因两山对峙形似双阙而获名。那么,地形地貌相同的山口,取相同之名,乃属常理中事。古今类似这样重名地甚多"。①

夏子言《古高阙地望及赵北长城西部走向》认为,狼山中段的石兰计山口具有高阙的称呼是不容置疑的。但他依据《虞氏记》与《史记·匈奴列传》中的记载,认为赵武灵王所筑长城西端所在高阙与郦道元所描写的高阙戍(石兰计山口)并非一处。他指出古阴山乃是现在的大青山与乌拉山,与狼山无关,因此赵国的高阙塞不可能在狼山之中,若在狼山之中也与当时历史事实不符合,所以认为赵长城西至的高阙塞只能在大青山迤西和乌拉山一带地区。同时提出了高阙塞同名异地多处的观点,高阙这一名称并非在任何史料中都指同一处山口,这在地名学上是不胜枚举的。②

张益群、马晶在系统梳理了相关研究成果后认为:高阙所在地问题实质与赵国的边界问题和赵长城走向问题有关,和秦长城也有密切的关系。然而由于高阙所在地本身所具有的复杂性,因而目前的学术观点大相径庭。认为在考察高阙塞具体位置之前,必须先将史料中提到的阳山、阴山、北假等地名具体所在及地名沿革等问题探讨清楚,这不仅是将观点陈述清楚的必要条件,更可以避免一些不必要的纠缠。③

---

① 鲍桐:《高阙地望新探》,《中国历史地理论丛》1993年第2期。
② 夏子言:《古高阙地望及赵北长城西部走向》,《赵国历史文化论丛》,河北人民出版社,1987年。
③ 张益群、马晶:《"高阙"地望研究综述》,《阴山学刊》2016年第1期。

第二章 "堑洛"长城与上郡塞

秦国自穆公以后，随着国力的增强，与东方晋国以及三家分晋以后的魏国围绕河西地区进行了长期艰苦卓绝的战争与争夺。秦从穆公时期的战略进攻到献公之前的战略防御，经过献公、孝公的变革与变法，又进入战略进攻阶段，因此双方都采取修建长城等防御措施。

一、秦与晋、魏的争夺

《史记·秦本纪》载，秦穆公十五年（前645年）"九月壬戌，与晋惠公合战于韩地……十一月，归晋君夷吾，夷吾献其河西地，使太子圉为质于秦。秦妻子圉以宗女。是时秦地东至河"。[1] 这说明秦在公元前645年第一次占据了河西地区。《史记·晋世家》载："当此时（晋献公二十五年，前652年）晋强，西有河西，与秦接境，北边翟，东至河内。"[2]这条记载说明晋在公元前652年还占据河西。为什么在短短七年之后，即公元前645年，河西地区就被秦占据了呢？笔者认为原因可以归结为两点：一是穆公图强。秦穆公继位后奋发图强、锐意进取，推行富国强兵之策，发展军事，奖励生产，使国力大大增强。并且常常亲自率兵征伐，"穆公任好元年，自将伐茅津，胜之"，"秋，穆公自将伐晋，战于河曲"，[3]并且广招贤才。二是晋国骊姬之乱。在秦穆公图强的同时，晋国却发生了骊姬之乱，世子申生自杀，公子重耳和夷吾出逃。穆公九年（前651年），晋献公死，骊姬子奚齐继位，旋即被其臣里克杀死。秦穆公派百里奚带兵送夷吾回国继位，为晋惠公。夷吾事先答应将河西八城割给秦作为谢礼，但继位后却毁约。晋臣丕豹逃到秦

---

[1] （汉）司马迁：《史记》卷五《秦本纪》，第189页。
[2] （汉）司马迁：《史记》卷三九《晋世家》，第1648页。
[3] （汉）司马迁：《史记》卷五《秦本纪》，第185页，第186页。

国,受到穆公重用。穆公十二年(前648年)晋国旱灾,秦穆公利用漕运"泛舟之役",运送了大量粟米给晋国。然而穆公十四年(前646年),秦国发生大饥荒,晋国不仅不给秦国粮食救灾,反而乘机出兵,于次年攻秦。双方在韩原大战中晋惠公被俘,拱手献出其河西之地。

在公元前645—前385年的260年间,秦晋(魏)为争夺河西地区进行了一系列大大小小的战争:(秦穆公)三十六年,穆公复益厚孟明等,使将兵伐晋,渡河焚船,大败晋人,取王官及鄗。康公元年……秦以兵送至令狐。晋立襄公子而反击秦师,秦师败。(秦康公)二年秦伐晋,取武城。(秦康公)四年,晋伐秦取少梁。(秦康公)六年,秦伐晋,取羁马。战于河曲,大败晋军。(晋)成公六年,伐秦,虏秦将赤。(秦桓公)二十六年,晋率诸侯伐秦,秦军败走,追至泾而还。(秦景公)十五年,救郑,败晋兵于栎。(晋悼公)十四年,晋使六卿率诸侯伐秦,度泾,大败秦军,至棫林而还。(秦厉共公)二十一年,初县频阳,晋取武城。(魏文侯)六年,城少梁。十三年,使子击围繁、庞,出其民。十六年,伐秦,筑临晋元里。(魏文侯)二十四年,秦伐我,至阳狐。(魏文侯)三十六年,秦侵我阴晋。(魏文侯)三十八年,伐秦,败我武下,得其将识。

从一系列战争中,我们可以清楚地看到,在晋成公六年,即公元前601年以前发生的战争中,几乎全部是秦取得胜利,而在公元前601年以后的战争中,胜利者几乎都是晋。这说明秦在初夺河西之后对河西地区的控制并不是很牢固。其原因就是晋在晋文公继位后逐渐恢复了其强国地位。到了战国初期,魏文侯实行变法,奖励耕战,兴修水利,发展经济,取得了很大的成绩,成为战国初期的强国。公元前617年晋攻取少梁,少梁是黄河西岸的一个水路交通要塞,这里是有名的黄河少梁渡口,是东西水路交通的枢纽,这里有一条贯通南北的大路从中通过,是南北交通唯一的通道。所以,它便成为古代军事上兵家的必争之地。在以后的争夺里,秦陆续失去了武城(今华州东北)、繁庞(今韩城东南)、临晋(今大荔县东朝邑镇西南)、元里(今澄城县南)、洛阴(今大荔县西南)等战略要地,其河西地区逐渐被占据。直至公元前385年,魏重新夺回河西地区。

《史记·魏世家》载:"襄王五年,秦败我龙贾军四万五千于雕阴,围我焦、曲沃,予秦河西之地。"[①]至此河西地三次易手,终被秦所占。秦在经历了厉、躁、简

---

① (汉)司马迁:《史记》卷四四《魏世家》,第1848页。

公、出子之不宁后,献公继位。献公是一位有作为的国君,他"镇抚边境,徙治栎阳,且欲东伐,复穆公故地",①实行了诸多改革。秦献公二十一年,与晋战于石门,斩首六万,天子贺以黼黻。二十三年,与魏晋战少梁,虏其将公孙痤。孝公时期,进行商鞅变法,使秦国变得国富民强,军事实力大大增强,秦在公元前385—前330年五十年间与魏的争夺中取得了一系列胜利:(秦孝公)七年,与魏惠王会杜平。八年,与魏战元里,有功。十年卫鞅为大良造,将兵围魏安邑,降之。(秦孝公)二十一年,卫鞅击魏,虏魏公子卬。(秦孝公)二十四年,与晋战于雁门,虏其将魏错。(秦惠文君)七年,公子卬与魏战,虏其将龙贾,斩首八万。八年,魏纳河西地。此役之后秦完全占据河西地区,与东方的魏国形成对峙。

"堑洛"长城与"上郡塞"都是秦针对当时三家分晋后的魏国而修建的防御体系。

二、"堑洛"长城的定性

秦国"堑洛"长城是西北地区修筑最早的长城。"堑洛"在《史记》中有记载,《史记·秦本纪》云:秦简公六年(前409年),"堑洛,城重泉"。② 另《史记·六国年表》将堑洛时间放在简公七年(前408年),③两者相差一年。细审行文,应以《六国年表》为是。这条见于《史记》记载的长城,文字十分简略,不过《史记》在记载"堑洛"之后,接着就说"城重泉"。"堑洛"按《三秦记》中的记载:"在蒲城东五十里,秦筑长城即是堑洛也。"④这是史书中最早把"堑洛"作为长城的记录。重泉城所在,根据《史记》的说法,可以肯定是在洛河沿岸,《史记正义》引《括地志》:"重泉故城在同州蒲城县东南四十五里,在同州西北亦四十五里。"⑤应在今蒲城县龙池镇重泉村至晋城村一带,这是史书中明确记载的。在这一带,经常会发现战国时期的文物,例如最著名的青铜"商鞅方升",现存于上海博物馆,属于当时

---

① (汉)司马迁:《史记》卷五《秦本纪》,第202页。
② (汉)司马迁:《史记》卷五《秦本纪》,第200页。
③ (汉)司马迁:《史记》卷一五《六国年表》,第708页。
④ (清)张澍辑,刘庆柱辑注:《三秦记辑注》,第107页。
⑤ (汉)司马迁:《史记》卷五《秦本纪》,第200页。

的量器。呈长方形,直壁,后有长方形柄,高2.32厘米,通长18.7厘米,内口长12.4、宽6.9、深2.3厘米。容积202.15毫升。器壁三面及底部均刻铭文,左壁铭文三十二字:"十八年,齐率卿大夫众来聘,冬十二月乙酉,大良造鞅,爰积十六尊(寸)五分尊(寸)壹为升。"器壁与柄相对一面刻"重泉"二字。底部刻秦始皇二十六年诏书:"廿六年,皇帝尽并兼天下诸侯,黔首大安,立号为皇帝,乃诏丞相状、绾,法度量则不壹歉疑者,皆明壹之。"右壁刻"临"字。"重泉"与左壁铭文字体一致,应是一次所刻,而"临"字与底部诏书为第二次加刻。《史记·秦本纪》:孝公"十年,卫鞅为大良造"。铭文中的十八年,即秦孝公十八年(前344年)。此器是商鞅任"大良造"时所颁发的标准量器,因此这件量器被命名为商鞅方升。方升底部加刻秦始皇二十六年诏书,证明秦始皇统一中国后,仍以商鞅所规定的制度和标准统一全国的度量衡。"爰积十六尊(寸)五分尊(寸)壹为升",即以十六又五分之一立方寸的容积定为一升。说明早在公元前三百多年已经运用"以度审容"的科学方法,反映了我国古代劳动人民在数字运算和器械制造等方面所取得的高度成就,有极高的史料价值。

为何称为"堑洛"? 有人认为是铲削洛河岸边的山崖,但这并不等于说没有在洛河岸旁另外建筑过城墙。史念海先生实地考察中在蒲城县东洛河右岸曾经发现一段长城遗迹,其长虽只有324米,但遗址中的残砖瓦足以证明这是秦国的旧建筑。这条长城遗迹隔着洛河,对面就是大荔县的长城村。长城村不仅以长城为名,其地就有一条长城。[①] 这条秦长城既以"堑洛"为名,必然与秦和魏国之间的洛河密切相关。洛河源远流长,秦国"堑洛"不会和洛河一样长远。春秋战国之际,秦晋、秦魏在黄河以西地区屡有争执,所争者虽有数处,但大致不出于今蒲城、白水、澄城、大荔诸县间,因此"堑洛"长城,当在这几县间的洛河附近。

学术界对"堑洛"的性质认识不尽一致,但大多数学者还是认可其为长城。讨论集中在以下几个方面:有的学者认为"堑洛"的本质是长城,是秦简公时期为了防御东方魏国而通过铲削洛河沿岸形成的长城,该长城的作用是加强当时的秦国东部边境的防御,分布在黄龙山以南关中平原东部洛河沿岸,与渭河以南华阴的夯土长城共同将关中平原东部的缺口封堵。持这个观点的研究者也不是

---

① 史念海:《洛河右岸战国时期秦长城遗迹的探索》,《文物》1985年第11期。

都有完全相同的看法。

有的学者认为"堑洛"的本质并非长城,而是一项水利工程,或者说是有利于军事防御的水利工程。"所以'堑洛'当解作挖掘、疏浚洛河,削整洛河两岸陡壁,使之有利于防御,但也可能是一项水利工程。从字面看,'堑洛'不含有修筑长城的意义"。① 樊志民等认为"其本意虽在于军事目的,但在某种程度上亦有改善局部农业生产景观之效"。② 史党社认为:"'堑洛'很可能是利用洛河天然河道驻军、进行防守的一种方法,与堑河旁、堑河濒同例,仅仅是在洛河的某些地方把河道加深而已,而不是在地上另筑长城,当然在某些要害部位筑城或要塞,如重泉,则是可以的,但却不是长城。……若说'堑洛'为长城遗址,还需要更多的证据来证明。"③于春雷在 2009—2010 年进行陕西省长城资源调查时,曾经就"堑洛"做过实际调查,也对上述研究涉及的地方和遗址进行了调查,并对有关"堑洛"的记载和研究进行了认真的思考,认为"堑洛"不是长城,也不是农业水利工程,只是秦国当时谨守严格津关之类的举措,所涉及的洛河段落是在可以渡河成为津关之处。④

笔者认为以上观点需要商榷,"堑洛"就是国家文物局《长城资源调查工作手册》上所注明的山险墙,即"利用先要经人为加工形成的险阻,如铲削墙、劈山墙"。毫无疑义就是秦国为了防御魏国而修建的一条长城,原因如下:

第一,汉人已经有这样的认识,《三秦记》记载:"在蒲城东五十里,秦筑长城即是堑洛也。"⑤当时看到的应该是直观的长城。我们不能轻易否定前人的记载。

第二,用河流作为长城防御体系不只是秦国才有,《清华简·系年》一书整理者也指出,齐长城最初应是在济水防护堤坝的基础上进一步加固改建而成,而且,不但有学者认为齐长城源自"济水之防",且进一步推论堤防为长城的前身和

---

① 瓯燕、叶万松:《"上郡塞"与"堑洛"长城辨》,《考古与文物》1997 年第 2 期。
② 樊志民:《秦农业历史研究》,三秦出版社,1997 年,第 9 页;刘景纯:《也说"堑河""堑洛"的功效问题》,《中国历史地理论丛》2000 年第 1 期;樊志民:《堑河、堑洛功效宜作多维观》,《中国历史地理论丛》2000 年第 3 期。
③ 史党社:《陕西渭南市的秦魏长城及城址考察》,《秦文化论丛》(第五辑),西北大学出版社,1995 年。
④ 于春雷:《秦简公"堑洛"考》,《考古与文物》2012 年第 5 期。
⑤ (清)张澍辑,刘庆柱辑注:《三秦记辑注》,第 107 页。

起源。①《中国大百科全书·考古学》中提到:"长城这种军事防御工程,是从修筑堤防的工程技术发展来的。……秦堑洛长城即是扩建北洛河的堤防。魏西长城、赵南长城也都是连接和扩建堤防而成。"②

第三,以河为险是秦人修建长城的重要方法之一。利用洛河的有利自然地形,通过"堑"的办法以阻挡敌人的入侵。"堑洛"的"堑"是"挖"的意思。《说文解字》:"堑,坑也。"段注:"江沅曰:……堑则与坑之深广同义。玉裁按:江说是也。《左氏传》注:堑,沟堑也。"可以看出,堑是坑、壕沟、护城河的同义词,通常把长城比喻为天堑也是此意。堑亦可作挖沟解,如《左传·昭公十七年》:"环而堑之。"后来秦昭襄王长城利用洮河、秦始皇长城利用黄河,应该是延续了"堑洛"长城的方法。比如"西北斥逐匈奴。自榆中并河以东,属之阴山,以为三十四县,城河上为塞"。③ 用"堑"这种方法在修建秦直道上也使用了。《史记·秦始皇本纪》:"除道,道九原,抵云阳,堑山堙谷,直通之。"④而《史记·蒙恬列传》"吾适北边,自直道行,行观蒙恬所为秦筑长城亭障,堑山堙谷,通直道⑤句中的"堑山堙谷",虽然是修筑直道的方法,但可以说明作为当时的工程技术来讲是可以通用的。用堑山的办法修筑山险墙完全是可以的,在诸多长城防御体系中均有使用,所以"堑洛"在这里当解作挖掘、疏浚洛河,通过削整洛河两岸陡壁,从而使之有利于防御,这里的"堑洛"就是削掘洛河岸边的山崖,这确是当时"因地制宜"修筑长城的一种有效方法,是一种省时、省钱、省力的方法,是秦人在修建长城中聪明才智的表现,后来秦始皇时期修建的长城也多用此方法。

三、"堑洛"长城的路线

洛河从白于山发源,沿子午岭东侧南流,一直在陕北高原上流淌,出黄龙山后在白水县进入关中平原,南流至大荔县铁镰山,绕过铁镰山后,沿沙苑北侧东流折向南进入渭河,或认为在当时是直接汇入黄河。

---

① 清华大学出土文献研究与保护中心:《清华大学藏战国竹简(贰)》,中西书局,2011年,第188页。
② 夏鼐:《中国大百科全书·考古学》,中国大百科全书出版社,1986年,第643页。
③ (汉)司马迁:《史记》卷六《秦始皇本纪》,第252页。
④ (汉)司马迁:《史记》卷六《秦始皇本纪》,第256页。
⑤ (汉)司马迁:《史记》卷八八《蒙恬列传》,第2570页。

这段长城大体分两段,渭河以北的修建方式大多是利用河流"堑洛",就是利用洛河水的防御优势,部分地方筑城;而渭河以南大多是通过筑墙、修建城堡等形式,从而达到防御东方魏国的目的,而且渭河以南是当时的东西方重要通道。目前华阴市这段留下来的长城遗迹就是在渭河之南。这段秦长城不仅未与洛河平行,而且还是向北作直线延伸,距洛河更远。

实质上,秦人修建长城的方法是多种多样的,充分利用地势地貌、因地就利、因势就简是总体特点,既有利用河流的,也有利用山险的。如果自然河流太弯曲,有些地方就会在地面上修建长城。《汉书·地理志上》左冯翊属县"临晋",班固自注:"故大荔,秦获之,更名。"臣瓒曰:"旧说曰秦筑高垒以临晋国,故曰临晋也。"师古曰:"瓒说是也。说者或以为魏文侯伐秦始置临晋,非也。文侯重城之耳,岂始置乎!"[①]在今大荔境内发现魏长城墙体非一次筑成,因此推测魏长城是在秦长城的基础上建立起来的。

史念海先生认为"堑洛"长城起于黄龙山南麓洛河西岸,大约在今陕西省白水县境内,沿洛河西岸(右岸)向南延续分布,至大荔县长城村处越过洛河到南岸(左岸),经许原(商原)西端南下在蒲城县晋城村处越过洛河到南岸(右岸),沿洛河南岸直至洛河汇入渭河处,再越过渭河,向西南经华阴市阴晋城抵华山北麓小张村一带,这条长城正好堵塞住华山和黄龙山之间这个广大的缺口,填补关中自然地形的不足。[②] 史先生在另一篇文章中指出:这条长城由陕西华阴县东南小张村起东北行,越渭河,循洛河右岸西北行,至蒲城县北城南村越洛河,至大荔县长城村,再越洛河,仍循洛河右岸西北行,约止于白水县西北洛河侧畔。[③] 史念海先生是著名的历史地理专家,长期专注于长城的研究和实地考察,因此他的研究成果是成立的。

彭曦则认为所谓"堑洛"长城是北至延安市黄陵县洛河西岸,沿洛河西岸直至晋城村,沿洛河前行越渭河沿华阴市长涧河西岸为夯土长城直至华山。[④] 也

---

① (汉)班固:《汉书》卷二四上《地理志》,第1546页。
② 史念海:《黄河中游战国及秦时诸长城遗迹的探索》,《中国长城遗迹调查报告集》。
③ 史念海:《洛河右岸战国时期秦长城遗迹的探索》,《文物》1985年第11期。
④ 彭曦:《秦简公"堑洛"遗迹考察简报》,《文物》1996年第4期。

有学者认为是在晋城村附近直向南沿"洛渭漕渠"穿过沙苑,到达渭河。[1]

综上所述,经过考察与考证的"堑洛"长城,南端起于华阴市东南华山之下的小张村,东北行,过渭河,循洛河右岸西北行,至蒲城县北城南村越洛河,至大荔县长城村,再越洛河,仍循洛河右岸西北行,约止于白水县西北洛河侧畔。在华阴市的华阴庙东东城子,大荔县党川村、东西高原村、长城村,蒲城县阿坡村(或称前阿村)、南黎起村、晋城村、蔡邓乡,白水县方山塞、田家河村、耀家河、西沟村至北乾村等处均有长城遗迹,沿线也发现有烽燧和戍守遗址。

四、"堑洛"长城遗迹及相关遗存

1991—1993年,彭曦先后三次沿洛河徒步考察,在大荔、蒲城、白水等县均发现堑洛遗迹,尤其以蒲城、白水最为丰富,并对其做了详细记录,以下便是其考察的主要成果。[2]

(一) 蒲城县主要遗迹

1. 钤铒乡遗迹

重泉遗址:位于钤铒乡(已并入蒲城县龙池镇),遗址面积约2平方公里。遗址内瓦片、陶片密集,板瓦、筒瓦主要纹饰有绳纹、麻点纹、席纹、麻布纹。在乡政府西水利工地看到一处文化层断面。文化层堆积距地表下0.7—0.8米,厚1.8—2米,分上下两层。每层厚0.5—0.6米。乡政府南500米的砖瓦厂,距地表0.3—0.5米的文化层,厚0.5—1米。取土时挖出大量灰层、绳纹板瓦、筒瓦、云纹瓦当、菱形几何纹曲形砖、绳纹陶水管。

史党社对此处遗址也做了相关调查,与彭曦调查结果相比较有新的发现,即在晋城村西有一条南北向的夯土墙遗迹,长约300米,夯层厚7—9厘米,在本段

---

[1] 国家文物局:《中国文物地图集·陕西分册》(下),第521页"渭南市·蒲城县·洛渭漕渠遗址蒲城段";史念海:《再论关中东部战国时期秦魏诸长城》,《中国历史地理论丛》1985年第2期。
[2] 彭曦:《秦简公"堑洛"遗迹考查简报》,《文物》1996年第4期。

城墙内外以及城墙之上,发现有大量汉代陶缶(瓮)及板瓦残片,陶缶最大径70—80厘米,板瓦内饰布纹、外细绳纹,有两相覆者。这段夯土城墙,是晋城外城的西墙体,内(东)侧200米处就是内城。由于在城墙的上下四周有大量汉代陶片存在,我们怀疑很可能后世的晋城沿用了秦汉重泉城墙。[1]

《中国文物地图集·陕西分册》对重泉故城也有相关记载。城址位于钤铒乡晋城村东100米,为战国至汉时期一处城址。城址平面呈长方形,东西长约1150米,南北宽约750米。地面仅存长约50米的夯土城墙一段,残高4米,基宽4米,夯层厚14厘米。城址内暴露厚约1米的文化层及墓葬、水井等。采集有云纹瓦当、空心砖、绳纹筒瓦、板瓦及灰陶罐、盆、缸等残片。据史载,战国秦简公时"堑洛",并建重泉城,秦、汉因之。[2]

晋城遗址：位于乡政府东北的晋城村,北距洛河1000多米。原有一边长约500米的方形夯土城,现仅存一节南墙,残长40米,顶宽3.5—4.6米,高2.6米。夯层厚10—12厘米。遗址内有绳纹瓦片堆积。

堑洛遗址：发现两处,一处位于晋城村东北洛河右岸最高处源头,即三级台地前沿,距晋城村600多米。遗迹东西走向,长约400米,上夯下堑,基部利用自然地形,宽3.5—15米。内侧有瓦片堆积,饰有绳纹、麻点纹、席纹。另一处位于晋城村北的一条冲沟南侧,在现代二、三级台地之间。裸露夯土墙残高1.2米,长2米,层厚0.08—0.12米。墙下存有大量绳纹瓦片和陶片。

烽燧：共发现7处。五更村东北,有一残高约6米,呈南北走向的烽燧。原长100多米,基宽25米,夯层厚20—40厘米,原应为"三联烽"形,现存中、北二烽。

2. 龙阳镇遗迹

南湾坡上村西的原头一处崖壁上裸露文化堆积层,长约4米,厚0.4—1.2米,灰层中主要有大量的瓦片、陶片,纹饰和钤铒乡诸遗址相同,推测为堑洛内侧遗址。

---

[1] 史党社：《陕西渭南地区的秦魏长城及城址考察》，《秦文化论丛》(第十辑)，第244—245页。
[2] 国家文物局：《中国文物地图集·陕西分册》(下)，第521页。

3. 平路庙乡遗迹

前阿坡村长城遗迹：现存长 324 米。这是由长城下部接近地面处丈量的。在顶部只有 216 米。顶部最宽处为 11 米，最窄处才 1 米。虽然短促狭窄，长城的形态却依然存留。首先这里有明显的夯土层，是用圆碓夯实的。圆碓夯土所遗留的痕迹十分紧密，可见当时筑城的坚实。其次是长城遗迹中杂有许多残砖断瓦，有的由于土层剥落，半露于外，有的则尚嵌于土层中，须经挖掘，方能取出。瓦上绳纹清晰如画，自是秦瓦无疑。这条秦长城遗迹呈南北向。北端似经过人为破坏，渐趋平坦。南端显是崩塌残缺。这里的洛河岸高 10 余米，相当陡峻，近水处尚有高达 4 米的陡岸。这里的河水向右岸摆动，故河流侧切甚为明显。秦长城遗迹南端的崩塌，分明是受了洛河侧蚀的影响。估计原来还要更长一些。由崩塌部分观察，秦长城遗迹和下面洛河岸边的土层俨然不同，上面为人工夯筑，下面则系自然土层，亦证明这是故城遗迹，并不能因其短促狭窄而有所怀疑。[①]

南黎起长城遗迹：南黎起村南 900 米处洛河北岸，发现一段长城遗迹，残长约 1 000 米，已割蚀数段。其中一段约 700 米，皆为上夯下堑，个别高亢处完全为堑削墙。残高 1—2 米，基宽 4—10 米，顶宽 3—4 米，夯层厚 8—12 厘米。长城内侧有堑沟，内侧均发现较多绳纹、麻点纹瓦片。[②]

4. 西头乡遗迹

位于洛河右岸一、二级台地，约 300 万平方米。一、二级台地间的断崖上裸露灰层长 100 米，厚 1—2 米。遗址内散有大量的板瓦、筒瓦，有麻点纹、绳纹、布纹。遗址西面的火车站西侧山峁上有三座烽燧，烽燧周围有绳纹、麻点纹瓦片和细绳纹灰陶片。

5. 菜邓乡遗迹

长城和戍守遗址：位于乡政府东南县办水电站南侧 250 米。长城和戍守遗址位于二级台地，残长 30 米，上夯下堑，内侧高 1.5—2 米，顶宽 2—3 米，夯层厚 10—15 厘米。墙体内侧台地崖壁上裸露大量灰层，厚 0.3—1 米，叠压陶片、绳

---

① 史念海：《洛河右岸战国时期秦长城遗迹的探索》，《文物》1985 年第 11 期。
② 彭曦：《秦简公"堑洛"遗迹考查简报》，《文物》1996 年第 4 期。

纹和麻点纹瓦片。台地西 700 米的山顶部，发现烽燧遗址 4 处，烽燧一线南侧，有两处戍守遗址，地面下堆积最厚达 1 米多，有绳纹、麻点纹瓦片、陶器。

(二) 白水县主要遗迹

1. 西固乡遗迹

烽燧：自蒲城麻子圪塔溯河而上，共发现王家山、南崂、秦家滩、者家河等五处烽燧。秦家滩烽燧东侧残高 3.5 米，径 20 米。烽燧及周围山坡有绳纹陶片。

戍守、墓葬遗址：秦家滩烽燧西约 2 公里处西崂村田中有较多绳纹、麻点纹瓦片分布，此地应为戍守遗址。遗址北部为墓，皆土坑竖穴，出土有绳纹灰陶罐、缶、尊等。

方山塞：位于田家河南、者家河北、洛河西侧一独立石山上。山上残存多处石墙，山顶南侧有一段长 60 米、高 1.2 米的石墙，竖卧交错砌筑。山顶东端有房址，石块砌筑，原为相连四间，每间宽约 3 米，进深 4 米，门向东。房基北侧，有东沿残长 30 米、高 0.3—0.4 米的石砌平台。在伸向东南的两道石梁上有两处堑壕，宽 10—12 米，深 1—2.5 米。东北侧田家河沟与洛河交汇的台地上，有残长 16 米，外侧高 4 米，宽 3—4 米，夯层厚 10—14 厘米的夯土长城。山顶西端最高处有烽燧遗址。从山顶至田家河沟口有明显台阶，应为城道。山顶和山坡上，遍布陶片和绳纹、麻点纹瓦片。我曾经登上考察，发现确实具有重要的战略地位。

田家河村遗址：南北约 300 米，东西 50—70 米。农舍中随处可见从地下挖出的绳纹罐、瓮、茧形壶等陶器。村南靠近田家河入洛河的台地开阔地表及灰层中散布大量绳纹、麻点纹、席纹瓦片，从遗物来看，应为战国秦戍守障塞遗址。村西台地上有一土塔残高 4 米，夯层厚 10—12 厘米的烽燧，周围散有绳纹瓦片、陶片。村西台地上，还发现多处墓葬，皆为土坑竖穴。村南、田家河沟北侧，有石城道，完好部分长约 100 米，宽 1.6—2.5 米。

2. 雷家乡遗迹

姚家河石长城遗迹：位于雷家乡政府东，总长约 2 000 米，残高 1—2 米，中间多处被山洪冲断。

西沟村至北乾村遗迹：在西沟村西洛河右岸台地至北乾村间，发现有 5 处烽燧和石长城、石城道遗迹。在西沟村西二级台地中央高阜处烽燧残高 4 米、基径14米,上有夯层,台地上遍布绳纹、麻点纹瓦片和细绳纹灰陶片。在两村间陡峭山腰上,有石长城、石城道遗迹,此处长城又是石城道,残长500米,宽2.5—8米。

五、雕阴城址地望考

雕阴城是战国时期秦魏之争中相当重要的一个城址,与"堑洛"长城之间也有密切的关系,战略地位非常重要。先属于魏国,后被秦国占领。

雕阴之战对于秦国的向东发展极为重要,围绕着河西之地,秦国和魏国之间展开了长期较量。其中,雕阴之战是秦国和魏国在河西之地爆发的一场大战。魏襄王"五年,秦败我龙贾军四万五千于雕阴"。[1]《史记·秦本纪》载:"虏其将龙贾,斩首八万。"[2]显示秦、魏在上郡地区的军事冲突。此年为秦惠王八年,这条史料同时显示魏国之上郡应设有雕阴。雕阴之战后,魏国失去整个河西地区,秦国在战国时期的地位也发生了重要的变化。从历史背景来看,魏惠王时期因为需要和齐国、楚国、赵国等诸侯国争霸中原,避免与西方秦国的正面较量,因而在河西地区对秦国采取了守势。

对秦国而言,商鞅变法是一个重要转折点,其后秦国整体实力增强,因此在河西之地转守为攻,欲全面夺回河西之地。于是魏国派大将龙贾率兵自今华阴沿洛河东北上修筑了魏长城,防止秦国东进,并在雕阴建造城池,驻守10万精兵,以此应对秦国的进攻。对秦国来说,夺取雕阴对于东进至关重要。秦惠文王于公元前330年任命公孙衍为大将伐魏。秦大军直驱北上,至雕阴城下,秦军在雕阴之战投入的兵力大约在10万—15万之间。在兵力相差不大的背景下,秦国将士因为受到商鞅变法中军功爵制激励的影响,其战斗力明显强于魏国将士。商鞅变法规定:秦国的将士只要在战场上斩获一个敌人,就可以获得一级爵位、田一顷、宅一处和仆人一个。斩杀的首级越多,获得的爵位就越高,其政治经济地位就越高。因而在雕阴之战中魏国将士抵挡不住秦军的强烈进攻。魏国将领

---

[1] (汉)司马迁:《史记》卷四四《魏世家》,第1848页。
[2] (汉)司马迁:《史记》卷五《秦本纪》,第206页。

龙贾被秦国抓获，全军覆没。雕阴之战后，魏国已经没有实力和秦国继续争夺河西之地，于是不得不将关中东部、黄河西岸和陕北的15座城池让给秦国。同时，魏国也不得不把都城从安邑（今山西夏县西北）迁到大梁（今河南开封），以避免与秦在河西地区的较量（图六）。

图六　陶罐上的雕阴陶文（藏于富县博物馆）

雕阴之战后，秦国逐渐崛起成为战国七雄中的强国。时隔两年，魏又失掉整个上郡。因此，雕阴城的研究对研究秦长城的走向、分布等具有重大意义。然而，关于雕阴城的地理位置，却一直众说纷纭。

文献中对雕阴城的记载，主要有：

《汉书·地理志》："上郡，秦置，高帝元年更为翟国，七月复故。"雕阴，应劭曰："雕山在西南。"[1]可见雕阴因在雕山西南而得名。

《汉书·樊郦夏灌傅靳周传》："傅宽，以魏五大夫骑将从，为舍人，起横阳。从攻安阳、杠里，赵贲军於开封……从入汉中，为右骑将。定三秦，赐食邑雕阴。"孟康曰："县名，属上郡。"[2]

《后汉书·郡国志》："上郡秦置。十城，户五千一百六十九，口二万八千五百九十九。肤施、白土、漆垣、奢延、雕阴、桢林、定阳、高奴、龟兹属国、候官。"[3]

《隋书·地理志》："雕阴郡西魏置绥州。大业初改为上州。统县十一，户三万六千一十八。"[4]"大业初置雕阴郡，废安宁、吉万二县入。"[5]

从文献记载可以看出，雕阴城最初隶属于上郡，后来成为独立的县。位置在今延安市富县与甘泉县交界处一带。

---

[1]　（汉）班固：《汉书》卷二八《地理志》，第1617页。
[2]　（汉）班固：《汉书》卷四一《樊郦夏灌傅靳周传》，第2085页。
[3]　（南朝宋）范晔：《后汉书》志二三《郡国五》，第3524页。
[4]　（唐）魏徵等：《隋书》卷二九，中华书局，1973年，第811页。
[5]　（唐）魏徵等：《隋书》卷二九，第811页。

史念海先生指出,雕阴城就在今富县城北十几公里洛河西侧。① 杜葆仁根据茶坊镇黄甫店村出土唐代墓志铭文中"廿年冬十一月廿七日合葬于雕阴之左原"的记载,推断甘泉县道镇寺沟河村就是雕阴城故址。② 另外,此地散落有战国秦汉时期的绳纹陶片和瓦片,局部地段还有夯土遗迹。

据第三次全国文物普查资料:甘泉县史家河村有一处片石垒筑城堡墙垣遗迹,周围散落有篮纹和绳纹陶片;甘泉县寺沟河村发现有绳纹陶片和瓦片,以及绳纹陶水管道;富县李家川有一处夯筑城堡墙垣遗迹。三地相距均为三公里左右,可能是互成犄角状的分布,共同构成军事重镇雕阴城。我的研究生于春雷、贺慧在对魏长城作实际调查时,专门对雕阴城遗址进行了认真考察。他们认为,史家河村遗址和李家川遗址均位于洛河的西岸,史家河村遗址现存墙垣范围内散落有篮纹和绳纹陶片,在山崖之下的洛河岸边也散落着较多的篮纹和绳纹陶片,故此判断此处应该是一处龙山时期的居住址,被后代所利用;在李家川遗址墙垣附近,散落少量外素面内布纹的瓦片,而且夯土遗迹的夯窝为圆形,直径达0.15米,应该是晚清民国时期修筑的堡寨。再结合在整个渭南地区的调查情况,推测这两处遗址很有可能是晚清民国时期修筑防御土匪的堡寨,只供临时避难的场所。从三地所处地势以及遗物来看,史家河村遗址与李家川遗址应该不是雕阴城所在地。

贺慧认为,寺沟河遗址位于洛河东岸向西突出的台地上,西邻洛河,与洛河滩地有10米左右的落差,东侧与山体相连,向东是黄河西岸一级支流西川河和汾川河分水岭,直通黄河岸边;南北边缘陡峭,北侧是王家沟,南侧是寺沟河。这样的地理环境,既便于往来交通,又便于防守,还能兼顾境内军民的生产生活所需;从地名学角度分析,在今甘泉县有"道镇",位于寺沟河村的北侧,两地相距不过五百米左右。关于"道镇"一名的由来,已无确切史籍可考。据《说文解字注》,"雕"条"从佳周声,都僚切,二部,古音在三部";"道"条"从辵首,徒皓切,古音在三部"。关于古音,已无法确定其确切读音,在现代汉语中,"雕"和"道"亦是声母相同、韵母接近。

---

① 史念海:《黄河中游战国及秦时诸长城遗迹的探索》,《陕西师范大学学报(哲学社会科学版)》1978年第2期。
② 杜葆仁:《雕阴城位置》,《陕西师范大学学报(哲学社会科学版)》1984年第4期。

由此想来,在古代这两个字的读音应该是差距不大的,甚至是非常接近的。换言之,雕阴城很有可能就在今道镇附近;从遗物分布情况分析,寺沟河遗址所在的整个台面上都有遗物分布,比如外绳纹瓦片、陶水管道、卷云纹瓦当等。此地发现的筒瓦,尽管瓦唇部分残损,但瓦身还较完整,外饰绳纹,纹路基本平行,间隔较宽,内饰麻点纹,用泥条盘筑法铸成,内切,与陕西省境内的秦昭襄王长城沿线所采集的典型秦筒瓦非常接近。① 另外,在遗址中部偏西处采集的圆口陶水管道,纹饰与上述筒瓦基本相同。据此可判断此地所采集筒瓦应该是在魏纳上郡十五城予秦以后烧制的。再从筒瓦和陶水管道的规模来看,秦在此地的建筑规模定然不小。而秦对其新接收之地,基本都是继承和发展的处理方式,换言之,可以据此推断出在秦接收此地之前,此地已经有规模较大的建筑设施。②

从文献和考古调查资料可以看出,寺沟河遗址就是历史上的雕阴城城址,没有太大的问题。

六、上郡塞的定性

"上郡塞"位于陕西省延安市富县。对于上郡塞的定性有不同的看法,分歧在于首先看它是不是长城? 其次是秦还是魏国的长城?

"塞"有长城之意,《说文解字》云:"塞,隔也。"③本意指阻隔、堵住。我们常常讲的塞外、塞上就指长城以外。《史记·苏秦列传》云:"秦四塞之国,被山带渭,东有关河,西有汉中,南有巴蜀,北有代马。"④《后汉书·文苑列传·杜笃列传》:"城池百尺,扼塞要害。"⑤崔豹《古今注·都邑》:"秦筑长城,土色皆紫,汉塞亦然,故称紫塞焉。塞者塞也,所以拥塞戎狄也。"⑥说明塞与长城可以并称。汉

---

① 秦的典型纹饰为外饰绳纹内饰麻点纹。此地采集筒瓦宽 0.17 米,拱高 0.08 米,残长 0.35 米,整体中部较厚,达 0.018 米,瓦口处厚 0.01 米;秦昭襄王长城采集筒瓦宽 0.16 米,拱高 0.1 米,完整的长度达 0.5 米,胎厚 0.007—0.022 米。
② 贺慧:《雕阴城城址考察》,《秦汉研究》(第八辑),陕西人民出版社,2014 年,第 223 页。
③ (汉)许慎撰:《说文解字》,中华书局,1963 年,第 288 页。
④ (汉)司马迁:《史记》卷六九《苏秦列传》,第 2241 页。
⑤ (南朝宋)范晔:《后汉书》卷八〇上《文苑列传·杜笃传》,第 2603 页。
⑥ (晋)崔豹:《古今注·都邑》,中华书局,1985 年,第 7 页。

时逐渐演变为指称边塞长城。如《史记·高祖本纪》："(高祖二年)缮治河上塞。"①西汉时期把秦昭襄王长城称为"故塞"。《史记·朝鲜列传》："汉兴,为其远难守,复修辽东故塞,至浿水为界。"②《汉书·匈奴传》："竟宁元年,单于'上书愿保塞上谷以西至敦煌,传之无穷,请罢边备塞吏卒,以休天子人民'。侯应以为不可许,曰:'……臣闻北边塞至辽东,外有阴山,东西千余里……起塞以来百有余年,非皆以土垣也,或因山岩石,木柴僵落,溪谷水门,稍稍平之,卒徒筑治,功费久远,不可胜计。'"③

"上郡塞"是张仪在拔取陕城后在上郡修建的要塞。《汉书·地理志下》所载上郡,班固自注云"秦置",领有肤施、阳周、雕阴、定阳、高奴等二十三县。将富县(即古雕阴)长城推断为上郡塞,就因为它位于战国秦上郡的范围内。取陕之年依《史记》的《六国年表》和《张仪列传》,在秦惠文王更元元年,即公元前324年。其时,秦魏军事力量已悬殊,秦与魏战,秦破城拔县,咄咄逼人。魏与秦战,连年失利。尤其是龙贾的雕阴之战,魏的元气大伤。《史记·苏秦列传》苏代对燕王说:龙贾之战、封陵之战、岸门之战、赵庄之战,秦之所以杀三晋之民数百万,今其生者皆死秦之孤也。可见战争之惨烈。为避强秦,魏竟放弃国都安邑,而迁都大梁(今河南开封)。《史记·魏世家》云:"秦用商君,东地至河,而齐、赵数破我,安邑近秦,于是徙治大梁。"④《史记·商君列传》亦云:"魏惠王兵数破于齐、秦,国内空,日以削,恐,乃使使割河西之地献于秦以和。而魏遂去安邑,徙都大梁。"⑤

通过调查得知,该长城全长约18公里,夯土筑成,沿线有烽燧1座,残存墙体基本呈鱼脊状或一侧依靠台地,底部宽度在1.2—3米之间,顶部宽度可达0.4—1.8米,高度最高达3米;夯土土质为黄土,包含有料礓石,在夯层中夹杂有少量的外绳纹、内麻点纹瓦片;夯层厚度在0.04—0.16米之间,但大部分集中在0.06—0.1米之间。⑥

---

① (汉)司马迁:《史记》卷八《高祖本纪》,第369页。
② (汉)司马迁:《史记》卷一一五《朝鲜列传》,第2985页。
③ (汉)班固:《汉书》卷九四下《匈奴传》,第3803页。
④ (汉)司马迁:《史记》卷四四《魏世家》,第1847页。
⑤ (汉)司马迁:《史记》卷六八《商君列传》,第2233页。
⑥ 于春雷:《战国魏西长城的界定》,《考古与文物》2017年第4期。

这段长城呈东西走向分布在富县县城北侧，夯土筑成，文献中有记载，最早见于《史记·张仪列传》："（张）仪相秦四岁，立惠王为王。居一岁，为秦将，取陕。筑上郡塞。"[1]后代陆续有记载，但均为只言片语，《元和郡县图志》《太平寰宇记》均认为是战国秦长城，而《读史方舆纪要》、道光《鄜州志》认为是战国魏长城。近现代学者对于"上郡塞"的性质存有争议。有认为是长城，也有认为非长城。认为是长城的，对于是秦国的还是魏国的也有不同的认识。史念海等学者认为是秦长城。[2] 张维华等认为是魏长城。[3] 有学者指出，秦张仪取陕前后，魏不仅已丢失河西大片土地，而且河东与今豫西的土地也岌岌可危，甚至连续丢失。在这秦强魏弱的形势下，秦绝无必要在已取得的上郡西边今富县筑一条长城以自限。于春雷认为："调查中发现该段长城墙体上附属单体建筑数量较少，全线只有烽燧1座，与秦昭襄王长城沿线密集的单体建筑对比区别明显，而与黄龙山南麓魏长城沿线只有极少数的附属单体建筑的结构相比较为类似。沿线也没有发现大量连续存在于秦昭襄王长城沿线的麻点纹瓦片，但有少量的战国时代三晋特征的外绳纹、内布纹的瓦片，据此认为，定性该长城属性为战国魏长城是恰当的，而不应该是战国秦长城。"[4]

到底孰是孰非？实质上问题并非如此简单。春秋战国时期秦和魏国之间的较量反反复复，因为此地形势复杂，战略地位非同一般。我赞成上郡塞是秦长城的观点，只要我们看看最早的记载就可以明晰。《史记·张仪列传》："秦惠王十年……魏因入上郡、少梁，谢秦惠王。惠王乃以张仪为相，更名少梁曰夏阳。……仪相秦四岁，立惠王为王。居一岁，为秦将，取陕。筑上郡塞。"[5]显然和当时的秦相张仪有关。秦惠王十年是公元前328年，由惠文君变为惠文王是公元前325年，即王位后两年也就是张仪任秦相五年后，"筑上郡塞"，是在公元

---

[1] （汉）司马迁：《史记》卷七〇《张仪列传》，第2284页。
[2] 史念海：《黄河中游战国及秦时诸长城遗迹的探索》，《中国长城遗迹调查报告集》，文物出版社，1981年，第56—60页；又《洛河右岸战国时期秦长城遗迹的探索》，《文物》1985年第11期；姬乃军：《陕西富县秦"上郡塞"长城踏察》，《考古》1996年第3期；彭曦：《秦简公"堑洛"遗迹考察简报》，《文物》1996年第4期。
[3] 张维华：《中国长城建置考》，中华书局，1979年；张耀明：《战国魏长城暨在甘肃庆阳遗址的考察》，《西北史地》1997年第3期；瓯燕、叶万松：《"上郡塞"与"堑洛"长城辨》，《考古与文物》1997年第2期。
[4] 于春雷：《战国魏西长城的界定》，《考古与文物》2017年第4期。
[5] （汉）司马迁：《史记》卷七〇《张仪列传》，第2384页。

前324年。我们没有十分充足的理由不能随便否认古文献的记载,何况司马迁写《史记》是在阅览大量文献和实际考察以后成书,而且他的目标是要"成一家之言",秦和魏距离太近了,在建筑方法上的相似性也是合乎道理的,不能因为建筑方式与魏国相似就认为是魏国的长城。大量事实证明,司马迁的《史记》是靠得住的。

经姬乃军实地调查,富县境内长城遗迹起于洛河东岸城关镇野狐子沟,向北经石槽沟、圣佛峪村东原,在故州峁上山后开始西行,过洛河后到富县县城西北的战备库北山。然后先后经山城原、罗家原、曲里、崾岘圿、杜梨树崾岘、陈家梁(俗称"城墙梁")、董家坪、伏龙、侯村北崾岘,在王乐村东北、张家原以西的城墙圿以南的白狐子崾岘不见遗迹。长城自东向西跨茶坊镇、城关镇、钳二乡,全长30公里。东端应由监军台以南复为西向过洛河,沿洛河西岸南下,到达吉子现乡固县村一带。西端应一直筑至任家台川(洛河支流)源头的照八寺一带,即子午岭余脉一带的。[①]

目前还可以看到的遗迹有:

野狐子沟至东原长城:断续存三段,分别长5、9、140米。残高1—3米,夯筑,夯层厚6—10厘米。城墙外侧(东侧)有人工挖成的壕沟,与城墙平行,深5—7米,宽3—4米。城墙夯土内发现有龙山文化至商周时期的加砂红陶、灰陶和泥质灰陶片,陶片上纹饰有绳纹、篮纹、指压印等,可辨器形有罐、鬲等。

罗家原长城:残存长50余米,高2—3.5米,夯筑,夯层厚6—11厘米。

伏龙村长城:位于村东,残高0.8—1米,夯筑,夯层厚6—11厘米。

侯村北崾岘长城:墙基残宽4米,顶残宽1—2.3米,残高1—3.5米。墙体夯筑,夯层5—10厘米。

城墙圿长城:位于钳二乡王乐村东北、张家原以西。呈曲尺状,长约300米,墙基残宽3—4米,顶残宽0.8—1.4米,残高1—2.4米。墙体为夯筑,夯土较纯净,质地坚硬,夯层厚10—12厘米。夯窝圆形,直径9厘米,深1厘米。

圣佛峪东山障城:城墙残长2500米,残高1—4米,夯层厚7—12厘米。城址依山而建,平面略呈三角形。城内发现有较多的云纹瓦当、绳纹板瓦以及饰绳

[①] 姬乃军:《陕西富县秦"上郡塞"长城踏察》,《考古》1996年第3期。

纹加摸带弦的灰陶罐等。

圣佛峪东原烽燧：平面残为椭圆形，高约 1.8 米，夯筑而成，夯层厚 6—11 厘米。

以上是姬乃军等的主要调查成果。此外，《中国文物地图集·陕西分册》①也对一些长城遗迹做了相关记录，主要遗迹如下。

圣佛峪城址：位于富城镇圣佛峪村北 200 米，长城西侧约 300 米，似为战国到秦时期长城沿线障城遗址，平面呈不规则形，南北长约 1.5 公里，东西宽约 1 公里。分为内外两城，墙体均为夯筑。现存内墙长 200 米，残高 2—7 米，夯层厚 6—13 厘米；外墙残长约 700 米，残高 2—5 米，夯层厚 8—16 厘米。城内散布有大量绳纹板瓦、筒瓦、几何纹砖，以及陶器残片。

古周峁遗址：位于茶坊镇古周峁村周围，面积约 3 万平方米。采集有泥质灰陶片，纹饰有压印方格纹、绳纹、网纹、弦纹，器形可辨罐、壶，以及绳纹筒瓦、板瓦、云纹瓦当等，20 世纪 60—70 年代曾出土秦"半两"、汉"五铢"钱币，以及釉陶鼎、壶、罐、灶、仓等。

寨沟烽燧遗址：位于富城镇曲里村南 2 公里处，为秦汉时期一处烽燧。在长城南侧约 1 公里处，夯筑方锥台，底边长 6 米，残高 5 米，夯层厚 9—10 厘米。

伏龙烽燧遗址：位于富城镇上浮龙村东 80 米，为秦汉时期一处烽燧。在长城南侧，夯筑方锥台，底边长 5 米，顶边宽 1.5 米，残高 4 米，夯层厚 8—12 厘米。

富县境内长城有两种构筑方式，一是黄土夯筑，一是堑山为障。其中主要以堑山为障的方式为主，夯筑城墙只是存在于原面、崾岘、沟壑等处。夯筑墙体以圆形夯具捶打，夯层一般厚 6—10 厘米，较均匀，个别薄者为 5 厘米，厚者不超过 12 厘米。

有学者认为该长城并不只是秦针对魏国，还针对赵国，因为在今富县的东北有赵国城池定阳。笔者觉得这种看法有一定的道理，因为赵肃侯是一个杰出的国君，在公元前 333 年时，因为对魏、齐两国联合互尊为王一事不满，曾经包围魏国北部。在南、北边境，以及漳水和滏水之间筑起长城。赵肃侯在位 24 年，其死后，当时的秦、楚、燕、齐、魏五国各派锐师一万人参加其葬礼。继位的赵武灵王

---

① 国家文物局：《中国文物地图集·陕西分册》。

也是一个很有能力和作为的赵国国君,在位时推行"胡服骑射"政策,赵国因而强盛,灭中山国,败林胡、楼烦,辟云中、雁门、代三郡,并修筑了"赵长城"。赵国的领土是西有黄河;南有漳河,与魏为界;东有清河,与齐为界;北有易水,与燕为界;又西北傍阴山筑长城,与匈奴、楼烦、林胡为界。向北拓地,西北攘地至云中、九原,达今内蒙古自治区包头市一带。在陕西北部,赵国与秦、魏犬牙交错,对秦国形成了不小的压力。

因此,《史记·张仪列传》所载的"上郡塞",毫无疑义是秦在上郡富县北所筑的长城,是为了防御魏国、赵国而修建的。尽管这一时期的秦国比以前有所强大,然而在魏国、赵国的威逼下,仍然需要加强防守,这也是为了解决东进过程中的后顾之忧。

第三章　秦昭襄王长城

秦昭襄王时期是秦历史上非常重要的时期,在内政外交上取得了重大的进展,为秦始皇统一天下奠定了良好的基础,在秦国统治者中执政时间最长。在灭掉义渠后,秦昭襄王毅然决然又下令修建了一条西起甘肃岷县、东到辽东的长城,彻底解除了秦统一过程中的后顾之忧,对秦汉时期的修建长城树立了标杆。

一、文献中关于秦昭襄王长城的记载

秦昭襄王时期筑长城之事,最早见于《史记·匈奴列传》:"秦昭王时,义渠戎王与宣太后乱,有二子。宣太后诈而杀义渠戎王于甘泉,遂起兵伐残义渠。于是秦有陇西、北地、上郡,筑长城以拒胡。"①《汉书·匈奴传》中也有基本相同的记载。文献记载虽然简单,但提供了许多重要的信息,从中不仅能够使后人了解到秦国在昭王时期筑有长城,而且能大致了解此条长城修筑的背景、目的、位置等。

中国古代最早出现"北边"这一政治地理、军事地理与民族地理的概念,见于《史记·廉颇蔺相如列传》:"李牧者,赵之北边良将也。常居代雁门,备匈奴。"②又有《史记·秦始皇本纪》:"始皇巡北边,从上郡入。"③以及《史记·蒙恬列传》"太史公曰:吾适北边,自直道归,行观蒙恬所为秦筑长城亭障,堑山堙谷,通直道,固轻百姓力矣"等。④ 可知最晚到汉代,人们对"北边"这一政治地理已有关注,这是重要的历史文化现象。而且这一现象一直延续,北方的少数民族在中原

---

① (汉) 司马迁:《史记》卷一一〇《匈奴列传》,第2885页。
② (汉) 司马迁:《史记》卷八一《廉颇蔺相如列传》,第2449页。
③ (汉) 司马迁:《史记》卷六《秦始皇本纪》,第252页。
④ (汉) 司马迁:《史记》卷八八《蒙恬列传》,第2570页。

周围是最强悍的,北方地区长城之所以一直延续修建与北方地区民族的强悍有密切关系,当然这与北方民族所处的恶劣的自然环境有密切关系。

二、修建时间

《后汉书·西羌传》载:"及昭王立,义渠王朝秦,遂与昭王母宣太后通,生二子。至赧王四十三年,宣太后诱杀义渠王于甘泉宫,因起兵灭之,始置陇西、北地、上郡焉。"[1]周赧王四十三年,即公元前272年。

《资治通鉴》卷六载:"秦昭襄王三十五年(前272年),遂发兵伐义渠,灭之,始于陇西、北地、上郡筑长城以拒胡。"[2]

依据以上文献记载,董耀会、张耀民均认为,秦昭襄王长城修建应在昭王三十五年,即公元前272年。[3]而白音查干认为,秦昭襄王长城开始修筑于昭王三十六年,即公元前271年。[4]

《水经注·河水》载:"汉陇西郡治,秦昭王二十八年置。"[5]秦昭襄王二十八年,即公元前279年。据此文献,姚连学认为秦昭襄王长城筑于昭王二十八年,即公元前279年。[6]罗庆康也认为秦昭襄王长城可能建于秦昭襄王二十八年,但他把秦昭襄王二十八年误认为是公元287年了。[7]吴礽骧认为筑于公元前279年前后。[8]何钰认为,秦昭襄王长城修建于秦昭襄王二十八年至三十五年(前279年—前272年)之间。[9]

笔者认为《史记·匈奴列传》的记载很明确,史料是可靠的,即修建于公元前272年。

---

[1] (南朝宋)范晔:《后汉书》卷八七《西羌传》,第2874页。
[2] (宋)司马光:《资治通鉴》,第208页。
[3] 董耀会:《瓦合集》,科学出版社,2004年,第121页;张耀民:《义渠都城考证琐记》,《西北史地》1996年第2期。
[4] 白音查干:《战国时期燕、赵、秦长城新论》,《内蒙古社会科学(汉文版)》1999年第5期。
[5] (北魏)郦道元著,陈桥驿校证:《水经注校证》,第47页。
[6] 姚连学:《甘肃的古长城》,《丝绸之路》2001年第2期。
[7] 罗庆康:《战国及秦汉长城修建原因浅析》,《内蒙古社会科学(文史哲版)》1988年第6期。
[8] 吴礽骧:《战国秦长城与秦始皇长城》,《西北史地》1990年第2期。
[9] 何钰:《秦长城西部起首崆峒山刍议》,《社科纵横》1994年第1期。

三、修建原因

关于秦昭襄王长城修建的目的，文献中认为是为了"拒胡"，但对胡人具体所指并无详细说明。景爱、罗庆康认为主要是为了防御义渠卷土重来；[①]史念海、彭曦、马建华、张力华、董耀会、史党社、田静、李崖等均认为是为了防御匈奴南下；[②]白音查干认为秦昭襄王长城是秦国与西戎长期斗争的产物，而传统观点认为长城是为防御匈奴南下，不符合历史事实。[③]

笔者认为，"拒胡"主要是为了防止匈奴人的南下骚扰，因为当时的匈奴人已经很强大了，对中原造成了极大的麻烦，秦昭襄王趁灭掉义渠之机在边疆地区设置郡县、修建长城，以解除东进统一过程中的后顾之忧。

春秋战国以来，在中国西北，有不少的游牧民族，诸如"岐、梁山、泾、漆之北，有义渠、大荔、乌氏、朐衍之戎"。[④] 对于游牧民族来说，农业文明有着很强的互补性和吸引力，所以他们时常组织部族南下骚扰，以掠夺中原地区的生活物品，给中原地区人民生活带来了很大的影响。这些游牧民族善于骑射、精于野战，常常来去飘忽不定，尤其在广阔的草原和平原上，游牧民族高超的骑射水平和机动灵活、来去如风的运动战，纵横驰骋，锐不可当，表现出很强的战斗力，令中原诸国防不胜防。而中原地区的作战部队主要是步兵和战车，行动缓慢，日行30—50里，在山区战车的作用基本受限制，而在平原地区又无法和游牧民族的骑兵相比拟，所以很难有效地阻止游牧民族的袭击和掳掠。这不仅难以保证中原地区人民的生命财产和生产生活活动，而且对中原地区的统一事业也有很大的影响。为了改变这种被动挨打的局面，与游牧民族交界的北方秦、赵、燕三国在改

---

① 景爱：《中国长城史》；罗庆康：《战国及秦汉长城修建原因浅析》，《内蒙古社会科学（文史哲版）》1988年第6期。

② 史念海：《黄河中游战国及秦时诸长城遗迹的探索》，《陕西师范大学学报（哲学社会科学版）》1978年第2期；彭曦：《战国秦长城考察与研究》，西北大学出版社，1990年；马建华、张力华：《长城》，敦煌文艺出版社，2004年；董耀会：《瓦合集》，第154页。其文载：秦建立北地郡后"疆域紧邻匈奴、林胡等游牧民族，为防其南下，并便于东进，就在陇西、北地、上郡等地修筑了秦北长城"；史党社、田静：《追寻秦昭襄王长城》，《文博》2004年第6期；李崖：《秦长城纪》，《朔方》1978年第5期。

③ 白音查干：《战国时期燕、赵、秦长城新论》，《内蒙古社会科学（汉文版）》1998年第5期。

④ （汉）司马迁：《史记》卷一一〇《匈奴列传》，第2883页。

革兵制的同时,也对正面防御设施加以改进。尽管各国有着不同的地形地貌和战争形势,但是他们的对手却有着共同的特点,就是游牧民族在运动战中有优势,在阵地攻坚战方面却非其所长,因此在没有其他更为有效的防御手段可采用的时候,秦赵燕三国在其北部纷纷筑起长城便成为当时最有效的防御手段,也取得了明显的效果。

正因如此,为了巩固已经取得的成果,防御匈奴的骚扰,以解除后顾之忧,秦昭襄王下令修建长城"以拒胡"。

四、与昭王长城有关的两个人物——秦昭襄王与宣太后

要探讨秦昭襄王长城修建的原因,必然要谈到义渠国。《史记·匈奴列传》中明确指出昭襄王长城是在灭掉义渠国后修筑的。义渠是一个古老的民族,活动地域在今甘肃庆阳、平凉和宁夏固原等处,与秦国为邻。义渠是西戎的一支,在商周时已是有影响的方国,《竹书纪年》记载:商代武乙"三十年(前1118年),周师伐义渠乃获其君以归"。[1] 至秦昭襄王三十五年(前272年),秦国正式灭掉义渠国,前后有846年的历史。

义渠为秦国的近邻,处于农牧交错地带,其生业方式为半农半牧经济,是马背上的民族,也是一个英勇好战的民族,因此与秦的关系常常处于交战之中,打打闹闹数百年。《后汉书·西羌传》载:"义渠、大荔最强,筑城数十,皆自称王。"[2]筑城是定居的标志,也是进入文明社会的重要标志。筑城数十,不同程度地展示出它们的社会组织及其对防御的重视。《史记·秦本纪》记载,秦惠文王在伐蜀之前,于更元五年(前320年),"王游至北河。"裴骃《集解》:"徐广曰:'戎地,在河上。'"张守节《正义》:"按:王游观北河,至灵、夏州之黄河也。"[3]秦惠文王是通过北方义渠之地前往"北河"的。义渠长期威胁秦的北方,在秦惠文王时

---

[1] 王国维:《今本竹书纪年疏证》,《古本竹书纪年辑证》附四,上海古籍出版社,1981年,第228页。
[2] (南朝宋)范晔:《后汉书》卷七七《西羌传》,第2873页。
[3] (汉)司马迁:《史记》卷五《秦本纪》,第207—208页。

代则为秦削弱。秦惠文王十一年(前327年),"县义渠","义渠君为臣"。① 更元十年(前315年),又"伐取义渠二十五城"。② 秦武王元年(前310年)也曾经"伐义渠"。③

从上可以看出,义渠国实力强盛,与秦国的关系非常复杂,时叛时降,成为秦国东进中原的后患。公元前331年,秦趁义渠国发生内乱之机,秦惠文王遣庶长率兵平定,义渠臣服于秦。然而义渠国仍然明服暗不服,常常偷袭秦国。公元前327年,秦又伐义渠,将郁郅城(今甘肃庆城)占领,义渠战败,再次向秦称臣。然而公元前318年,义渠趁中原诸国混战,背叛秦国,朝贡于魏。魏公孙衍动员赵、韩、燕、楚四国与魏联合攻秦。大战当前,秦以"锦绣千匹、美女百名"拉拢义渠,义渠拒之,并趁势起兵伐秦,"大败秦人李帛之下"。这一重创,减缓了秦国东进的步伐,不得不把战略重心重新转向义渠国。公元前314年,秦调集重兵从东、西、南三面包剿义渠,先后夺得25座城池,使义渠国疆域大大缩小,实力锐减。公元前306年,秦昭襄王被立为国君,昭王母宣太后摄政。她改变正面征讨义渠国的策略,采用怀柔、拉拢的政策,以堕其志。义渠国大败后,也想与秦重修旧好,以休养生息。义渠王就利用昭王刚即位的机会,亲自到秦国去朝拜。但义渠王一到咸阳,就被早已盘算好的宣太后久留于秦都咸阳的甘泉宫,并长期与其淫乱。到公元前272年,"宣太后诱杀义渠王于甘泉宫"。据《史记·匈奴列传》记载,秦昭襄王时才彻底解决了义渠问题。"秦昭王时,义渠戎王与宣太后乱,有二子。宣太后诈而杀义渠戎王于甘泉,遂起兵伐残义渠。于是秦有陇西、北地、上郡,筑长城以拒胡"。④ 秦昭襄王为了维护新的疆域的安全,遂修筑了长城。

提到秦和义渠的关系,以及秦昭襄王长城,不得不提到秦宣太后(？—前265年),她是中国历史上最早被称为"太后"的人。《史记·穰侯列传》云:"昭王少,宣太后自治,任魏冉为政。"⑤《史记·秦本纪》记载:"昭襄母楚人,姓芈氏,号宣太后。"⑥历史上的太后专权,也自她始。从其姓"芈"来看,她应该是当时楚国

---

① (汉)司马迁:《史记》卷五《秦本纪》,第206页。
② (汉)司马迁:《史记》卷五《秦本纪》,第207页。
③ (汉)司马迁:《史记》卷五《秦本纪》,第209页。
④ (汉)司马迁:《史记》卷一一〇《匈奴列传》,第2885页。
⑤ (汉)司马迁:《史记》卷七二《穰侯列传》,第2323页。
⑥ (汉)司马迁:《史记》卷五《秦本纪》,第209页。

的贵族之女。为何又被称为"芈八子"呢？秦国当时的后宫宫女分八个级别：皇后(王后)、夫人、美人、良人、八子、七子、长使、少使。由此可以看出,她在秦惠文王生前地位并不太高,也谈不上多么得宠。但是她见识出众,容貌秀丽,能说会道,而且为惠文王生下三个儿子,为其以后荣华富贵奠定了良好的基础。

惠文王死后,惠文后就和继位的儿子秦武王合谋,将芈八子的大儿子嬴稷送到燕国去当了人质。战国时期的人质是各诸侯国在频繁战争过程中采取的相互制约的措施,当时也是极为危险的。眼看这母子俩的人生将要黯淡收场,事情却来了个一百八十度大转弯,使得芈八子的前途一片光明。转机在于继位的秦武王的猝死。秦武王当时在与东方的战争中是有功劳的,公元前 307 年,秦军攻克宜阳(河南洛阳以西),斩首六万,这是秦军在统一天下中进攻中原的前哨战,实现了武王"寡人欲容车通三川,窥周室,死不恨矣"①的愿望。与此同时,秦武王进入东周都城雒邑,一是向周赧王炫耀武力,二是要练练他的臂力如何。据史书记载,秦武王身高体壮、勇力超人、尚武好战,常以举重斗力为乐,因此当时凡是勇力过人者,都被提拔为将,给予高官厚禄。秦武王到达雒邑后,看到象征国家政权的九鼎,就想举起一个代表雍州的大鼎向周天子示威,但因鼎太重,没有举起便砸了下来,绝膑而死。只做了四年的国王就仓促离开了人间。由于死得太突然,秦武王尚无子嗣,由谁来继承王位就成了问题。这时的秦国政局动荡不安,秦武王死后,秦武王诸弟争立,武王后要拥立公子壮(武王弟)即位,称季君,以与芈八子、魏冉对抗。芈八子于是联合燕国,并借助自己同母异父的弟弟魏冉之力,将自己远在燕国的儿子迎立为秦王,秦昭襄王二年(前 305 年),宣太后、魏冉尽诛公子壮、昭王异母兄弟及大臣,逐武王后(魏女)回魏,"季君之乱"被平定。可见她的政治手腕之强。

因为秦昭襄王年龄尚轻,便由其母宣太后摄政,《史记·穰侯列传》中这样记载："昭王少,宣太后自治,任魏冉为政。"②以魏冉为将军,以樗里疾为相,控制了秦国军政大权。魏冉的将军之职,为秦封将军之始,也算是宣太后的一个创举。宣太后为了稳定政权,封同父弟芈戎为华阳君,封其子显为高陵君、子悝为泾阳

---

① (汉)司马迁：《史记》卷五《秦本纪》,第 209 页。
② (汉)司马迁：《史记》卷七二《穰侯列传》,第 2323 页。

君,培植自己的实力,从而形成了外戚专权的格局,威震天下,在宣太后主政时期,秦国的国力有了很大的增强。历史文献中不但记载了宣太后主政时的政绩,同样也记载了她的风流韵事。兹列举如下:

其一,《战国策·韩策二》记载:公元前 307 年,楚怀王派兵包围韩国的雍氏(今河南禹州东北)。韩襄王多次派使者向秦国求援,但秦国军队一直按兵不动。韩襄王又派尚靳出使秦国,尚靳以"唇亡齿寒"的道理劝说秦国尽快派兵救援。而宣太后不同意派兵救援,她召见尚靳时对他说:"妾事先王也,先王以其髀加妾之身,妾困不疲也;尽置其身妾之上,而妾弗重也,何也?以其少有利焉。今佐韩,兵不众,粮不多,则不足以救韩。夫救韩之危,日费千金,独不可使妾少有利焉。"①

其二,诱灭义渠。义渠为古西戎之国,成为当时雄踞一方的少数民族强国。公元前 352 年,秦出兵伐魏,一举攻占了魏西河郡和上郡,接着秦和义渠又起摩擦。秦国乘义渠国内乱,派兵攻打义渠,并平定义渠内乱,义渠便臣服于秦。此后双方时战时和,成为秦的心腹之患。于是昭襄王即位以后,宣太后改变过去军事上征讨义渠戎国的策略,而采用怀柔、拉拢、腐蚀的政策。宣太后与义渠王私通,保持暧昧关系几十年,以堕义渠戎王之志。她书请义渠王于甘泉宫,并以优厚的生活款待他。后义渠王同宣太后生有二子,使义渠王完全丧失了对秦国的警惕。三十四年后(前 272 年),宣太后杀义渠王于甘泉宫,接着发兵攻打义渠,义渠国亡,领土并入秦国。对于这件事,《史记·匈奴列传》有记载:"秦昭王时,义渠戎王与宣太后乱,有二子。宣太后诈而杀义渠戎王于甘泉,遂起兵伐残义渠。于是秦有陇西、北地、上郡,筑长城以拒胡。"②著名秦史研究专家马非百认为:宣太后以母后之尊的地位,牺牲色相与义渠王私通,然后设计将之杀害,一举灭亡了秦国的西部大患义渠,使秦国可以一心东向,再无后顾之忧,她的功劳不逊于张仪、司马错攻取巴蜀。③

其三,《战国策·秦策》记载了宣太后的另一风流韵事。"秦宣太后爱魏丑夫。太后病将死,出令曰:'为我葬,必以魏子为殉。'魏子患之。庸芮为魏子说太后曰:'以死者为有知乎?'太后曰:'无知也。'曰:'若太后之神灵,明知死者之无

---

① (汉)刘向集录:《战国策·韩策二》,上海古籍出版社,1985 年,第 969 页。
② (汉)司马迁:《史记》卷一一〇《匈奴列传》,第 2885 页。
③ 马非百:《秦集史》,第 108 页。

知矣,何为空以生所爱,葬于无知之死人哉! 若死者有知,先王积怒之日久矣,太后救过不赡,何暇乃私魏丑夫乎?'太后曰:'善。'乃止。"①宣太后在年老的时候,看上了秦国大臣中的魏丑夫,并作为男宠。特别是在宣太后临死之前提出要让魏丑夫为其殉葬。后由于庸芮等的劝说,才打消了这一念头。秦人向来有用活人殉葬的传统,在文献和考古资料中都可以看出,但是从秦献公开始,已经明令禁止用活人殉葬。所以宣太后的这一要求是不合时宜的。

宣太后之所以如此风流,除了年轻守寡原因以外,与她来自于楚国亦有关系。楚文化具有浪漫的特点,也与当时的秦社会风俗有关系,当然也与她掌握着大权有关系。

从宣太后为其儿子夺位的过程就可以看出,宣太后不是一个"弱质女流",而是一个对政治极为敏感的女人。为了其政权的稳固,她大量使用外戚。执掌了大权的宣太后开始任用自己的亲信,任用在昭襄王即位时出过大力的异父弟弟魏冉,封为穰侯,封地即穰(今河南邓县),后来又加封陶邑(今山东定陶);还有一位宣太后的同父弟弟芈戎,被封为华阳君,封地在陕西商洛。至于宣太后的另外两个儿子,公子市封为泾阳君,封地在今陕西泾阳,公子悝封为高陵君,封地在陕西高陵,咸阳周围全由宣太后的人控制。满朝文武大臣权重者皆为宣太后的亲信和家族。也正因为如此,范雎指出:"闻秦之有太后、穰侯、华阳、高陵、泾阳,不闻其有王也。夫擅国之谓王,能利害之谓王,制杀生之威之谓王。今太后擅行不顾,穰侯出使不报,华阳、泾阳等击断无讳,高陵进退不请。四贵备而国不危者,未之有也。为此四贵者下,乃所谓无王也。然则权安得不倾,令安得从王出乎? 臣闻善治国者,乃内固其威而外重其权。穰侯使者操王之重,决制于诸侯,剖符于天下,政适伐国,莫敢不听。战胜攻取则利归于陶,国弊御于诸侯;战败则结怨于百姓,而祸归于社稷。……今臣闻秦太后、穰侯用事,高陵、华阳、泾阳佐之,卒无秦王。"②

由于穰侯魏冉、华阳君、高陵君、泾阳君,在秦国权势煊赫,当时被称为秦国"四贵"。魏冉凭着他与昭王的特殊关系(甥舅关系)在秦国独揽大权,一生四任秦相,党羽众多。然而由于他权势赫赫,"擅权于诸侯""富于王室",专横跋扈,对秦王权

---

① (汉)刘向集录:《战国策·秦策二》,第167页。
② (汉)司马迁:《史记》卷七九《范雎蔡泽列传》,第2411页。

力构成了严重威胁。公元前266年,被秦昭襄王罢免,由范雎代相。最后魏冉"身折势夺而以忧死"于陶邑。"令泾阳之属皆出关就封邑"。"四贵"专权受到打击。

之所以如此,是由于宣太后与秦"四贵"专权,让昭襄王失去应有的权利,随着昭襄王势力的强大和年龄的增长,他该夺回自己的权利,范雎的出现正好解决了这个难题。秦昭襄王驱逐宣太后的异父弟魏冉及其党羽,宣太后遂失势,次年(前265年)"十月,宣太后薨,葬芷阳郦山"。① 谥号为"宣"。所谓谥号是指古代帝王、诸侯、卿大夫、高官大臣等死后,朝廷根据他们的生平事迹给予一种称号以褒贬善恶。"宣"为美谥的一种,圣善周闻曰宣,施而不成曰宣,善问周达曰宣,施而不秘曰宣,诚意见外曰宣,重光丽日曰宣,义问周达曰宣,能布令德曰宣,浚达有德曰宣,力施四方曰宣,哲惠昭布曰宣,善闻式布曰宣。西汉时期的汉宣帝也是后人给的褒义的谥号,可见对宣太后的评价还是不错的。

义渠国被灭后,扫除了秦统一东方的后顾之忧,昭襄王也掌握了大权,加速了统一的进程。秦昭襄王19岁即位,在位56年,75岁死。这一在位时间的记录直到清代的康熙(61年)、乾隆(63年)出现才被打破。秦昭襄王的56年中,韬光养晦,厚积薄发,强化中央集权,采取远交近攻,离间六国合纵,重创六国军事力量,兴修都江堰水利工程,开创巴蜀汉中天府之国。其在位时秦疆域不断扩张,为后来的秦王嬴政统一六国,奠定了政治、经济、军事上的雄厚基础。特别是对赵国发动的长平之战,大大消耗了赵国的国力,为秦统一奠定了良好的基础。

尽管在灭义渠过程中宣太后发挥了重要作用,但不可忽视当时的国王秦昭襄王。秦昭襄王是一位城府颇深,并富有政治才干和素养的杰出君王。首先,在即位初年,他就对天下形势和秦国的国情具有比较清楚的认识,在一些重大问题的决策上睿智果断。秦昭襄王元年(前306年),苏秦以连横之术西说昭王:"大王之国,西有巴、蜀、汉中之利,北有胡、貉、代马之用,南有巫山、黔中之限,东有肴、函之固。田肥美,民殷富,战车万乘,奋击百万,沃野千里,蓄积饶多,地势形变,此所谓天府,天下之雄国也。以大王之贤,士民之众,车骑之用,兵法之教,可以并诸侯,吞天下,称帝而治。愿大王少留意,臣请奏其效。"秦王曰:"寡人闻之,毛羽不丰满者,不可以高飞;文章不成者,不可以诛罚;道德不厚者,不可以使民;政

---

① (汉)司马迁:《史记》卷五《秦本纪》,第213页。

教不顺者,不可以烦大臣。今先生俨然不远千里而庭教之,愿以异日。"①

从秦昭襄王与苏秦的对话可知,秦昭襄王并没有被苏秦一番动听的游说所轻易打动,而是对自己国内的现状有非常清醒的认识。他的回答富于哲理,又能很好地委婉道出秦国当时的实际情形,尚不足以按照苏秦所设想的理想主义规划去进行。同时,他也没有直接否定苏秦的主张,而是巧妙地回答以"今先生俨然不远千里而庭教之,愿以异日"。可见,年轻的秦昭襄王已经是一个政治上比较成熟,且富于思想的政治家,他对于当时诸国之间的形势和秦国国内的实际情况具有清醒的认识。与辩士苏秦的第一次接触,以他的胜利而告终,苏秦败归。由此事我们推测,秦昭襄王之所以在诸王争立中能够脱颖而出,固然有宣太后、魏冉的极力帮助,他的政治才能卓越也是一个重要原因。

其次,"秦王明而熟于计"。② 这是秦昭襄王三十四年(前273年)苏代给魏冉书信中的话,虽然也是辩士之言,但绝不是简单的恭维,而是基于事实的认识。秦昭襄王的"明",一是在于他的头脑清楚,对于国内、国外的政治形势认识清楚,这一点上文已经有所说明。二是在于他能够继续秦孝公以来大力任用关东贤能之士,使之为秦国的发展出谋划策。这一时期任用的客卿很多,既有直接在秦国执掌大事的客卿,又有在他国为秦国暗地里服务的士人。

复次,能够很好地处理他与该集团的关系,并使之长期维持相对"和谐"的局面。也正是因为这些,秦国长期保持政治安定,积极向外扩张。他能够深思熟虑地接受诸多士人和谋士的正确建议,将秦国的发展,特别是蚕食关东诸侯的事业推向一个更大的高度。秦昭襄王的"明",还表现在他是一个精明细心的人。秦昭襄王八年(前299年),赵武灵王"欲从云中、九原直南袭秦,于是诈自为使者入秦。秦昭王不知,已而怪其状甚伟,非人臣之度,使人逐之,而主父驰已脱关矣。审问之,乃主父也"。③ 主父就是刚刚退位的赵武灵王。在此之前,两人并未见过面,秦昭襄王能够从"使者"身上所表现的气质,断定他不是一般人臣,可见他

---

① 《史记·苏秦列传》。按:司马迁以此事为苏秦说秦惠王事。杨宽结合《战国策》以为此事是苏秦游说秦昭襄王事,且定此事在秦昭襄王元年。见《战国史料编年辑证》,上海人民出版社,2001年,第618—620页。
② (汉)刘向集录:《战国策·秦策二》,第165页。
③ (汉)司马迁:《史记》卷四三《赵世家》,第1812—1813页。

是一个非常细心、敏感的人。秦昭襄王十一年(前296年),齐、韩、魏三国攻秦函谷关,秦昭襄王曾咨询当时用事于秦国的楼缓和公子池:三国之兵深矣,寡人欲割河东而讲。对曰:割河东,大费也;免于国患,大利也,此父兄之任也,王何不召公子池而问焉。王召公子池而问焉,对曰:讲亦悔,不讲亦悔。王曰:何也?对曰:王割河东而讲,三国虽去,王必曰:惜矣,三国且去,吾特以三城从之。此讲之悔也。王不讲,三国入函谷,咸阳必危。王又曰:惜矣,吾爱三城而不讲。此又不讲之悔也。王曰:均吾悔也,宁亡三城而悔,无危咸阳而悔也,寡人决讲矣。卒使公子池以三城讲于三国,三国兵乃退。[1]

秦昭襄王当时只有三十岁,正当人生壮年有为时期,在国家面临重大危难时刻,能够在楼缓、公子池所提问题的基础上,权衡利弊,舍轻就重,果断地做出决断,从而实现讲和退兵的结果,可见他在重大国事上的深思熟虑和坚决果断。

最后,他具有强烈的忧患意识,并将这一意识贯彻于自己的政治实践中。刘向在《说苑》中说:"秦昭王中朝而叹曰:'夫楚剑利,倡优拙。夫剑利则士多剽悍;倡优拙则思虑远也。吾恐之谋秦也。'此谓当吉念凶,而存不忘亡也,卒以成霸焉。"[2]"当吉念凶,存不忘亡"是刘向评价秦昭襄王的话,也是刘向认为秦昭襄王"卒以成霸"的原因。对于此与昭王"成霸"之间的关系姑且不论,但就对昭王的认识这一点看,应该说是有根据的。如果此说不错,那么秦昭襄王就是一个具有强烈忧患意识的政治家,他能够预察事体,防事于未萌。

秦昭襄王时重用范雎,加快了统一的步伐。范雎是魏国人,学纵横术,先投奔魏国中大夫须贾,做他的门客,可以说是英雄末路,一直郁郁不得志。一次,范雎跟着须贾出使齐国,一连几个月,不能见齐王,范雎于是施展辩才,很快得到齐王的召见,并圆满完成任务。齐襄王佩服范雎的辩才,派使者赐给范雎十斤黄金、牛肉和酒,范雎知道作为外交使节,不能接受别国礼物,于是婉辞。然而须贾听说后非常嫉妒,回国后诬告范雎接受齐国贿赂,里通外国。魏国丞相魏齐听后非常生气,令人鞭打范雎,范雎被打得折断了肋骨。聪明的范雎装死,魏齐于是命令将他用席子卷起来扔进厕所,甚至让宾客对着范雎身上小便。遭到这样的奇耻大辱,范雎反而

---

[1] (汉)刘向集录:《战国策·秦策四》,第227—228页。
[2] (汉)刘向:《说苑》卷一五《指武》,上海古籍出版社,1990年,第125页。

出奇的冷静,他对看守他的小吏说:你如果能把我救出来,我一定会重重报答你。范雎连夜逃亡,改名张禄。在郑安平的帮助下,范雎见到秦国的使者王稽,一番高谈宏论之下,王稽折服,于是设法将范雎偷运出魏国,进入秦国。范雎至秦后,上书秦昭襄王,提出了"远交近攻"的统一策略,即被拜为客卿,深得秦昭襄王信用。"远交近攻"这一外交策略对秦的统一战争贡献是非常大的。

荀子和秦昭襄王是同时期的人,他是当时杰出的思想家,他到秦国以外看到的秦国情况正是秦昭襄王时期社会进步的写照。"入境,观其风俗,其百姓朴,其声乐不流污,其服不挑,甚畏有司而顺,古之民也。及都邑官府,其百吏肃然,莫不恭俭敦敬,忠信而不楛,古之吏也。入其国,观其士大夫,出于其门,入于公门,出于公门,归于其家,无有私事也;不比周,不朋党,偶然莫不明通而公也,古之士大夫也。观其朝廷,其闻听决百事不留,恬然如无治者,古之朝廷也。故四世有胜,非幸也"。①

秦昭襄王在位时间是秦历代君王中最长的,达56年。在最后七位秦君王中,他统治的时间超过了前任的孝公、惠文王、武王的总和,也超过了后面的孝文王、庄襄王和始皇帝的总和。他在政治军事诸方面都建立了卓越的功勋,特别是军事方面的成就,为秦国的发展做出极为杰出的历史贡献,昭王时代是秦国发展史上最重要的决胜时代。灭义渠,有上郡,是秦战略进攻的关键。"秦有陇西、北地、上郡,筑长城以拒胡",北方和西北方向的成功扩张,使得秦疆土的南北纵向幅度从北纬39°直到北纬29°。当时东方六国都绝没有如此的规模。"秦地半天下"②的局面得以形成。

五、秦昭襄王长城路线

秦昭襄王长城是战国时期的重要长城,涉及秦国发展史中的重大问题。这条长城与秦国设置陇西、北地、上郡有关,既与中国大西北的早期开发史有关,又与戎族的融合发展史有关。所以历来受到史学家们的重视。史学前辈如张维

---

① (清)王先谦撰,沈啸寰、王星贤点校:《荀子集解·强国篇》,中华书局,2013年,第358页。
② (汉)司马迁:《史记》卷七〇《张仪列传》,第2289页。

华、顾颉刚、史念海诸先生,曾悉心考证。顾颉刚先生早于抗日战争时期,便曾亲自骑驴赴岷县、临洮考察(见《浪口村笔记》)。恩师史念海先生的《黄河中游战国及秦时诸长城遗迹的探索》一文,更引起考古工作者们的重视。彭曦先生于1986至1988年先后四次徒步考察,从甘肃经宁夏、陕西至内蒙古,总行程一万多公里,其中徒步1 500多公里,写出了《战国秦长城考察与研究》一书,影响很大。国家文物局组织的全国长城普查对秦昭襄王长城的走向更为清楚。

近年来,在国家文物局的指导下,秦昭襄王长城沿线的四个省、自治区对秦昭襄王长城进行了实际普查,沿线各省区陆续公布了最新的战国秦长城资源调查及研究成果。为我们研究秦昭襄王长城路线提供了第一手的资料,过去一些似是而非的路线得到了澄清。

甘肃省境内战国长城西起甘肃省岷县,经临洮、渭源、陇西、通渭、静宁五县,进入宁夏回族自治区西吉县,经西吉、原州、彭阳3县区,沿甘肃省镇原县西北部,入环县,再入华池县,至甘肃省华池县元城镇吕沟咀行政村林沟自然村斜梁子崾岘,入陕西省吴起县庙沟乡林沟梁。墙体全长409.9公里,其中,墙体408.5公里,壕堑1.4公里。沿线关堡35座,单体建筑388座,其他与长城有关的遗存33处。

宁夏回族自治区境内已公布调查战国秦长城墙体173.2公里,单体建筑150座。在固原市原州区附近,调查还发现少量依托战国秦长城修建的宋代长城遗迹,墙体总长23.4公里,敌台11座。

陕西省境内秦昭襄王长城(包括沿用此长城的汉"故塞"部分)分布在榆林市神木县、榆阳区、横山县、靖边县和延安市志丹县、吴起县等地,北接内蒙古自治区秦昭襄王长城,西南接甘肃省秦昭襄王长城,全长458公里,呈东北—西南走向,整个长城系统中包括墙体228段,共计458.4公里,单体建筑451座、关堡22座、相关遗存44处。

内蒙古自治区境内秦昭襄王长城自南向北分布于鄂尔多斯市伊金霍洛旗、准格尔旗、达拉特旗和东胜区境内。墙体分布的具体线路为,从陕西省神木县进入伊金霍洛旗纳林陶亥镇三界塔村,沿牸牛川西岸一直向北,在大柳塔村进入束会川西岸;然后再向北进入准格尔旗格尔召镇哈喇沁川东岸,在铧尖村附近分为两支。一支向东北方向延伸通往暖水,向西北到达拉特旗敖包梁;另一支从铧尖村向西北方向延伸,经东胜区吴坝塔到达塔拉壕镇。该段长城确认墙体段落数196段,墙体总长度为117.7公里。沿线调查单体建筑52处、关堡8处、相关遗存11处。

调查确认,战国秦长城西端起于甘肃岷县西(秦汉时期的临洮所在地),东止于内蒙古东胜区,历经今甘肃、宁夏、陕西、内蒙古4省区,临洮、渭源、陇西、通渭、静宁、西吉、原州、彭阳、镇原、环县、吴起、志丹、靖边、横山、榆阳、神木、伊金霍洛、准格尔、达拉特、东胜,共计21个县(区、旗),墙体总长度1159.2公里,沿线调查关堡86座,单体1041座,相关遗存88处(表一)。

表一 战国秦长城资源分布情况调查统计表

省(区)	县(区、旗)	墙体(公里)	关堡(座)	单体建筑(座)	相关遗存(处)
甘 肃	8	409.9	35	388	33
宁夏回族自治区	3	173.2	21	150	0
陕西省	6	458.4	22	451	44
内蒙古自治区	4	117.7	8	52	11
合 计	21	1 159.2	86	1 041	88

(一) 甘肃段路线

昭襄王长城在甘肃的路线是:西端起于岷县西,经临洮、渭原、陇西、通渭、静宁,然后进入宁夏固原,经西吉县、原州区、彭阳县,再次进入甘肃庆阳市的镇原县,经环县、华池县。再进入陕西。

1. 岷县路线

秦长城西端起首地问题是长城研究学界的一个老问题,也是研究秦长城的重要问题之一。司马迁的《史记·蒙恬列传》载:"秦已并天下,乃使蒙恬将三十万众,北逐戎狄,收河南。筑长城,因地形,用制险塞,起临洮,至辽东,延袤万余里"。[1]《史记·匈奴列传》和《汉书·匈奴传》中,也有秦长城"起临洮至辽东万余里"的记载,说明"临洮"是秦长城西端的起首地。而战国时期的临洮,就是今天之岷县所在地,而不是今天的临洮所在地。因此千百年来,文献记载中一致认为今天之岷县就是秦长城起首地。

---

[1] (汉)司马迁:《史记》卷八八《蒙恬列传》,第2565—2566页。

秦始皇万里长城西段首起地之"临洮",唐代《括地志》首倡"岷州"(今甘肃岷县)说。此说之所以成为信史,是因为今甘肃岷县就是秦汉时代"临洮"的治所。"岷县说"是一种最为流行的说法,来源最早。《史记》之《蒙恬列传》《匈奴列传》,以及《汉书·匈奴传》就明言西起自"临洮",差不多同时期的文献《淮南子·人间训》也明确记载秦始皇所作长城是"西至临洮"的。后来的徐广、郦道元、杜佑等人同意此说法。"岷县说"长期作为一种主流观点,近现代研究长城的学者也大多赞同,如王国良、顾颉刚、罗哲文、张维华、谭其骧、史念海、彭曦、吴礽骧等。我赞同秦始皇长城起于岷县。

顾颉刚先生1937—1938年对甘肃长城考察后认为,秦始皇长城的走向,"自岷(县)折而北,东行至渭源,又西北至今临洮,又北至皋兰,沿黄河至宁夏而北而东,与赵长城相衔接";[①]罗哲文先生对甘肃秦始皇长城一直关注研究,出版了不少的专著,早在1963年即考察过临洮东尧甸(也叫窑店)乡的秦昭襄王长城,并认为就是秦始皇长城。[②] 后来出版的《长城》一书中认为,秦昭襄王长城西起今岷县,并被秦始皇长城所沿用。在黄河——阴山,是设立"亭障要塞"的。[③] 后又在《世界奇迹——长城》一书中认为,秦始皇长城的西段"从甘肃岷县起,沿洮河东岸北行,经临洮、兰州,入宁夏,沿贺兰山至内蒙古的高阙,与蒙恬率兵修筑的长城相接";[④]张维华先生认为秦始皇长城的西段—河套、秦九原郡以西之长城,沿用了秦昭襄王长城,在兰州以南段长城的走向上,看法与顾颉刚同;[⑤]史念海师认为,秦始皇长城今岷县到临洮,沿用了秦昭襄王长城,秦昭襄王长城与秦始皇长城在临洮一带分支,一行向东者为昭王长城;向北至于兰州者乃秦始皇长城,秦长城的西段,只有临洮至于兰州、阴山一段为新筑。兰州以东至于阴山,也是筑有长城的,只不过今或消失,或湮没于宁夏一带黄河以西的流沙之中;[⑥]谭其骧先生主编的《中国历史地图集》第二册第5—6页的秦"关中诸郡"图上,在今岷县至于临洮之间,也标注有长城,在今兰州—内蒙古河套一带的黄河岸边也标

---

① 顾颉刚:《甘肃秦长城遗迹》,《史林杂识初编》,第77—81页。
② 罗哲文:《临洮秦长城、敦煌玉门关、酒泉嘉峪关勘察简记》,《文物》1964年第6期。
③ 罗哲文:《长城》,第19—20、25—30页。
④ 罗哲文、刘文渊:《世界奇迹——长城》,文物出版社,1992年,第22—25页。
⑤ 张维华:《秦昭襄王之长城》,《中国长城建置考》上编,第113—118页。
⑥ 史念海:《黄河中游战国及秦时诸长城遗迹的探索》,《中国长城遗迹调查报告集》,第52—67页。

注有长城。彭曦先生曾对战国秦长城作了深入考察,认为秦始皇利用修缮了秦昭襄王长城。对于兰州以东至于河套的"城河上为塞"的,是否就是长城,他基本持肯定态度,觉得应是长城的不同形式。[①]

关于秦昭襄王长城的西端起首虽然存在争论,但历史文献大多记载起于岷县,认为不起于岷县者大多是建立在岷县地面上看不到城墙这一思维模式下的,其实是对秦长城的概念没有搞清楚,长城除了地面上有城墙以外,还有利用山河之险达到预防之目的,可谓异曲同工之妙。文献中有明确的记载,《括地志》载:"秦陇西郡临洮县,即今岷州城,本秦长城,首起岷州西十二里,延袤万余里,东入辽水。"[②]岷县段秦长城大多是沿着洮河修建的,以河为险,"因边山险,堑溪谷,可缮者治之"。洮河谷处于青藏高原东侧、陇西盆地西缘,是青藏高原与黄土高原的过渡地带。洮河河谷地带是黄河上游古文化发祥地之一,是古代少数民族游牧与南下的重要通道,具有控扼陇蜀的战略意义。秦献公元年(前 384 年),秦人灭西戎,于此置狄道县,秦昭襄王二十七年(前 280 年)设陇西郡,成为秦政权钳制西部边境的"桥头堡",战略地位非常重要。

有些学者怀疑长城起源于岷县,理由就是尚未发现长城遗迹,实质上是不对的。笔者认为秦昭襄王和秦始皇长城都是从岷县开始的。司马迁的《史记》是在对资料分析和实际考察的基础上写成的,其可靠性是不容置疑的,而且他是第一个对秦长城进行描述的。尽管目前我们还没有找到当时城墙的存留遗迹,但不能随意就否定它的存在。因为当时长城的修建并不只是一种模式,还有利用自然地形如河流、峡谷、天险等,"因边山险,堑溪谷,可缮者治之"。[③] 这样做既省时,又省力、省财,秦人何乐而不为。而这一段长城正是采用了这样的修筑方式,以防御西羌对秦的袭扰。

目前从文献和调查资料来看,长城起于岷县县城以西是可以成立的。即岷县城西十里乡的大沟寨一带。五台山下正是洮河转弯处,铁关门前,渡水桥弯的双旋潭、五支轮水磨,就有跌马古城。沿古代遗迹傍岷山而下,发现秦人因险设塞的工程,不在高山之中,而在低山、丘陵甚至河的两岸。跌马村之下,有上崖望

---

① 彭曦:《战国秦长城考察与研究》,第 256—260 页。
② (唐)李泰著,贺次君辑校:《括地志辑校》,中华书局,1980 年,第 223 页。
③ (汉)司马迁:《史记》卷一一〇《匈奴列传》,第 2866 页。

村、下崖望村（讹称崖王），似乎崖头有过戍卒瞭望的哨所。板打沟口，因"叠压、打破"的关系，加上水土流失、地震等因素，遗址荡然无存。

过去曾经许多学者对岷县秦长城做过一些实际考察，并提出了岷县秦长城的路线。2019年4月末岷县文旅局组织相关专业人员开始对秦长城遗存遗迹做全面系统考察。[①] 如下是这次初步考察代表性关键遗址的介绍：

其一，十里镇大沟寨五台山—铁关门村—折家山墩上—骆驼巷遗址。

大沟寨五台山—铁关门村—折家山墩上—骆驼巷在县城西面大约10公里位置。五台山至唐及之前文献均名崆峒山。因其从山底至第五台级各有相关庙宇建筑，而叫五台山。这里有常年不干涸的湫池，每遇干旱年月当地人就来到此地祈雨。从五台岗开始至最高台级，大约有14个台级，均没有庙宇建筑。在五台岗以上较为陡峭的山脊面，开始有时隐时现的人工石砌墙基，宽约2米左右，直至后寨子，路程二公里左右。后寨子是这一段山脊中平坦面积最大的凹平面，有人工石砌墙体，最宽处有六七十米，总长度大约300米。从后寨子以上至最高峰，共有5个台级，均高耸险峻，呈现出悬崖峭壁状。在第四台级与第五台级中间有较为平坦的山地，最宽处不到20米，长不到40米。在第五台级的坡面，也就是到达最高山脊的坡面，还修建有石块砌起的大约1米多高的壕沟，沟宽不到2米，沟长30米左右，再到顶部，就是人工筑起的城墩，且筑在人工夯平的二级台面上，城墩高约2.5米，呈圆锥形，直径大约8米左右。在城墩及城墩下的乱石块中捡到6片秦瓦残件。

最高峰城墩山脊西北脚下，就是骆驼巷村。其山脊东北脚下，就是铁关门村。"铁"在汉语中的一个义项就是"比喻坚固"，岷县长城防御体系中的几个地名节点"铁关门""铁城高庙""王铁嘴""钉塞"均有此意。

这个遗址就在崆峒山脚下，和文献记载的秦长城西起于崆峒山是吻合的。从城墩向山顶看，有条壕沟通向山顶。从城墩向下看，有延伸到洮河岸边的壕沟，这可能就是当年的壕堑，夯层均为10公分。据当地人说，每到暴雨季节，在此壕沟经常会冲出一些青铜箭镞以及青铜戈、青铜剑、青铜刀等器物。

其二，西寨镇关上村熟羊城及壕堑遗址。

---

① 张润平等：《秦长城首起于岷县的文献梳理与调查考证》，《丝绸之路》2019年第4期。

关上村熟羊城在县城西面洮河上游通往临潭卓尼的山沟最窄处,距离县城大约40公里,呈南北向,西面山脊悬崖峭壁,东面山脊被盖北沟一分为二,在两面山脊隆起处均呈现出人工深挖的壕沟,宽分别4米左右,南面山体称为"盖北沟咀",壕沟长大约3百米左右,北面山体称为"滚木山",壕沟长大约五百米左右。南面壕沟下方邻山脚下,有长方形堡城遗址,经实地测量,其中上侧墙体残存长约16.5米,残高4.6米,墙基厚度4米,顶层厚度1米;下侧墙体长约5米。上侧墙体距离下侧墙体宽约56米。据关上村董春生讲,在未通汽车之前的道路,就在熟羊城中间穿过。可惜邻河道的墙体已经在修汽车路时给彻底毁灭了。显然这是一座关城遗址。这条道路是当时通往冶力关、古狄道今临洮和临潭、合作、夏河、青海的核心要道。在此设关城极其重要(图七)。

图七 岷县的壕堑遗址(焦红原提供)

其三,维新镇坪上村铁城高庙壕堑—卓坪村古城壕遗址。

坪上村铁城高庙壕堑—卓坪村古城壕在县城西北部洮河下游位置,距离县城50公里左右。两条壕沟分布在一个南北向共同山脊分野延伸出来的东西两个山头的脊梁位置,互为犄角。铁城高庙壕堑长绵延大约五、六公里,卓坪古城壕长约二、三公里。

其四,茶埠镇钉塞村跑马巷遗址。钉塞村在洮河下游东北向,距离县城大约5公里。据当地老人讲,插牌嘴上方,解放以前一直是原始森林,无法穿越,下方是黄土台地,人们种地务农。在插牌嘴位置原有顺山脊斜下夯筑的墙体,在前些年还能看到遗址,现在因为修铁路全部被毁灭了,原来直通到洮河的跑马巷也被水泥硬化成为了铁路上的排水沟。我们调查时问当地人地名为什么叫丁塞(当地人把塞读为"sei"),都说不上原因,并改写成了"的西"二字。其实"钉塞"这个地名是非常纯正的古汉语词,意即如钉子一样钉在那儿的塞障设置。当地人叫的"跑马巷",其实就是长城城墙构造"马道"的另外一种形制。跑马巷长不足一公里。

其五,洮河以西相邻临潭县洮滨镇上川村尕巷巷儿——总寨村尕深沟遗址。

洮滨镇上川村尕巷巷儿——总寨村尕深沟在岷县以西洮河上游,距离岷县县城大约55公里。这两处地方在先秦时肯定属于岷县辖区,是古临洮今岷县秦长城逆向洮河以西延伸防御的末端。其防御设施与维新段两处防御设施如出一辙,均为壕堑性设施。上川村有壕沟的山坡,当地人叫岔尼山(藏语音译),把壕沟叫为"尕巷巷儿",壕宽4至5米,壕深6至10米。岔尼山壕沟沟口前方有一座明代烽燧遗址。

总寨村壕沟遗址在电尕山上,当地人称此人工壕沟为"尕深沟",称壕沟左侧自然山沟为"大深沟",山体统称为"深沟顶"。据当地药农(胡福生,58岁)讲,该地大深沟也叫"娘娘庙沟",因沟口有娘娘庙。娘娘庙供奉神灵为"九天圣母",与岷县西寨镇冷地口村"九天圣母"为同一位神灵。尕深沟右侧有村庄,名为"秦关村",该村90%人口为秦氏。从娘娘庙沟翻山下去便是岷县关上遗址进深至临潭县的"黑松岭",上有宋代潘仁美的坟冢。尕深沟右侧"秦关沟"翻山下去是临潭县店子乡马旗村。当地人把"尕深沟"又叫"拦沟"。从"拦沟"以西再逆洮河而上就全是紧邻水岸的山体,即便人行小道也没有,更别说机动车道了。从这里可看出"拦沟"设施的重要性和必要性。①

---

① 岷县的考古调查资料由岷县张润平先生慷慨提供,《秦长城首起于岷县的文献梳理与调查考证》,《丝绸之路》2019年第4期。特致谢忱。

之所以出现认为秦长城不是起源于岷县这样的观点,是由于不了解秦长城的修建方法是因地制宜、借用山河之形势以达到防御之目的,正因为如此,史籍中才不断有秦长城起源于岷县的记载,后世不少学者坚持认为起源于岷县。

实质上,秦的长城西端起首地之所以定在岷县,主要是因为:其一,是根据《史记·匈奴列传》"因河为塞,筑四十四县城临河……因边山险堑谿谷可缮者治之"①和《史记·秦始皇本纪》"然后斩华为城,因河为津,据亿丈之城,临不测之溪以为固"②的记载,秦昭襄王长城西段首起于岷县以西的崆峒山,由于山多水多,本为"因地制宜、因河为塞"(即以河水为城)式长城,没有必要人工在地面上夯筑而成的绵长墙垣,所以首起地根本不会有长城遗迹供后人寻觅和研究。其二,是因为"临洮"县名,因战国秦和西汉初的两次"搬家",以致使其所涵盖地域发生了两次由北而南、由大而小的变化,加之司马迁笔下秦始皇万里长城西段首起地之"临洮",为西汉初县名,秦汉时期临洮具体地理位置不在今天的临洮,而是在今天的岷县。因而秦昭襄王长城西段首起地"临洮"为今甘肃岷县是不容置疑的。其三,并不是在岷县找不到任何秦长城的痕迹,而是经过岷县文物工作者认真的考察,已经发现了不少的遗迹和秦的遗物,用两重证据法的观点来看也是没有问题的。

2. 临洮县路线

临洮段分布于临洮县境中部,整体呈西北—东南走向,全长 43 公里,地处东峪沟东岸和洮河东岸沟壑山梁、山岭地带,地势起伏大,支沟多,地形复杂,长城两侧多为耕地。县境北部望儿咀是秦昭襄王长城西端起点,自西北向东南延伸,经南坪、水泉湾、沿川子、蔡家岭、支家鏊岘、古树湾、杨家山、长城坡等地,至夹槽梁进入渭源县境内。在临洮县境内,战国秦长城主要经过新添、峡口、八里铺、龙门、窑店等 5 个乡镇(图八)。

临洮段长城主要由墙体、壕堑、关堡、单体建筑及其他与长城相关遗存组成。长城墙体长 42.1 公里,多利用地势黄土夯筑,夯层厚 0.04—0.15 米,也有以山体为墙或堑山为墙。现存墙体底宽 1—8.1 米,顶宽 0.6—3.4 米,高 0.03—15

---

① (汉)司马迁:《史记》卷一一〇《匈奴列传》,第 2896 页。
② (汉)司马迁:《史记》卷六《秦始皇本纪》,第 281 页。

图八 甘肃临洮望儿咀长城

米。有 6 条壕堑,全长 936 米,均位于长城墙体外侧,其功能主要是加强长城防御能力,临洮段的长城壕堑多为两道,且以并行的布局和走向分布。壕堑长 30—184 米,剖面呈凹形和"U"字形,宽 1.4—15 米,深 0.6—3.6 米。有关 1 座,即新永村关,关墙由黄土夯筑。有单体建筑 26 座,其中墩台 10 座、烽燧 16 座。9 座烽燧位于长城内侧,东峪沟西岸山梁上的 7 座烽燧位于长城外侧。单体建筑平面多呈不规则形、椭圆形,部分呈圆形,个别为矩形,剖面多呈不规则形,部分呈梯形,少数呈三角形,个别为矩形。单体建筑构筑方式均为黄土夯筑,夯层厚 0.03—0.16 米。长城沿线发现居住遗存 3 处,有 2 座平面呈矩形,1 座形制不明,遗址内设施不存,遗址范围内外散存大量绳纹、环轮纹、素面板瓦和筒瓦片及少量青砖。

宿郑家坪村长城:长 3 216 米。黄土夹杂有少量红土夯筑,夯层厚 0.05—0.14 米。底宽 2—12 米,顶宽 0.8—2 米,高 0.8—4 米。沿线散存外绳纹内麻点纹、环轮纹、素面板瓦和筒瓦片。沿线有墩台 1 座。这里的长城运用得天独厚的天然屏障,以及长城、洮河、沟壑等形成了极具战略功能的军事堡垒,形势险要。这里也被称为杀王坡。

宿郑家坪村遗存：位于八里铺镇宿郑家坪村水泉社西北。平面呈矩形，仅存部分东墙和北墙。东侧墙体略呈南北走向，与长城墙体平行，长10米，底宽1.6—5.8米，高0.7—2.5米；北侧墙体略呈东西向，其东向延长线基本与长城墙体垂直，长22米，底宽1—6米；东墙和北墙相交。墙体黄土夯筑，夯层不清。遗存周围散存较多外绳纹内麻点纹、布纹、绳纹，以及环轮纹板瓦、筒瓦片（图九）。

图九 临洮宿郑家坪村长城

高庙村长城：长1338米。沿地势黄土夯筑，夯层厚0.05—0.1米。底宽1.6—4.3米，顶部残损，高1.5—3米（内外侧有高差）。末端路旁上有三个圆形深坑，呈"品"字形排列，疑即"品字窖"。沿线散存外绳纹内麻点和外绳纹内素面板瓦片。长城坡村长城长2694米。黄土夯筑，夯层厚0.06—0.12米。底宽1.5—6.4米，顶宽0.6—2.5米，高0.5—2.3米。沿线发现少量外饰绳纹内饰麻点纹、乳钉纹、菱格纹、素面及外饰环轮纹内素面等板瓦及筒瓦片。沿线有墩台和烽燧各1座。

黄家川村长城：长1823米。黄土夯筑,夯层厚0.06—0.12米。底宽1.9—2.5米,顶宽0.7—0.8米,高0.8—2.2米。沿线发现少量外饰绳纹内饰麻点纹、素面瓦片。

武家村壕堑：分为内、外两道,均为西南—东北走向。第一道壕堑呈"凹"形,长49米,宽13米,深3.6米;第二道壕堑呈"U"形,长64米,宽14米,深2.8米。两壕中间有一段长46米、底宽4.2米的土垄,现已塌陷成斜坡(图一〇)。

图一〇 临洮武家村壕堑遗址

新永村关：位于龙门镇新永村蔡家岭顶雷祖庙。背依长城墙体,前临南侧断崖。关堡平面略呈矩形,坐南朝北。东墙长34米,南墙为长城墙体,长25米,西墙长34米,北墙长23米。现存关墙宽0.5—1.6米,高0.8—2米,黄土夯筑,夯层厚0.06—0.12米。东墙和南墙相交处为岭顶制高点,建有墩台1座。

堡子坑墩台：位于窑店镇长城坡村堡子坑社北。平面呈不规则形,剖面呈近似梯形。顶部东西宽2.2米,南北长3.2米,底部东西长6.5米,南北宽5.2米,高3.1米。黄土夯筑,夯层厚0.03—0.12米。墩台顶部和周围农田间及田垄上散存外绳纹内麻点纹、素面、乳钉纹瓦片。

古树湾 1 号墩台：位于窑店镇凡山村古树湾社西。平面略呈矩形，剖面呈不规则形。顶部东西宽 1.1 米，南北长 1.4 米，底部东西长 4.4 米，南北宽 3.7 米，高 4.5 米；中部圆柱状台体东西宽 3.4 米，南北长 4 米，高 6 米。黄土夯筑，夯层厚 0.05—0.08 米。墩台周围散存少量的外绳纹内麻点纹和内外环轮纹瓦片，圆柱状台体中夹杂少量灰瓦片(图版三)。

蔡家岭烽燧：位于龙门镇新永村蔡家岭社东南。底部平面略呈半月形，系略呈圆柱形的土丘。顶部残损，底部东西宽 6.1 米，南北长 12.4 米，北侧高 3.3 米，南侧高 2.5 米。黄土夯筑，夯层厚 0.06—0.08 米。烽燧顶部及周围散存外绳纹内麻点纹、素面等瓦片。

大崖头烽燧：位于洮阳镇边家湾村五社北。平面呈不规则四边形，剖面呈梯形。顶部东西宽 2 米，南北长 2.5 米，底部东西宽 7.6 米，南北长 9.5 米，高 8 米。黄土夯筑，夯层厚 0.1—0.16 米，局部厚 0.07—0.09 米。台体顶部及四周约 200 米范围内散存大量泥质红陶片(部分有彩绘)、夹砂黑陶片、夹砂灰陶片及少量人工打磨修琢的扁平石器。

陈家窝窝烽燧：位于窑店镇杨家坡村陈家窝窝社东。平面呈椭圆形，顶部残损，底部东西宽 2 米，南北长 15 米，高 7 米。黄土夯筑，夯层不清(图版四)。

3. 渭源县路线

渭源境内战国秦长城长近 40 公里，走向由西向东北方向前进。它大体上从临洮的尧甸乡长城坡，经夹槽梁，到孟家咀，进入渭源县境。经地儿坡、樊家湾、文昌宫、秦王寺、石堡子、陈家洼、方家梁、城壕、高咀山、马家山、下盐滩、阳山等四个乡镇十四个村，从野狐湾进入陇西县境。跨越老王沟、唐家河、秦祁河三条河流，其余路线均沿高山峻岭的黄土梁峁山顶盘延。海拔在 2 100 米到 2 500 米之间，马家山的长城并非最高点，最高点在清源红岘村的高咀山，第二高点是庆坪南岔湾垴 2 443 米。

这段长城，大部分地段残高在 3 米左右，少数地段超过十米，沿城垣起伏，每隔一里有小烽燧，十里一个大烽燧，雄伟壮观。城垣下夯层清晰，秦瓦遍地。长城脚下的秦王寺，传说是秦始皇西巡陇西郡(郡治狄道)时，途经这里住宿一夜，后人为纪念秦皇西巡而修建得名，原有寺庙建筑一进三院，雄伟壮观，山门外有戏楼会场，寺后院有一深井，名曰"秦王饮马井"，井旁有一棵千年古树，叫"秦王拴马树",寺内有一口明成化元年(1465年)陇、渭、临三县集资筹造的大钟,直径2米、高3米,重4800斤,可谓世所罕见。公元前220年,始皇帝嬴政27年,秦始皇西巡来到陇西、北地两郡。于是在渭源自古以来就流传着秦始皇巡视的传说。

马家山上的秦长城是目前保存比较好的地方,可以鲜明地看到战国时期秦长城的建筑特点:多建在山坡长梁上,或翻山越岭,或沿河流而筑,有的劈山削崖,外削内堙,有的以沟为堑,只筑墩台,不筑长城,有的利用自然独立的险山作屏障,无需再筑长城。长城全是黄土版筑,不打地基,直接筑在生土上。

4. 陇西县路线

对于陇西县秦长城路线目前尚有争议。彭曦先生认为,长城过小干川后是沿崔家湾、董家岔、王家坪、渭阳北、揭皮沟向西,经神家川、断岘堡河、咸河、长城梁、桌儿坪、回岔长城梁、新坪后梁、马营滩,沿栾家川沟南侧分水岭,从董家渠转向西北,经过红岘、鹿鹤到达长城梁。[①] 彭曦先生对此段长城的描述与2010年的实际调查的路线出入较大。

我的研究生金迪在对陇西县长城考察与研究后认为:可以肯定的是,墙体过小干川之后依然存在。长城沿渭阳乡渭阳村的西山山梁和三川村的望儿台山梁,穿过云田镇的嘴头村苍河湾社之后在泉沟和泉湾沟交汇的三岔口处消失,之后长城走向问题学术界一直存在争议。实际上,长城应是过咸河,穿过二十里铺,到达云田镇的李家门村,且存在墙体长达3600多米。彭曦先生没有发现这段墙体的存在。泉沟和泉湾沟交汇的三岔口至李家门村中间的消失段中发现了少量碎瓦片,有外素面纹内素面纹和外绳纹内乳钉纹两种。过咸河后,在咸河西岸发现两处有瓦片大量堆积的特征点,一处在二十里铺村村东166米处的土墙内,距地面3.5米;一处在二十里铺村村东136米的土墙内,在紧贴地面的土层中,低处堆积的瓦片可看到外饰绳纹。由此证明原墙体应是过咸河,穿过二十里铺,到达李家门村的。长城进入云田镇的李家门村后应是沿着乌龙沟南岸延伸的,进入福星镇,止于福星村马莲岘社北乌龙沟南侧沟畔处。在《甘肃省陇西县境内战国秦长城走向调查》一文中主要针对陇西县境内的战国秦长城做了介绍:陇西县战国秦长城全长近58公里,存在墙体长约29公里,共发现8个单体、9

---

① 彭曦:《战国秦长城的考察与研究》,第5页。

个遗存、7个关堡。墙体大多沿山脊或山梁修建,走向制高点。充分利用了自然河流,尤其是控制两河之汇,依次过和平乡的老坡子沟和拉面沟,云田镇的咸河、云田镇和福星镇之间的乌龙沟,福星镇的余家峡沟和德兴镇的罗河等。在整个甘肃市的战国秦长城中,陇西县长城保存状况相对较好。对陇西地区战国秦长城进行研究,无疑有益于加深对整个秦昭襄王长城的认识。[①]

陇西县长城东端起点位于和平乡云川村砂川里社东北干瞭岄山梁顶上,起点处有一个蜂窝状土台,根据土台周围的遗物和当地老乡郭有良描述来判断,此处原应是个墩台,但现已看不到夯层。墙体沿着干瞭岄山梁自东向西延伸,经过砂川里社西北的老坡子沟后,沿拉面沟东侧的坡地梯田向西北延伸,后经过云川村姚家湾社,顺着山势向上延伸到达六条城山梁顶。过了山顶后,墙体顺山势向下,进入渭阳乡境内。

长城进入渭阳乡境内后,顺着六条城山梁向下延伸,自东向西爬上下阳墩山顶后,再次进入和平乡境内(这段长城在渭阳乡只有511米)。长城顺着下阳墩山下坡顺着土路延伸,后爬上万渠山,沿山体地势高低而蜿蜒起伏,一直延伸到和平乡南岔村南岔里社北的看八沟(沙看沟)沟底。这段长城先后经过和平乡南岔村的张家寨子社、八寺岔社和南岔里社。墙体跨过看八沟后延伸至渭阳乡境内的小干川村,穿过村子,自下而上沿大瞭岄山延伸。在西山山梁发现夯层,确定墙体沿着西山半山坡的田垄北侧向西延伸,后爬上城壕梁山坡,到达望儿台山梁后,墙体顺着山梁向下,进入云田镇境内。进入云田镇嘴头村苍河湾社后,顺望儿台山向下延伸至庙山,又爬上王曳山,在苍河湾社的泉沟和泉湾沟交汇处的三岔口处墙体消失。此后长城走向学术界存在争议。通过实地调查总结规律,认为长城应是过咸河,穿过二十里铺,到达云田镇的李家门村,后沿乌龙沟南岸延伸。走向为东南—西北向,先后经过福星村的蒙家湾社、庞家岔村的庞家岔社、上川社、泉湾社、余家嘴头社,止于余家嘴头社那坡西北余家峡沟沟底,之后进入柯寨乡。在柯寨乡境内只有1.5公里左右,自余家峡沟底,顺山势爬上山梁,到达山顶后沿着土路方向延伸。沿路长城走向较为清晰,当地老百姓称此处山梁为"长城梁"。先后经过马家岔村张家嘴头社和阳山社,后墙体沿着柯寨乡

[①] 金迪:《甘肃省陇西县境内战国秦长城走向调查》,《咸阳师范学院学报》2011年第3期。

和德兴乡分界处的山梁顺地势高低延伸。长城过柯寨乡和德兴乡分界处的山梁后，顺着三官庙梁山顶向西南方向延伸，到达土路后拐成东南—西北向。后穿过庙儿湾村的阴山社、庙儿湾社，爬上刺湾梁山顶，穿过公路，沿渠子梁山地势高低延伸。到达赵家营村后，顺刘家山山梁到达山顶，又顺山势向下延伸到土路上，顺着田垄西侧一直向南。后沿蛤蟆山顺势向下，一直延伸到德兴镇赵家营村赵家营社西南的毛家曳沟，过罗河，先后经过阳山村南家坪社、务龙湾社和阴山社。陇西县战国秦长城的止点位于德兴镇阳山村阴山社西630多米处的山梁顶上。

彭曦在《战国秦长城考察与研究》一书中认为："长城过小干川后是沿崔家湾、董家岔、王家坪、渭阳北、沿揭皮沟向西、经神家川、断岘堡河、咸河、长城梁、桌儿坪、回岔长城梁、新坪后梁、马营滩，沿栾家川沟南侧分水岭，从董家渠转向西北，经过红岘、鹿鹤到达长城梁。"[1]

金迪通过实际考察认为，可以肯定的是，墙体过小干川之后依然存在，长城沿渭阳乡渭阳村的西山山梁和三川村的望儿台山梁，穿过云田镇的嘴头村苍河湾社之后在泉沟和泉湾沟交汇的三岔口处消失。调查长度为5 600多米，存在墙体长达3 600多米。[2] 彭曦过去没有发现这段墙体的存在。长城应是过咸河，穿过二十里铺，到达云田镇的李家门村。考察过程中在泉沟和泉湾沟交汇的三岔口至李家门村中间的消失段中发现了少量碎瓦片，有外饰素面、内饰素面和外饰绳纹、内饰乳钉纹两种。过咸河后，在咸河西岸发现两处有瓦片大量堆积的特征点：一处在二十里铺村村东166米处的土墙内，距地面3.5米；一处在二十里铺村村东136米的土墙内，在紧贴地面的土层中，低处堆积的瓦片可看到外饰绳纹。由此证明原墙体应是过咸河，穿过二十里铺，到达李家门村的。长城进入云田镇的李家门村后应是沿着乌龙沟南岸延伸的，进入福星镇，止于福星村马莲岘社北乌龙沟南侧沟畔处。作此判断主要有以下几点理由：

首先，彭曦认为长城没有经过乌龙沟，而是在乌龙沟北面延伸的。通过实地调查，访问了大量当地百姓，没有人知道有长城的存在，彭曦是根据山顶上的土台子确定的路线。这些土台子有些是当地百姓树立的插牌，是用来祈雨和防止

---

[1] 彭曦：《战国秦长城考察与研究》，第4页。
[2] 金迪：《甘肃省陇西县境内战国秦长城走向调查》，《咸阳师范学院学报》2011年第3期。

冰雹的；有些是近代战争时期堆积起来的，周围有人为挖掘的壕沟；还有一些没有夯层和瓦片，无法判断年代。

其次，陇西县长城的一大特点是有很多与墙体近乎垂直或平行的短墙，目前发现了九段。这些短墙有些有夯层，有些夯层不清晰，全部位于长城内侧；有的与长城相连，有的距长城有一段距离；有的周围散落瓦片，有的没有。根据这九段短墙总结规律：长城应是在短墙的外侧，且相距不远。乌龙沟南岸共发现了两段短墙。一段位于云田镇李家门村坑窝社，北距乌龙沟170多米，与乌龙沟呈垂直关系。顶部和四周长满杂草，短墙四壁存在不同程度的坍塌，成缓坡状。长约55米，宽约2.4米，夯层清晰可见，厚度为0.07—0.10米。周围发现大量瓦片，纹饰有外绳纹、内麻点纹，外绳纹、内素面，外环轮纹、内素面。其中以外绳纹、内麻点纹和外绳纹、内素面的瓦片居多。另一段短墙位于福星村张家塄岸社北庙儿坪山顶处，长约44米，宽约10.9米，与乌龙沟平行。短墙南侧夯层清晰可见，夯层厚度为0.06米—0.12米。在此短墙的周围散落有大量的外绳纹内麻点纹、外绳纹内布纹、外环纹内环纹的瓦片和陶器残片等。短墙南侧通往陈家沟社的土路上也散落有大量的碎瓦片和器物残片，估计是下雨时流水冲刷到土路两侧的，且以外绳纹内麻点纹的瓦片居多。

最后，福星村马莲岘社北165米处乌龙沟南侧崖面处残存有少量夯土层，在崖面底部不但散落有一些断裂的夯土块，而且零星散落有外绳纹内素面纹的瓦片。此后在马莲岘社北210米的乌龙沟南侧沟畔处，墙体再次出现，且保存较好，走向清晰。

通过以上证据可以看出，陇西县战国秦长城应是过咸河，穿过二十里铺和李家门，后沿乌龙沟南岸延伸的。

5. 通渭县路线

通渭县境内战国秦长城自西向东，西起榜罗镇四新村，经过第三铺乡、马营镇、北城铺乡，最后经由寺子川张家湾出县境，县境内有战国秦长城遗址长约88.8公里。这段长城曾经过多次实地调查，诸如1976年定西文化局文物调查组、1984年陈守忠等、1995年李璘、2010年金迪等人的实地考察。在这四次考察的基础上，西北师范大学研究生王师尹从2016年7月至2017年6月，前后九次对通渭境内战国秦长城重新进行实地考察。经过实地考察得出，目前通渭境内榜罗镇、第三铺乡、马营镇、北城乡以及寺子乡现存的战国秦长城墙体长 18.7 公里、墩台 13 座、障墙 6 段。其中保存较好的有 8 公里，10.7 公里较差，其中通渭县榜罗镇现存可见墙体约 11 350 米，保存状况相对较好。通渭县第三铺乡现存可见墙体长约 3 050 米，保存状况较差；马营镇现存可见墙体长约 2 800 米，保存状况较差；寺子乡现存可见墙体长约 7 300 米，保存状况较差；北城乡现存可见墙体长约 800 米，保存状况很差。其中北城乡的吊咀村的鲜家城濠也已经被树林覆盖，特别注意的是寺子乡的吊咀山也未见长城踪迹，据当地村民讲，吊咀山段长城已被耕地覆盖，只有当农作物都收割之后，能看到浅浅的长城痕迹。长城墙体基本为黄土夯筑而成，除了寺子乡白崖曲段长城，因为其所处位置为黄沙夹杂地带，因此长城墙体掺杂砂石（图一一）。[①]

图一一　通渭县秦长城

6. 静宁县路线

战国秦长城从通渭县进入静宁县后，在静宁的走向存在争论。静宁县境内

---

① 王师尹：《甘肃通渭战国秦长城遗址的调查与保护研究》，西北师范大学 2017 年硕士论文。

战国秦长城仅在与通渭县交界处发现了长 152 米的长城墙体,即芦家湾长城,其余地段的长城走向、保存状况学术界说法不一。陈守忠在 1984 年经过实地调查后,认为战国秦长城"自通渭进入(静宁)县境后,由田堡乡之陆家湾折而向北,至上寨子经四合乡之吊岔,红四乡之张家峡、雷爷山、高界即界石铺乡之岔儿湾、高家湾,至原安乡之党家河、李堡出境,入宁夏回族自治区之西吉县,长达一百二十华里"。[①] 持这种观点还有原静宁县博物馆馆长杨铎弼,他在《秦长城静宁段遗址考》一文中指出:静宁境内的秦长城遗址由通渭县的寺子川张家湾翻越烽墩梁进入静宁县境。进入静宁县境以后,折而向北经过田堡乡的陆家湾,又经四河、红寺乡和高界镇,最后从原安乡的李保附近进入宁夏回族自治区的西吉县境内。秦长城在静宁境内经过 5 个乡 42 个村,长约 62 公里。[②] 而彭曦根据甘肃地区长城走向与山水的关系,通过 4 次实地考察,认为:甘肃静宁段战国秦长城由陆家湾东行,过长城岭后,走甘沟川南岸台地,过王家堡、鲍家嘴头,过鲍家嘴头后开始沿葫芦河东岸北上,经村子河、陈家河、吕家河、张家崖、北峡口,从闫庙进入宁夏西吉县。[③]

静宁县境内长城路线的不确定,直接影响了战国秦长城的整体连接,因此对静宁县长城资源进行补充调查,进一步弄清楚战国秦长城在此县境内的行经路线和防御形式意义重大。2013 年 7—8 月,通过实地调查和走访,认为甘肃省静宁段战国秦长城的大体走向应是从宁夏西吉县境内张齐村出发,顺葫芦河东岸南下后,向西进入甘沟川,后达静宁县四河乡芦家湾。这段长城的具体防御形式应该是因河为险和因山为险。而对于过去认为的"原安——四河线"长城,经过考察,确认不是战国时期的长城。[④]

7. 镇原县路线

秦昭襄王长城从宁夏彭阳县孟原乡东部进入甘肃镇原,因而留下了许多与长城有关的地名,如长城原、城墙沟、城墙湾等等。在镇原境内经过 3 个乡镇,11

[①] 陈守忠:《甘肃境内秦长城遗迹调查及考证》,《历史教学问题》1984 年第 2 期。
[②] 陈世英、杨铎弼:《秦长城静宁段遗址考》,《静宁文史资料选辑》1990 年第 1 期。
[③] 彭曦:《战国秦长城考察与研究》,第 35—68 页。
[④] 同杨阳:《再议甘肃静宁段战国秦长城走向及防御形式》,《秦汉研究》(第九辑),陕西人民出版社,2015 年。

个行政村，40多个自然村，长达90华里，东北走向。

进入镇原县武沟乡孟庄村的刘家堡子，这就是长城在镇原的源头。沿镇、固（固原地区）交界横跨孟家原（即长城原）到孟庄的白草洼。此地遗址保存尚好，有残墙、障城、烽墩四处。残墙高达4—5米，宽6米左右，障城呈长方形，南北长约9米，东西宽约18米，中心残墩高达4.67米，底径11米，夯土均匀。

从白草洼下沟经彭阳县孟原乡草滩村马崾岘，上大庄原进入镇原县马渠乡三合村的张原畔，越过大庄原到城墙湾，翻沟又进入孟原乡的玉原、张洼山、麻花洼，再进入镇原县马渠乡甘川原的山庄湾、赵渠的油房湾、佛庄、乔岔崾岘、三圪塔峁、墩墩洼、高原头的石咀山，经红光的虎家后沟、寺坪的沟畔，又进入红光的石洼、虎家后沟、水磨渠，顺沟渠而出，经蒲河上游的安家川，折东沿河顺川而下，经三岔镇的庄门、米家川、杨千沟，又折向东北，经三岔街道附近高湾的后河、梁台、虎儿沟畔，沿周家庄的黄坪湾、深渠壕、芦李渠、铁把渠、城墙湾，由胡咀咀进入环县的演武乡。

长城经两千年的风雨剥蚀，大部分段落由于放牧践踏、掘土垦种、整修道路等人为原因，城墙已不明显，仅留痕迹而已。有些段落由于几经沧桑，地震损坏、地貌变迁、山洪冲刷，城墙陷入沟谷，连痕迹也不留了，只能根据它依稀可辨的断断续续的残墙残墩走向寻踪觅迹。目前有白草洼、大庄原、马渠三合的城墙湾、三岔周家庄的城墙湾、玉原、乔岔崾岘、虎家后沟、梁台等8处遗址遗迹较为明显。如白草洼遗址长约3公里，周家庄城墙湾遗址长约1公里，残墙最高处达4.5米。马渠三合村城墙湾，因长城在山梁修筑，无人掘土垦种，遗存尚好，残墙高达3米，数十里外亦朦胧可见。麻花洼遗址，远远望去犹如一条黄色巨龙，蜿蜒曲折，爬山而上，甚为壮观。两千多年来，由于雨水冲刷，变得弯弯扭扭，似油炸的"麻花"，故名麻花洼。长城残墙，有些地段形如巨龙，有些地段宛若驼峰，尽管如此残垣断壁，仍不减当年的雄姿，气势磅礴，雄风犹存。凡有障城烽墩的地方，都有不少的粗绳纹瓦片，是当年驻军的地方。

镇原县秦昭襄王长城修筑于起伏连绵的丛山万壑之中，虽有历经平地之处，但多乘山岭，随山就势而建，下川时则就低修筑，穿崾岘，沿卷草壕进入沟谷。用黄土夯筑，由城墙、障城、烽燧组成。烽燧多在制高点修筑，可以遥相呼应。有时烽燧城墙在一条线上，有时烽燧离墙较远。残墙时有时无，时断时续，隔山远眺才可以模模糊糊看见它的走向,但近去一看却不见长城,因为只剩下1米多高的土梁。越过原面之处,由于耕种,均夷为平地。长城经过的地方还有不少有趣的传闻。比如,孟庄人说孟姜女就是他们孟庄人。这仅是老乡言传,无史料记载,但孟姜女哭长城的事,在镇原却广为流传。三岔镇庄门村有些农民至今还能道出他们的祖先是长城里面人还是长城外面人。因为长城内外习俗不同,原来在长城里面居住的人,为了纪念修筑长城而死去的人,每年十月一日都有烧纸送寒衣的习俗,长城外面的人则无此习俗。

镇原秦长城从宁夏彭阳县的刘堡子再次进入甘肃镇原县的孟庄原,经孟庄、甘川原,沿虎家沟东岸北行,抵安家川河,折向正东,沿河沟南岸,经三岔镇梁台,折向东北,经城墙湾、旧庄,进入环县境内。

8. 环县路线

战国秦长城环县段分布于环县境中部偏南,地处沿河谷沟壑地带,沿线沟壑纵横,地形崎岖,长城两侧分别为山体和河谷平地,沿途多经过村镇、耕地和树林。该段长城自镇原县周家庄胡家咀梁进入本县,经过吴家塬,至旧沟与胡家咀沟交汇处,沿后沟右岸蜿蜒前行,至后沟与黑泉河交汇处跨过黑泉河,沿黑泉河左岸向前延伸,登上狗拉壕山梁,再经张庙咀拐沟、合道川左岸、苏硇河、大梁、晴天梁、张北沟、张家台梁等地段,至西杨原、半个城,沿西川河右岸延伸至西川村,再顺着城东沟南岸,向东北而行,至油房崾岘后,经过郝家集村龚子山、曹崾岘、后掌沟、水泉湾等地段,至长城塬村刘阳湾进入华池县境内。在环县境内,战国秦长城主要经过演武、合道、虎洞、环城、樊家川等5个乡镇。环县段长城由墙体、关堡、单体建筑及其他与长城相关遗存组成。其中:墙体长110千米,黄土夯筑,夯层厚0.05—0.15米,底宽0.5—5米,顶宽0.1—2.5米,高0.3—4.5米;关堡12处,包括关3处、堡9处,关地面建筑多已消失,其形制呈不规则形或半圆形,地表遗有外绳纹内麻点纹瓦片,堡地面多已无建筑遗存,可通过散存瓦片的范围确定堡的规模和形制,关堡均黄土夯筑,夯层厚0.07—0.1米;单体建筑139座,包括敌台125座、烽燧14座,烽燧均位于长城墙体内侧,单体建筑平面主要呈椭圆形、圆形和不规则形,个别呈半圆(月)形和矩形,剖面主要呈不规则形和拱形,部分呈梯形,少数呈半圆形,个别呈弧形,单体建筑构筑方式绝大多数为黄土夯筑,个别为土石混筑,夯层厚0.03—0.2米。长城沿线有障墙6处,均位于长城墙体内侧,与长城墙体垂直,但不相连。障墙长 25—44 米,底宽 4—8.4 米,顶宽 2—8.4 米,高 2.2—5.1 米,黄土夯筑,夯层厚 0.07—0.12 米。半个村长城长 7 369 米。黄土夯筑,夯层厚 0.08—0.11 米。底宽 1—7 米,顶宽 0.5—2.1 米,高 1—5 米。沿线散存外绳纹内麻点纹、素面纹、环轮纹、细布纹、布纹和素面瓦片。沿线有关堡 2 座、敌台 11 座、烽燧 3 座(图一二、一三)。

图一二 环县常崾岘村秦长城局部

半个城关位于虎洞乡半个城村苦水河与杨家沟交汇处。坐西面东,平面呈不规则状,依山就势,关北墙利用部分长城墙体。关内从东向西有两道南北向墙体,分别与部分关墙构成东、西两座小城,关内原地面建筑消失。关东墙长 44 米,南墙长 597 米,西墙长 356 米,西墙北段呈弧形,存马面 7 座;南段呈直线状,北墙长 544 米。现存城墙底宽 22 米,顶宽 0.5—6.5 米,高 2.5—5 米,黄土夯筑,夯层厚 0.06—0.13 米。东城由关内第一道墙与关东墙、北墙东段部分、南墙东段构成,平面呈近似方形。西城由关内第二道墙与关西墙、南墙西段构成,平面呈近似矩形。东墙即为关内第二道墙,东墙南段西侧有"U"字形墙体,周长 82 米,其西侧有 5 米缺口,两墙间距 28 米。关四周分布有大量瓦片、灰陶片,纹饰有外绳纹内麻点纹。

图一三　环县环城镇西川村秦长城

外绳纹内方格纹、外绳纹内素面、外环轮纹内素面。环县段长城沿线四周散存外绳纹内麻点纹、外环轮纹内素面纹、外绳纹内素面纹板瓦、筒瓦片，单体建筑遗址上留存大量瓦片，个别长城墙体夯层中夹有外绳纹内麻点纹瓦片。

彭曦认为长城进入环县后，沿后沟南岸行至康家河口，越过康家河口后，沿康家河东岸延伸至演武乡政府所在地的泄郭咀，并继续沿康家河东岸延伸，不过，康家河自泄郭咀以上名黑泉河。长城遗迹沿黑泉河东岸循迹北上至狗拉梁，沿狗拉梁支梁延伸至庙咀子，从庙咀子顺合道川南岸向东延伸，至苏家崄西之杨大湾沟，则越过合道川而沿杨大湾沟东岸，一直向北爬上杨大湾村西北的大山梁，之后经黑风口、大路洼、常崾岘、谢房房，一直在分水岭地带中的岭、梁、峁上延伸，至堡子梁，便循张南沟东侧台地，约2公里，越杨沟、老庄台沟爬上虎洞乡的西杨原。从西杨原转折向东北直趋半个城。长城从半个城的堡子咀跨越西川循其南岸二、三级台地向东北延伸至环江口的张滩滩。[①]

刘肖睿、陈探戈等经过实际调查后与彭曦的结果稍有不同。其中狗拉梁至

---

① 彭曦：《战国秦长城考察与研究》，第125—171页。

杨大湾沟（杨大湾沟与本次调查中所说的苏硷河为同一条小河）与合道川交汇处这一段长城的走向与本次调查不同，他们认为长城从狗拉梁延伸至张庙咀拐沟，行至张庙咀拐沟与合道川交汇处过合道川，沿合道川左岸行至苏硷河与合道川交汇处。《甘肃环县战国秦长城调查》一文认为：墙体整体走向为东北—西南走向，总长63.38公里，有关堡11座，沿线分布单体建筑96个，其中烽燧12个，墩台84个，障墙3段。并对战国秦长城的修筑规律做了总结：一是沿山梁顶部修筑，在山梁顶部修建高大的墙体、密集的墩台，防守时即可居高临下，又有十分开阔的视野；二是沿着河流一侧的台地修筑，利用河流两侧陡峭的崖壁进行防御；三是在较大的沟壑交汇处一般都有关或堡。[①]

9. 华池县路线

华池段秦长城分布于华池县境北部，大体呈东西走向。地处黄土高原丘陵沟壑区，山川塬兼具，梁沟峁相间。本段长城自环县刘阳湾进入华池县，依次经曹咀子沟底、艾蒿掌、铁角城、黄蒿掌、乔川乡小蒜湾、营盘梁、吕沟咀等地，至林沟梁进入陕西省吴起县境内，长城在林沟梁一带横跨甘肃、陕西交界，内侧（南）为甘肃省境，外侧（北）为陕西省境。在华池县境内，战国秦长城主要经过乔川乡和元城镇。

华池段长城由墙体、关堡、单体建筑及其他与长城相关遗存组成。现存墙体长29.2千米，黄土夯筑，夯层厚0.8—0.12米，底宽0.5—6米，顶宽0.1—0.5米，高0.3—1.9米；堡2座，位于长城墙体内侧，堡内无建筑遗存，地表留存大量瓦片和陶片；单体建筑57座，包括敌台54座、烽燧3座，烽燧均位于长城墙体内侧，单体建筑平面主要呈椭圆形、圆形和不规则形，个别呈方形，剖面多呈拱形，部分呈梯形和不规则形，个别呈弧形，单体建筑构筑方式均为黄土夯筑，夯层厚0.08—0.15米。长城沿线有障墙4处，均位于长城墙体内侧，与长城墙体不相连，障墙长30—40米，底宽4—10米，顶宽2—4米，高2—5米，黄土夯筑，夯层厚0.07—0.15米。

其中瓦碴梁长城长1 490米。黄土夯筑，夯层厚0.08—0.12米。底宽0.3—6米，顶部呈土垄状，内（南）侧高0.3—2米，外（北）侧高0.5—3.5米。沿

---

① 刘肖睿、陈探戈：《甘肃环县战国秦长城调查》，《秦汉研究》（第六辑），陕西人民出版社，2012年。

线散存绳纹板瓦、筒瓦片。沿线有敌台4座;箱子湾边墙梁长城长1129米。黄土夯筑,夯层不清。底宽2—5.6米,顶部残损,高0.3—2.5米。沿线散存绳纹板瓦、筒瓦片。沿线有敌台4座(图一四)。

图一四　华池秦长城

(二) 宁夏段路线

秦昭襄王长城从甘肃进入宁夏后,横穿固原的西吉县、原州区、彭阳县三县(区)境内,经过12个乡(镇)31个行政村,过去认为长度达200公里左右。经过实际考察,宁夏考古研究所的王仁芳认为"境内调查长度171公里"。[1] 这一结论经过实地普查以后得出,是可信的。整段长城保存状况较好,于2001年被国务院列为全国重点文物保护单位。这段裸露在黄土高原上的长城遗址,不仅见证了固原悠久的历史,而且诉说着2000多年前固原的军事地位、民族关系和经济文化等社会发展的状况。

固原处于黄河上中游,这里是北方游牧文化和农耕文化相互碰撞、相互融合

---

[1] 王仁芳:《宁夏战国秦长城布防特征探析》,《河北地质大学学报》2018年第4期。

的地方，既有多民族政权间的互相争斗，也有中原政权与西北少数民族政权的摩擦。因此，中国古代的统治者都非常重视对固原的经营，并成为中央王朝封疆大吏的驻地。同样，现遗存在固原境内的长城遗址也就成了当时政权演变的见证。

途经宁夏固原市的这一段战国秦长城整体呈西南—东北走向。经过固原境内西吉县、原州区、彭阳三县，是由甘肃平凉市静宁县沿着葫芦河东岸，经北峡口从闫庙进入固原境内西吉县的。大致走向为：经黄家岔、玉桥、张结子、好水川口、单民、兴隆镇、谢家东坡、王家湾、韩家堡到达将台堡。在将台堡，长城以90°的角度转折向东，沿马莲河谷穿过马莲水库出西吉县，进入原州区的张易、红庄。过红庄后，进入滴滴沟，滴滴沟水发源于六盘山北麓（下游称东子河水，在固原城以北汇入清水河）。长城出滴滴沟山口，地势豁然开阔，城墩和城墙遗址清晰可见。到了孙家庄、白家湾，长城转折向东。孙家庄位于滴滴沟与西海子的交汇处，地势险要，是固原城西边的重要门户，这里

图一五 西吉县秦长城

有古城堡遗址，也有城垣小障，说明孙家庄在古代就是重要的设防之地。在孙家庄东越海子峡之后，径往东北方向清水河谷地乔洼（图一五）。

长城到海堡后却分为"内长城"和"外长城"两道，这在战国时期秦长城中是罕见的现象。"内长城"从明庄过公路，便爬上了原州城西北5公里的一道顺向小丘陵，经郭庄、十里铺过清水河至沙窝。"外长城"更向西北形成一个不规则的弓背状，经乔洼过清水河，过河后又折向东南至沙窝与内城合二为一。内城和外城形成鲜明的对比。"外长城"由西北向东北方向环绕形成一个不规则的半圆状，目前基本被夷为平地，残留的多为2—3米高的城墩。内城城墩城墙高大、宽厚、完整，城线笔直如划，气势雄伟巍峨。全线约8公里长的内城遗迹保存较完

好,除了现在公路和少数后期冲沟穿破外,全线基本不曾中断,每200—230米便有一个城墩,垂直高10—20米。"内长城"的另一个突出特点是:城墩内侧与城墙内侧平齐,外侧则向墙外突出,类似于马面,这有助于防御。彭曦考察后认为,这种类似马面式的城墩在整个战国秦长城考察中属绝无仅有。之所以在"内长城"出现这种筑法,是后世修葺、增高、拓宽的结果,具体是在宋代。因为宋、夏战争期间,固原是防御西夏的第一门户。我曾经两次去当地考察,可以看出这一段的长城确实保存得相当好,除了地位重要、修建得高大以外,与后代继续修缮利用有关。

由海子峡到北十里铺(清水河河口)大约15公里的地段内,沿长城内侧早期遗址和晚期在早期遗址基础上修建的防御性障城就有9处。说明固原当时的重要性,是当时少数民族南下骚扰的主要交通道路,对保护秦都咸阳的安全具有战略意义。对这段内、外两道长城的研究,有利于研究战国时代秦国固原的政治和军事地位。自战国以降,扼守着清水河河谷通道的固原,一直是北方游牧民族南下进袭内地的必争要隘。汉文帝十四年匈奴十四万铁骑就是由这里穿过长城进入中原的。

长城经过沙窝后爬上程儿山,经阳洼以南、中庄、上黄水库、王家腰岘、黄家庄而出原州区进入彭阳县川口乡的黄湾以北,彭阳乡的姜洼、丰台、阳洼、崾岘、陡坡子、李岔,城阳乡的瑶湾、白岔、乔娶、长城、祁家庄、张沟圈、小庄、施坪,从刘家堡子出彭阳县,又进入甘肃庆阳市镇原县的孟家原。进入彭阳县后长城走向是西北—东南向,长城利用的全是茹河上游小川河与小河的分水岭。李岔至张沟圈是一道15公里的长梁,长城就在这道较平缓的梁上夯筑,故称长城梁。在原州区长城长80余公里。在彭阳县长城长30多公里(图一六)。

图一六 原州区秦长城

北魏郦道元《水经注》对这段长城作了比较详尽的记载:"水有五源,咸出陇山西,东水发源县西南二十六里湫渊,渊在四山中,湫水北流,西北出长城,北与次水会,水出县西南四十里长城西山中,北流经魏行宫故殿东。"①这里的水,就是"川水";即指清水河,又名苦水河。陇山即六盘山。这段记载正与在原州区西南的调查情况完全符合。清水河发源其支流一名海子峡河,上流接西海子(即《水经注》中的"湫渊"),西海子地处六盘山山脉的群山之中,直径约一里多,泉水四季长流,距原州区西南30余里,下流西北出关山(又称白马山),穿过孙家庄至吴堡一段的长城,向北流与滴滴沟水相汇合。滴滴沟水发源于距原州区城西南40余里的红庄北山梁,长城亦沿着滴滴沟东岸而行。《水经注》还记述:"川水又北,出秦长城,城在县西北一十五里。"②这是指原州区城东侧的清水河主河道向北流,在乔洼与陈家沙窝之间出长城。

宁夏南部山区属黄土高原地带,这段战国秦长城,不论建在山上,还是山下,是沟边还是河岸,都是原地取土,夯筑而成。夯层坚硬,至今草木难生。由于秦长城筑城方法采用在平地者由墙外取土,自然形成沟壕,既增加了墙体的高度,又形成一道壕沟,在防御体系上取得了一举两得的效果。在河沟者,利用河沟陡立的崖壁,削壁而成。在长城内侧,还有城墩、障城和较大的城址。城墩是传递军情的建筑,设在视野宽广的"四顾险要之处"。是驻兵储粮之所,是前沿的指挥中心。长城、烽燧、障城构成一个完整的军事防御体系,充分显示出古代劳动人民的聪明智慧。

由于长期以来自然和人为的影响与破坏,这段长城受到不同程度的破坏,其中将台到马莲乡张堡原村,固原西郊乡的长城梁、明庄、郭庄和城阳乡的长城原、孟原乡的麻花洼等段,保存较好。据调查,这些段落的长城,残高2—15米,连接在长城上的墩台高3—20米;其他一些地段,或作人行便道,或作渠堤,但高大的墩台依然存在,蜿蜒曲折的墙基仍清晰可见。在兴隆以北至将台一段,沿葫芦河东岸的高台地上,于东坡、保林、明荣等地发现有呈圆锥体的夯筑土墩,当地人称其为"长城蛋蛋"。这种夯土墩,一般残高在6—8米,直径10余米,夯层6—8厘

---

① (北魏)郦道元著,陈桥驿校证:《水经注校证》,第53页。
② (北魏)郦道元著,陈桥驿校证:《水经注校证》,第53页。

米。据当地老乡反映在这些大的夯筑土墩的两侧，均有一些较小的夯筑土墩，被呼为"小长城蛋蛋"，为平整土地时所毁；然而在保林村的杨家河，有三个已挖掉的小夯土墩的底基，迄今尚有夯层存在。这种有规律排列的大小"长城蛋蛋"，自明荣至东坡南北可以连成一线，初步推测，如此大的城墩，大的是建筑在长城之上的墩台遗存，小的城墩疑即长城墙身的残存部分（图一七）。

在长城经过的交通要道和险要山口，一般需要建置较大的城址。自西吉县将台到原州区清水河岸上的长城内侧附近，有较大的城址四处。其一，位于将台乡明荣村，这里地处马莲川与葫芦河交叉口，是从固原南下和从西吉东进的交通要道，有一东西宽600米，南北长近1 000米的城址。这座古城的北墙，已被道路与渠道破坏，但是西墙、南墙及城墙外侧的城壕遗址尚且完好。城壕宽23米，城壕外侧为平地，至城壕底部深约4米。城墙内高2—4米，外侧临于城壕，高达10米左右，城墙基宽8.5米，夯层6—8厘米。东西城墙虽剩残迹，仍可以看出护城壕的轮廓。古城址的四隅均有角台，应为建筑基址。城门遗迹虽然不存，但将台至兴隆的公路于古城正中南北穿过，推测此城南北有门。城址内散布很多秦汉时期的残砖碎瓦，这些遗物与长城沿线发现的遗物完全相同；其二，位于滴滴沟口的孙家庄南侧，城址依山而筑，背靠关山，地势居高临下，非常险要。从西南向东北逐渐降低，直到清水河岸，面对固原北川。孙家庄古城遗址，有内外城垣，内城在山头正中地势最高处，城垣长、宽约55米，只开东门，外城按山头地形，每边切削为宽10—20余米的平台，平台外侧，再切削成陡立的墙壁，高达15米以上，东北与长城连接，正扼进入滴滴沟的咽喉，战略地位重要；其三，位于固原西南10里长城村的严家庄东侧，西至长城梁1里多。古

图一七　原州区秦长城与城壕

城遗址已辟为耕地,残损较为严重,城墙遗址依稀可寻,南北长700余米,东西宽500米,西墙保存稍好,残高1—3米,残存城台呈圆锥体,仍然高出墙面,东南北三面城墙,只存较为宽大的土垄。古城四角均有夯筑的城墩;西北角地势较高,其上筑有3座城墩,当地人称"圪垯卡"。此处可捡到秦汉时期的绳纹瓦片,在其下层则尽为绳纹瓦片;其四,位于原州区北十里铺附近的清水河岸上,北距"内长城"约0.5公里,这一城址因被后来的明代古城和村庄占用破坏,城垣难以辨认,地面散布有粗细绳纹瓦片,文化层厚达2米以上。这一城址和两道长城以及长城内侧的一些障城构成严密的纵深防御体系,从而可以阻挡自高平川北来的匈奴族和戎族残余势力南下进入中原骚扰。

宁夏段秦昭襄王长城保存现状相对来说还比较好,我们在宁夏博物馆苏银梅研究员和西吉县文旅局专家的陪同下,对西吉县和原州区进行实地深入的考察。依据保存状况分为以下几类。

其一,除长城墙体上部由于自然和人为毁坏外,基本保存完整。如苦井、长城、明庄、海堡、王堡段,长11.713公里,城墩48个,保存较好。该段长城残高2—15米,连接在长城上的城墩高5—20米,基宽6—12米,夯层6—8厘米。长城内为缓坡(台阶),便于上下,外壁陡立,便于御敌,台面外凸,间距150—250米。

其二,长城墙体虽然有断残,但还是可以连接起来的。如叠叠沟口至吴庄西侧和北侧长城,北十里至固胡公路东侧长城,存36个城墩,保存一般,墙体破坏严重,但连接高大城墩清晰可见,墩残高2—6米,夯层6—8厘米,基层6—10米,城墩残高5—12米,城墩之间150—200米。两段长城长6.892公里。

其三,长城墙体保存较差,多呈断线状。如北十里至沙窝4.109公里;沙窝、水泉、海坪、上坪、黄家河,长33.43公里,每段残长约15—80米,残高2—6米,基宽6米。长城修筑在河沟边缘,利用高耸的崖面,略事修筑而成,由于风雨侵蚀,水土流失,崖面倒塌,但残垣断壁和城墩仍清晰可见。

其四,长城墙体大多数已不存在,尚有残存遗迹。如樊西堡、张易、红庄叠叠沟长34公里,长城多数修筑在平地上,由于修道路等人为原因,已经遭到破坏。

宁夏段秦长城的修筑特点和其他地区一样,都是"因地形,用险制塞",充分利用有利的自然环境修建防御体系,达到防御的目的。这是春秋战国时期秦人总结出来的修筑长城的原则,秦长城沿线的自然环境正好是利用这种方法的最好例证。宁夏秦长城,不论是在山梁上,还是山下、沟边、河岸,都是就地取土、夯筑而成。在长城内侧,交通要道和险要山口,一般建置较大城堡、障城、烽燧。城堡是驻兵储粮之所和前沿指挥中心,建在交通要道和险要山口之处。烽燧是传递军情的建筑,设在视野宽广的"四顾险要之处"。

除了以上这些较大的城址外,还有一些距长城内侧只有30—50米的障城及烽燧。障城在深山峡谷分布稀疏,在地势平坦的地方则较为稠密。如从吴庄到乔洼相距不到10公里,就发现有七八处小障城,这些小障城建在横贯高平川的长城梁上。相邻两处的障城可以互相对望。障城一般呈方形,长宽各约60米,高于地面1米多。清水河岸乔洼和十里铺附近,分别把守内外长城的两处障城较大,其长、宽约150米。从巴都沟到滴滴沟口的山谷中,只在红庄发现一处建筑在山头上的小障城,当地群众又称"古城山"。这一障城据山而筑,长、宽50米,只开南门,门道宽11米,且西、北两墙略高于东、南墙,因障城在山坡上建筑,又要使城内保持水平,所以西北两墙外侧距山坡面有13米之高。位于城阳乡白岔村的小障城,也是建在长城内侧,北去长城70多米的小山峁上。整个障城60米见方,城址高出地面1米多,门向西开,门也是黄土夯筑,多设在重要的沟口和视野宽广的山巅,亦多在长城内侧。沿长城一线的红庄、长城梁、水泉等处均有遗迹。倾圮后多数呈圆形堆积,也有的呈鱼脊形的堆积。其长40米左右,最宽处有15米。一般烽燧距障城都很近,只有100米左右,也有和障城建在一起的。

从张易樊西堡到固原城北清水河西岸上的长城内侧附近,有较大的障城三处。其一,在张易樊西堡村,地处马莲水库东端,是从固原南下和西吉东进的交通要道。城堡南北长250米,东西宽240米,这座古城的东墙、南墙已被道路与河沟破坏,北墙残长150米,西墙残长164米,墙残高1.5—2.5米,基宽8米,夯土层6—8厘米,外侧临于城壕高6米,护城壕宽20米,壕沟外侧为平地。其二,位于叠叠沟口的孙家庄南侧,城址依山而筑,背靠六盘山余脉,地势居高临下,非常险要,有内外城垣。内城在山头正中,地势最高处,城垣长70米,宽55米,只开东门;外城按山头地形,每边切削为宽10—20余米的平台,平台外侧,再削成陡立的墙壁,高达15米以上,内散布很多秦汉时期的残砖碎瓦。其三,在固原城西南5里长城村的严家庄东侧,西至长城梁0.5公里。古城遗址已辟为耕地,残损较为严重,城墙遗址依稀可寻,南北长 700 米,东西宽 500 米,西墙保存较好,残高 1—3 米,残存城墩呈圆锥形,仍然高出墙面,东、南、北三面城墙,只残存较为宽大的土垄。古城四角,均有夯筑的城墩;西北角地势高,其上筑有 3 座城墩,亦可捡到秦汉时期的绳纹瓦片。

长城内还有 30—70 米的障城及烽燧。障城在深山峡谷分布稀疏,而在地势平坦地方则稠密。如吴庄到北十里王堡村,长 14.32 公里,发现有 8 处小障城,距长城 55 至 67 米之间,障城一般为正方形,边长 55—70 米,残高 1—3 米,墙基宽 2—4 米。在水泉、海坪、上坪发现 3 处,距长城 100—200 米,障城修筑在山崀上,60 米见方,高 1—2 米,基宽 8 米。主要障城如下。

明庄障城。位于清河镇明庄村西 1 公里,在外长城内侧 40 米,城呈方形,东西长 57 米,南北宽 63 米,残高 0.9—3 米,城内已填平。采集有菱形纹板瓦等。

苋堡障城。位于清河镇苋堡村西 150 米,在外长城内侧 41 米。城呈方形,以黄土夯筑,城墙东西长 111.5 米,南北宽 103 米,残高 1.8—3.5 米,基宽 6.5—11.5 米,南面开门。地面有粗绳纹板瓦、筒瓦、回纹空心砖残片。

郑磨障城。位于清河镇郑磨村西约 1 公里,北距外长城约 200 米,城址破坏严重,仅存东北城角,残长 32,墙基宽 3—6 米,现存高 1.5—2.8 米。

小古城障城。位于清河镇十里村东北约 500 米,北距外长城约 1 公里,城呈方形,东西长 138 米,南北宽 135 米,黄土夯筑,基宽 3.5—5.4 米,残高 0.7—2.4 米,东南墙已不存,南北墙保存较好。地面散布有粗绳纹板瓦、灰陶罐残片。

原上障城。位于清河镇十里村三队西北 1.5 公里,北距外长城 63 米,城呈方形,东西长 52 米,南北宽 50 米,基宽 4.2—10 米,残高 1.4—4.5 米。地面散布有绳纹瓦残片。

海堡障城。位于清河镇海堡村北 500 米,东北距外长城 125 米,城形状不明,仅存东墙一段,长 55 米,基宽 5 米,存高 0.2—1 米。地面有粗绳纹板瓦残片。

苦井障城。位于中河乡苦井村北侧,西距长城 30 米,东距固(原)将(台)公路约 100 米。障城呈长方形,南北长 70 米,东西宽 60 米,残高 1.5 米。

红庄障城。位于张易镇红庄村西 0.5 公里,西距长城 50 米,城呈方形,东西长 85 米,南北宽约 80 米,黑土夯筑,墙体已被村民耕地破坏,高度不明。地表有粗绳纹板瓦、筒瓦残片。

阎关障城。位于张易镇阎关村西山梁半坡，约60米见方，只开南门，残高3—4米，基宽6米。地表散布粗绳纹板瓦、筒瓦残片。

长城村障城。位于长城村西北2公里，障城距长城约30米，东北距高速公路80米。障城呈方形，东西宽53米，南北长60米，残高2.5—3米，城内已填平。

烽燧也是用黄土夯筑而成的，多设在重要的沟口和视野宽广的山巅，均在长城内侧。红庄、叠叠沟口、长城梁、水泉等处有遗迹，如叠叠沟口烽燧位于障城西北50米，圆形堆积，直径7米，高3米，夯土层厚8厘米，壕沟宽4米。明庄、长城梁烽燧修筑在障城墙基边，平面呈圆形。水泉烽燧呈鱼脊形，长约10米，基宽6米，残高5米。从上述可以看出，固原段秦昭襄王长城由城墙、城墩、烽燧、障城构成一个完整的军事防御体系，充分显示出古代劳动人民的聪明智慧。

目前在固原战国秦长城沿线采集的遗物主要有：

粗绳纹板瓦。标本为残片，凸面遍饰竖、斜粗绳纹，直径0.4厘米。凹面粗斜绳纹。残长27厘米，残宽17厘米，厚1.5厘米；细绳纹板瓦，标本为残片，残长20厘米，残宽13厘米，厚1.3厘米。凸面遍饰粗斜绳纹，凹面饰麻窝纹，分布欠均匀；方格纹筒瓦。标本为残片，残长9.5厘米，残宽9厘米。凸面遍饰小方格纹，凹面无纹；绳纹筒瓦，标本为残块，残长30厘米，宽17厘米，厚1.7厘米。子母唇长3厘米，厚1厘米。凸面近子母唇端有2厘米的素面，余均饰细竖绳纹。凹面饰布纹；细绳纹筒瓦，标本为残片，残长14厘米，残宽9厘米。凸面近子母唇端有5厘米素面，余均饰细绳纹。凹面有少许不规整的麻窝纹。这件筒瓦属泥条盘筑而成，凹面泥条盘筑的衔接处留有明显的接缝；云纹瓦当，标本为残件，直径15.5厘米，厚3厘米。内区饰菱格纹，外区饰卷云纹；三角回纹砖。标本为残块，残长12厘米，残宽8厘米，厚3厘米。正面饰三角纹，背面饰麻窝形小三角；回纹砖。标本为残块，残长12厘米，残宽6.5厘米，厚2厘米。正面饰回纹。

2005年，为配合银（川）武（汉）高速公路穿越固原市原州区开城镇（原西郊乡）明庄村的战国秦长城，根据自治区文物局保护长城指示安排，原州区文物管理所考古人员对长城进行抢救性横断剖面发掘。高速公路穿越长城地段,选在明庄村西侧,长城早年已成为豁口,长约120米。这段长城走向为西南向东北延伸,发掘长城横断剖面属豁口西南侧,发掘结束后和北侧长城壁面同时进行了砌护。内侧墙体残高3.25米,外侧墙体残高3.20米,基宽8.35米,顶宽4.1米,城壕沟宽11.1米,外坝高2.5米。可以看出,墙体横断面情况,长城修筑时,深挖基槽,然后再夯筑,长城外侧基槽距壕沟现地表深3.02米,内侧基槽距现地表2.12米,基槽呈漏斗形,上部宽,底部窄,上部直径11.3米,底部直径10.1米。夯土层用细黄土夯筑,细腻,坚硬,未有包含物。夯土层厚6—8厘米,夯窝直径5.5厘米。墙体两侧有塌垮痕迹和表土,外侧墙体塌垮部分厚1.14米,高2—3米,内侧墙体塌垮部分厚20厘米—1米。护城壕沟现存宽11.1米,外坝高2.5米。壕沟没有发掘,是经过勘(钻)探而得数据。壕沟距地表深30厘米以内为耕土层,呈灰褐色,包含植物根系和零星瓦块。第二层呈深灰褐色,后期堆积层,距现地表深30厘米—1米,包含植物根系。第三层淤土层,呈浅黄褐色,厚1.1米。第四层黄生土,沌净,无杂质。[①]对长城的解剖使我们清楚了解该段长城的结构。

固原秦长城墩台与墙体相连,现状一般呈卧鲸状,两侧及顶部突出墙体,黄土夯筑,夯层较均匀,一般厚7—12厘米,夹杂绳纹瓦片。经调查统计,宁夏境内战国秦长城墙体沿线现存墩台182座。除去消失段落,墩台分布密集且有规律。从现存较连续的位于不同地貌的墩台间距统计来看,墙体沿线墩台间距明显有疏密两种情形,较疏的间距大致在300—500米间,较密的间距大致在150—250米间,二者正好相差一倍。墩台间距疏密变化不考虑因地形变化形成的测量误差外,其疏密分布主要由其所处地理位置与地形地貌所决定。前者主要分布于山坡、沟谷等崎岖偏僻地带,所占墙体长度较长,为常规设置,彭阳白岔长城岭、城墙湾山坡一带多是这种间距设置。而后者墩台位置多设置于墙体迂回转折的山坳中部及舌状突出的梁峁等地形平缓难守或临近关堡等重要地带,以固原市郊长城梁段为典型,其内侧障城分布也相对密集,应为一种局地增置。固原市长城墩台的密集程度与其战略地位有密切的关系,因为其正好位于都城咸阳的北

---

① 张彩萍:《固原市原州区战国秦长城调查与发掘》,《宁夏师范学院学报》2011年第6期。

部,对于防御胡人入侵具有十分重要的前沿意义。

(三) 陕西段路线

陕北地区秦昭襄王长城线路的研究,现在主要存在两种观点:一种认为陕北地区仅有一支秦昭襄王长城,以张维华和景爱先生为代表,但两者所述路线也存在差异。张维华先生在《中国长城建置考·上编》[1]中认为长城从甘肃环县进入陕西的鄜县(今作富县),然后东北经延安后入绥德县,止于黄河西岸。景爱先生在《中国长城史》[2]中认为长城从甘肃省华池县进入陕西省吴起县,然后西南进入志丹县,再向北进入靖边县。又沿白于山东行,进入安塞县北部,沿横山东行,再沿大理河东行,进入子洲县、绥德县。然后沿无定河北上,最后止于无定河南岸,北与鱼河堡相对。两者主要是依据文献考证得出的路线,所以难免存有疏漏和认识上的错误。

另一种观点认为陕北地区存有两支秦昭襄王长城,以史念海和彭曦先生为代表。史念海师认为,长城从甘肃环县进入陕西后,经吴起县、志丹县进入安塞县北的横山山脉,长城在此分为两支,一支(北支)东北行,经今靖边县、横山区、榆阳区、神木市后,进入内蒙古境内;另一支(南支)向东行,经绥德县西,止于上郡治所肤施县附近,今无定河的西侧。[3] 彭曦认为,长城进入陕西省后,从吴起县的三道川南岸东行,过洛河后进入志丹县纸坊乡,再进入吴起县的薛岔乡。然后入靖边,沿西芦河东岸北行,抵靖边县城南后,折向东进入沙漠地区。经瓦窑界后,进入横山区。过无定河后,经榆阳区的巴拉素乡,再入横山区的波罗镇,复入榆阳区境内。长城过榆溪河继续东北行,至大河塔乡的海则沟出榆林而进入神木市内。长城循窟野河及上游㧟牛川北行,入内蒙古自治区的准格尔旗。[4] 对于史念海先生所述的另一支(南支),彭曦认为,确有一道长城从靖边县向东分出,趋向安塞县的镰刀湾乡,但由于时间所限,并未做调查。[5] 彭曦秉承史念海

---

[1] 张维华:《中国长城建置考》上编,第118页。
[2] 景爱:《中国长城史》,第153页。
[3] 史念海:《黄河中游战国及秦时诸长城遗迹的探索》,《河山集·二集》,第456页。
[4] 彭曦:《战国秦长城考察与研究述略》,《宝鸡文理学院学报(社会科学版)》1991年第3期。
[5] 彭曦:《战国秦长城考察与研究》,第211页。

先生观点的同时,以实地调查为主,因此对秦昭襄王长城线路的论述显得更为客观详尽。但受时间限制,彭曦先生并未对陕北地区(比如横山区、神木市)秦昭襄王长城做全线实地考察,因而对于一些线路论述存有不当之处。

2008—2009年,国家文物局组织文物考古工作者对陕西早期长城进行普查,从而对陕北地区的秦昭襄王长城路线有了更进一步的认识,我的多个研究生参与了这一具有重要意义的工作,获得了第一手的资料。

陕北地区的秦昭襄王长城由甘肃省华池县乔川乡贺家湾村电杆梁崾崄以东的大掌梁处进入陕西吴起县庙沟乡,然后沿洛河支流三道川北岸向东北延伸,经庙沟乡、长官庙乡,到吴起镇城壕村后过洛河,经薛岔乡、志丹县的金丁镇、纸坊乡,然后过吴起县五谷城乡后进入靖边县境内。长城进入靖边境后沿芦河和延河的分水岭白于山脉向东北延伸,经周河镇、大路沟乡,在天赐湾处长城沿芦河与大理河分水岭折向北行,过乔沟湾乡后,长城折向东北,过杨桥畔后长城进入横山区。进入横山后,长城没有走芦河西岸的分水岭上,而是沿芦河西岸山梁的西侧向东北延伸,直至无定河。过无定河后,长城进入榆阳区,顺无定河北侧支流源头北边向东北延伸,过芹河乡,穿榆溪河后继续东北行,经麻黄梁镇、大河塔乡,直至过红柳沟后,进入神木市。长城从神木市高家堡镇红柳沟北岸芦沟村东行,跨秃尾河后,东北行至灰昌沟(西沟)。过灰昌沟后,开始沿窟野河西岸北上,先后过麻家塔沟、可可乌素沟,但过可可乌素河后,长城并没有沿窟野河上游的乌兰木伦河西岸北上,而是经店塔镇碾房湾村东南后,沿窟野河支流——牸牛川西岸北上,自大柳塔镇贾家畔村进入内蒙古境界。

为了更为清晰和有条理地说明秦昭襄王长城线路,下文以现在的行政区划为单位,把延安市的吴起县、志丹县,榆林市的靖边县、横山区、榆阳区、神木市境内长城线路分别陈述,其中志丹县境内长城线路相对较短,且和吴起县相邻,所以和吴起县作为一部分进行陈述。

1. 吴起县、志丹县路线

长城从甘肃省华池县乔川乡贺家湾村电杆梁崾崄以东的大掌梁开始进入吴起县庙沟乡。大掌梁一段长城墙体残损严重,仅存城墩,但墙基痕迹明显。长城东行,又经大掌崾崄向东延伸,在庙沟乡郝林沟村南四沟岔过沟后复上山。从此以后,便沿陕甘交界的城墙岭由西北折向东南行。先后经过四盘崜、白涧、城梁盖、刘梁、胡掌崾岘、三涧、林沟掌、新庄涧、营湾、墩梁、胡西涧、东涧崾岘、东涧、瓦渣崾岘等地，进入长官庙乡境内。

长城由瓦渣崾岘进入长官庙乡以后，开始沿洛河支流三道川北岸梁峁东北行，先后经白沟村梨树掌、阳台村城墙、阳台村阳洼、阳台村阳家沟、张沟门村、齐桥村阳庄组、齐桥村高台组。从西北处进入吴起镇蔺砭子村，在此三道川川道开始折向东，长城也开始顺着川道北面的山体折向东行，先后经蔺砭子村、宗砭子村、姚沟门村城壕湾，在经城壕湾后长城过洛河，然后从洛河东岸的石碑湾村沿杨青川北岸东北行，经中杨青村、刘砭村、杨青村、西沟塔村，在西沟塔村处，长城穿杨青川而过，向东南行，然后经瓦社村、高楼湾沟掌、南梁、高楼湾脑畔山背峁等处进入薛岔乡境内的李拜寺村。

长城在进入吴起县薛岔乡后，经李拜寺村、郭畔村贺阳湾，第一次进入志丹县，经志丹县金丁镇马莲崾岘村、刘庄村后，进入薛岔乡郭畔村小木界；在过小木界后，长城第二次进入志丹县，基本呈南北走向，经志丹县金丁镇卜鱼沟村黄草圪、卜鱼沟村杀墩台（酸刺沟）后，进入薛岔乡南沟村柳沟组；经柳沟组后，长城第三次进入志丹县，经志丹县纸坊乡李家畔村，过李家畔沟，在村北脑畔崾岘上山后又复下山，长城回到吴起县薛岔乡境内。

长城由志丹县纸坊乡李畔村脑畔崾岘延伸到吴起县薛岔乡大路沟村东南的城壕沟，此后，基本呈南北走向。先后经薛岔村大路沟组、南沟组，雷坡村周崾岘组、鸟湾组，双庙村石咀沟组、老庄组，杨新庄村西沟组、林湾组，过林湾组后，长城进入五谷城乡白草沟村杨家沟，然后经四河堡村西沟组后，再次进入薛岔乡。长城在经过五谷城乡四河堡村西沟组后，进入薛岔乡的杨新庄柳家湾村，经柳家湾村、满泉河、赵家山，复进入五谷城乡四河堡赫家沟村，过郝家沟村后长城进入到靖边县周河镇杨家沟村老坟崾岘。周崾岘北的山峁上有一处大型遗址，前人调查也多提及此地，如彭曦、[1]延安地区文物普查队[2]都对该遗址进行了论述。遗址整体利用自然山峁平台地，将其四周进行铲削成坡度较大的立面，然后在外侧再加筑夯土层。遗址内遗物相当丰富，有板瓦、筒瓦、瓦当、生活器具残片、铁

---

[1] 彭曦：《战国秦长城考察与研究》，第199页。
[2] 延安地区文物普查队：《延安地区战国秦长城考察简报》，《考古与文物》1990年第6期。

器残块、车组件、弃骨等。瓦片的纹饰以外绳纹、内麻点纹为主，生活器具主要有瓮、盆、壶、罐、钵等。

吴起县、志丹县是黄土高原梁峁沟壑丘陵地貌，境内山地属于白于山山脉，河流属于洛河水系。洛河西侧支流有头道川、二道川、三道川等，东侧支流有窝窝沟、宁赛川、杨青川等（图一八）。

图一八　吴起县秦长城

2. 靖边县路线

长城由吴起县五谷城乡郝家沟村南进入到靖边县周河镇。长城从周河镇杨家沟村老坟崾岘西南1公里处开始沿芦河和延河的分水岭——白于山脉东北行。

长城过老坟崾岘后进入中山涧乡，经代响梁村北、白天赐村南、榆树台村后进入到新城乡黑龙沟村盘古梁村。在新城乡，长城经盘古梁村、李家崾岘村南后，从湫沟村东北进入到大路沟乡。进入大路沟乡后，东北依次历经柴家湾村、柴崾岘、后阳湾村、火石梁村、凤凰山，过凤凰山后进入到杨米涧乡。进入到杨米涧乡后，东北经碾道湾村、柠条湾村后，便进入天赐湾乡，然后继续沿芦河上游的白于山脉东北行,经小墩山村西南、前山村东北、谷家畔村西、新庄乡、乡政府西北250米的瓦渣梁后进入乔沟湾乡(图一九)。

图一九　靖边县秦长城

　　开始沿芦河和大理河的分水岭北上,经大湾村西、高元峁、刘涧村、雪畔村后,进入小河乡乔家圪则村。在进入小河乡乔家圪则村与龙洲乡甘沟则轮则壕村之间14 000米的区域内,不见痕迹,经过实地调查访问,当地老乡也未曾听说过该区域内有秦长城。该地段处于沙地、平原、梁峁沟壑三种地貌交界地带,有土壤沙化、水土流失现象,再加之年代久远,风化、沙土掩埋和沙棘、柠条等野生植物的破坏,造成长城在地面上消失。在龙洲乡甘沟则轮则壕村西南1 500米处,长城开始断续出现,并向东北延伸。值得注意的是,秦昭襄王长城也在此处附近与明长城(大边)交汇,再向东北延伸2 400余米后,即在龙洲乡黄草圪村东100米处,与明长城(大边)再次交汇,从交汇点东北断续延伸1 500余米后,即黄草圪村东北1 600米处,长城墙体再次不见痕迹。直至东北延伸11 200米后,即杨桥畔镇砖窑峁村北500米处,才发现长城痕迹。此段墙体消失的原因也是因为土壤沙化、水土流失、自然风化、沙土掩埋等自然破坏。

长城从杨桥畔镇砖窑峁村北500米处出现后,便沿芦河西侧沙滩、沙丘地东北行,由于墙体所经地是沙梁、沙丘地貌,所以长城断续存在,许多地方墙体完全坍塌,仅能看到地面上的瓦片堆积。长城在过杨桥畔镇草沟村后,便进入横山区境内。

3. 横山县(区)路线

长城从靖边县杨桥畔镇草沟村东北2公里处开始进入横山区(原横山县)内,沿芦河西岸山梁的西侧向东北延伸,历经塔湾镇清河沟村、阎渠岔村、石井村、杜新庄村、芦沟村、四里坬村、石克峁村、阎渠村、响水塘村。长城在过响水塘村后,便进入赵石畔镇,东北经桃梨塌村、刘家洼村、程家沟村、木耳峁村、郭家湾村、石庙沟村。从石庙沟村西北1 600余米处进入横山镇,东北经南盘道梁村、城山村、李新庄村坠道峁东南、李新庄村北、东峁村、高家峁村、李家洼村、陈圪堵村,然后穿无定河北上进入榆阳区。东北过红石桥乡曹家沟村东、井界村西、古城界村西、肖家峁村、西左界村、东左界村,然后进入巴拉素镇的乔家峁村、张家湾村,长城在张家湾村东北1公里处回到横山境内(图二〇)。

图二〇　横山县秦长城

长城在榆阳区巴拉素镇张家湾村东北 1 公里处进入横山区,东北经波罗镇康梁村、邵小滩村、龙泉墩村后高家峁组,在后高家峁组东北 2 公里处进入榆阳区境内。

4. 榆阳区路线

从横山区横山镇圪塔农场北过无定河后,进入榆阳区境内。进入榆阳区后,秦昭襄王长城便沿明长城外侧的沙地东北行,先后过红石桥乡曹家沟村东、井界村西、古城界村西、肖家峁村、西左界村、东左界村,然后进入巴拉素镇的乔家峁村、张家湾村,长城在张家湾村东北 1 公里处进入横山境内。东北经波罗镇康梁村、邵小滩村、龙泉墩村后高家峁组,在后高家峁组东北 2 公里处回到榆阳区境内。在芹河乡黄沙七墩村南 1 公里处与明长城交汇。无定河北岸至黄沙七墩村之间的秦昭襄王长城位于明长城的外侧,其走向也基本与明长城平行,无定河几个支流基本纳入到长城内侧,由于沙漠化扩大的影响,长城墙体大多被黄沙掩埋,时断时续,但线路基本清晰,沿墙体一线能找到外饰绳纹内饰麻点、布纹的板瓦和筒瓦(图二一)。

图二一　榆阳区秦长城

长城从芹河乡黄沙七墩村东北行,过三十台到红石峡处越榆溪河,然后继续东北走镇北台、边墙村、常乐堡村、石峁,直至十八墩村水库南岸,此段为明代大边所经地,但从大边上的墙体断面情况和及墙体周围遗物来看,明代大边应沿用了战国秦长城线路。长城从十八墩村水库西南面向东北延伸,经麻黄梁镇十八墩村砖窑河组和二墩组、王家湾村三卜树河组,在马场滩村西1500米处的漩水湾穿河而过,再经王家湾村柳巷组、杜家窑子组,然后历经吴家窑子村、后钵钵梁村、贾石畔村、大河塔乡后畔村、方家畔村、麻黄梁镇小河岔村,直至大河塔乡红柳沟南岸香水村后,长城过红柳沟进入神木市。

5. 神木市路线

长城从榆阳区大河塔乡香水村跨红柳沟后进入神木市。进入神木市后,长城便沿高家堡镇红柳沟北岸的沙漠地区东北行,由于此地带土地沙化现象较严重,致使长城破坏严重,大多被掩埋,不见墙体,但能断断续续从地面上发现堆积的瓦片,因而此段长城路线还是清楚的。长城经高家堡镇芦沟村四组南900米、三组南700米、一组西南1000米处的沙梁后,开始过秃尾河。过秃尾河后,长城便顺团团沟与喇嘛沟之间山体缓坡地带东北行,经喇嘛村、圪崂村、团团村、梁财庙村、崔家畔村后,在崔家畔村西南进入神木镇。

长城进入神木镇后,东北依次过瓦窑沟村、三道沟村、新圪崂村、灰昌沟(西沟)村,在灰昌沟(西沟)村北长城穿西沟而过,过西沟后,长城开始沿窟野河西岸山体的缓坡地折向北行,经瓜地渠村后,进入到麻家塔乡。

考古工作者对瓜地渠村的长城进行了发掘,该处遗址的建筑过程为,根据地势先下挖一条宽15.4、深0.2—1.1米的沟槽,底部基本持平,然后在沟槽内纯净黄沙上分段粗夯基础。槽内西段较深,所以基础较厚,东段较浅,基础也较薄。夯层厚薄不匀,厚度8—20厘米。夯土中除夹杂成堆砂土外,未见遗物。由于黄土与砂土容易分离,在发掘时发现黄土形成的夯窝。夯窝锅底状,直径8—12、高11厘米。在夯筑到20至72厘米后,开始在其中间部位夯筑墙体。墙体坚硬,黄土纯净,夹砂很少,土色与基础部分也较易区别。墙体保存高度8—24厘米,与基础部分存在较明显的分界。墙体两侧基础之上为踩踏土,当是在夯筑墙体的过程中形成的。同时考古工作者对附近的长城遗迹进行了调查,在调查范围内发现多处墩台、墙体遗迹,其周围皆能找到或多或少的粗细绳纹、内面带麻点纹的板瓦、筒瓦残片。有的墩台地表发现陶片数量之多令人吃惊,因此粗细绳纹、内面带麻点纹陶片也成为调查的重要线索。在确定是否为秦长城墩台时,除了夯土,更主要的是依据陶片判断,这样也就排除了把当地晚期长城遗迹误当作秦长城的可能。同时据此推测秦昭襄王修建的长城与现在我们看到的明长城有差异,其墩台之上可能存在屋顶样建筑。墩台主体为夯土结构,夯层规整,土质坚硬。有些墩台建于沙丘之上。[①]

长城从瓜地渠村东北进入麻家塔乡后,继续北上,经后麻家塔村后,在村北过麻家塔沟,然后向北依次经前麻家塔村西、经淖泥沟村东、李家村东北、老虎沟畔村。在老虎沟畔村北,长城穿常家沟而过,并利用此沟做自然天险。过沟后,长城向北走王家沟村边墙梁,在边墙梁东北3公里处过可可乌素河,同时可可乌素河作为自然天险,也成为长城防御体系中的一部分。过可可乌素河后,并没有沿窟野河上游的乌兰木伦河西岸北上,而是向东走,从店塔镇碾房湾村东南过后,开始穿乌兰木伦河。在过乌兰木伦河后,长城进入孙家岔镇,开始沿窟野河支流——犇牛川西岸北上,经高家塔村东、燕家伙盘村、平士梁村、宋家山村、刘成㟷山村,然后进入大柳塔镇。然后继续北上,先后过油房梁村、阿沙㟷村、石窖塔村、哈特兔村、黑圪旦村、杨旺塔村、特麻沟村、贾家畔村,然后进入内蒙古自治区境界。

6. 陕北地区秦昭襄王长城线路新认识

基于文献记载及前人的考证、调查成果,通过对陕北境内秦昭襄王长城路线进行了全面实地调查,一方面印证了前人的成果,即秦昭襄王长城在陕北境内的基本路线,先后历经吴起、志丹、靖边、横山、榆阳、神木等县区,此区域在秦国基本上属上郡管辖;另一方面,发现了一些新的线路,从而纠正了文献记载、前人考证的失当之处,并填补了前人研究的空白。

在吴起县境内,前人对三道川附近的长城路线有着不同的认识。彭曦认为,长城在进入三道川后,是沿三道川南岸向东行,直至杨青村处过洛河。[②] 延安地区文物普查队认为,长城在三道川两侧都有分布。[③] 经过实地调查发现,长城是

[①] 陕西省考古研究院等:《神木县西沟秦长城遗址发掘调查报告》,《考古与文物》2011年第3期。
[②] 彭曦:《战国秦长城考察与研究述略》,《宝鸡文理学院学报(社会科学版)》1991年第3期。
[③] 延安地区文物普查队:《延安地区战国秦长城考察简报》,《考古与文物》1990年第6期。

在三道川北岸的山坡处及二级台地上东行的,这条线上能够发现断续的墙体遗存以及城墩、烽燧,长城沿线(特别是城墩附近)发现许多外绳纹、内麻点纹瓦片。从地形地貌上看,三道川在东北注入洛河的过程中,有明显的南切倾向,致使三道川南岸的山体较之北岸显得更为陡峭,而北岸的山体较平缓。从现在居民状况来看,当地居民也多是在三道川北岸的缓坡处及台阶地带居住,而很少在川道南岸居住。这样的缓坡处符合战国秦长城修筑的选址要求,便于削堑、夯筑。

长城在吴起县的修筑有着十分明显的特征,其一,在三道川上游地带,有部分地段(如阳台村附近)是在三道川北岸山峁的南、北两侧交错分布,即长城或修筑在山峁南侧坡面上,或修筑在山峁北侧坡面上,防御方向似乎包含南、北两侧;其二,在杨青川和三道川地段,长城虽是在川道北岸分布,但多是修建在北岸山峁的南坡上,仿佛是在防御南方。这种现象存在的原因,在史书中无从查询,也无学者进行考证。我们推测,出现这种情况的原因存在两个方面的可能性,一方面,秦昭襄王长城经此路线应无问题,这从沿线遗物、长城建制中都能证实,只是在秦昭襄王修筑长城前,此地可能已存有别国长城,秦昭襄王后来对此进行了利用;另一方面,此条长城可能是为了防止内侧游牧民族北上。此条长城的内侧为洛河河谷地带,此地原为戎人的聚居区,当秦人占据此地后,压缩了当地戎人的生存空间,一些部落为摆脱秦人的控制,可能会沿洛河河谷带北上,所以修筑在山峁南侧坡面上的长城也可能是防止游牧民族北上。

长城从延安市吴起县进入榆林市以后,先后经过靖边县、横山区、榆阳区、神木市,而后进入内蒙古境内,此条线路主要的认识差别在于,秦昭襄王长城与明长城的位置关系。彭曦认为,靖边、神木市境内明长城部分利用秦昭襄王长城的旧址,横山、榆阳区境内明长城则全部利用了其旧址。[①] 经过我们调查发现,秦昭襄王长城基本位于明长城外侧 1—2 公里的范围内,或者稍远的地方,虽然在部分地段明朝存在沿用秦昭襄王长城的现象,但总体上讲,两者基本是并行走向,并不存在大面积的沿用问题。

在靖边县,长城在进入小河乡乔家坬则村与杨桥畔镇砖窑峁村区域内,由于受土地沙漠化及水土流失等因素的影响,基本不见痕迹,只能从遗存的瓦片来判

---

① 彭曦:《战国秦长城考察与研究述略》,《宝鸡文理学院学报(社会科学版)》1991 年第 3 期。

断长城的大致线路。这段线路上,长城在龙洲乡甘沟则轮则壕村西南1公里处及龙洲乡黄草圿村东与明长城两次相汇,这两点内的明长城位于秦昭襄王长城内侧,其余地段的明长城位于秦昭襄王长城外侧。

在横山区,秦昭襄王长城此段路线是全新发现,经调查它并没有走芦河西岸分水岭的制高点,而是沿芦河西岸山梁的西侧向东北延伸,直至无定河。明长城对此长城也没加以利用,而是在其外侧平行延伸。

在榆阳区,从芹河乡黄沙七墩村与十八墩村水库间明长城墙体的断面情况及墙体周围遗物来判断,此区段内的明长城基本沿用了战国秦长城线路,对于这条线路彭曦先生也做了调查。[1] 除了此段线路,榆阳区境内的秦昭襄王长城是在明长城外侧延伸的,并没有被明长城沿用。

在神木市,前人对于县城以北的战国秦长城走向做了调查,[2]线路较为清晰,然而县城以南则语焉不详。通过实地调查,对于神木市城以南的长城走向也基本摸清,其整体线路位于明长城的外侧,走窟野河系与秃尾河系的分水岭。

秦昭襄王长城所历经的陕北地区,是黄土高原与内蒙古高原的相接地带。黄土高原是在中生代基岩所构成的古地形基础上覆盖新生代红土和很厚的黄土层,再经过流水切割和土壤侵蚀所形成的,陕北地区的黄土高原是我国黄土高原的中心部分,基本地貌类型是黄土原、梁、峁、沟。延安市的吴起县、志丹县主要是梁峁沟壑丘陵区,榆林市的靖边县、横山区、榆阳区、神木市的北部,为著名的毛乌素沙漠。陕北的黄土高原上分布的主要山脉有白于山、横山等,河流主要有洛河、红柳河、芦河、无定河、秃尾河、窟野河等。

陕北地区特有的地形地貌给长城的修筑提供了极为有利的条件,秦昭襄王长城一方面沿白于山、横山等建造,以达到居高临下的防御效果;另一方面利用洛河、无定河、秃尾河、窟野河等天险,作为长城防御体系中的一部分,以达到防御目的。同时长城的修筑也推移到几条河流的中上游,这样就把河流纳入到长城的内侧,为农业的发展提供了很好的水源。

---

[1] 彭曦:《战国秦长城考察与研究》,第215页。
[2] 陕西省考古研究所陕北考古队、榆林地区文物管理委员会:《神木市窟野河上游秦长城调查记》,《考古与文物》1988年第2期。

(四) 内蒙古段路线

内蒙古段秦昭襄王长城,从陕西省榆林市府谷县由南向北进入伊金霍洛旗,向北经过准格尔旗,再向东北经达拉特旗后,最后向西止于东胜区。位于鄂尔多斯市伊金霍洛旗纳林陶亥镇政府驻地东约14公里的布尔洞塔村三社的束会敖包梁的山丘上,在束会敖包梁登长城远眺,可以看到这条长城蜿蜒曲折,随地形高低起伏,直达天际,隐没于苍茫烟云之中。

史念海师对这段长城进行了实际考察,得出的结论是:循窟野河北,由束会川西岸至纳林塔附近,北向趋铧尖乡,再至脑包梁,然后折而东行,经巴龙梁、神树沟、德胜梁,而北至坝梁,又折而东,至点素脑包,最后达到十二连城之北,黄河侧畔。其遗迹断断续续,已难尽睹全貌,其北端也已为黄河所冲蚀,旧迹更是不可再见了。这段长城虽曲折蜿蜒,其最为显著的转折点实际有三处,就是敖包梁、坝梁和公益盖梁上的点素脑包。这三处转折点论地势都较高亢。不必细究这三处的具体高程,当地都成为几条不同流向的河流的分水岭,就是具体的说明。秦长城正是控制着这几处高亢地方,然后在山其间的梁上互相联系起来。鄂尔多斯高原东部乃一丘陵地区,丘陵多,梁多,正是适宜于建筑设施的地方。因此,这里的长城就自然具有居高临下的特点,易于防守。[1] 谭其骧先生主编的《中国历史地图集》第二册第5—6页秦代"关中诸郡"图所示,秦昭襄王长城也是从东胜东转向东北托克托对面的黄河岸边,与史氏大致相同。[2] 彭曦在1987—1988年间对战国秦长城专题考察后认为,点素脑包与十二连城之间,并无秦长城,由其所绘制地图看,他认为本段长城应该更加靠西,大致从达拉特旗敖包梁往东北行,至于准格尔旗北部的黄河岸边,所认定的大致走向与史念海并无大的区别。[3] 20世纪80年代进行了第二次全国文物普查,对这段长城也进行了普查,成果已经由国家文物局汇集出版,在《中国文物地图集·内蒙古》卷第256—257、262—265页,标注鄂尔多斯市的东胜区、达拉特旗、伊金霍洛旗、准格尔旗五个行政区有战国秦长城遗迹。按照这次文物普查资料,战国秦长城在准格尔旗暖水乡榆树壕村西分为两支,一支在此附近至脑包梁折向东北,经巴龙梁、神

---

[1] 史念海:《鄂尔多斯高原东部战国时期秦长城遗迹探索记》,《考古与文物》1980年第1期。
[2] 谭其骧:《中国历史地图集》第二册。
[3] 彭曦:《战国秦长城考察与研究》,第227—235页。

树沟,到坝梁又折向东,到点素脑包后深入到十二连城北的黄河边,沿袭了史念海的基本看法。另有两段长城也被认定为秦昭襄王时代所筑:一是从榆树壕往西,经过达拉特旗敖包梁,西北至东胜区东北与达拉特旗交界处的那段;另一是达拉特旗新民堡乡—树林召乡长城。① 2009—2010 年,国家相关部门又动用大量人力、物力、财力,进行了早期长城资源的专题调查,这一次调查对鄂尔多斯战国长城走向、性质有了更加清晰的认识,相关资料更加详细、准确。例如,明确了准格尔旗铧尖村到暖水村的长城走向,否定了原先史念海、第二次文物普查所认为的铧尖与敖包梁之间有长城的看法,这是对此前模糊认识的一个进步。对东胜北、达拉特旗战国长城也有了进一步的认识。报告认为,从战国秦长城的北端点顺着东西向分水岭向西,到达哈什拉川的源头地带,然后顺着哈什拉川向北,新民堡长城的东端点就在哈什拉川的西岸,然后沿着东西走向的新民堡长城向西,与当时的黄河南河南岸连接了起来。② 这条长城至今还有两段保存较好,一段为东胜梁长城、一段为新民部堡长城,在长城之外还利用了山、河之险,沿边内侧并有榆树壕(属准格尔旗)、二狗湾、哈勒正壕、康家湾(此三者属达拉特旗)等城池,西北至于乌拉特前旗附近黄河岸边,构成一个完整的防线。③ 通过所得最新调查资料,发现长城大致以暖水为界,走向、修筑方式都发生了明显变化。

这段长城大多是用夯土筑成的,历经风雨剥蚀及其人为破坏,倾圮崩坍,已非原来旧观。遗迹侧面夯土层清晰明显,各层薄厚仿佛整齐划一。上端间或未盖浮土,夯土后所留下的杵臼痕迹,皆紧密连接,中间尚未发现未经夯过的空隙。现在虽已属残垣败墙,高低参差不齐,然大部分尚高 2 米有余。

这段长城也是根据原来地形,随地势的高低而表现出时有起伏。巴龙梁东部逐渐低下,呈缓坡状,长城遗迹亦相应逐渐趋下,以越过暖水川。这段暖水川当是早已有之,故这里的长城遗迹随缓坡下降,直至川道深处,利用陡绝的深崖,补人工之所不及。越过这里的川道以后,再循坡而上,直攀上对面的梁头。

---

① 国家文物局:《中国文物地图集·内蒙古》,西安地图出版社,2003 年,第 607 页。
② 内蒙古自治区文化厅(文物局)、内蒙古自治区文物考古研究所:《内蒙古自治区长城资源调查报告·鄂尔多斯—乌海卷》,文物出版社,2016 年,第 4 页。
③ 内蒙古自治区文化厅(文物局)、内蒙古自治区文物考古研究所:《内蒙古自治区长城资源调查报告·鄂尔多斯—乌海卷》,第 20—33 页。

这段长城遗址全长约 40 里,保存最好的一段位于纳林陶亥镇布尔洞塔村三社的束会敖包梁上,系用自然石片垒筑。遗迹高 1.7 米,宽 3 米多。其结构多为自然石片垒筑而成,墙缝既无引泥,又无白灰。该段长城残埋于地下,或暴露于地表。亦有夯土所筑的城墙,一些保存较好的地段,其夯土层历历可见,各夯土层薄厚均匀,夯窝排列整齐、密集。长城墙体遗留有亭障、烽燧、障城、采石场、建筑基址等遗迹。在烽燧周围发现有绳纹板瓦、筒瓦等建筑遗物,但数量较少。

第四章 秦始皇时期的万里长城

秦始皇长城是中国历史上第一条万里长城,为了对付北方的匈奴族而修建,对中国历史影响深远、意义非凡,值得认真研究与总结。

秦始皇万里长城从西到东,横跨中国的西北、华北、东北。万里长城的修筑和利用,既可以巩固统治,又可以满足当时社会经济发展的需要。万里长城与其他军事防御工程的区别有两个:其一,长城防御体系的主体,由连绵的墙体所构成,这就是长城的"长";其二,防御体系是纵深的,其防御体系是由关隘、城堡、烽燧等与连绵的墙体相互联系,按特定结构方式组合而成的具有防御功能作用的有机整体。

一、秦始皇修建长城的原因

秦始皇修建万里长城是为了对付北方的匈奴族。秦王朝建立后,所推行的一系列内外政策,是要体现秦始皇的意志,实现统治者追逐的理想抑或梦想。作为永载史册的一代有为帝王——秦始皇,更是不惜以血的代价来实现自己的理想与统治。"续六世之余烈,振长策而御宇内,吞二周而亡诸侯,履至尊而制六合,执捶拊以鞭笞天下。威振四海,南取百越之地,……北筑长城而守藩篱"。[1]既要建立万世基业,又要实现统驭万民的霸业。

秦王政掌握大权后,通过军事征伐先后灭掉了韩、赵、魏、楚、燕、齐各诸侯国,最终结束了长期以来诸侯割据称雄的局面,建立了中国历史上第一个统一的、中央集权的帝国。随后,实行了"堕坏城郭,决通川防,夷去险阻"[2]和"一法

---

[1] (汉)司马迁:《史记》卷六《秦始皇本纪》,第280页。
[2] (汉)司马迁:《史记》卷六《秦始皇本纪》,第252页。

度衡石丈尺,车同轨,书同文字"①等一系列对内统治政策,目的就是要建立永久性的大帝国,世代相传,达到"朕为始皇帝。后世以计数,二世三世至于万世,传之无穷"②的目的。然而,当时在秦的北部却存在一个强大的游牧民族匈奴,严重阻碍和威胁着秦王朝势力的扩张,也影响秦的政治中心——咸阳的安全,甚至威胁到秦的统治,成了秦始皇心中的大忌,于是秦始皇开始对匈奴使用武力来解决这个问题。

一提到万里长城,人们首先想到的就是秦始皇,尽管秦始皇不是历史上修筑长城的第一人,也不是最后一人,但在人们的印象里,长城与秦始皇有着千丝万缕的联系。秦始皇是一个有着强烈危机感和忧患感的帝王,也是一个好大喜功、有强烈欲望的帝王。他当上皇帝之后,并没有因有一统天下的成就而陶醉,相反却一直忧心忡忡。秦帝国是在战争的基础上用军事征服建立起来的,关东六国实质上并未心服口服,伺机进行复辟,以夺回他们失去的贵族权利。因此,谋求秦帝国的长治久安是秦始皇的最大心愿,也是他的心病,这件事无时无刻不在困扰着他。

与此同时,北方的匈奴人实力不断发展强大,对秦政权造成严重的威胁。采取修筑长城这一军事设施,在当时历史条件下不仅在统一战争中对付中原各国行之有效,而且也是阻止游牧民族侵扰的有力举措。居住在我国北部地区蒙古高原一带的游牧民族匈奴族,是一个具有悠久历史的古老部族。《史记·匈奴列传》记载:"匈奴,其先祖夏后氏之苗裔也,曰淳维。……居于北蛮。"长期过着游牧生活,"随畜牧而转移,其畜之多则马、牛、羊。……逐水草迁徙,毋城郭常处耕田之业,然亦各有分地"。③过去我们常常认为匈奴是游牧生业方式,实质上根据文献与考古资料来看,匈奴并非纯游牧生业方式,而是半农半牧的生业方式。在已发掘的匈奴古墓中,不但出土有大量的马、牛、羊骨以及箭镞、马衔等,而且也有农业生产工具,在蒙古各地古代匈奴的方形石墓中,发现了公元前7—3世纪的石臼等器物。不过,农业经济在匈奴族中占的比重比较小,所以是以善骑

---

① (汉)司马迁:《史记》卷六《秦始皇本纪》,第239页。
② (汉)司马迁:《史记》卷六《秦始皇本纪》,第236页。
③ (汉)司马迁:《史记》卷一一〇《匈奴列传》,第2879页。

射、攻战和掳掠为其特征,《史记·匈奴列传》载"儿能骑羊,引弓射鸟鼠,少长则射狐兔,用为食。士力能弯弓,尽为甲骑","宽则随畜,因射猎禽兽为生业,急则人习战攻以侵伐……利则进,不利则退,不羞遁走"。[1]

战国时期的匈奴各部逐渐走向统一,建立了国家政权,军事力量也逐渐强大了起来,大约在公元前4世纪初,匈奴族就与中原发生了关系。《史记·刺客列传》载:"愿太子疾遣樊将军入匈奴以灭口。请西约三晋,南连齐、楚,北购于单于,其后乃可图也。"[2]到战国中期以后,匈奴经常南侵,多次与秦、赵、燕三国发生战争。《史记·匈奴列传》指出:"当是之时,冠带战国七,而三国边于匈奴。"[3]当时,秦、赵、燕三国正忙于统一战争,对匈奴族的南侵主要是采取守势,修筑长城,住兵戍守。比如秦昭襄王在灭掉义渠后,置陇西、北地、上郡,"筑长城以拒胡"。以阻止匈奴南下。赵武灵王"变俗胡服,习骑射",曾打败了匈奴及其所属的林胡、楼烦等部,疆域达到了阴山,并在这一地区设置了云中、雁门、代三郡。自代郡沿阴山而西,至高阙,筑长城以拒匈奴。燕国将领秦开曾在东胡为质,回燕国后,率军大破东胡,"东胡却千余里",设置了上谷、渔阳、右北平、辽西、辽东五个郡,并"筑长城,自造阳至襄平",以拒匈奴。这些战国时期长城的修筑,抑制了匈奴往南侵扰。后来,只是在赵、燕、秦三国兼并战争处于白热化的情况下,北部边防松弛之时,匈奴族利用可乘之机,才得以进占了河南地(今内蒙古伊克昭盟)。这些事实,使秦王朝进一步认识了阻止游牧民族侵扰的经验教训。

随着匈奴逐渐强盛,成为北方秦、赵、燕三国的重要外患,由于匈奴是游牧民族,是马背上的民族,一马平川的地方适合匈奴人骑射行动,修筑城垣限制他们的特长不失为一种有效的办法。因此三国分别修筑长城抵御匈奴侵扰。司马迁指出:"自三代以来,匈奴常为中国患害;欲知强弱之时,设备征讨。"[4]为了抵御匈奴,三国不得不将大量精锐部队放在北边,无法全力参与对中原的战争。在秦灭六国之时,匈奴乘秦国无暇北顾之机占领了河南地,威胁着秦王朝的北部边疆。当时,匈奴疆域东接东胡,西连月氏,控弦数十万,是中原王朝的最重要

---

[1] (汉)司马迁:《史记》卷一一〇《匈奴列传》,第2879页。
[2] (汉)司马迁:《史记》卷八六《刺客列传》,第2529页。
[3] (汉)司马迁:《史记》卷一一〇《匈奴列传》,第2886页。
[4] (汉)司马迁:《史记》卷一三〇《太史公自序》,第3317页。

外患。

就秦国而言,早期的居住地是与戎人杂处的,因此其建国史可谓一部与戎人的战争史,直到秦穆公时期"独霸西戎"才基本解决了这一问题,中间既有失败的教训,也有成功的经验。在秦昭襄王时期,胡人威胁到秦国的北部边境,秦国出于东进的考虑,对胡人采取了筑城防守的策略。秦昭襄王长城修筑于两千多年前的战国时期。战国中后期,匈奴的力量进一步增强,他们飘忽不定的作战方式令中原国家头疼不已。赵武灵王以胡服骑射革新武装,在与胡人的斗争中大获全胜。秦始皇统一全国时,匈奴人逐渐由一盘散沙汇合成一个较为统一的国家,实力又有所增强。当时双方边境相对稳定,秦军与匈奴间没有大规模的冲突。这一方面是因为秦军善战,匈奴人不敢轻易挑衅。另一方面也是因为匈奴所处的形势险恶,他们西临大月氏,东接东胡,南面强秦,三面都有强敌存在,匈奴不敢轻举妄动。

按照当时的情势判断,如果秦帝国不主动挑起事端,匈奴是绝不敢轻易南下的。秦始皇是个有雄才大略的帝王,他早有征伐匈奴之心。始皇二十六年,也就是秦国刚刚完成统一之年,秦始皇就有意趁热打铁,一举收服匈奴。于是在朝廷召集群臣廷议此事,受到丞相李斯的强烈反对。李斯认为与匈奴交战有弊而无利,他分析双方的情势之后,给出了不可攻击匈奴的几条理由:其一,匈奴人"逐水草而居",居无定所,很难将其制服。这在很大程度上是因为他们没有城池居住也没有财富需要保护,根本不怕攻击。其二,攻击匈奴,秦将处于两难境地。如果派轻骑兵速战速决,粮草供应问题很难解决;而如果派辎重大兵压境,则部队的机动灵活程度受损,很可能追击不上匈奴。其三,即便战胜匈奴,结果也是无利可图。匈奴地处蛮荒,经济文化非常落后,对秦国的发展壮大没有多少效益。另一方面,俘获的匈奴民众也不好驾驭,弄不好还是安全隐患。

李斯的分析是有道理的,后来形势的发展也与他的分析有许多吻合之处。李斯是秦始皇最为倚重的大臣,他的观点在秦始皇那里有相当分量。再加上中原刚刚统一、百废待兴,稳定中原局势显然比贸然进攻北方更为妥当,秦始皇只好将北击匈奴的打算先搁置下来。然而到秦始皇三十二年时,当方士卢生向秦始皇献上"亡秦者胡也"的图谶时,秦始皇的情绪为之一振,他觉得大展身手的时机到了,消除秦帝国隐患的时机来了。在他看来,如果不立即北击匈奴,秦帝国很可能会亡于日益壮大的胡人之手。于是他委派能征善战的大将军蒙恬率领三十万精兵强将向匈奴发起了冲击，一举收复了河南地与榆中地区，第二年又收复高阙，直抵阴山及河套地区。匈奴受到沉重打击，他们不仅抵挡不过蒙恬的攻击，还担心东西两翼受到袭击，最后干脆逃往大漠北方去了。

秦始皇之所以把筑长城作为防御匈奴的一项重要军事设施，这是秦国长期进行军事斗争经验的概括和总结，也是对战国时期修筑长城经验的总结。从秦国发展壮大的历史来看，可以说与在军事上采取修筑长城这一重要军事设施密切相关。战国时期魏、赵、韩、燕、齐、楚、秦等国为加强自身的军事防御力量，各自都利用一些关隘、山河等险要的地形修筑长城。

在商鞅变法以前，秦国力相对比较弱，正如《史记·秦本纪》所载："往者厉、躁、简公、出子之不宁。国家内忧，未遑外事，三晋攻夺我先君河西地，诸侯卑秦，丑莫大焉。"[①]于是秦国对加强自身防御力量的要求更为急迫，因此，秦国采取修筑长城这一军事设施。秦始皇修筑"万里长城"已是秦人第四次修筑长城。秦国历史上多次修筑长城的记录，反映着秦国军事力量的上升和领土的扩大，反映出秦国统一战争在不同历史阶段中所采取的措施是不同的。

秦统一六国后，对秦王朝巩固和统一构成的最大威胁就是匈奴族，拥有骑兵数十万，以河套为据点，随时都可能南下关中，直抵首都咸阳。为解除其威胁，秦始皇不得不改变策略，主动出击，秦始皇二十七年（前220年），对维系关中安危的陇西、北地两郡进行视察；秦始皇三十二年（前215年）秦始皇再一次对北方边境进行巡视，表明出击匈奴的决心。接着便令蒙恬率30万大军进行军事打击、北逐匈奴。《史记·匈奴列传》载：十万大军迅速地收回了河南地，并在这一带设置了44县，筑了县城，设置九原郡管辖这一地区，还将一些有罪的官吏及中原地区部分人民群众迁徙到这些地方开垦种植，充实边郡。第二年，秦军北渡黄河，攻克高阙、阳山等地，利用地形、地貌，修缮、增补了秦、赵、燕原长城。秦始皇三十四年（前213年）秦王朝又将秦、赵、燕三国原有的长城连接起来，修筑起一条西起陇西郡临洮（甘肃岷县），东至辽东郡的秦万里长城。这也是在当时抵抗匈奴入侵的一条军事城防线。在长城要塞秦王朝派兵戍守、垦荒种地，加强了秦

---

① （汉）司马迁：《史记》卷五《秦本纪》，第202页。

的军事防御力量。

匈奴是我国北方一个强大的游牧民族,战国后期,中原兼并战争日趋激烈,各国无暇北顾,匈奴利用其善于骑射的特长,大举南下,占领了现今辽宁北部、山西北部、内蒙古、宁夏一带的广大地区,跨越黄河,并进占水草丰茂的河套地区。崛起于漠南草原,称雄于"河南地"的匈奴,以阴山为障,不时南下侵扰秦西北边地,不仅严重阻碍了秦王朝版图的扩张,而且对秦王朝统治中心咸阳构成了极大威胁。这种现状是刚刚完成中原统一大业的秦始皇难以容忍的,对于已经翦灭了六国的秦始皇来说,其宏图大略远不只是解除来自草原上匈奴人的巨大威胁,巩固其在中原地区的统治,而是为了向北方扩展势力。秦始皇出巡时曾勒石颂功:"六合之内,皇帝之土,西涉流沙,南尽北户,东有东海,北过大夏,人迹所至,无不臣者。"①他不仅要统一诸夏,更要荡平"四夷","抚有蛮夷","以属诸夏",使"皇帝之德,存定四极","声教迄于四海"。这种根源于周代以来的"普天之下,莫非王土;率土之滨,莫非王臣"的"王者无外"价值观,正中秦始皇的心意——皇帝不仅仅是中原华夏人的皇帝,而且是包括蛮夷夷狄在内的所有天下人的皇帝,这正是秦始皇积极向外扩张领土的主观动力。秦灭六国的次年,"始皇巡陇西、北地,出鸡头山,过回中",②第一次出巡就把注意力放在西北部,是极有深意的,既有拜谒始祖、告慰始祖之意,也有威慑西北少数民族之意。公元前215年,始皇再次巡视北边,"东北至碣石,巡北边,从上郡入"。③

由于匈奴游牧民族是马背上的民族,"逐水草而居",个个都善骑射,性格勇猛、凶悍、尚武,因而建立起了一支攻击力和野战机动力都很强的骑兵部队,常常出其不意地袭击敌人后方和侧翼。中原政权以大军出击,匈奴则快速远遁;大军一撤,袭扰如故。也就是《史记》所述"利则进,不利则退,不羞遁走"。④ 加之北部边陲地理环境高寒,不利农耕,粮食筹措不易。因而,与匈奴作战首先要解决如何保证后方和侧翼安全问题,其次要解决军粮草筹措问题。也就是说,最大的困难不是作战行动而是后勤保障。为此,公元前221—前216年,秦王朝用了整

---

① (汉)司马迁:《史记》卷六《秦始皇本纪》,第245页。
② (汉)司马迁:《史记》卷六《秦始皇本纪》,第241页。
③ (汉)司马迁:《史记》卷六《秦始皇本纪》,第251页。
④ (汉)司马迁:《史记》卷一一〇《匈奴列传》,第2879页。

整5年时间来进行以后勤为重点的战前准备工作。秦始皇二十六年(前221年),完成了吞并六国、统一天下的大业,建立了中国历史上第一个统一的中央集权制的帝国。在秦始皇统一六国的时候,北方的匈奴部族日益强大起来。其首领头曼单于率兵占领了大漠南北的广大草原。后来又乘秦国伐楚时北方守备空虚的机会,越过阴山和赵国长城及黄河,占领了河套及其以东地区,匈奴军队活动地域距离秦王朝首都咸阳仅数百里,极大地威胁到了秦的安全。公元前215年夏秋之季,秦始皇派蒙恬率领30万大军,兵分两路北击匈奴。主力军由上郡经榆林,进入河套北部。另一路兵出萧关(今宁夏固原东南)进入河套南部。秦军迅速击溃了河套地区的匈奴部落。公元前214年,蒙恬又率军先后攻占高阙、阳山(阴山西北的狼山)、北假(今内蒙古五原西、河套以北、阴山以南地区)。匈奴慑于秦军的武威不战而退,匈奴占据的边境全部为秦所控制。将匈奴人赶到了阴山以北。正如贾谊在《过秦论》中所言:"却匈奴七百余里,胡人不敢南下而牧马,士不敢弯弓而抱怨。"[①]然而匈奴人是游牧民族,是马背上的民族,逐水草而居,来去飘忽不定,始终是秦王朝的威胁,而要挡住匈奴人的进攻和骚扰,修建长城在当时是最有效的办法。

秦始皇为什么修长城?秦始皇修长城真正的目的是什么?有人说秦始皇修长城是劳民伤财,损人不利己,这是真的吗?秦始皇修长城的目的主要是抵抗匈奴,是不得已采取的措施,有人认为修建长城的成本太高,实质上并非如此。我们就从成本和收益上两个方面来算算这笔账。农耕民族在与游牧民族作战中,其投入的成本比游牧民族要高,而作战的收益却很可怜。即使占领了广袤的草原,却无法耕种,中原王朝的税收是从农民的头上获取的,没有了农民,要那么大片的草原有什么用处?即使打赢了对游牧民族的战争,也要被高昂的战争成本压垮。公元前215年,在今天内蒙古的河套地区,秦朝大将蒙恬率领以步兵和骑兵的秦军,与匈奴骑兵展开了一场殊死之战,刚刚统一天下的秦军士气正旺,一举拿下了河套地区。匈奴残部望风而逃,远遁大漠。

根据《史记》记载,秦始皇修筑万里长城与当时一句谶言有关。秦始皇认为自己无所不能,但唯一害怕的就是死,他认为江山得来不易,便千方百计企图寻

[①] (汉)司马迁:《史记》卷六《秦始皇本纪》,第280页。

求长生不老药,于是"使韩终、侯公、石生求仙人不死之药。始皇巡北边,从上郡入。燕人卢生使人海还,以鬼神事,因奏录图书,曰'亡秦者,胡也'。始皇乃使将军蒙恬发兵三十万人北击胡,略取河南地"。[1] 秦始皇迷信人可以长生不老,于是在当上天下至高无上的皇帝后,尤其是到了后期,这种欲望愈发强烈起来。山东地区沿海的方士们投其所好,说东海中有三神山,三神山上有长生不老药。于是秦始皇便让方士们出海寻仙问药,以求长生不老。方士们苦寻不得,但空手而归是要杀头的,求仙人不死之药而毫无结果的燕人卢生来到咸阳,为免遭罪罚,便揣测到秦始皇戒备匈奴的心理,上奏谶纬书,称"亡秦者,胡也",以迎合秦始皇打击匈奴、解决北边防务的意图。

对于谶纬书中的"胡"到底是何指代?历史上有不同的解释,有人认为指的是胡亥。笔者觉得这种说法是站不住脚的,因为当时的胡亥尚未成为二世皇帝,太子扶苏还健在,接班人的问题秦始皇根本没有考虑,因为秦始皇绝对没有想到他只活到五十岁,他一直在寻求长生不老药,因此胡亥的皇帝大位是绝对不可能的。另一种解释就是北方的匈奴族,笔者认为是正确的。胡本身就是匈奴自称,中原华夏族也用作对匈奴的称呼。这谶言在某种程度上坚定了秦始皇伐胡的决心。

秦始皇本来迷信思想就非常严重,看到谶纬书后,认为"胡"即北方的匈奴。一直以来,匈奴一直骚扰中原各国边境,对秦朝的安全构成了很大的威胁。于是,他一方面命令蒙恬率领三十万大军横扫匈奴,夺取河套地区;一方面修筑万里长城,以防备匈奴人的不断骚扰。然而,凯旋的秦军得到的命令却不是再接再厉,继续攻占漠北,而是在取得对匈奴的胜利后转攻为守,命令三十万大军以战国时期燕、赵、秦三国的北方长城为基础,修筑万里长城,从西北的岷县一带一直延伸到辽东,于是从西北延伸到东北的万里长城第一次出现在人们的眼前。

那么,究竟是什么原因导致了秦始皇停止北伐,反而动用大量的财力、人力、物力去修筑万里长城呢?费孝通先生认为,农业离不开土地,农民难以背井离乡。而在游牧经济中,牧民得和牲口一起在草地上移动,即所谓"逐水草而居"。牧民有马匹作行动的工具,行动比较迅速,集散也比较容易。由于自然环境发生

---

[1] (汉)司马迁:《史记》卷六《秦始皇本纪》,第251页。

巨大变化,牧民遭遇灾荒,北方草原上的牧民往往成群结队,南下就食农区。当双方的经济和人口发展到一定程度,农牧矛盾就会尖锐起来,牧民成为当时生活在农区人的严重威胁。对这种威胁,个体小农是无法抵抗的,于是不得不依赖可以保卫他们的武力,以及可以动员和组织集体力量来建筑防御工程的权力。这也是促成中央集权政体的一个历史因素。而长城正好表现了这一历史过程。[1]

秦始皇是我国一位杰出的政治家、战略家,站在秦始皇的角度来思考对付匈奴的难题应该比较符合当时的社会现状。对于修建长城的利与弊他是经过认真权衡的。首先,秦始皇统治的民众基本上都是农民,而如果要深入大漠与匈奴作战,就需要相当数量的骑兵。把平时基本不骑马的农夫转变为强大的骑兵,不仅需要大量的马匹,而且要花费大量的时间、金钱训练,同时由于这些农民当了兵,不能从事农耕,还要蒙受经济上的损失。况且即使有了强大的骑兵,要送他们到北方草原作战,粮草的运输和损耗也是一笔很可怕的开销。兵马未动,粮草先行,当时的粮草运输只能靠人力和畜力,路程遥远,消耗巨大,而且十分艰难。然而匈奴游牧民族的作战成本却很低,游牧民族从小在马背上长大,既是放牧者,也是战士,角色转换很容易,甚至可以一边放牧、一边作战,他们具有"上马则备战斗,下马则屯聚牧养"的才能。[2] 因此其后勤保障比定居的农耕民族容易多了。美国学者拉铁摩尔认为:"在这种战斗中,游牧民族有两样东西的协助,一个是整个人口及财产的机动性,使之能够躲避从定居社会侵入草原的远征。另一个是游牧骑兵的机动性,使他们能够有力地袭击定居社会。"这两件事除去完全的军事重要性外,还有其经济的重要性。定居民族要装备一个机动的远征军,其代价较游牧民族要大得多。游牧民族可以用毁坏作物、掠夺谷仓、俘获居民的方式对对方加以重创。而他们可以在逃避进攻时,移走帐篷,赶走牲畜,就可以减少损失。[3] 农耕民族作战的成本比游牧民族要高得多,而作战的收益却很少。即使占领了广袤的草原,却无法耕种,中原王朝的税收是从农民的头上获取的,没有了农民,要那么大片的草原有什么用处?即使打赢了对游牧民族的战争,也要被高昂的战争成本压垮。反观游牧民族,他们来去飘忽不定,掠夺农耕民族积

---

[1] 费孝通:《中华民族的多元一体格局》,《北京大学学报(哲学社会科学版)》1989年第4期。
[2] (明)宋濂等:《元史》,中华书局,1976年,第2508页。
[3] [美]拉铁摩尔著,唐晓峰译:《中国的亚洲内陆边疆》,江苏人民出版社,2005年,第211页。

累的财富轻而易举,收益惊人。成本低,收益高,因此在自然灾害发生的时候,游牧民族便只有一条路,就是铤而走险,去掠夺农业民族。而且,"草原地区,严寒、风雪、冰雹、干旱、蝗灾、狼害等是游牧民族经济生活的大敌。由于游牧经济本身的脆弱性和不稳定性,对于自然环境有着高度的依赖,所以抵御自然灾害的能力极其有限,常处于一种被动的屈从状态,一遇风雪、旱蝗等灾害发生,往往造成牧畜大量死亡,瘟疫流行,民不聊生"。① 对于匈奴而言,大范围自然灾害的发生常对匈奴形成毁灭性打击。如武帝太初元年,"匈奴大雨雪,畜多饥寒死"。② 后元元年,"匈奴连雨雪数月,畜产死,人民疫病,谷稼不熟"。③ 地节二年,"匈奴饥,人民畜产死十六七"。④ 尽管这些文献都是汉代的,但由于有关秦的记载太少,从史料可以看出,游牧经济的脆弱导致匈奴不断南下侵扰汉边境,掳掠粮食、人口等,以弥补其经济的不足。频发的自然灾害,对匈奴游牧经济造成重大打击。通过汉代的情况,可以印证秦的情况应该好不到哪里去。

那么,如何才能改变成本和收益上的巨大差异?这其实也是基于经济成本的考量。在占据一块远离本土的领地之后,由于当地民心不稳,而敌人随时可能卷土重来,因此一般需要驻扎重兵防守,这个费用是非常惊人的。而修筑长城虽然一次性投入比较大,但是可以大大减少驻扎的军队,从长远来看还是比较划算的。关于修筑长城和驻扎重兵的成本比较,我们可以从明朝成化年间大臣余子俊奏请修筑河套长城的奏折看出端倪。当时驻守河套的八万大军一年需要米豆合计银两94万两,草料60万两,运输人员407万人次,运费825万两,所有消耗合计979万两。而修筑一段1770里的边墙预计需要5万民夫劳作60天,总共300万个工作日,按照当时每日工钱三分银子来计算,总共需要9万两银子。⑤ 从奏折中的数据可以明显看出,在古代交通不便利、运输成本非常高的情况下,就地取材修筑长城可以大量节约成本,而修筑长城的人工成本不及河套边军粮草消耗的百分之一。长城修筑完成之后减少的驻军

---

① 梁景之:《自然灾害与古代北方草原游牧民族》,《民族研究》1994年第3期。
② (汉)班固:《汉书》卷九四上《匈奴传》,第3775页。
③ (汉)班固:《汉书》卷九四上《匈奴传》,第3781页。
④ (汉)班固:《汉书》卷九四上《匈奴传》,第3788页。
⑤ (清)张廷玉:《明史》列传第六六《余子俊》,中华书局,1974年。

不但削减了军队维护的成本,多余的士兵还可以充作劳动力从事生产,带来额外收益。

秦始皇及其身边的谋臣也一定会像余子俊一样精打细算。秦始皇吸取战国时期修建长城对付游牧民族的经验,继续修葺并扩大修筑长城。通过长城这种防御工事,使流动的战场变为固定的战线。从而使游牧民族无法重演来了就抢、抢了就跑的闹剧。如此一来,成本和收益就改变了,防守的农耕民族可以从附近的农田中获得粮食。而且长城一线多群山,重要的道路上又修建了坚固的关隘,农耕民族的步兵只要固守防线,游牧民族的骑兵就难有用武之地。农业民族依托长城可以打防御战,也不用训练更多的骑兵部队,其训练成本得以降低,同时因为士兵原本就是农民,有了固定的根据地,熟悉农活的士兵们在闲暇时完全可以就地屯田,后勤运输的负担也小多了。

历史事实也证明,秦在占据了军事优势的情况下修筑万里长城,加上一定数量的驻军,防止北方游牧骑兵闪电式的袭击,是一种扬长避短的主动行为。在当时采用高墙来阻遏骑兵是最佳的防御方式。除此之外,没有更好的办法解决长城地区的冲突。没有长城,即使有大量的步兵和骑兵,仍然解决不了游牧势力随时随地可能带来的骚扰。修筑长城在对付游牧民族侵扰上是有成效的。即使汉武帝时期,在多次击退匈奴以后,仍然选择修建长城以防止骚扰。因为这与经济学中最基本的成本、收益规律是相符合的。当然修筑长城一定会耗费大量的人力、物力和财力,从短期来看,经济压力较大,但从长远来看,秦始皇的这笔经济账算得是不错的。

二、秦始皇长城的修建

在论述秦始皇长城修建之前,我们先要把秦始皇长城的长度搞清楚。按照史书记载:"秦已并天下,乃使蒙恬将三十万众北逐戎狄,收河南。筑长城,因地形,用制险塞,起临洮,至辽东,延袤万余里。"[1]因此我们一般都会认为秦始皇长城是中国第一条万里长城,然而,由于古今度量相差比较大,秦汉时期度制进位

---

[1] (汉)司马迁:《史记》卷八八《蒙恬列传》,第2565—2566页。

一尺合今23.1厘米,则秦时一米合今69.3厘米,一万里则合今3465公里。"万余里"在此数之上,但实质上尚不足现在的八千里。

秦始皇统一六国后,一方面下令"堕坏城郭,决通川防,夷去险阻",①以利于国家的统一,从而要求拆毁内地各诸侯国之间的互防长城;另一方面,出于抵抗北方强大匈奴、加强国防建设的需要,不仅没有拆毁边地长城,而且在战国时期秦、赵、燕三国北方边地长城的基础上,加以修葺、连接和增筑,遂形成了我国历史上闻名古今中外的秦始皇万里长城。

秦始皇万里长城的修建,大体可以分为前后两个阶段,共12年之久。第一阶段,由秦始皇二十六年至三十二年(前221—前215年)。这时刚刚平灭六国,秦帝国正紧张地进行一系列改革和推行巩固统一的各项措施,对匈奴采取的是战略防御策略。在这一阶段中,为了稳定边疆和为下一步对匈奴实施战略反击做准备,重点维修连接了战国时期秦、赵、燕三国的边地长城。《史记·秦始皇本纪》载:二十六年"地东至海暨朝鲜,西至临洮、羌中,南至北向户,北据河为塞,并阴山至辽东"。② 这段史料既指出了秦帝国初年的边界,也显示出了秦帝国初期长城的走向、维修与新筑的段落和开始修建长城的时间。自战国中后期起,中原各诸侯国与北方游牧民族相邻,无不筑长城以为界,边疆所至之处,亦即长城所建之处。秦代更是如此,所谓"并阴山至辽东",正如唐人张守节《史记正义》所云:"从河傍阴山,东至辽东,筑长城为北界。"③也就是说,秦灭六国的当年即开始了维修连接长城的工程,这里维修的是原赵国的阴山南长城和燕国的边地长城,统一后有条件可以将赵国与燕国长城加以连接。所谓"北据河为塞",就是指秦国利用"几"字形黄河北边的天险以阻挡胡人。这就是秦初第一阶段维修和连接长城的全部工程。过去人们往往认为秦代修建万里长城开始的时间是秦始皇三十三年,即蒙恬击败匈奴、收复河南地以后,或认为开始于秦始皇三十年。实质上秦始皇万里长城开始修筑的时间是秦始皇二十六年,而且《史记·蒙恬列传》记载:始皇二十六年"蒙恬因家世得为秦将,攻齐,大破之,拜为内史。秦已并天下,乃使蒙恬将三十万众北逐戎狄,收河南。筑长城,因地形,用制险塞,起

---

① (汉)司马迁:《史记》卷六《秦始皇本纪》,第252页。
② (汉)司马迁:《史记》卷六《秦始皇本纪》,第239页。
③ (汉)司马迁:《史记》卷六《秦始皇本纪》,第240页。

临洮，至辽东，延袤万余里。于是渡河，据阳山，逶蛇而北。暴师于外十余年，居上郡"。① 这段记载表明，修建万里长城的工作是在蒙恬的主持领导下进行的，蒙恬为了击匈奴、筑长城，前后共"暴师于外十余年"。而蒙恬开始击匈奴的时间是秦始皇三十二年，到秦始皇三十七年蒙恬被秦二世赐死，首尾不过六年，是远不足"十余年"的。所以实际情况是，蒙恬自秦始皇二十六年破齐之后，遂开始率兵屯边、防御匈奴、并筑长城，经过长期准备，而后才出兵反击匈奴，击败匈奴后又继续修筑长城。在前后两个阶段中，第一阶段的重点任务是维修旧长城，新筑部分不多，主要是连接过去因为分裂而没有能够连接的长城，因此工程量并不大，主要是由蒙恬所率部队和沿边郡县军民完成的，没有大规模动员全国的人力、物力和财力，因而史书上对这段情况的记载相对比较少。

第二阶段，自秦始皇三十三年至三十七年（前214—前210年）。这时秦帝国的形势已发生了巨大变化，秦始皇巩固中央集权的工作已经完成，边地长城的修缮已基本结束，边防已经巩固，对匈奴作战的各项准备皆已就绪，已由战略防御转入战略进攻，并取得重大胜利。秦始皇三十二年，蒙恬大败匈奴军，一举收复河南地；次年又渡过黄河，攻占高阙，控制了阳山、北假一带，从而使秦代的边境向北大大推进。为了巩固新占领的地区，便开始第二阶段修建长城的工作。第二阶段的任务共有两项。一是"自榆中（今甘肃榆中）并河以东，属之阴山，以为三（四）十四县，城河上为塞"。② 也就是从今天的甘肃省兰州市、榆中区一带开始，同第一阶段由岷县沿洮水向西北延伸的长城相连，然后沿黄河而东北与阴山相连，即与原赵国阴山南长城的西端相连，并在沿河岸边修建44座城塞，从而加强沿河的防御，二是在高阙、阳山、北假一带"筑亭障以逐戎人"。③ 也就是重新修复赵武灵王时所建的阴山北长城，并自高阙向西南延伸很长一段，直至与当时的流沙（今巴丹吉林沙漠、腾格里沙漠、乌兰布和沙漠的总称）中的长城连接；向东与原赵国阴山南长城会合后，于今内蒙古卓资一带转向东北，逶迤于今内蒙古商都县北、化德县南、河北康保县南，在今内蒙古太仆寺旗一带与原燕国的长城相连。这两项任务都是以新筑为主。由于地形复杂，逶迤于崇山峻岭之中，因

---

① （汉）司马迁：《史记》卷八八《蒙恬列传》，第2565—2566页。
② （汉）司马迁：《史记》卷六《秦始皇本纪》，第253页。
③ （汉）司马迁：《史记》卷六《秦始皇本纪》，第253页。

而任务非常艰巨,仅靠蒙恬所率部队和沿边郡县的军民是难以完成的,于是大规模地动用了全国的人力和物力。《淮南子·人间》说:"秦皇挟录图,见其传曰:'亡秦者,胡也。'因发卒五十万,使蒙公、杨翁子将,筑修城,西属流沙,北击辽水,东结朝鲜,中国内郡挽车而饷之。"①司马迁曾亲自游历秦代长城,其在《史记·蒙恬列传》中指出:"吾适北边,自直道归,行观蒙恬所为秦筑长城亭障,堑山堙谷,通直道,固轻百姓力矣。"②《水经·河水注》中引杨泉《物理论》说:"始皇使蒙恬筑长城,死者相属,民歌曰:'生男慎勿举,生女哺用餔,不见长城下,尸骸相支拄。'"③

三、秦始皇在甘肃宁夏新修的长城

对于秦始皇的这段长城,学术界有争议。笔者认为当时确实修建了这段长城,从而使秦始皇的长城防御体系更加完善。

秦始皇并灭六国统一天下后,为巩固其统治地位,扩大战果,于是在军事上瞩目于西北方边疆。经过对匈奴的几次战争,特别是公元前215年和前214年两次军事战争的胜利,使匈奴头曼单于不得不放弃黄河南北的大片土地,"却匈奴七百余里,胡人不敢南下而牧马"。④

秦始皇在匈奴向北退却后,为防御匈奴、西羌骚扰中原,遂将战国时期秦、赵、燕三国北边的旧有长城进行重新修葺和增筑,使其连接成一条防线,并在西北地区"因河为塞",筑县城44座(今内蒙古河套和鄂尔多斯高原地区),由九原郡管辖。同时采取"徙民实边"的政策,把内地人口于公元前214年和前212年先后两次迁移到河套和"榆中"地区垦殖土地。以作为秦始皇万里长城的一部分,与其南的秦昭襄王长城和其北的蒙恬所筑长城相连接。

学术界对于兰州附近和沿黄河的长城是否存在是有争议的,近年来有学者撰文《甘肃无秦始皇长城考》,⑤认为甘肃无秦始皇时期长城。作者在文中从三

---

① 刘文典撰,冯逸、乔华点校:《淮南鸿烈集解》,第751—752页。
② (汉)司马迁:《史记》卷八八《蒙恬列传》,第2570页。
③ (北魏)郦道元著,陈桥驿校证:《水经注校证》,第77页。
④ (汉)司马迁:《史记》卷六《秦始皇本纪》,第280页。
⑤ 同杨阳、段清波:《甘肃无秦始皇长城考》,《中国历史地理论丛》2016年第4期。

个部分论述了自己的观点：其一是对秦始皇长城起首处诸家观点的梳理；其二是秦始皇长城的防御对象分析；其三是与诸家观点的商榷。文章最后的结论是：第一，秦始皇统一六国以后，西北边境面临的主要威胁来自北方的匈奴，因此位于内蒙古河套及大青山地区的匈奴应为秦帝国集中兵力进行重点防御的对象。第二，在今甘肃省境内发现的秦长城遗迹应为秦昭襄王时期所筑，自战国至汉武帝时期此线长城一直是中原和众羌的分界线，在战国和汉代初期发挥过重要的防御作用。但从秦帝国北方边境的形势、秦帝国的疆域范围以及此条长城主要的修建走向、沿线发现的遗迹遗物来讲，在秦统一时期并不会发挥很大作用。第三，目前在兰州附近发现的几段墙体，虽然在路线上和一些历史古籍中记载的秦始皇长城路线有吻合之处，但从明代兰州地区的军事背景、文献中的相关内容以及目前考古调查的资料来看，不免存在"以讹传讹"的情况，其性质和明代甘肃镇长城有很大关系。

笔者觉得上述观点是需要商榷的，秦始皇时期确实在甘肃宁夏修建了长城。秦始皇时期在甘肃修缮的长城，包括两段长城，其一就是指秦朝建立以后由蒙恬对秦昭襄王时期长城加以修缮并改造后的长城，前文已有论述；其二是修建从兰州沿黄河往北到宁夏的新的长城防御体系。

论者首先否定了秦始皇曾经利用秦昭襄王时期的长城。其次否定了秦始皇新修的长城，这就是"秦始皇长城沿洮河东岸行经岷县（或临洮）、永靖后，又沿黄河东岸行经皋兰东、靖远西，最后进入宁夏回族自治区"。

关于秦始皇时期这两段在甘肃的长城，在当时的文献中是有明确记载的：

《史记·秦始皇本纪》：三十二年……始皇乃使将军蒙恬发兵三十万人北击胡，略取河南地。三十三年，西北斥逐匈奴，自榆中并河以东，属之阴山，以为三（四）十四县，城河上为塞。

《史记·蒙恬列传》：秦已并天下，乃使蒙恬将三十万众北逐戎狄，收河南。筑长城，因地形，用险制塞，起临洮，至辽东，延袤万余里。

《史记·匈奴列传》：后秦灭六国，而始皇帝使蒙恬将十万之众北击，悉收河南地，因河为塞，筑四十四县城临河，徙適戍以充之。……起临洮至辽东万余里，又渡河据阳山北假中。

《史记·太史公自序》：为秦开地益众，北靡匈奴，据河为塞，因山为固，建榆中。

从以上司马迁在《史记》中的记载来看，毫无疑义秦始皇时期在今天甘肃既有对秦昭襄王长城的修葺，也有新建的长城，所谓新建的长城就是"因河为塞，筑四十四县城临河，徙谪戍以充之"，"据河为塞，因山为固，建榆中"，"因地形，用险制塞"。秦始皇在"北逐戎狄"后，确实进行了甘肃长城防御工程的修葺。首先就是对秦昭襄王长城的利用和维修。

关于秦昭襄王时期的长城，《史记·匈奴列传》云："秦昭襄王时，义渠戎王与宣太后乱，有二子。宣太后诈而杀义渠王于甘泉，遂起兵伐残义渠。于是秦有陇西、北地、上郡，筑长城以拒胡。"[①]秦昭襄王长城西起今甘肃岷县，沿洮河东岸北行至今临洮县，向东南至渭源境，然后转向东北经通渭、静宁等县进入宁夏南境，过葫芦河、六盘山、入原州区境，再由原州区境折为东北方向，入甘肃省环县，经陕西省吴起、靖边、志丹、安塞等县的横山山脉向东北进入陕西北部靖边、横山、榆阳、神木，再进入内蒙古自治区南境，直达黄河西岸。

这段秦昭襄王时修建的长城在此后的千百年间大多得到修葺沿用。秦始皇修筑西北市防御体系时就沿用了秦昭襄王时期在甘肃的长城，汉代继续修葺沿用，称为"古塞"。

学术界在文献资料记载的基础上进行了长期的研究，形成的结论正像《甘肃无秦始皇长城考》中指出的"秦始皇长城西端位于甘肃临洮（或岷县）似乎已成定论"。确实如此，关于在甘肃有无秦始皇长城的问题，基本是无争议的，大家都认可甘肃有秦始皇时期的长城，只是在秦始皇长城在甘肃的起点问题上有争论。有人认为在今甘肃岷县，有人认为在今甘肃临洮。尽管有分歧，但两个起始地点都在甘肃则是毫无疑义的。

有学者认为，秦始皇统一天下以后，西北地区的少数民族对秦王朝的压力已经没有了，主要是北方地区，所以没有必要在西北甘肃修建长城，实质上这种认识是不对的。《史记·秦始皇本纪》中明确记载，秦始皇取得"河南地"与"西北斥逐匈奴……城河上为塞"是并列的两回事。而"城河上为塞"所在的地域，已然超

[①]（汉）司马迁：《史记》卷一一〇《匈奴列传》，第 2885 页。

出了"河南地"的范围。由此可见不仅"河南地"需要秦之防卫,其西"榆中"(今甘肃兰州附近)一带的黄河,也应是匈奴侵寇之地而必须加以防卫的。所以无论"河南地"还是西边的黄河上游一带,都是秦人所须防备之处。事实上,如果我们只强调秦始皇长城的北部防御作用而忽视了西北地区就大错特错了,西北地区是秦人发展历史上非常重要的一段,特别是甘肃的天水附近、陇南、定西地区在秦人的早期发展过程中立功甚多,近些年考古工作者在甘肃礼县、甘谷、清水、张家川发现了大量秦文化遗址,充分证明秦人早期在这里的发展壮大过程。这里是秦人发展壮大的根据地,在甘肃礼县秦人还修建了"西畤",《史记·封禅书》:"秦襄公既侯,居西垂,自以为主少皞之神,作西畤,祠白帝,其牲用骝驹、黄牛、羝羊各一云。"[①]而且学术界将秦人在礼县建立的都城作为"圣都"来看待,是秦人立国后修建的第一个都城,秦人相当重视。正因为如此,秦始皇统一天下后的第二年,首先出巡西北地区,以威慑西北地区的少数民族,充分显示出秦始皇对西北地区边疆的重视。狄道、临洮是秦朝的边塞,洮河是秦与羌、匈奴的分界线,也是古代羌人、匈奴南下的重要交通线,战略地位非常重要。

秦始皇统一天下后,其疆域在西部有了很大的扩展,军事前哨扩展到今永靖、兰州、榆中、皋兰、靖远县一带。但西羌由于其游牧经济特征,仍然是秦王朝的心腹之患。秦汉之际,中原内乱,匈奴实力再次强大,复以"故塞"(即秦昭襄王长城)与汉朝为界。高后、文帝间,匈奴"三困陇西",并入安定、北地二郡。一直到西汉中期武帝筑令居塞(今甘肃永登县境)、开河西,洮河流域一直是秦汉之边塞地区。羌人在秦汉时期一直对中原政权造成威胁。《后汉书·西羌传》明确记载:"及秦始皇时,务并六国,以诸侯为事,兵不西行,故种人得以繁息。秦既兼天下,使蒙恬将兵略地,西逐诸戎,北却众狄,筑长城以界之,众羌不复南度。"[②]于是进行长城修葺。《史记·蒙恬列传》载:"秦已并天下,乃使蒙恬将三十万众,北逐戎狄,收河南。筑长城,因地形,用制险塞,起临洮,至辽东,延袤万余里。"[③]秦始皇时所筑长城,沿洮河东岸行经岷县、临洮县城西、永靖县城南。洮河汇入黄

---

① (汉)司马迁:《史记》卷二八《封禅书》,第1358页。
② (南朝宋)范晔:《后汉书》卷八七《西羌传》,第2876页。
③ (汉)司马迁:《史记》卷八八《蒙恬列传》,第2565页。

河后,长城又沿黄河南岸东行经兰州,又沿东岸行经皋兰东、靖远西,最后进入宁夏回族自治区内。

秦始皇时期除了利用秦昭襄王长城以外,为了巩固新占领区,遂利用黄河的天险优势,沿黄河从甘肃兰州向宁夏、内蒙古修建了新的长城。

对于这段新修建的长城,之所以有学者提出异议,一是因为没有发现当时的城墙,二是认为目前留下来的遗迹是明代的,不是秦始皇的。这种观点的提出是把秦始皇时期长城的概念简单化了。秦人修建长城时因地制宜,有山利用山,有水利用水,只要能起到防御作用即可。因此我们必须对秦的长城防御体系有所了解,其长城防御体系不仅仅只有城垣,还会利用河流山脉等自然环境加以利用,因地制宜。"要查清秦始皇长城的西部首起,不能囿于传统的视长城墙垣的有无和其连绵与否,要改变长城即墙垣的观念"。①在"塞"字上下功夫,做文章。张维华先生认为:"若以实际情形论之,此二地带似未筑有长城,纵于扼险之地,立有障塞,亦未必互相连贯,故称之曰边则可,称之曰长城则未妥。"②史念海师认为"秦始皇所筑的长城不在今宁夏境内东渡黄河,那就可能是由贺兰山东北趋向阴山山脉西端的。这两条山脉之间现在是乌兰布和沙漠,……秦长城当已陷入流沙之中"。③

在兰州和永靖交界的地方,就发现了秦长城遗迹,另外榆中桑园峡还保留着秦长城遗迹。明代兰州军民在修筑"河南边墙"时,利用了秦长城残迹。秦长城从洮河和黄河的交汇处,沿着黄河经过永靖,然后顺着山势向东修筑,从永靖兰州交接处开始的盐锅峡南口开始,沿黄河南岸下至八盘峡口,途经上铨、上车、下车、扶河小茨沟等地,这段长约12公里,长城基础宽约4—5米,最宽的地方达14米,残高最高处7米。1983年文物普查的时候,这一带挖出了排水陶管数节。然后经过兰州市西固区、七里河、城关、榆中等地,走出兰州境内,大约沿黄河东行,与宁夏、内蒙古的战国秦长城汇合。宋代《太平寰宇记》陇右道兰州条载:"兰州,《禹贡》雍州之域,古西羌地,秦并天下,为陇西郡……及秦既并天下,筑长城

---

① 吴礽骧:《战国秦长城与秦始皇》,《西北史地》1990年第2期。
② 张维华:《中国长城建置考》上编。
③ 史念海:《黄河中游战国及秦时诸长城遗迹的探索》,《河山集·二集》,第464页。

以界之,众羌不复南渡。"①

不少学者根据《史记·匈奴列传》"可缮者治之"的记述,以为秦长城大抵因秦昭襄王、赵、燕长城之旧,加以修缮和连接。其实不尽然。秦始皇虽对秦昭襄王、赵、燕长城有修缮,但由于拓地甚广,长城的某些地段是大大向北推进了。原秦昭襄王长城从陇西向东经宁夏、陕北至内蒙古,却未能把新收取的大片河南地置于它的保护范围之内。出于军事的需要,秦始皇当是用主要力量在其西北设置新的防线,正如《秦始皇本纪》所说:"三十三年……西北斥逐匈奴,自榆中并河以东,属之阴山,以为三十四县,城河上为塞。……筑亭障以逐戎人,徙谪实之初县。"②因此认为兰州附近只有明长城的看法是值得商榷的。

秦始皇三十三年(前214年)始,在"略取河南地",并向"西北斥逐匈奴"后,便"城河上为塞","因河为塞"。其具体路线为,自榆中(今兰州一带)—阴山(今乌拉山、大青山)修筑一道防御线。具体的"城河上为塞"、"因河为塞"的情况,当如辛德勇所指出的,就是筑三十四(四十四)座县城以为堡垒,东端当一直到今乌拉特前旗一带,与赵长城相接,辛德勇名之为"黄河——阴山"防线。③这条防线利用了原来的赵长城,就是现在所称的赵北长城,至今在阴山南麓东西绵延尚存。

宁夏学者薛正昌撰文认为,宁夏这段长城"是秦长城的西段。进入宁夏后到中卫这一段,是沿黄河东岸延伸的,穿越中卫后即沿贺兰山脉蜿蜒北行,直达内蒙古和阴山,这是整个万里长城的重要组成部分。为防御和有效打击匈奴等北方少数民族的南下,保证长城戍防的物资供应,开发河套平原,秦朝在长城以内、河套以南的广大土地上置郡建县,并从中原大量迁徙人口来这里屯田,历史上被称为'移民实边'。长城沿线的军队,也是一边种地,一边戍防。"④

由于黄河、县城已经足以为塞,可能只于险扼之地立有障塞而已。而且文献有记载此处原筑有秦长城,如《通典》卷一七四兰州五泉县下注云:今兰州一带

---

① (宋)乐史:《太平寰宇记》,中华书局,2015年。
② (汉)司马迁:《史记》卷六《秦始皇本纪》,第253页。
③ 辛德勇:《张家山汉简所示汉初西北隅边境解析》,《历史研究》2006年第4期。
④ 薛正昌:《宁夏古长城》,《中国民族》2012年第6期。

有秦汉长城,"汉金城县地,汉榆中县故城在今县东,……又有故苑川城及故长城"。① 在从今榆中到阴山的黄河岸边修筑了四十四座县城的同时,又修筑防御体系,具体修筑方式是"因地形,用险制塞","堑溪谷,可缮者治之",即根据地形,利用天然河流作为屏障。这种方法也是沿用了秦早期"堑洛"长城的做法,史念海师认为"堑洛"就是长城。② 彭曦用三年时间考察堑洛长城后认为"堑洛是战国秦国数条长城中的一条重要长城,其中遗迹最多的是蒲城、白水二县。是以自然河沟为倚托,大量工程是用自然河岸堑削为城"。③ 他在考察秦昭襄王长城过程中也发现了约400公里的河沟长城。④ "堑"就是掘和挖的意思,这里所谓的"堑洛"就是削掘洛河岸边的山崖,以利防守,使敌人无法很快越过洛河。重泉城故址在今陕西蒲城县东南钤铒,东距洛河3公里,是屯军防守的地方。堑洛长城的修筑方法是筑墙与削掘崖岸相结合,所以史书上称作"堑洛长城"。它是战国时期秦国修筑最早的一段长城。"秦昭襄王长城不仅采用常见的夯筑和石砌法,更是开创性的使用独特的三道堑构筑方法"。⑤ 三道堑构筑方法就是仿照"堑洛"长城的修筑方法。秦始皇时期修建直道时也是用的"堑山堙谷"方法,可见秦人建筑因地制宜的传统。以后的朝代在修建长城时也有使用这种方法的,既因地制宜、节省劳动力,又能起到防御的目的。因此秦始皇时期在沿黄河"堑溪谷,可缮者治之"。

秦始皇统一天下后,秦的疆域已经延伸到西北的居延一带。始皇二十六年"地东至海暨朝鲜,西至临洮、羌中,南至北乡户,北据河为塞,并阴山至辽东"。⑥ 始皇二十八年,在《琅琊刻石》上也称"六合之内,皇帝之土。西涉流沙,南尽北户。东有东海,北过大夏。人迹所至,无不臣者"。⑦ 流沙,《史记集解》引郑玄语称《地理志》流沙在居延东北,名居延泽。而居延在汉之张掖郡,则是又远在临

---

① (唐)杜佑:《通典》卷一七四,第4547页。
② 史念海:《黄河中游战国及秦时诸长城遗迹的探索》,《河山集·二集》,第444页。
③ 彭曦:《秦简公"堑洛"遗迹考察简报》,《文物》1996年第4期。
④ 彭曦:《战国秦长城考察与研究》。
⑤ 张海报:《陕北地区秦昭襄王长城构筑方式及防御设施》,《文博》2010年第1期。
⑥ (汉)司马迁:《史记》卷六《秦始皇本纪》,第239页。
⑦ (汉)司马迁:《史记》卷六《秦始皇本纪》,第245页。

洮之外。《史记索隐》所谓"《地理志》云'张掖居延县西北有居延泽,古文以为流沙'",①是秦朝初年的疆域。秦始皇后来还南征北战,平南越、击匈奴,整个秦朝的疆域在西北地区又有了扩展。由于疆域的扩大,必须修建相应的防御设施。

明人孟彬在《赤木隘口纪略》中曾就这段长城有记载:"惟赤木关不能固,盖山势至此微缓,溪口可容百马。其南低峰次仄径,通房窟者不可胜塞。麓有古墙,可蹴而倾也。"②景爱先生认为:孟彬所称之"古墙",系沿贺兰山东麓南北走向之古城墙。在修筑赤木口关隘时,即利用这道古城墙,加以修缮利用,作为头道关。头道关的城墙至今犹存。残高7米,基宽6.5米,顶宽3.2—3.5米,并筑有女墙。头道关的部分城墙遭到破坏,出现了豁口。从城墙豁口的剖面上,可以清楚地看出,头道关城是在古代城墙的基础上,增筑而成。此段古城墙,就是孟彬所记之"古墙"。由于明代时这段古城墙保存尚好,可以利用,故而孟彬称新筑的关城"可蹴而倾也"。正因为如此,明代加以利用的赤木口古城墙,应当是明代以前修筑的古城墙。……惟在秦代,这里属上郡,是边陲之地,贺兰山西为匈奴所居。为了防御匈奴,沿贺兰山东麓修筑长城,堵拦贺兰山口,这是十分必要的。因此,明代在赤木口所利用的古长城,可能是秦长城的故迹。如果这种推断不误,秦长城应当是沿贺兰山东麓而筑,往北,经乌兰布和沙漠,至高阙一带;往南经腾格里沙漠的边缘,直达黄河岸边,在沙坡头以东越过黄河,一与兰州的秦长城相连。③

在没有充分文献和考古资料推翻古人记载的情况下,对秦汉时期的文献记载我们应该尊重,特别是司马迁写《史记》距离秦始皇修建长城时间很短,而且他写的《史记》被班固誉为"其文直,其事核,不虚美,不隐恶"④的实录,众多的考古资料也证明司马迁对历史的记载还是靠得住的。

《史记》记载:"自榆中并河以东,属之阴山,以为四十四县,城河上为塞。"⑤司马迁也认为蒙恬"为秦开地益众,北靡匈奴,据河为塞,因山为固,建榆中。作

---

① (汉)司马迁:《史记》卷二《夏本纪》,第70页。
② 万历《朔方新志》卷四。
③ 景爱:《秦长城与腾格里沙漠》,《中国历史地理论丛》1992年第2期。
④ (汉)班固:《汉书》卷六六《司马迁传》,第2738页。
⑤ (汉)司马迁:《史记》卷六《秦始皇本纪》,第253页。

蒙恬列传"。①有学者以为这里榆中的位置不在甘肃而在陕北或者内蒙古,从而否认这段新修长城的存在。关于秦朝"榆中"在今天的地理位置,历来争论颇多。在历史文献中经常出现。在《战国策》中,"榆中"出现两次,《史记》中出现七次,所指地区都不相同。②关于"榆中"所在地,历代学者一直在寻觅其具体位置所指。其中影响最大的是以晋代徐广、北魏郦道元为代表的金城郡榆中(今甘肃榆中县)说,以三国苏林为代表的上郡榆溪塞(今陕西榆林)说,以唐张守节为代表的唐胜州北河北岸榆溪塞(今内蒙古河套东北岸)说。近现代以来也有不少学者关注研究这一问题。

由于榆树生长于海拔1 000—2 500米以下之山坡、山谷、川地、丘陵及沙岗上,喜光,耐旱,耐寒,耐瘠薄,不择土壤,适应性很强。根系发达,抗风力,保土力强。生长快,寿命长。能耐干冷气候及中度盐碱。因此在土壤深厚、肥沃、排水良好之冲积土及黄土高原生长良好。当时在北方地区的广泛种植,"榆中"地名与榆树的大量种植有必然的联系,因而形成了"榆中"地名所在地的分歧。实质上文献中记载的"榆中"是不同时期的所指。战国时期在内蒙古河套地区,秦汉时期在今天甘肃兰州,唐代在今天陕西榆林。另外还有一个榆中关,见于《汉书》:"秦西举胡戎之难,北备榆中之关。"③学者一般都认为这个榆中关当在今日河北。

金钰铭的《兰州历史地理研究》一书中收录了《兰州市志·建置区划志》编纂小组撰写的《兰州市情·历史地理论证会总结报告》,该总结报告指出:"经过多层次、多角度分析论证,专家们比较倾向的意见是:兰州建城的最早时间应是秦始皇三十三年(前214年)。……关于金城县和榆中县的位置问题,专家们尚存分歧。一部分认为金城县在今西固区,另一部分认为在今城关区。通过研讨,多数学者倾向于在今西固区。但专家们对金城县和榆中县的距离问题形成了共识,认为应以《水经注》为依据,两城治所相距50里。照此推论,若金城县在今西固,则榆中县在今市区东岗镇一带;若金城县在今城关,则榆中县应在今榆中县金崖乡一带。"④笔者赞同金玉铭先生的观点,即秦代的"榆中"就在今天的兰州

---

① (汉)司马迁:《史记》卷一三〇《太史公自序》,第3315页。
② 徐亮:《秦朝榆中新说》,《内蒙古社会科学》2005年第5期。
③ (汉)班固:《汉书》卷五一《贾邹枚路传》,第2362页。
④ 金钰铭:《兰州历史地理研究》,兰州大学出版社,1999年,第5—6页。

附近,而且笔者认为应该在今天兰州的东边比较合理。

《史记》记载的秦始皇三十三年"城河上为塞",[①]说明这个榆中建在黄河边,与长城防御体系共同维护边疆安全;紧接着到三十六年又"迁北河榆中三万家",[②]这是一次重要的移民实边活动,显示出"榆中"的重要地位。而当时陕西榆林属秦朝的上郡,与匈奴和黄河尚有一定的距离,不可能"城河上为塞"。所以说秦汉时期的"榆中"在陕西榆林的说法不能让人信服。内蒙古地区的考古发现也证明,秦朝在内蒙古境内沿黄河建立了不少的县,今日托克托县哈拉板申西古城、乌海市新地古城、准格尔旗瓦尔吐沟古城等都属于秦代沿黄河修筑的"四十四县城"。位于兰州附近的"榆中"自从秦始皇三十三年置县以来,地名一直延续到现在。

综上所述,秦始皇时期不但利用修缮了的秦昭襄王时期的长城作为西北地区的防御体系,而且还新修了从临洮往北沿黄河到宁夏、内蒙古的长城,与原赵国的长城连接起来,以保护秦始皇用战争夺得的新领土。

四、秦始皇对赵、燕两国长城的修葺与利用

秦始皇实现全国一统后,制定了包括修建长城在内的一系列巩固统一的措施。首先,将过去秦国、赵国与燕国的长城加以修缮与连接;其次,新修了部分长城,弥补了缺口。从而形成了一条完整的对西北、北方少数民族的军事防御体系,形成了中国历史上第一条万里长城。

秦始皇"已并天下",遂派大将蒙恬率三十万众北向进击匈奴后,在"起临洮,至辽东"的范围内,对战国赵、燕、秦三国的旧长城加以修缮、连接和增修,"因边山险,堑溪谷,可缮者缮之",[③]修筑了一条"延袤万余里"的长城,并以长城为险,"城河上为塞",实现了防守与出击并举的双重效果。

对当时秦长城的修葺与利用,包含两部分:一是沿用了秦昭襄王长城,从甘肃岷县到内蒙古的长城;二是由于新占领地区的扩大,在今天甘肃兰州往东沿黄

---

① (汉)司马迁:《史记》卷六《秦始皇本纪》,第252页。
② (汉)司马迁:《史记》卷六《秦始皇本纪》,第259页。
③ (汉)司马迁:《汉书》卷九四上《匈奴传》,第3748页。

河向东北修建了一段新的主要是"以河为险"的长城。同时还修建了一段阴山北麓由西向东的长城。对赵国长城的利用,既有对史书记载的赵武灵王所"筑长城,自代并阴山下,至高阙为塞",绵亘近二千里的赵国北长城一部分的利用。对燕国长城的利用和修缮是从造阳(今河北怀来)向东延伸至今内蒙古正蓝旗多伦县南部,又经河北围场,进入赤峰市区北面,穿越敖汉旗,进入辽宁境内至襄平(今辽宁辽阳)止。

秦始皇长城的修建,在许多地段都向外拓展,而被扩展的地区多为尚未开发之地,其肥沃程度有的几乎可以和中原农业区相媲美。经考古调查发现,在长城沿线,秦代较大的古城有乌拉特前旗的增龙昌古城和固阳县的三元成古城;出土的有代表性的秦代遗物有:赤峰市蜘蛛山秦代遗址中发掘出土印有秦统一度量衡诏书的陶量,赤峰市三眼井和敖汉旗老虎山遗址中出土有秦代铁权,各种秦代卷云纹瓦当,绳纹筒瓦、板瓦,残铁器,以及在奈曼旗善宝营子城址出土印有铭文"□(廿)六年,□皇帝兼有天下诸侯,黔首大□安"的秦代陶量等,说明秦代实际统治政策在内蒙古地区的一部分得到切实落实,中原农耕经济也得到深入。

阴山山脉分成三段,西段为狼山,中段为乌拉山,东段是大青山。狼山的后面,群峰峥嵘,因此长城只好在山里用石块构筑。大青山后,地势较为平坦,宜于夯土长城的修筑;这个土质与石质的长城,在固阳县以北,昆都仑河的上游分界。由固阳北部的什尔腾山起,长城在这个山的阴坡向西延伸,经西斗铺乡南,进入乌拉特前旗东北部的小佘太乡,又经察合台山的阴坡,进入了乌拉特中后联合旗的狼山中。

秦始皇长城在内蒙古留下了不少的遗迹,目前可以看到的遗迹主要有:

1. 哈隆格乃山口障塞遗迹

哈隆格乃山口位于今内蒙古磴口县北,为狼山西部一个最大的山峡,峡谷长达五十余公里,是从乌兰布和沙漠北部通向山后的谷道,无疑是古代一条行军大道。据考察,在山口西侧的一级阶地上有一座65米见方的石城,四角有马面,南面有一门。墙均为块石砌成,城外东南角石墙缝隙中发现一节残木椽,似为墙角木构望楼遗迹。城内有一房基,呈长方形,似为军官住所。城中采集到铁釜残片、绳纹筒瓦片等。阶地高出谷底约18米,石城紧挨山谷的陡壁修筑,可以严密监视谷口动态。在石城南的台地上,有东西向的三排石砌房基遗址,上有大量陶片,纹饰、器形与城内相同,似为当年驻军遗迹。《汉书·地理志》"朔方郡窳浑城"条下注:"有道西北出鸡鹿塞。"① 侯仁之先生据以推定此石城为"汉鸡鹿塞废墟"。"鸡鹿"今蒙语意为石头,也许是从匈奴语传承下来的。"鸡鹿塞"意为石头筑的障塞,是障尉驻守的障城,侯先生向山谷里走了约十公里,发现九座石筑烽燧,在第五号烽台山谷东侧的阶地上发现一段长 25 米、宽 3 米的石墙,② 这些可能与长城有关。西汉时期在狼山的防务大都利用了秦长城的基础,因此,这些工程始建于秦代,属于秦长城北段西端防御体系的组成部分。

2. 狼山北口长城遗迹

狼山口是狼山中段的一处重要山口,有一条长八公里的曲折谷道,是从河套通往大漠的咽喉,南口、北口均有古代设防的遗迹。在勘踏中发现北口东西两侧均有长城残墙。东侧山上有四段保存较好,经实测分别长 48.6、47.5、38.6、20 米,残高 1.1 米,基宽 2.4 米,总计长度 300 多米。残墙之间以巨大的自然山石作连接,说明筑长城时即利用这些山石作墙。在石墙附近一平台上采到三片灰色素面陶片,器形不清。西侧山上的残墙沿山岭向西延伸约 0.6 公里。以往学者推定此为战国赵长城西端高阙塞所在,看来不对,当为秦长城北段的要塞。③

3. 呼鲁斯太沟长城遗迹

据盖山林、陆思贤调查:这段长城在深山主脉的阴坡,石筑,石料多为人工敲砸成的片状石块,少数是自然石块。垒砌的方法都是交错叠压,保存好的地方夹心部分和壁面叠压得一样规整。除了年久倒塌的部分外,不管山顶、山坡和山沟,遗迹都能连接起来。在山脊的转角处或山沟里,常是凸出或凹进的石墙,在外侧有补贴缺口的块壁,异常险峻。④

4. 乌不浪口长城遗迹

在距乌拉特中旗水泥厂 3 公里处,即狼山乌不浪口西侧,发现长城筑在乌不

---

① (汉)班固:《汉书》卷二八下《地理志》,第 1619 页。
② 侯仁之:《历史地理学的理论与实践》,上海人民出版社,1979 年。
③ 何清谷:《高阙地望考》,《陕西师大学报》1986 年第 3 期。
④ 盖山林、陆思贤:《内蒙古境内战国秦汉长城遗迹》,《内蒙古文物资料续辑》。

拉河北岸山崖上,随山势起伏,蜿蜒曲折,采用当地山石砌成。在这段长城发现烽燧六个,均在长城内侧的山巅,用石块垒成,倾倒后呈圆形堆积。烽燧周围地面大都散布浅灰、深灰及夹砂陶片,有绳纹、布纹等,器形可辨认者有直口鼓腹灰陶罐、陶盆、陶钵、折唇灰陶罐等,皆为秦汉遗物。乌不浪口是河套平原东部和包头西部通往山北的要冲,正当秦九原郡的北方,当是秦长城线上的要塞之一。

5. 巴音哈太东南山区长城遗迹

此段长城在乌拉特中旗巴音哈太苏木(蒙语：乡)东南 20 公里的群峰之中,保存最好。考察队沿长城踏勘 15 公里,发现 21 座烽遂及一些房基遗址,均在长城内侧的制高点。长城大多缘山岭而筑,皆用块石垒砌,咬缝紧密,壁面光整,大部残高在 1.6 米以上,有一段高达 4.8 米。在傍河险要之处则利用陡峭的崖岸,低凹处用块石补筑,这种人工与自然结合的石墙有高达 10 米以上。这段长城西到大胜口,东端与小佘太长城相接。在木盖图河与石哈河交汇处的东岸冲积台地上,有 100 多米的土夯城墙,夯层清晰可见,呈舌状,两端向上数十米即与山腰间的石长城相接,似为沿河所筑的障城遗址。在长城、烽隧遗址地表采到大量陶片,多为浅灰、深灰色泥质细陶,器物为罐、盆、钵、甑等生活用具。还在烽隧遗址中采集到五铢钱一枚,这是西汉曾利用此段长城的物证。[①]

6. 小佘太长城遗迹

位于阴山深处,总长度为 250 公里。东与固阳境内的秦长城相接,西至狼山口,随山势起伏绵延不绝,气势非常壮观。郦道元曾在阴山地带考察过战国及秦汉时的长城,在《水经注》中描写道："沿溪亘岭,东西无极。"今以此语形容小佘太秦长城,实为贴切。小佘太秦长城全部用石块筑成,高 3.5 米,底宽 4.1 米,顶宽 1.5 米。长城附近每隔 0.5—1.5 公里,筑有烽燧、小障城以屯戍卒。长城之南、增隆昌水库之北有古城遗址,周长约 1 500 米,呈不规则棱形。北墙偏西有一突出墙外的大夯土台基,似为望敌之用的望楼台基。地面采到王莽币"货布"一枚及大板瓦、筒瓦残片。应该是西汉利用秦长城时所建的边城,稍大于障城,为军队驻防之所。这段长城一直沿用到西汉,汉武帝时曾对其进行过加固维护。[②]

---

① 何清谷：《秦始皇长城北段的考察》,《人文杂志》1989 年第 4 期。
② 何清谷：《秦始皇长城北段的考察》,《人文杂志》1989 年第 4 期。

7. 固阳段长城遗迹

秦始皇长城由宁夏延伸到内蒙古之后,从狼山而东,经由包头市固阳县北部的西斗铺、银号、大庙乡,进入武川县经大青山东部,延伸至河北。在包头市境内的秦长城累计长度为120公里左右,多半修筑在山峦北坡,依山就险、因坡取势。现存的一般为外壁高度在4米以上,基宽4米,顶宽2米左右。每隔一段尚能辨清古代烽火和障城的遗迹,在包头秦长城内外,留有8—9座古城遗址,经常可以找到秦国至西汉初年的陶片。这段长城不仅在构筑方法上有自己的风格,而且在防御设施的建置上也有一定的特色,以石筑闻名,雄伟壮观,汉代沿用,是我们中华民族的建筑瑰宝,也是世界建筑史上的奇迹。

这段长城位于固阳县北部西斗铺西南三公里的色尔腾山中。所见长城石筑、土夯两种皆有,山下土夯,山上石筑,两者结合处以块石砌墙皮,以碎石和砂土充墙心。烽燧异常密集,三公里内有9处,烽距100米至600米。从遗址可以看得出来,筑长城的民工和驻兵是把附近的山石一块块切割下来,磨平后干砌在城墙上,每块石片重的有五六十斤,轻的有十余斤,这样干砌起来的长城,历千年而不塌。历经2200多年的风吹日晒、雨雪冲刷,长城石块原来所用的青色、半黄色石料,现在表面已蒙上了一层黑色、棕黑色的氧化物(图版五,图二二)。

在城墙内侧,每隔1000米设一座烽燧。秦长城沿线的烽燧建于长城内侧的高地上,与长城分离。长城与烽燧一般保持15—50米的距离。相邻烽燧相互呼应,在地形复杂的山地距离较近,为0.3—1公里,在平坦地方远一些,为2—2.5公里。固阳段内共有烽燧4座,也都以石块干砌而成,成为著名的烽燧遗址。烽燧多设在视野宽广的山巅,与长城垂直距离。离烽燧不远的高地上,有房子坍塌后留下的石墙圈遗迹。这是当时驻兵的哨所。看到这些供驻兵戍守用的房子遗迹,人们会很自然地和史书上长城"亭"的建制联系起来。在重要的山口和关隘处,往往有障城,障城共发现二处,分别是长发障城和三分子障城。障城是附属于长城的军事城堡。在秦长城内外,常可看到秦国至西汉初年的陶片。

固阳段长城是目前保存比较好的秦长城建筑实体和遗址,是秦始皇万里长城的精华地段,在历史上具有十分重要的地位。其建筑就地取材,因地制宜,建筑方法有石筑、土筑、土石混筑,其中石筑方法约占70%。基本包括了秦长城的所有建筑类型,有着很强的代表性,专家称之为"秦长城博物馆"。保存较为完好

图二二　固阳秦始皇长城

的是固阳县金山镇红石板沟一段,长约12公里,城墙外侧有5米高,内侧有2米高,顶宽2.8米,底宽3.1米,墙体多以黑褐色厚石片交错叠压垒砌而成。

关于秦始皇长城北段是否利用了赵长城,何清谷师认为,秦长城北段沿狼山、大青山的山岭而筑,与赵长城不相干。在狼山段只有秦长城而无赵长城;小佘太段的秦长城离乌拉山南的赵长城图测距离尚在75公里以上,在大青山中的武川县境,两条长城相距较近,但还是各自西东,没有重合。可见,秦长城北段断无利用赵长城之处。至于再向东去,我们没有调查,不排除秦利用赵长城某段的可能。[①]

1988年夏,内蒙古包头市古长城遗迹考察与研究课题组对《中国历史地图集》所绘赵北长城进行了全面考察,认为:"经过实地考查,清楚地看到阴山北麓的北段长城,与阴山南麓的赵长城有诸多不同,绝不是《图集》所绘的赵长城北段,而是秦朝著名将领蒙恬在西北斥逐匈奴之后,主持修筑的一段新的秦长城,《图集》的编绘者们却把两者混同了。""蒙恬主持修筑的阴山北麓秦长城,全长

---

① 何清谷:《秦始皇长城北段的考察》,《人文杂志》1989年第4期。

450 公里,东端在今呼和浩特市郊的坡根村与赵长城衔接,向北偏西方向翻越阴山武川的什尔登古城,沿大青山北麓至固阳空村山、阿塔山北麓,再循色尔腾山的中支尔泰山北麓西行,在乌拉特中旗海流图沿狼山南支的北麓透巡而西。直到临河市北石兰计山口,从而在阴山北麓形成一道新的线。"①

笔者认为阴山北麓的秦长城西段是蒙恬新修的,与赵国北长城没有任何关系,因为蒙恬把匈奴赶到阴山以北后,如果继续利用赵国的长城等于拱手将新占的土地又送给了匈奴,这是不符合秦始皇时期好大喜功的秦人价值观的。在东段部分利用了赵长城。

长城继续向东延伸到了燕国长城。文献记载,秦始皇长城确实利用了燕国的长城。燕国地处北境,是七国中地小人少、国力薄弱的诸侯国。《战国策·燕策一》记载:"凡天下战国七,而燕处弱焉。"②它的北部有强悍的游牧民族东胡,南部有强齐,几乎完全处于腹背受敌的困境。燕昭王时期励精图治,招贤纳士,富国强兵,使燕国转弱为强。开始了对东胡的进攻,燕国名将秦开率领燕国士兵,一举破袭了东胡,这就是我国北方民族上著名的"燕胡之战"。受到严重打击的东胡部落,退居西拉沐沦河以北,继续养精蓄锐。为了解除后顾之忧,燕国修筑了长城。这条长达两千余里的长城最初是由战国时期的燕国名将秦开修筑的,它的修筑与"秦开却胡"的历史大事件有关。"秦开却胡"是燕昭王兴燕图强的重要举措之一,秦开的成功使燕国东北部边境向北推进了一千多里,大大开拓了燕国的疆域。据《史记·匈奴列传》记载:"赵武灵王亦变俗,胡服习骑射,北破林胡、楼烦、筑长城,自代并阴山,下至高阙为塞,而置云中、雁门、代郡。其后,燕有贤将秦开,为质于胡,胡甚信之。归而袭破走东胡,东胡却千余里……燕亦筑长城,自造阳至襄平,置上谷、渔阳、右北平、辽西、辽东郡以拒胡。"③

燕国修筑燕北长城以后,在北方设置了辽东、辽西、渔阳、上谷、左北平五郡,今赤峰地区东部及东南部为辽西郡所辖,南北及西南则为右北平郡所辖,他们成为战国时期北方重镇。随着燕国北方五郡的设立,中原地区人口逐渐北迁,这无

---

① 鲍桐:《蒙恬修筑阴山北麓长城考察记》,《长城学刊》,1991 年第 1 期。
② (汉)刘向集录:《战国策·燕策一》,第 1056 页。
③ (汉)司马迁:《史记》卷一一〇《匈奴列传》,第 2885—2886 页。

疑对东北地区的开发、社会经济发展有着积极的推动作用。

秦开修筑的燕长城东西走向,西入内蒙古自治区的兴和县,与蒙恬所修的秦长城相接,东北经丰宁、围场至辽宁西部,经赤峰以南进入今辽宁北票。辽宁境内的燕北长城,在阜新以西分为两条线,学术界分别叫"赤(赤峰)北长城"与"赤南长城",也称为燕"外长城"与燕"内长城"。现存的燕长城以石墙为主,并与土墙、山险、河险相结合,具有"因塞制险"的特点和军事防御的特征。内蒙古赤峰地区位于秦始皇长城中段,地形复杂,地势险要,其走向与分布大体由河北省围场县进入赤峰市松山区,由西而东分别经由当铺地、王家店、水地、安庆沟、大北海、敖汉白斯朗营子、黑山后北山、老牛槽沟、南塔北三家、东古鲁板蒿等地,在敖汉旗与通辽市交界的岗岗水库附近进入奈曼旗,一直东入辽宁境内,长约250公里。燕秦长城继承战国长城传统,因边山险,以河为塞,长城沿线修筑了许多亭障塞堡,布局合理。在今赤峰地区留下了许多遗迹,在赤峰市松山区、敖汉旗境内,城池堡塞规模较大、布局较密,说明这些地区在当时的军事地理上占有重要地位。

对于内蒙古东南部燕秦长城的走向,2009年内蒙古考古工作者对赤峰市、通辽市的长城进行了再一次的实地调查,认为辽西地区呈东西走向的三道长城时代上已大体明确,中部一道为燕北长城,北部一道为秦朝始筑,南部一道为东汉长城。本次调查中,三道长城的走向与以前的调查大部分地段吻合,只有北部秦汉长城从赤峰市延伸到通辽市奈曼旗后,在该旗新镇朝阳沟村东北0.48千米处消失不见,再往东开始进入茫茫的科尔沁沙地。[1] 辽西地区北部地段的秦汉长城由东向西分布于通辽市奈曼旗和赤峰市敖汉旗、松山区境内,总长216 489米,分为82个调查段,包括石墙4段、土墙51段、河险3段、消失24段。其中石墙保存差,长2 015米;土墙保存较好277米、一般5 480米、较差18 561米;河险长28 000米;消失111 358米。沿线调查烽燧6座、障城8座。[2]

通辽地区秦汉长城遗迹分布在奈曼、库伦两旗,因年久剥蚀,现今只剩土垅。

---

[1] 内蒙古自治区文化厅(文物局)、内蒙古自治区文物考古研究所:《内蒙古自治区长城资源调查报告·东南部战国秦汉长城卷》,文物出版社,2014年,第4页。

[2] 内蒙古自治区文化厅(文物局)、内蒙古自治区文物考古研究所:《内蒙古自治区长城资源调查报告·东南部战国秦汉长城卷》,第46页。

库伦旗、奈曼旗的秦汉长城总长度达到91.6公里。全段有边堡3座、烽火台4座。库伦、奈曼旗两段秦汉长城墙体多为堆土筑就，不见夯筑。库伦、奈曼旗长城秦代始筑，西汉沿用，东汉废弃。奈曼旗和库伦旗地段的秦始皇长城遗迹，自西岗岗村东行，经高和村北至伊马钦村牤牛河西岸台地中断。再在其北约10公里的牤石沟村南山岗出现，自牤牛河东岸丘陵地带向东延伸，经薄等沟伸入库伦旗境内。库伦旗境内自西下沟村东行经水泉乡、白音花苏木，至先进乡折向东南伸入辽宁阜新市八家子村境内。①

对于燕秦长城的具体走向，由于文献记载太简单，长期以来观点不一，得益于考古调查的不断进行而日渐清晰。李文信、佟柱臣是较早对燕北长城进行实地调查的学者。早在20世纪40年代初，二位就到赤峰地区进行实地调查，在英金河北岸发现了一段长城，后来又在别地发现多处古代长城遗迹。佟柱臣根据自己的调查判断："燕的北长城由张家口进入内蒙古自治区的化德县东，经正蓝旗至多伦县，又进入河北省的丰宁县、围场县的卡伦后沟、辽宁省赤峰县大庙乡，然后到阜新县。"②李、佟二位先生的贡献在于他们的新发现使得人们对于燕秦长城有了新的认识，对于此后其他学者的研究有着指引方向的重要作用。

对于辽东地区的燕秦长城的研究，在20世纪70—80年代曾有一次高潮，并在90年代初形成了基本结论，即认为在东北地区存在着这样一条燕秦长城线。"从今朝鲜大同江入海口北岸的碣石山起，向东北去，经大宁江、昌城江，至鸭绿江，约因宽甸的下露河乡过江，经太平哨一线，转向北去，进入桓仁县，再到新宾、清原，复向西经过铁岭、法库，进入彰武到阜新，然后到库伦、奈曼、敖汉，过赤峰，再西就和围场段（即赤北长城）相衔接了。"③冯永谦对燕秦汉东北长城进行了系统调查，得出以下新结论：其一，开原、铁岭的东面还是没有发现长城遗迹。由于开原和铁岭的东和东南部系山区，有许多地方山较高大，根据多年的调查经验，战国、汉长城并不修筑在高山上。其二，抚顺地区北部烽燧址西从沈阳市东

---

① 包海平、闫洪森：《城墙与文明——通辽境内秦汉长城考》，《黑龙江史志》2018年第11期。
② 佟柱臣：《赤峰附近新发现之汉前土城址与古长城》，《沈阳博物馆专刊》（历史与考古第1号），1946年。
③ 李健才、刘素云：《东北地区燕秦汉长城和郡县城的调查研究》，第287页。

陵区陵前堡开始,向东经抚顺县、顺城区、东洲区、新宾县,直到吉林通化县西境;抚顺南部发现南北走向烽燧址,长城当在这一线附近向南延伸,经本溪而达宽甸鸭绿江畔。其中部分长城被明长城所沿用。其三,燕、秦、汉长城在丹东地区的宽甸县,既以鸭绿江、浑江天险为屏障,又修筑一些墙体在重要地段,可能就是这个地区的长城结构与防御形式了。① 王绵厚推定的燕秦汉"辽东故塞"的基本走向是:由新民公主屯向东,经"乌尔汉"一线过辽河以东。东南经沈北财落堡以北一线,经铁岭南邱台和沈阳之间,由蒲河而进入浑河以北。东南行由沈北新乐东指浑河北岸东陵东山,再延向抚顺方向。经由东陵区"青桩地(子)"重要古城以北,过抚顺望花区高湾烽燧东南行,沿浑河支流拉古河南下,在抚顺县拉古乡和海浪乡一线分途。汉长障城塞应沿浑河北岸东行,经东洲、甲邦、章党而进入苏子河北。而燕秦汉长城,则从拉古、海浪一线烽燧址,沿拉古河东南行,延向本溪市威宁营和碱厂堡以及凤城赛马镇;然后向东进入宽甸北部的灌水、太平哨以南至大西岔一线,直至鸭绿江西岸,过鸭绿江则连接"大宁江长城"。他也注意到,燕秦汉早期长城,沿拉古河东南延向本溪市境;而汉代"第二玄菟郡"障塞烽燧,则从抚顺东洲一带,沿浑河北和苏子河流域,东延向新宾县和吉林通化地区。② 李树林根据调查研究认为:近三十年间,中国辽宁、吉林两省、朝鲜西北地区相继发现了"列燧"遗址、主体性军事类障塞、中枢性行政类城址和附属性保障类遗址等重要的长障城塞遗址,累计调查发现的障塞数量规模已相当可观,为我们进行燕秦汉辽东长障城塞量化统计分析,创造了基本的条件。本文通过量化统计得出:目前在总长约1081公里的辽东长障城塞线上,共发现"点线式"障塞结构、"线段式"短垣结构、"线条式"长垣结构三种构筑形式;其中障塞结构遗址162座;"线段式"短垣结构遗址3道8段;"线条式"长垣结构长120公里。使我们对燕秦汉辽东长障城塞的地理分布、障塞类型、设置规律、建筑特征、历史分期等方面,初步有了一个理性认识。③ 也有人认为,在辽东地区发现的燕秦汉时代

---

① 冯永谦:《东北燕秦汉长城的考古调查与研究》,《辽宁考古文集》(二),科学出版社,2010年,第66—93页。
② 王绵厚:《燕秦汉"辽东故塞"诸问题考论从对〈史记〉一段文字的释读谈起》,《社会科学战线》2011年第7期。
③ 李树林、李妍:《燕秦汉辽东长障城塞遗址的量化统计分析》,《北方文物》2011年第2期。

的障塞烽燧遗址,并非燕秦汉长城的东北段,而是相关势力进入东北地区后构建的军事镇戍体系,包括以中部都尉治所为中心,向北到望平县,向东经东部都尉治所到番汗县的燕秦汉早期障塞线,以及向东北进入今通化地区的"第二玄菟郡障塞线"。由此构成的东北"边塞",形成一种积极进取、半开放式的边疆,有利于汉文化在东北地区的深度传播。长城只是一种特殊的边界防御手段,燕秦汉时期的军事防御体系当然不限于长城,特别是障塞、烽燧一类的军事设施,除了防御以外,还有镇戍功能。①

辽东地区遗迹和遗物比较少,判断起来比较麻烦。其遗迹在今辽宁建平、北票、开原、铁岭一线均有发现,如建平境内的热水乡、烧锅营子乡、铁岭阿吉镇陈平村烽燧、镇西堡镇大台山烽燧等。其中,建平烧锅营子境内的战国燕长城遗址,是现存燕长城最好的一段,它修筑在高山峻岭与山坡低谷中,砌石夯土,就地取材,蜿蜒起伏,墙宽2.5米左右,残墙高0.3—0.4米不等,城堡及亭障遗址清晰可见。据专家考证,这条燕长城筑于燕昭王后期,距今已有2 300余年的历史。2001年6月,该段燕长城遗址被国务院列入第五批全国重点文物保护单位。

对于燕北外长城出赤峰以后的走向,学界也有不同意见。有人认为,从赤峰向敖汉旗宝国叶乡荷叶村延伸,再东行经奈曼旗土城子乡高和村西岗岗屯后,去高和、塘坊、苇塘、七家子、杏树园子、北冷汤直抵牤牛河边,之后以牤牛河为屏障向北沿河四十里后在牤牛河东的牤牛沟头又继续往东延伸,绕经蛤蟆山北麓,穿过大榆树,扣根南,哈日干图,双合星之朝阳沟北,伸向库伦旗平安乡的西北下洼,再蜿蜒东南,直至库伦旗的先进乡(龙王庙子),然后进入辽宁阜新县境东北部。② 然而,另外一种观点认为燕北外长城在阜新县的走向应该是由"内蒙古自治区奈曼旗那台营子乡善宝营子城址东北进入辽宁省阜新蒙古族自治县境内,经于寺镇套尺营子村南梁屯东南、下官屯东南、北洼屯、他本改村的西沟屯、小虎掌沟屯西南、西营子屯、前平安地屯,进入大五家子镇张吉营子屯西南、然后从小五家子村五大营子屯东沟200米处越过山坡,进入八家子乡则少见踪迹。推测

---

① 范恩实:《燕秦汉东北"长城"考论——障塞烽燧线性质再分析》,《中国边疆史地研究》2015年第3期。
② 李殿福:《吉林省西南部的燕秦汉文化》,《社会科学战线》1978年第3期。

阜新段燕北外长城可能经旧庙镇进入内蒙古自治区库伦旗境内"。

燕北外长城出阜新后，继续东行进入彰武县。辽宁境内的燕秦长城，在彰武以西的走向、分布是比较清楚的，这得益于考古调查的不断深入。彰武以东的燕秦长城，虽然学术界基本认定长城过阜新、彰武、法库、铁岭、开原一带，然后跨辽河东行再折而东南，经新宾、宽甸、最后向南跨过鸭绿江进入朝鲜。① 还有人认为："从阜新市的彰武县出境后，进入沈阳市所属的新民北部地区，然后东行进入法库县叶茂台镇，再东行经铁岭市的镇西堡、龙首山，折而南下过新台子镇邱台子、懿路复又进入沈阳境内。在沈阳市大体沿今沈(阳)—铁(岭)高速公路一线，即新城子区和东陵区东部的矮丘一带南北通过，然后抵浑河北岸，在东陵区高坎镇附近跨越浑河，经东陵区上伯官进入抚顺市顺城区李石寨镇，再经刘尔屯、四方台、抚顺县大南乡东台、越东陵区深井子镇鄂家沟进入抚顺县拉古乡，然后南行过沈阳市苏家屯区白清寨乡的和顺、关台沟一带复又进入抚顺县海浪乡，接着进入本溪市，经该市溪湖区的后湖公园、明山区高台子镇威宁、牛心台镇的大浓湖，然后东行经本溪满族自治县的小市张家堡、谢家崴子水洞、山城子镇的朴家堡，再继续向东至碱厂镇，然后可能擦抚顺市新宾满族自治县南部边缘进入桓仁满族自治县，经该县木盂子镇四道河子乡的三道河子村、县城、雅河乡驻地及该乡口龙山进入宽甸满族自治县，再经该县步达远、太平哨、红石砬子、永甸、长甸等乡镇抵鸭绿江边。"②有学者认为："燕秦汉长城在辽北境内，应该是从阜新市的彰武经法库叶茂台石桩子马鞍山东来，过调兵山进入铁岭，在铁岭左边越辽河东去。这一段因辽河天险，足以为峙，所以长城的结构或形式，或以木栅为之，或以烽燧连之。"③

有关吉林新发现的长城遗迹，根据公开报道，2009年6月初，受国家文物局委托，吉林省成立长城资源调查小组，对吉林省境内的秦汉时期长城遗址展开调查。调查小组对西起通化县三棵榆树镇沿江村、东至通化县快大茂镇的范围内进行调查走访、挖掘，共发现11处城(障塞)、烽燧遗址。据主持发掘的宋玉彬介绍，吉林省境内发现的长城应该是长城的附属设施，围绕当地所设的郡或县城，

---

① 国家文物局：《中国文物地图集·辽宁分册》(下)，西安地图出版社，2009年，第259、260页。
② 萧景全：《辽东地区燕秦汉长障城塞得考古学考察研究》，《北方文物》2000年第3期。
③ 徐志国：《辽北境内燕秦汉长城及相关遗迹遗物的发现和研究》，《博物馆研究》2007年第2期。

构成一个总的军事防御体系。鉴于上述"长城遗址"的发现,有专家表示,这标志着目前秦汉长城的最东端将重新界定为通化县,而并非普遍认为的辽宁省新宾县旺清门镇孤脚山烽燧。①

关于燕北外长城是不是进入朝鲜境内,学术界尚有争议。一些学者提出燕北长城在进入朝鲜境内以后依然没有停止。而持异议者认为:"在今朝鲜境内,我们没有见到燕长城的遗址。可见,在今朝鲜半岛北部和中部,燕国只建筑了一条锁链形的障、塞,而没有建筑长城。"②也有学者认为《晋书·地理志上》:"遂城,秦筑长城之所起。"《通典·高句丽传》:"碣石山在乐浪郡遂成县,长城起于此山。"③而且从考古资料上来看,朝鲜平安南道德川郡青松里遗址,出土了许多燕国的刀币和铁器,慈城西海里发现了数千枚燕刀币。④这说明当时燕国的势力范围已经发展到该地区,成为燕国在此修建长城的佐证。20世纪80年代,在朝鲜境内大宁江畔发现一段古代长城遗迹,这就是大宁江长城。尽管朝鲜学者认为大宁江长城是高丽时期修筑的长城,但是我国许多学者认为它是燕北长城的一部分。国内学者之所以认为大宁江长城是战国时期燕国所筑,其理由主要是实物资料和文献资料。在实物资料方面,大宁江长城遗址地面上分布着不同时期的遗物,主要是古瓦片和古陶瓷片,大多数陶片为"灰青色,铅红色,赤色,黑灰色,有质地柔松的和质地粗硬的,纹饰为赤木叶纹,菱形纹,布面纹,波浪纹,直线纹,斜线纹及混合纹"。⑤这些陶片多属于夹砂绳纹红陶和绳纹加弦纹的灰陶,富含着强烈的战国时期燕国的文化属性,为典型的燕国遗物。而且大宁江长城的结构与辽西地区的燕秦长城相同,与汉长城不同。⑥文献资料方面,除了《史记·朝鲜列传》记载有"自始全燕时尝略属真番、朝鲜,为置吏,筑障塞"以外。《魏略》中也有燕在秦开攻破朝鲜后修筑长城的记载,其位置就在今清川江附近。

---

① 《通化境内现秦汉长城遗址》,《东亚经贸新闻》2009年12月14日第2版。
② 陈可畏:《论战国时期秦、赵、燕北部长城》,《长城国际学术研讨会论文集》,吉林人民出版社,1995年。
③ 阎忠:《燕北长城考》,《社会科学战线》1995年第2期。
④ 佟冬:《中国东北史》,吉林文史出版社,1987年,第237页。
⑤ 孙永钟著,顾禹宁译:《关于大宁江畔的古长城》,《博物馆研究》1990年第1期;孙永钟著,顾禹宁译:《大宁江长城的调查报告》,《博物馆研究》1990年第4期。
⑥ 郑君雷:《大宁江长城的相关问题》,《史学集刊》1997年第1期。

而现今发现的大宁江长城,距清川江很近,其南段甚至就在清川江下游的西岸。其走向大体是东沿鸭绿江北岸向西延伸,过临江,至长白县马鹿沟镇北山障堑,西北进入通化市境内,西与辽宁省新宾县辽东列燧连成一线,长白县马鹿沟镇西南沿鸭绿江北岸至辽宁宽甸入朝鲜境内与大宁江长城对接。① 结合相关证据,大宁江长城确为燕国所筑,只是在公元 10 世纪左右,朝鲜古国高丽在原基础上进行了修缮。

秦统一后对燕国北长城加以修缮利用是不争的事实,然而由于秦朝的快速灭亡,在燕国旧有长城上未及展开大的修缮,正因为如此,秦王朝在这一地区的遗存相对较少。1993 年 4 月,抚顺市顺城区李石寨镇河东村村民在浑河边筛沙子时发现了 4 件战国青铜器,其中铜戈和铜矛各 1 件,被抚顺市博物馆收藏。铜矛两面都有锲刻的文字,其正面刻"三年相邦吕不韦造,上郡守……"等十九字。② 从铭文可知,这是一件秦始皇三年(前 244 年)在秦上郡高奴县制造的兵器。这件铜矛在抚顺出土,应该是秦军人辽灭燕或后来戍守该地的兵士所遗。秦上郡兵器在辽东很少发现,过去曾在朝鲜半岛的平壤出土过二十五年上郡守戈。前几年在辽阳市曾发现一件四十八年上郡守起戈。③ 在沈阳市东陵区在 1988 年采集到一件有秦篆"廿六年……"字样的陶量残片。④ 虽然考古发现遗存与遗物数量不多,但这些发现基本在燕国长城的障塞线上,从而可以证明秦始皇统一以后曾经利用燕国长城作为万里长城的一部分。

总而言之,关于燕秦长城的走向问题,笔者认为:燕北内线长城起自河北独石口,东北延伸,经过围场南、赤峰北,然后又转向东南,经过北票北、阜新北,最后至于辽阳市老城北。该段长城在秦灭燕国后,没有被秦继续使用;燕北外线长城起自河北张北西,东北行经过内蒙古太仆寺,然后进入多伦境内,再东行过围场、赤峰,过老哈河,经敖汉北、库伦、阜新、彰武、法库、开原。开原之后,燕北外线长城以障塞的形式经新宾、宽甸,最后向南跨过鸭绿江进入朝鲜,过清川江,止

---

① 李树林、李妍:《燕秦汉辽东长障城塞遗址的量化统计分析》,《北方文物》2011 年第 2 期;王文:《李树林提出辽东障塞长城新见解》,《中国文物报》2011 年 5 月 4 日第 2 版。
② 徐家国、刘兵:《辽宁抚顺市发现战国青铜兵器》,《考古》1993 年第 3 期。
③ 邹宝库:《释辽阳出土的一件秦戈铭文》,《考古》1992 年第 8 期。
④ 邵春华等:《赤柏松汉城调查》,《博物馆研究》1987 年第 3 期。

于平安南道西部的龙冈。燕北外线长城在秦灭燕国之后,即被修缮,西接河北尚义境内的赵长城,成为秦万里长城的一段,在具体位置和走向上没有发生大的变化。至于大宁江长城在燕国灭亡之后有没有被秦修缮利用,笔者的观点是否定的。

五、与秦始皇长城相配套的边疆行政建制

秦统一天下后,废除了导致长期分裂割据的分封制,在全国普遍实行郡县制,由过去的分土而治到分民而治,以维护国家统一与中央集权。统一的当年,全国设置三十六郡,其中在北方边境地区置十二个郡,占到了三分之一,充分说明了北部边疆的重要性。当时的北境均与匈奴接壤,与秦始皇长城平行,从西北延伸到东北,可见秦始皇对北方边境的重视程度。这十二个郡的设置与秦始皇长城合为一体,将物防与人防紧密结合,发挥着重要的防御作用,为长城的保卫提供人力、财力、物力上的极大支持。

在长城沿线设置的这些郡县的治所,不少是在长城以外数百里、上千里的地方。如今天甘肃、内蒙古、宁夏境内的不少地区,都在当时秦长城的西北。富平、枹罕等县也都在当时秦长城以外。长城并没有封闭住秦始皇政治、经济、文化的向外发展。而它正有效地保护着、安定着长城内外人民的生产生活,保障着秦帝国国家的安全。

1. 陇西郡

战国秦昭襄王时设置,秦始皇保留建置,治所在狄道(今甘肃临洮)。有关秦陇西郡置县,文献中没有记载。20世纪80年代初谭其骧主编《中国历史地理图集》第二册中有关秦陇西郡置县点注有上邽、西县、下辩、冀县、临洮、狄道、枹罕7县,但没有具体的考证文字。马非百的《秦集史·郡县志》利用文献也考证秦陇西郡置狄道、临洮、西县、上邽、下辩、冀县、枹罕、故道、榆中、绵诸、成纪、獂道12县。[①] 其中后者增加了"故道、榆中、绵诸、成纪、獂道"五县。后晓荣考证后认为:秦陇西郡置22县,为上邽、西县、下辩、冀县、临洮、狄道、枹罕、兰干、邸道、

---

① 马非百:《秦集史》,第583—586页。

走翟、故道、武都、绵诸、獂道、襄武、戎道、辨道、予道、薄道、略阳、成纪、阿阳。[1] 陇西郡的战略地位非常重要，是秦始皇长城最西段的起首之地。陕西宝鸡陇县凤阁岭出土秦昭襄王"廿六年陇西守"戈，铭文"廿六年口栖（西）守口造，西工室奄，工口（内背面），武库（内正面）"。李学勤隶作"口栖（西）守造"，并说"口栖"即"陇西"，器作于始皇廿六年。李仲操先生也隶定"陇西"，但时代定为昭襄王廿六年器。[2] 陇西原为义渠地，大多以为公元前279年设郡，郡治狄道，今在甘肃临洮县。《水经·河水注》："狄道故城，汉陇西郡治，秦昭襄王二十八年置。"[3] 但《史记·秦本纪》："昭王二十七年，使司马错发陇西，因蜀攻楚黔中，拔之。"[4] 则秦设置陇西郡，当在昭王二十八年以前，郦道元说似有误。

2. 北地郡

原为义渠地。《史记·匈奴列传》："秦昭襄王时……起兵伐残义渠，于是秦有陇西、北地、上郡，筑长城以拒胡。"[5] 顾祖禹在《读史方舆纪要》中称："秦置北地郡以隔阂匈奴，汉人所谓缘边诸郡也。"[6] 可见，北地郡是秦为隔阂匈奴而设置的。秦北地郡辖地广阔，南到阴密县（今甘肃灵台县），与秦内史以今灵台县和麟游县交界的崔木梁为界，北到今银川平原，东与上郡接壤，西过陇山达到今靖远县的黄河边。北地郡置郡在那一年？《后汉书·西羌传》载其事于周赧王四十三年，即秦昭襄王三十五年。[7] 战国秦昭襄王时设置，秦始皇时期继续保留建置。辖地因蒙恬开拓疆土至阴山而有所北扩，鄂尔多斯高原西南部包括内蒙古鄂托克前旗、鄂托克旗、乌海市等地大致在北地郡统辖范围内。乌海市区北约15公里的新地古城可能始筑于秦代，是临黄河所筑44座县城之一。北地郡治义渠，今在甘肃宁县西北。马非百《秦集史·郡县考》通过文献考证，秦北地郡有属县12个，分别是义渠、乌氏、朝那、富平、泥阳、鹑觚、朐衍、泾阳、除道、直路、阴密、

---

[1] 后晓荣：《秦陇西郡置县考》，复旦大学出土文献与古文字研究中心网站，2008年4月25日。
[2] 王辉：《秦出土文献编年》，台湾新文丰出版公司，2000年。
[3] （北魏）郦道元著，陈桥驿校证：《水经注校证》，第47页。
[4] （汉）司马迁：《史记》卷五《秦本纪》，第213页。
[5] （汉）司马迁：《史记》卷一一〇《匈奴列传》，第2885页。
[6] （清）顾祖禹：《读史方舆纪要》卷五七《陕西六》，中华书局，2005年，第2755页。
[7] （南朝宋）范晔：《后汉书》卷八七《西羌传》，第2874页。

郁郅。① 后晓荣的《秦代政区地理》一书根据秦代出土封泥和陶文,复原的秦代北地郡县名有:义渠、阴密、安武、彭阳、方渠、泥阳、卤县、郁郅、长武、乌氏、归德、泾阳、除道、略畔等15个。②《中国历史地名大辞典》又载:"富平县,秦置,属北地郡。治所在今宁夏吴忠市西南黄河东岸。东汉为北地郡治。"③

3. 上郡

秦上郡原是魏国地盘,随着商鞅变法以后,秦国与魏国国力强弱的变化,魏国由原来对秦的攻势变为守势。公元前328年,魏国被迫贡献上郡十五县于秦,秦始有上郡地。《史记·秦本纪》:"惠文王十年,张仪相秦,魏纳上郡十五县。"④《史记·魏世家》:"魏襄王七年,魏尽入上郡于秦。"⑤秦于公元前304年设置上郡,郡治肤施(今陕西榆阳区东南)。《水经注·河水》:昭王三年"置上郡,治肤施。"⑥秦始皇派蒙恬北击匈奴之后,派太子扶苏为监军,屯兵上郡,倾注其全力保卫北边边疆、修筑长城,暴师于外十余年。《史记·秦始皇本纪》记载:"三十三年……西北斥逐匈奴,自榆中并河向东,属之阴山,以为四十四县,城河上为塞。又使蒙恬渡河取高阙、阳山、北假中,筑亭障以逐戎人。徙谪,实之初县。"⑦目前发现的有关秦上郡的文物资料丰富,其中传世和出土的秦兵器"上郡守"戈就有多件,出土秦封泥有"上郡太守"和"上郡候丞"等。"上郡候丞"封泥的出土显示出上郡非同小可的地位和重要性。秦上郡所属广衍县城址即今准格尔旗瓦尔吐沟古城。在古城附近发掘的墓葬的葬式和随葬品,具有与关中及其他地区秦墓基本类同的秦文化特征。古城内地表散布的瓦当,也是具有秦文化特征的遗物。在广衍故城南面约20公里的伊金霍洛旗新庙子,有一时代相当的古城。马非百《秦集史·郡县考》通过文献考证,秦上郡有属县有肤施、阳周、漆垣、广衍、洛都、北河、雕阴。⑧

---

① 马非百:《秦集史》,第580—583页。
② 后晓荣:《秦代政区地理》,社会科学文献出版社,2009年,第170—176页。
③ 史为乐:《中国历史地名大辞典》,中国社会科学出版社,2005年,第2626页。
④ (汉)司马迁:《史记》卷五《秦本纪》,第206页。
⑤ (汉)司马迁:《史记》卷四四《魏世家》,第1848页。
⑥ (北魏)郦道元著,陈桥驿校证:《水经注校证》,第84页。
⑦ (汉)司马迁:《史记》卷六《秦始皇本纪》,第252页。
⑧ 马非百:《秦集史》,第578—580页。

4. 九原郡

原为匈奴地。战国赵得其地后建九原城,秦打败赵国占据九原后,设置九原郡,治所在今包头市西郊麻池古城。位于黄河北岸,秦长城遗迹始见于乌拉特中旗石兰计山口北面,沿狼山北坡东行,经乌拉特中旗南缘地带、固阳县中部进入武川县。秦九原郡北部止于长城,南界至于黄河以南,与北地郡、上郡相接,大致今内蒙古黄河以北的磴口县、杭锦后旗、临河市、五原县、乌拉特前旗、包头市区、固阳县南部及黄河以南的杭锦旗、达拉特旗等地都是秦朝九原郡的辖区。九原郡是北上漠北、南下关中的交通枢纽,地理位置十分重要。传统上多认为九原郡为秦蒙恬北击匈奴拓地所置,设郡时间自然是统一后之事。从清代乾隆年间的学者全祖望开始,近人王国维、谭其骧、史念海等,都曾专门论述九原郡的始置年代这一问题。辛德勇也提出了自己的不同看法。[1] 马非百通过文献考证,秦九原郡有属县三个,分别是固阳、北假和临河。[2]

麻池古城遗址位于包头市九原区麻池乡政府西北约800米,古城南紧邻麻池——哈林格尔公路。分南北二城,二城呈相接的斜"吕"字形,古城内地表散见板瓦、筒瓦、瓦当等建筑材料和罐、盆、碗、豆等陶器残片,常有"五铢"钱、铁铲和铜镞等出土。20世纪50年代曾发现印有"万石"字样的砖。所在位置处于阴山南北的交通要道,正好面对昆都仑沟的南口,显然在军事上有重要地位。经专家认定:麻池古城的北城较南城早,与秦直道起点形制、布局相同的三个夯土台基也在北城,北城应为秦直道终点,也就是九原郡的治所。在长城沿线的作用非常大,因为处于交通要道上。

5. 云中郡

战国时期赵国赵武灵王时期,经过胡服骑射改革,国力强大,占据了林胡、楼烦,后置郡。秦灭赵,承赵国建置,治所在今内蒙古呼和浩特市托克托县古城村古城,西邻九原郡、上郡。在托克托县城关镇西北的哈拉板申西古城内发现了秦代建筑遗址和遗物,证明该城系秦代所筑,应是云中郡的属县,也是秦临河所筑44座县城的一处城址。秦长城经武川县西南进入呼和浩特市区北郊,东南方伸

---

[1] 辛德勇:《阴山高阙与阳山高阙辨析》,《文史》2005年第3辑。
[2] 马非百:《秦集史》,第587—588页。

延进入卓资县旗下营,呼和浩特平原及以南的山区丘陵地带属云中郡。大体上,今秦长城遗迹以南的呼和浩特市区、土默特左旗、托克托县、清水河县、和林格尔县及武川县西南部等在秦云中郡的管辖之下。云中郡北可越阴山进入漠北,南可渡黄河接近中原心腹之地,自古为中原政权和北方民族政权必争之地。《史记·匈奴列传》:"赵武灵王置云中、雁门、代郡。"[1] 公元前234年,秦攻赵,取其地,重建为郡。《水经注·河水三》载:"云中,秦始皇十三年立云中郡。"[2] 郡治云中,位于今内蒙古托克托县东北。史籍中没有详细记载所属县名及方位,仅知云中城东面有原阳县,是训练骑兵的基地,城址在今呼和浩特市东南方的八拜古城。

6. 雁门郡

秦沿袭战国时期赵国建置。秦始皇长城遗迹经卓资县中部、丰镇市西北、察右前旗南部,雁门郡辖境除有山西北部外,还大体囊括内蒙古凉城县、丰镇市及卓资县、察右前旗南部。雁门郡西临云中郡,是北入漠北的交通孔道之一。公元前234年前后,秦攻赵,取其地,重建为郡。郡治善无,位于在山西右玉县南。马非百《秦集史·郡县考》通过文献考证,秦雁门郡有属县五个,分别是善无、楼烦、马邑、平城、广武。[3]

7. 上谷郡

战国燕昭王时设置,秦始皇沿袭。辖境相当今河北张家口、小五台山以东,赤城、延庆以西及明内长城和昌平以北,秦始皇长城以南之地。《史记·匈奴列传》:"燕亦筑长城,自造阳至襄平,置上谷、渔阳、右北平、辽西、辽东郡以拒胡。"[4] 公元前225年,秦灭燕,后二年重建为郡。《水经注·圣水》:"秦始皇二十三年置上谷郡。"据《水经·㶟水注》载,郡治沮阳,位于今河北怀来县东南。马非百《秦集史·郡县考》通过文献考证,秦上谷郡有属县二个,分别是沮阳、军都。[5] 侯晓荣考证有沮阳、夷舆、宁城、军都、上兰、居庸、潘县、茹县、且居、下落十

---

[1] (汉)司马迁:《史记》卷一一〇《匈奴列传》,第2885页。
[2] (北魏)郦道元著,陈桥驿校证:《水经注校证》,第79页。
[3] 马非百:《秦集史》,第657页。
[4] (汉)司马迁:《史记》卷一一〇《匈奴列传》,第2886页。
[5] 马非百:《秦集史》,第654页。

个县。①

8. 渔阳郡

战国燕昭王时设置,秦沿袭。辖境相当今蓟运河以西,怀柔、通县以东,天津以北、秦始皇长城以南之地。秦二世发间左戍渔阳即此。《汉书·地理志》指出,渔阳郡,秦置。公元前225年,秦灭燕,次年重建为郡。《水经·鲍丘水注》:"秦始皇二十二年置上谷郡,治渔阳。"郡治渔阳,位于今北京密云县西南。管辖县有渔阳、泉州、白檀。②

9. 代郡

新出土秦封泥中有"代马丞印"和"代马"半通印;传世秦玺印有"代马丞印",二者都为秦代郡掌管马政之马丞官。代郡原为赵地,为赵旧郡,公元前228年秦攻破赵国,赵公子嘉出奔到代,自立为代王。公元前222年被秦灭,重建为郡。《史记·秦始皇本纪》:"二十五年……(王贲)还攻代,虏代王嘉。"③郡治代,在今河北蔚县西北。马非百通过文献考证,秦雁门郡有属县四个,分别是高柳、班氏、代、参合。④

10. 右北平郡

战国燕昭王时设置,秦始皇沿袭。秦灭燕后,在燕右北平郡所属地域基础上继续扩建,把这里作为统治燕北地区的重镇。右北平郡处在战国燕所设五郡当中,自战国至秦汉一直是中原政权通向漠北东部即今锡林郭勒草原和呼伦贝尔草原的重要道路。秦始皇长城东段大体修缮沿用燕北长城,沿线南侧发现大量属于战国至秦代的遗址、遗物。今内蒙古赤峰市南部地区包括喀喇沁旗、宁城县、松山区、敖汉旗部分都应由秦朝右北平郡管辖。《汉书·地理志》云:右北平郡,秦置。⑤公元前225年,秦灭燕,次年重建为郡。郡治无终,在今天津市蓟县。马非百通过文献考证,秦上谷郡有属县二个,分别是无终县和石城县。⑥后

---

① 后晓荣:《秦代燕地五郡置县考》,《古代文明》2009年第2期。
② 后晓荣:《秦代燕地五郡置县考》,《古代文明》2009年第2期。
③ (汉)司马迁:《史记》卷六《秦始皇本纪》,第234页。
④ 马非百:《秦集史》,第658页。
⑤ (汉)班固:《汉书》卷二八下《地理志》,第1624页。
⑥ 马非百:《秦集史》,第654—655页。

晓荣考证有无终、昌城、夕阳、簀县、广城、白狼、徐无、字县、石城九个县。①

11. 辽西郡

战国燕昭王时设置,秦始皇沿袭。辖境相当今河北迁西、乐亭以东,大凌河下游以西,北境应包括燕秦长城以南的今内蒙古通辽南部等地。《汉书·地理志》云:辽西郡,秦置。② 公元前225年,秦灭燕后,次年重建为郡。《水经注·濡水》云:"秦始皇二十二年置辽西郡,治阳乐。"③郡治阳乐,位于今辽宁省义县西。马非百通过文献考证,认为秦辽西郡有属县四个,分别是阳乐、令支、海阳和肥如县。④ 后晓荣考证有阳乐、徒河、柳城、令支、安平、海阳、肥如七县。⑤

12. 辽东郡

战国燕昭王时设置,秦始皇沿袭。辖境相当于今辽宁大凌河以东地区,北东部以秦始皇长城为界,是秦始皇长城最东段重镇和终止之地。传世秦封泥有"辽东守印",为秦辽东太守之用印。《汉书·地理志》记载:"秦置,属幽州。"⑥此地原为燕旧郡,公元前222年秦灭燕后,重建为郡。《史记·秦始皇本纪》:"始皇二十五年,大兴兵,使王贲将,攻燕辽东,得燕王喜。"⑦《水经注·大辽水》:"襄平县,秦始皇二十二年灭燕,置辽东郡,治此。"⑧二十二年当作二十五年,误也。郡治襄平,位于今辽宁辽阳市。管辖有襄平、险渎、候城三县。⑨

秦始皇统一六国后,"遂并兼四海。以为周制微弱,终为诸侯所丧,故不立尺土之封,分天下为郡县"。⑩目的很显然是为了维护统一的局面,在边疆地区推行郡县制,也是维护边疆地区安全的重要举措,事实证明也确实发挥了重要作用,只有长城而没有人防,长城是发挥不了很好作用的。秦通过"徙民实边"政策,一方面开发了边疆地区;另一方面,避免了为长城防御体系长途运输粮草造

---

① 后晓荣:《秦代燕地五郡置县考》,《古代文明》2009年第2期。
② (汉)班固:《汉书》卷二八下《地理志》,第1625页。
③ (北魏)郦道元著,陈桥驿校证:《水经注校证》,第345页。
④ 马非百:《秦集史》,第653页。
⑤ 后晓荣:《秦代燕地五郡置县考》,《古代文明》2009年第2期。
⑥ (汉)班固:《汉书》卷二八下《地理志》,第1625页。
⑦ (汉)司马迁:《史记》卷六《秦始皇本纪》,第234页。
⑧ (北魏)郦道元著,陈桥驿校证:《水经注校证》,第349页。
⑨ 后晓荣:《秦代燕地五郡置县考》,《古代文明》2009年第2期。
⑩ (汉)班固:《汉书》卷二八下《地理志》,第1542页。

成的众多劳役现象。

这些边疆郡县大多是在战国燕、赵、秦等国郡县基础上设置的,但秦朝在长城沿线兴筑了许多边城,迁徙了不少的人口。这些边城郡县既有平民百姓居住,从事各种生产活动,又驻军防边,带有半农半军性质,是秦朝长城防御链条上不可或缺的环节。有的郡县使用时间很长,与内地郡县城没有太大的差别。城内有官署,有民居,有街道。城外有的还附有城郭、烽燧。但也有相当一部分边城属于临时军事性质,时用时废,形同城郭。这种边城,建筑方式相对比一般简单,因而遗留下来的遗迹和遗物也比较少。

六、秦始皇长城与直道

秦始皇长城修建在先,直道修建在后,看似没有关系,实质上有必然的联系,其修建目的是一致的。秦始皇统一六国后,倾全国之人力、物力、财力,兴建了两项巨大的军事工程:一是筑长城,二是修直道。于是秦长城和秦直道构成了秦帝国的"丁"字形防御北方匈奴的军事体系。对于秦长城和秦直道的关系,既可以比喻为盾和矛的关系,也可以比喻为弓和箭的关系。也就是说北部的秦长城是一面盾,起到的是防御匈奴入侵的作用,那么直道无疑就是一把锋利无比的矛或者剑,直接插入匈奴王朝的心脏。两者共同的作用就是防御北方强大起来的匈奴对秦王朝的威胁和挑衅,以保证长城以南社会的正常社会生活和经济发展。

秦始皇所修建的直道是南北走向。据考察,中经子午岭主峰而过,经过甘肃华池县的营崾岘和箱子湾等处。营崾岘是直道与秦昭襄王长城重合之处,也是一处交叉的十字路口,直道沿长城内侧向西北方向延伸,经营盘梁、南湾、箱子湾到白硷出长城。重合之处长约 20 公里。直道与长城的重合地段正是直道与长城关系的结合点。

这个重合地段的出现不是偶然的,正好回答了为什么秦始皇在修长城后又要修直道,回答了为什么直道必须沿子午岭主峰行进等问题。众所周知,秦长城既是一条城防线,同时长城沿线也是一条交通要道。但是如果按照长城沿线的交通道路行进,由于路途遥远,长城所需兵员及军用物资、生活用品的运输则需要较长的时间和耗费较多的钱财。因此急需一条近道来解决这个重大问题,子午岭秦直道的修筑正是解决这个问题的最佳方案。通过直道可以直接将士兵、军需用品和生活用品等等及时运送到营崾岘、箱子湾等处长城要塞上去,并且还可以通过营崾岘、箱子湾等处转运到以西的环县、固原以及陕西北部的长城设防之处,这就直接为秦长城的军需提供了运输上的保证。这就是为什么秦始皇在筑长城后还要修筑直道,并且对秦昭襄王时所修长城加以修缮、利用的原因。这也给我们揭示出了秦直道与秦长城是不可分割、相辅相成、互为补充的,起到的是相得益彰的作用。

长城与直道的有机联系还表现在强化秦对匈奴的军事防御体系方面。就军事防御体系而言,秦长城无疑是自成体系的,这不仅在筑造和地形的选择上体现了军事防御的要求,如在筑造上往往是就地取材,石筑、土筑或土石并举,筑成垣墙。在地形、地貌上"因边山险""因河为固""因地形,用制险塞",从而形成一道天然的屏障,而且在长城沿线设置烽燧、城鄣等建筑物。烽燧往往设置在地势较高之处,用以瞭望报警、传递信息。城则是较大的,用来驻兵屯戍。子午岭秦直道沿线也设置有严密的、完整的军事防御设施,如关隘、烽墩、兵站等。目前在直道线上,已发现秦时兵站、关隘多处,烽墩多处,用以屯兵扎营、储存军事物资、传递军事信息。秦长城与秦直道间各自形成的军事防御体系,在一旦发生战争的情况下,它们之间相互作用、相互联系、相互影响、相互促进,则大大地强化了秦对匈奴的抵御能力,强化了秦王朝的军事防御体系。从这个意义上讲,秦直道是一条抵御匈奴入侵的军事要道,起着与秦长城同样重要的作用。这一点在后来的西汉王朝与匈奴的战争中表现得非常突出。

秦直道是世界古代道路交通史上筑路历史最长、路线最直、路面最宽、工期最短和修建最早的一条军事专用道路,也是世界高速公路的鼻祖。它南起陕西淳化,北至内蒙古自治区的包头,全长 700 公里。其先进的勘探、选址、测绘、建筑技术体现了我国古代劳动人民高超的智慧。尽管经过两千多年的自然侵蚀与人为破坏,大部分秦直道已无迹可寻或深埋地下,但仍不失为世界古代最伟大的道路工程之一。

秦始皇统一中国后,为了战胜北方的匈奴,在北逐匈奴取得河南地后修筑长城,并修建了从九原郡(今内蒙古包头市西南麻池古城)直达云阳林光宫(今淳化北梁武帝村)的秦直道。秦直道的起点和终点在史籍中是清楚的,但为何要放在这两个地方,却是学术界不太关注的问题。史念海师指出:"直道的起讫是由九原抵云阳,这是见于《史记·秦始皇本纪》的记载的。《史记·六国年表》和《蒙恬列传》皆作由九原抵甘泉。甘泉在云阳,其实是一致的。秦九原郡治所在今内蒙古自治区包头市区麻池古城,云阳县在今陕西淳化县梁武帝村,起点就是秦的林光宫。大体是南北相对的。在这两地之间修建直道,画一条南北直线,应是轻而易举的事情。但问题并不一定就是这样的单纯。因为自然地形和有关的人为设施往往能够起到一定的作用,使道路的走向有所改易。"[1] 司马迁的记载用的是西汉地名甘泉宫,实质上秦时这里叫林光宫。汉代在林光宫基础上加以扩大,改名为甘泉宫。

笔者认为之所以秦直道把起点放在林光宫而不是咸阳城,实质上是减少匈奴对秦都咸阳的侵袭所建立的缓冲区。林光宫既是离宫,又是秦在北方设置的战略据点。即使匈奴人打过来,从林光宫到秦都咸阳还有一段距离,便于加强防守。在林光宫与秦都咸阳之间还有一个望夷宫,顾名思义也是一个瞭望与监视站。而把终点选在九原郡,是因为九原郡是秦朝当时在北方的一个重要据点,与匈奴的距离最近,可以有效地把物资和人力运送到对付匈奴的前线,以保证北部边疆的安全(图二三)。

图二三　秦直道南起首遗址

秦直道的修建加强了中原与北疆地区的联系,为秦王朝长城防线的巩固起到了重要的作用,战略意义非常重要。秦王朝在修建直道时,注重道路本身的实用性和附属设施的完善,集中全国的政治、经济、军事等各方面的实力,结合沿线

---

[1] 史念海:《直道和甘泉宫遗迹质疑》,《中国历史地理论丛》1988年第3期。

地理实际,"堑山堙谷,直通之"。① 从而把长城沿线地区与统治中心关中地区有机地融合在一起。同时,在修建秦直道过程中,秦也将大量人口迁徙到直道沿线,使得秦直道沿线地区的社会经济和生产力水平有很大提高。秦王朝灭亡后,继之而起的西汉,仍然长期沿用秦直道与匈奴作战,汉武帝也曾利用秦直道巡游。

秦始皇所修建的直道是南北走向。据考察,中经子午岭主峰而过,经过华池县的营崾岘和箱子湾等处。营崾岘是直道与战国长城重合之处,也是一处交叉的十字路口、直道沿长城内侧向西北方向延绅,经营盘梁、南湾、箱子湾到白硷出长城,重合之处长约20公里。直道与长城的重合地段正是直道与长城关系的结合点。这个重合地段的出现不是偶然的,正好回答了为什么秦始皇在修长城后又要修直道,回答了为什么直道必须沿子午岭主峰行进等问题。众所周知,秦长城既是一条城防线,同时沿线也是一条交通要道。但是如果按照长城沿线的交通道路行进,由于路途遥远,长城所需兵员及军用物资、生活用品的运输则需要较长的时间和耗费较多的钱财。因此急需一条近道来解决这个重大问题,子午岭秦直道的修筑正是解决这个问题的最佳方案。通过直道可以直接将士兵、军需用品和生活用品等等及时地运送到营崾岘、箱子湾等处长城要塞上去,并且还可以通过营崾岘、箱子湾等处转运到以西的环县、固原以及陕西北部的长城设防之处,这就直接为秦长城的军需提供了运输上的保证。这就是为什么秦始皇在筑长城后还要修筑直道,并且对秦昭襄王时所修长城加以修缮、利用的道理之所在。这也给我们揭示出了秦直道与秦长城是不可分割、相辅相成、互为补充的,起到的是相得益彰的作用。

长城与直道的有机联系还表现在强化秦对匈奴的军事防御体系方面。就军事防御体系而言,秦长城无疑是自成体系的,这不仅在筑造和地形的选择上体现了军事防御的要求,如在筑造上往往是就地取材,石筑、土筑或土石并举,筑成垣墙。"因地形,用制险塞",从而形成一道天然的屏障。在子午岭秦直道沿线也设置有严密的、完整的军事防御设施,如关隘、烽墩、兵站等。目前在直道线上,已发现秦时兵站、关隘多处,烽墩多处,用以屯兵扎营、储存军事物资、传递军事

---

① (汉)司马迁:《史记》卷六《秦始皇本纪》,第256页。

信息。

秦长城与秦直道间各自形成的军事防御体系,在一旦发生战争的情况下,它们之间相互作用、相互联系、相互影响、相互促进,则大大地强化了秦对匈奴的抵御能力,强化了秦王朝的军事防御体系。从这个意义上讲,秦直道是一条抵御匈奴入侵的军事要道,起着与秦长城同样重要的作用。这一点在后来的西汉王朝与匈奴的战争中表现得非常突出。

秦直道始修于始皇三十五年(前212年),为了加强长城的防御能力,在与北方匈奴发生战争时可以迅速支援,修建了从云阳林光宫(今淳化北梁武帝村)直达九原郡(今内蒙古包头市麻池古城)的秦直道。秦直道的修建,加强了长城的防御效能,使从咸阳到长城沿线的时间被大大缩短,被称为"世界上第一条军用高速公路"(图版六)。

司马迁在《史记·蒙恬列传》中写到秦始皇修建秦直道的目的是:"始皇欲游天下。"[①]这种说法并不能反映出当时秦始皇的真实目的,实质上直接原因是要防止匈奴南下。秦统一后对匈奴的用兵,虽然将匈奴赶到阴山以北,但是匈奴的实力并没有受到严重的打击,其整体实力仍然威胁着秦北部边境的安全。直道的价值就在于配合长城的防御,与长城呈"丁"字相交,以加强关中和河套地区的交通联系。这样有利于军队的迅速调动,以应付北方的突发事件,维护秦朝的安定和统一。匈奴意识到这一运输大动脉的军事意义,从而不得不收敛它南下进犯的欲望。据记载,在修直道之前,蒙恬征讨匈奴的时候,由于路途遥远、道路不平,要从山东、关中一带运粮,一百斤粮运到九原郡,由于路途遥远,除去路上的吃用,就剩下十几斤了。秦直道修成后,快马三天三夜就可到达,成本降低了,效率也大大提高了。

横有秦长城,纵有秦直道,是秦留给后人的建筑杰作。宽阔的秦直道和绵延的万里长城构成了一道收放自如的攻防体系。如果说长城像一面横挡着的盾,那么秦直道就是一柄直刺而出的矛;如果说长城是一张拉开的弓,那么秦直道就是一支即将飞出的箭。修直道与筑长城从性质上讲是既相同又不同的两项工程,修长城是出于军事斗争的需要,为抵御北方游牧部落的侵扰,可谓军事工程。

[①] (汉)司马迁:《史记》卷六《秦始皇本纪》,第2566页。

而直道则是一条交通线。战时直道可以运输军队和军用物资，没有战事的时候，又具有民用交通的功能，所以不能单纯地称为军事道路。秦直道的修建，在维系、沟通中原地区和北方边陲地区中一直发挥着十分重要的作用。

长城与直道的修建，大大加快了长城与内地的联系。长城地区的交通干线，在秦汉时期称作北边道。北边道的最初经营可以上溯到战国时代。赵武灵王曾经策划从云中、九原南袭秦国，说明这条道路的通行条件可能已较赵从南路击秦更为便利。可见在长城最初发挥防卫作用的同时，北边道路也已初步开通，长城在营建时就促进了交通事业的发展。[①] 长城工程调用工役数量极大，《淮南子·人间训》记载，"因发卒五十万，使蒙公、杨翁子将筑长城"，"中国内地挽车而饷之"。[②] 所谓五十万者仅指"卒"而言，长城工程中作为"徒"的筑城人员更不在少数。王子今先生认为：云梦睡虎地出土秦《仓律》城旦之垣及它事而劳与垣等者，旦半夕参，则筑城者每月口粮合二石五斗。每年计30石。由居延汉简中的材料可知，汉代戍边吏卒月食粟三石三斗三升少，计每年40石。据秦汉车辆的一般装载以定额每车25斛计，转运这些粮食，每年则需要运车120万辆次。施工人员分布长城沿线，连绵数千里，输运给养保证施工，必然要求沿线交通道路的畅通。长城作为军事防御设施要以交通道路作为辅助结构。秦汉长城防御体系由交通道路连贯为一体，其中最受重视的，应当是与长安的安全有重要关系的西北区段。在长城防线构成之后，交通体系的作用首先在于强化防务，维持整个防御系统中各个边防城塞之间的联系。北边道的主体部分与长城并行，其干线应是连接北边各郡郡治和主要县治的大道。[③] 可见，直道作为南北交通线与长城北边道的交通连接线是何等重要。

秦始皇三十二年（前215年），东巡海上，又"巡北边，从上郡入"。[④] 五年后，秦始皇第五次出巡途中病故沙丘平台，李斯、赵高秘不发丧，棺载辒辌车中，"遂从井陉抵九原"。[⑤] 而后归，并不急于回归咸阳控制统治中枢，特意绕行北边，说

---

① 王子今：《交通史视角的秦汉长城考察》，《石家庄学院学报》2013年第2期。
② 刘文典撰，冯逸、乔华点校：《淮南鸿烈集解》，第751—752页。
③ 王子今：《交通史视角的秦汉长城考察》，《石家庄学院学报》2013年第2期。
④ （汉）司马迁：《史记》卷六《秦始皇本纪》，第252页。
⑤ （汉）司马迁：《史记》卷六《秦始皇本纪》，第264页。

这次出巡的既定路线是巡行北边后由直道返回咸阳,充分说明直道与北方长城之间的密切关系。

毫无疑问,长城与直道这两项大型工程的修建,无疑是为了对付北方的匈奴族,当然也与秦人好大喜功的性格和功利主义价值观有密切的关系。

修建秦长城与直道的直接原因即是对匈奴防御与作战的需要。

秦始皇修筑直道目的何在?《史记·秦始皇本纪》载:始皇三十五年(前212年)"除道,道九原,抵云阳,堑山堙谷,直通之"。① 《史记·蒙恬列传》也云:"始皇欲游天下,道九原,直抵甘泉,乃使蒙恬通道,自九原抵甘泉,堑山堙谷,千八百里。"② 上述两条对直道的记载,除"始皇欲游天下"可以看出其目的意图外,其他的文字都没有讲到军事意图。那么,秦始皇在筑长城后又急于修建直达北方的直道,原因何在呢?

近年来有学者提出秦直道的和平功能更多一些,其主要目的是满足秦始皇本人巡游天下的需求,"修直道的目的呢? 只有六个字'始皇欲游天下'"。③ 笔者认为这种观点值得商榷,"欲游天下"不是秦始皇修直道主要的目的。司马迁之所以这样描写秦直道修建的目的,主要是因为西汉王朝时期的"过秦"思潮影响的。"过秦"是汉初思想家讨论的重要问题之一。这一时期的政治家、思想家和史学家们,为统治者制造理论根据,可以称作御用文人。他们都很重视探讨、总结秦朝兴亡的历史教训,纷纷发表自己的"过秦"之论,为汉代秦制造理论根据。陆贾是汉初最早注意总结历史经验教训的思想家和史学家,他通过对历史特别是秦朝历史治乱兴衰的考察,提出了"逆取而以顺守之"的思想,在当时的政治和思想领域产生了重要影响。笔者认为,"过秦"是应该的,但是汉代的御用文人也说得"太过"了,把一些不该是秦始皇承担的错误也算在秦始皇的身上,甚至有言过其实的说法。把修直道的目的说成"始皇欲游天下"就是明显的例证,秦始皇真正要游的地方不在北方,而在东方与南方。

由于直道修建之时秦对匈奴已经取得胜利,秦又快速灭亡,因此在文献中未能看到直道在大规模战争中使用,而主要用于平时对长城沿线的补给,但不能因

---

① (汉)司马迁:《史记》卷六《秦始皇本纪》,第256页。
② (汉)司马迁:《史记》卷八八《蒙恬列传》,第2566—2567页。
③ 郝诚之:《秦直道的和平功能似乎更多一些》,《鄂尔多斯日报》2005年3月17日。

秦未将秦直道大规模用于军事活动而否认其修建的军事目的。

笔者之所以认为秦直道修建主要原因是军事原因，依据有三：

其一，秦始皇多次出巡所经的驰道是在春秋战国原有道路基础上修建而成，关中通往九原边塞和上郡亦有驰道，如果只是为了出巡，应无必要重新修建直道。关于九原等地通达关中的道路记载很多，如"主父欲令子治国，而身胡服将士大夫西北略胡地，而欲从云中、九原直南袭秦"。[①] 所记载之事在赵惠文王元年（前307年），可见当时就有自九原到达关中的道路，并且适合军队的行进。此外，秦直道修建之前就有自关中到上郡的驰道，如只是为了出巡似无必要在山脊上修建一条道路，驰道的规模本身就是按照秦始皇出巡要求修建的，完全可以满足出巡天下的条件。

其二，关中通往边塞地区原有道路规模很大，完全可以满足秦始皇出巡。"（秦始皇三十二年）燕人卢生使人入海还，以鬼神事，因奏录图书，曰'亡秦者，胡也'。始皇乃使将军蒙恬发兵三十万人北击胡，略取河南地"。[②] 其时，秦直道并未开始修建，蒙恬所经的依然是关中通往边塞的旧道，这条旧道可通过蒙恬所率领的三十万大军通过，秦始皇出巡游再如驰道一样加以修缮，修建从上郡至九原部分，就可以满足通行的要求，没有必要在山区费时费力修建一条新的道路。

其三，关中通往边塞驰道迂远，不利于长城沿线军队的补给和支援，从军事上需要一条快速通达长城的道路。蒙恬所率领三十万军队，每天口粮约需要33 334石，[③]这尚且不算修建的刑徒、服役的百姓所需。这些粮食很大一部分需要从关中和关东地区补给，线路过长，在当时的社会条件下运输途中消耗就非常大，庞大的供给需要以最快速度运达，以减少运送途中的消耗。此外，距离过长也不利于中央及时掌握边塞情况和当作战不利时援军的迅速抵达。所以，修建一条快速从关中到达北部边塞的道路在夺取河南地后就势在必行。直道近而驰道远，只有军事需求才会要求在最短时间内到达目的地。

可以看出，秦直道的修建是秦始皇为了巩固长城防线而修建了一条以军事

---

① （汉）司马迁：《史记》卷四三《赵世家》，第1812页。
② （汉）司马迁：《史记》卷六《秦始皇本纪》，第252页。
③ 《汉书》卷九四下《匈奴传》，记载"计一人三百日食，用粮十八斛"。计算得出，语出新莽时期，但军士口粮与秦因无甚变化。据居延汉简亦可得出同样数据。

目的为主,同时可以满足自身出巡需求的道路。由于关中通往边塞的旧道无法满足数十万长城守军的需要,而修建了一条快速直达的道路,"直通不怕难修,只求路近"。[1] 这不同于秦代其他道路,秦代其他道路为沿用旧有道路,而秦直道是唯一一条重新规划建设的道路,所以说"兴修驰道远比直道容易得多"。[2] 秦直道的军事意义与灵渠有异曲同工之妙,都是为了以最快速度将军队和补给送达前线,秦征服岭南地区的灵渠功不可没,同样为了抵御匈奴而修建直道则体现了秦对交通的一贯重视。直道在当时的作用与工程量远大于灵渠,直道连接着作为政治中心的关中与威胁秦王朝的最重要边患匈奴的边境,其政治军事意义及其重要;此外,灵渠总长仅 30 余公里,与全长"千八百里"的秦直道工程量无法比拟。所以说,秦直道是秦代可与长城、阿房宫、秦始皇陵等相媲美的大工程。

---

[1] 韩兆琦:《史记笺注》,江西人民出版社,2005 年。
[2] 康清莲:《秦驰道直道考议》,《晋阳学刊》2011 年第 4 期。

第五章　秦长城的修筑方法与防御体系的形成

秦长城的修筑从战国时期开始，一直延续到秦统一之后，可以说与秦的不断强大相始终，是秦国和秦王朝社会生活中的一件大事，长城的修筑由小到大，由短到长。可以说秦以前所有的长城修建方法在秦长城修建上都可以看到，是不断总结经验的结果，因此其修筑方法可谓是集大成者。

长城是一项系统军事工程，不只是一道单纯孤立的城墙，而是以城墙为主体，与大量的城、障、烽、亭相结合的防御体系。城墙是一道高大、坚固而连绵不断的长垣，用以限隔敌骑的行动。一般修建在险峻的山梁岭脊之上或大河深谷之侧，以便"因地形，用制险塞"；只有在草原、荒漠、平坦无险之处，才修建城垣。就构筑长城的基本原则而言，历朝历代基本是共同的。这个共同的基本原则，可以用"因地制宜，据险制塞"八个字概括。所谓因地制宜，一是指巧妙地根据所在地形条件而构筑工程，二是指充分利用当地的自然资源选择合适的材质作为建筑材料。所谓据险制塞，主要是指利用地理天险御敌而言。

壕堑、山险和河险是长城的重要部分。因地制宜是修筑长城的一个重要原则，在山势平缓处挖掘壕堑体现了古人的防御智慧。而利用天然险阻不仅起到良好的防御作用，又可省工省力，一举多得。所以秦修筑长城，尽量让长城穿越山区。但是景爱先生认为："山险属于自然形成的天险，与人为修筑的城墙有根本的区别，是不容混淆的。"[①]笔者认为这种观点比较狭隘，山险和河险虽没有墙体建筑，却体现了古人的防御智慧和思想，这种被人为利用的山崖和河谷已经具备了人为属性，不能单纯地归为自然实体，因此在长城沿线被人为利用的山崖和河谷都应在长城之列。

---

① 景爱：《长城》，第18页。

秦长城经行地区的地理情况千变万化,高山峻岭、大河深谷、沙漠草原等等都有长城经过。因此,在修筑长城的时候,其设计者、劳动工匠、军事家在实践的基础上,利用自然地形,在险要处修筑城墙、关隘和烽燧、城堡等建筑物,用以阻击来犯者,以达到防御的目的。

秦长城的线路选择、修筑方式、构筑设施等同样体现着很强的军事防御效果,既要考虑到防御效果,又要考虑节约成本。从地图上我们能够明显地看到,秦昭襄王长城路线始终遵循的原则之一就是走大小河流的分水带和地形过渡带,甘肃地区的长城起于陇西临洮即现在甘肃岷县洮河谷地,分布在甘肃省定西、平凉等地,沿渭河、散度河、葫芦河等上游分水岭向东北延伸。宁夏战国秦长城多数地带沿黄土原地、沟谷河岸修筑,这是一个非常显著的设防走向地貌特征。长城从北峡口进入宁夏即沿葫芦河、马莲河岸修筑,穿六盘山沿滴滴沟山水南岸修筑,翻黄峁山也沿沙窝沟、小川河沟修筑,长城沿河流南(东)岸防御内侧修筑。墙体随河流走向曲折蜿蜒,依托河流走向筑墙修城,既便于施工,依托河流沟谷自然地形,也有利于重点防御河流以北以西境外来敌。在需要跨越的河谷及墙体较大的转折变向位置,往往处于河流交汇或者沟谷隘口处,这些地点同时也有障城关堡的分布。在陕北地区的吴起县、志丹县、靖边县境内,长城沿洛河、延河和红柳河、芦河的分水岭——白于山脉前行,在横山县、榆阳区、神木市境内,长城沿鄂尔多斯台地南缘和黄土高原的过渡带,将西北荒漠地区与芦河、无定河、秃尾河、窟野河等分开。长城之所以要不断地曲折回环走这样的地带,除了客观地形地貌之外,最主要的目的是尽可能地把有利于防御的大小制高点和农业区,纳入长城内侧,这就极大地增强了防御能力。

秦始皇利用燕国、赵国长城也是因地制宜,虽然有重修,但更多的是修葺沿用。不像其他地区长城那样墙连垣接,而是因地制宜,采取多种形式筑墙。这皆因辽东地区,特别是抚顺、本溪和丹东三市的东部地区,山岭起伏,河流纵横,许多地段本身就具天险之利,修筑者利用地势,稍加筑治即成。同时,又由于当时的辽东地区人烟稀少,浩大的长城障塞工程,如果到处修成连绵不绝的墙垣,势必耗费巨大。张维华认为"边远辽阔之地,起筑不易,或难于防守,则仅间置以城障烽燧,未必悉行起筑"。[1]

---

[1] 张维华:《中国长城建里考》上编。

"因地形,用险制塞"这一条富有智慧的经验,是劳动人民从实践中创造的,早在战国时期的秦国修长城时就得到使用,秦始皇时发扬光大。正如汉人晁错所言"臣闻秦时北攻胡貉,筑塞河上"。[1] 以后的朝代修筑长城时大都遵循这一原则。试想假如不利用高山险阻修筑城墙,那将是事倍功半,花费更多的人力、物力与材力。如果不利用大河深谷作为屏障,而硬是平地筑墙,所费人力物力更无法计算。我们从现在对长城遗址实地调查过程中可以看出,万里长城是利用地形条件来修筑的,凡是修筑关隘的地方不是两山之间的狭口就是河谷会合转折之处,或是平川往来必经之道。这样既能控制险要,又可节约人力与材料。修筑烽燧、城堡等更是仔细选择地形、因地制宜而建。

一、秦长城的修筑方法

秦长城的修筑有其自身特点,因地制宜,根据不同的自然环境、不同的地貌特征采取不同的方法。罗庆康在《简析阴山长城筑造的特点》一文中提到整个阴山地区长城筑造的五种方法:即土夯、石砌、砂堆、石砌与土筑相结合,以及利用天然屏障。巴彦淖尔地区独特的地理环境使得长城的构筑方式多样。[2] 实质上这五种修筑长城方法在整个秦长城修筑过程中都有使用。下文分别予以阐述:

(一) 夯筑土墙

夯土墙是我国最早采用的构筑城墙的方法,有着悠久的历史。它是以木板作模,内填黏土或灰石,层层用杵夯实修筑而成。在秦长城沿线,可以看到不少地方留下了夯土墙的遗迹,有的地方是用黏土和砂,有的地方是用土、砂、石灰加以碎石夯筑的。这种夯土墙有一定的承载能力,能阻止敌人步、骑兵的侵袭,抵抗冷兵器的攻击,施工也很简便,是一种就地取土的建造工艺。

夯土是一种特殊的重塑土,在版筑的过程中,泥土的物理、力学等工程特性

---

[1] (汉) 班固:《汉书》卷四九《袁盎晁错传》,第 2283 页。
[2] 罗庆康:《简析阴山长城筑造的特点》,《益阳师专学报》1989 年第 1 期。

均有所改变,可大为增加土的承载力,提高建筑稳定性。秦长城所经之处大多为黄土原梁地区,特别是秦昭襄王长城都是经过黄土高原地区,而黄土的物理特性适合版筑,墙体易于成型、坚固耐用,因此以黄土为主要原料进行夯筑,这是长城修筑中最为常见的方式。丰富的夯筑建材为就地挖地成壕取材夯筑长城提供了方便,墙体的夯筑采用版筑技术、分段夯筑。夯筑的方法是交接式的,基本观察不到竖的接缝。同时因取土挖成了壕沟,形成双重的屏障。在河岸和原、梁地带,利用原来的陡坎、山崖来修筑长城,城内虽然没有多高,但是从城外看,却非常高大险峻,使敌人难以攀登。沿山坡伸展的长城采取削筑结合的断崖式,这种断崖式是将山坡低的一面向下深挖削成断崖,在断崖外壁上筑一层夯土,这样只在断崖外面暴露夯层,墙顶部与墙内地平高度齐平。

夯筑土城墙的办法是,首先要搭建版筑时使用的木板。通过对长城的实地调查,目前不能确定当时工匠版筑夯土墙体时使用木板的宽度,整个版筑过程中存在很大的随机性。在进行版筑前,首先要搭建好版筑的模板。一般会在版筑夯土墙体的四角立圆木,固定好圆木之后,在墙体两侧以及两端竖向摆放木板,在木板交汇处用绳子将模板捆绑在圆木上面做好固定。然后开始向搭建好的木框里填土,进行夯筑。夯筑完一层之后,工匠们就会取下夯筑完毕那一层的木板,重新上挪进行捆绑固定,再次进行版筑。如此反复,就形成了现存长城版筑夯土墙体的夯层。长城版筑夯土墙体不是一整段同时进行夯筑的,而是分段进行夯筑。每一段夯筑完毕后,在继续进行下一段的夯筑。因此,在正常情况下,搭建版筑木框时一般会搭建三面,另一面直接依托已经版筑好的墙体断面。[1]

在夯筑长城墙体前,要对自然基础先作一定处理,如地面整平,清除浮土等,个别还会单建地基。如战国秦长城固原原州区红庄遗址墙体下面,就发现"长城的地基在地表面下0.9米起夯筑,基宽约6米,以上逐层内收"。[2] 在甘肃渭源县高家山有一段长城被现代公路截断。从断层处可清晰地看出现在的长城墙体高2.4米,墙基在现地表土下0.4米处,墙基夯层清晰,夯层厚8—10厘米。[3]

---

[1] 薛程:《中国长城墙体建造技术研究》,西北大学2018年博士学位毕业论文。
[2] 宁夏回族自治区博物馆、固原县文物工作站:《宁夏境内战国秦汉长城遗迹》,《中国长城遗迹调查报告集》。
[3] 马建华、张力华:《长城》。

长城主要建在缓坡和平坦的台、原地段,但许多河谷陡坡和起伏大的山坡上亦有宽厚的夯土墙,这是因为此处险要和地形不宜堑削所致。夯土墙的一个特点是外侧较陡而内侧为易于上下的缓坡。黄土夯筑的城墙夯层厚度一般在 10 厘米以下,但也有 10 厘米以上的,有的甚至达到 20 厘米。如宁夏固原市原州区滴滴沟处长城,其城墩、城墙用土皆为山石风化的砂石土混合物,黏性及可塑性均极差,故夯层厚达 20 多厘米,但这种情况很少见。① 夯层厚度多在 7—10 厘米,夯窝直径为 3—4 厘米,从其直径来判断,应是荆条夯或细木夯。② 甘肃定西市临洮县南坪北庄长城,长约 400 米,位于梁峁北缘,残高 0.5—1.6 米,夯层厚 5—8 厘米,多数为 6—7 厘米。夯层坚实。此处也发现有超过 10 厘米的夯层,夯土较松软,这种情况很少发现。长城东端有一流向大林河的小沟岔,长城在此沟口处,墙高至今仍达 7 米多。但仔细查看,始发现其下 5 米多全系自然原状土,无夯层,它是利用沟边突出部位,将其内外侧加以堑削,成为收分极小的矗立陡壁,然后于其上加筑夯土墙壁。夯土墙现残高 1.5 米,内侧留有 1 米多宽的小道。在全线考察中 3—5 米或更高的城墙中,其下部多为利用原有有利地形,先施堑削而后夯筑的。③

版筑夯土墙在毛乌素沙漠南缘的一些地区也是如此,榆林市榆阳区曹家沟村、神木市秃尾河东岸团团沟村等地长城均是这种方式。但现在沙漠中许多地段墙体毁坏严重,为流沙所淹没,墙体经过地区也只能从地表上暴露的瓦片来判断,虽然我们无法确定这些地区长城的构筑方式,但从附近墙体构筑方式、墙体所处的地貌以及地面暴露物多是瓦片、极少发现石片来判断,这些地区还是以黄土夯筑为主要形式,只不过由于自然坍塌、土地沙化、流沙淹没等因素,致使我们现在无法亲眼看到。

甘肃临洮秦长城坡遗址,即为夯筑而成。长城坡在临洮东约 50 里,两山夹峙,形势险要,长城即跨于两面高山之上,可谓险上加险。半坡上有一个巨大的豁口,俗称长城口。长城口实为古代关隘,从其南侧倒塌的断面看,最下一层为生土,高约 1.5 米;生土之上为夯实的黄土,厚约 3 米,进深残存约 10 米;黄土之上筑有夯土层的城墙,墙高残存约 2 米,宽约 3.5 米,夯土层厚 6—10 厘米不等;其结构与南

---

① 彭曦:《战国秦长城考察与研究》,第 76 页。
② 景爱、苗天娥:《剖析长城夯土版筑的技术方法》,《中国文物科学研究》2008 年第 2 期。
③ 彭曦:《战国秦长城考察与研究》,第 6 页。

北两侧的长城城墙相同,并彼此相连。在长城口南北两侧的长城,各保存约200米,其延伸部分已难以辨识。与长城口相连的长城断面,呈一梯形,高约2.5米,上宽约2米,基宽约3.6米,夯土为黄色黏土并夹有碎石。从断面看到的长城城墙,上部已裂塌成尖堆状,现存高约2.8米,下宽约2.9米,夯土层厚6—9厘米,夯窝不甚规则,直径一般3—4厘米,属于早期的夯筑办法。从侧面远望,长城立于山梁之上,若断若续,有如长龙起伏。由此可以想见秦长城的雄伟壮观(图二四)。

图二四　神木市高家堡镇团团沟村处长城(张海报提供)

宁夏战国时期秦昭襄王长城墙体均为夯筑土墙,黄土内夹杂有黑土颗粒,土色花杂,质地坚硬,夯打致密。调查统计,现存墙体断面基宽介于3—4米间,顶宽2.2—2.5米,高2.5—3.5米,夯层厚0.05—0.15米,版距0.5—1.5米左右。尤其是墙体夯层厚度多在8—10厘米左右,较少超过12厘米者,表明工程建设有严格的技术标准与质量控制体系。调查结合钻探及断面发掘,该道墙体底部无基槽,系在原地面上稍微铲削平整后就地夯筑墙体。墩台与墙体相连,现状一般呈卧鲸状,两侧及顶部突出墙体,黄土夯筑,夯层较均匀,一般厚7—12厘米,夹杂绳纹、弦纹瓦片。经调查统计,宁夏境内战国秦长城墙体沿线现存墩台182座。

2005年10月,为配合银(川)武(汉)高速公路修建,对穿越固原市原州区开城镇(原西郊乡)明庄村的战国秦长城进行了发掘,发现长城修筑时深挖基槽,然后再夯筑,长城外侧基槽距壕沟现地表深3.02米,内侧基槽距现地表2.12米,基槽呈漏斗形,上部宽,底部窄,上部直径11.30米,底部直径10.10米。夯土层用细黄土夯筑,细腻,坚硬,未有包含物。夯土层厚6—8厘米,夯窝直径5.5厘米。墙体两侧有塌垮痕迹和表土,外侧墙体塌垮部分厚1.14米,高2—3米,内侧墙体塌垮部分厚20厘米—1米。护城壕沟现存宽11.1米,外坝高2.50米。[①]

在宁夏曾经采集到三个石杵,柱状杵深,砂石凿制,头尖圆,尾部平齐,有安装木柄的方形隼孔,形制较大,非单人能够轻易操持,就是当年用来夯筑城墙的工具(图二五)。

图二五　西吉县秦长城

---

① 张彩萍:《固原市原州区战国秦长城调查与发掘》,《宁夏师范学院学报》2011年第4期。

(二) 三道堑方式

三道堑修建城墙方式本应放在夯筑土墙中讲,但由于其特殊性而单列。

三道堑方式主要存在于黄土高原山区,是自然环境所决定的。在陕北吴起、志丹等县表现得极为明显。这里的"堑"作为名词讲,是坑、壕沟、护城河的同义语,现在我们常喻长江为天堑也即取此意。当然堑亦可作动词讲,《史记·秦本纪》载:"堑洛。城重泉";[1]《史记·秦始皇本纪》载:"除道,道九原,抵云阳,堑山堙谷,直通之。"[2]这里堑即可引申为掘、铲削、堑削之意。

史念海师指出:"'堑洛'的'堑'是掘的意思,这里所谓的'堑洛'是削掘洛河岸边的山崖。这是修筑长城的一种方法。"[3]虽然有学者对秦简公"堑洛"的性质提出质疑,但采用"堑"的方法来修筑防御体系是没有任何问题的,省时、省工、省力,这在陕北黄土高原地区表现得尤为明显。

陕北地区秦昭襄王长城有相当一部分段落便采取堑山为障的三道堑形式,即在山坡处,自上而下依次铲削出几道(数量随地形地貌而变动,但多为三道,故把这种形式统称为三道堑)坡度较大的堑面和平台,并且在最上层的台面上,或者台面的外沿加筑夯土墙。现在大部分三道堑破坏严重,夯土墙不存,仅能从断面处看到夯层,而三道堑台面上被开垦为农田,远望去三道堑就像梯田。自下而上,依次称之为一道堑、一层台、二道堑、二层台、三道堑、三层台、三层台面上或外沿处加筑夯土墙,夯土墙上每隔一段距离便筑有城墩。堑台的高度和台面宽度不一,堑台的垂直高度多为 6 米左右,台面宽度多为 10 米左右。[4]

三道堑的长城构筑方式有其显著特点:

其一,这种构筑方式的主题思想是在充分考虑黄土高原地貌,通过改变山体的坡度达到防御北方少数民族入侵的目的。山体本来为缓坡,但经过人为铲削后,山体坡度变大,游牧民族也就很难轻易地越过防线。

其二,三道堑的构筑形式,主要是在山体的西面和北面的坡面上存在,这就很明显地体现了长城的防御方向。西面为戎族聚居区,北面则是日益强大的匈

---

[1] (汉) 司马迁:《史记》卷五《秦本纪》,第 200 页。
[2] (汉) 司马迁:《史记》卷六《秦始皇本纪》,第 256 页。
[3] 史念海:《黄河中游战国及秦时诸长城遗迹的探索》,《河山集·二集》,第 52 页。
[4] 张海报:《陕北地区秦昭襄王长城研究》,西北大学 2010 年硕士学位毕业论文。

奴,这都给秦国带了很大的压力。

其三,三道堑建筑在山腰以上部分,也即是从与崾岘所处的水平线上开始铲削,直至山顶,但山顶并未铲平,也很少有建筑。

其四,三道堑形式不是单一的堑削方式,而是堑削和夯筑并用的构筑方式。在最上层的堑台上及堑台边沿处加筑夯土墙,需要指出的是夯土墙大部分是在堑台的外沿处夯筑,且夯土墙上每隔一段距离便设有城墩。由于自然因素的影响和人为因素的破坏,现今地面上的夯土墙大部分消失,但仍能从墙体、堑台的断面处看到夯土层。

其五,三道堑的趋一性,这主要是指三道堑在向崾岘处延伸时,由原来的多道变成一道,最终在崾岘处长城变成夯土墙的形式。

其六,防御性强。实际上三道堑并非仅限于三道,有的地方是两道,有的地方则达到四道,之所以出现这种现象,主要是考虑地形地貌的因素。在较缓的山坡处,多采用三道或四道堑,同时堑台相对较宽;相反,在较陡的地方则用一道或两道,堑台也较窄,甚至在更为陡峭之地,仅设有城墩来守备。因而三道堑的形式,主要是把自然因素和人为因素相结合来强化防御性,当敌人越过第一道堑后,还有第二道、第三道,并且在最上面的台面上还有加筑的夯土墙,本来越过一道堑就不容易了,再越过后面两道就更困难了,这就极大地增强了长城的防御能力,同时,宽阔的台面上便于军队的调动和通行(图版七,图二六至图二八)。①

长城的这种独特的三道堑构筑方式是秦所特有的,它不仅起到应有的防御功能,更是在中国长城史和中国建筑史上占据了重要的一席之地。但为何要采取这种独特的方式构筑长城,笔者认为主要有以下几个因素。

其一,独特的地形地貌是采用三道堑所依据的客观条件。陕北、甘肃为黄土高原区,特别是吴起、志丹等地区梁峁密布,极便于采取堑削技术,而在平原或石山区不便采用这种方式,所以这种方式是巧妙地利用了自然条件。

其二,三道堑形式除了具有省工、省力的优势外,更增强了防御性。相对于明长城蜿蜒在山顶上高大厚实的夯土墙而言,在山坡处铲削更为省力、省工,而且达到了防御的目的。

---

① 张海报:《陕北地区秦昭襄王长城研究》。

图二六　吴起县薛岔乡雷坡村处三道堑(张海报提供)

图二七　志丹县金丁镇黄草坬村处三道堑及夯土墙(张海报提供)

图二八　志丹县金丁镇酸刺沟村处三道堑(张海报提供)

其三,防御设施、构筑方法的历史延续性。早在史前仰韶文化时期,氏族部落便有掘沟壕,以达到防御的目的,像仰韶文化的半坡遗址、杨官寨遗址中的大围沟便是典型的代表。后来随着技术水平和生产力的发展,出现了城墙、壕沟、城堡等,目的都是为了防御,它们是相继出现的,"其出现的先后顺序也是明了的,后一种设施总是在前一种设施的基础上设立的,总是把前一种设施作为自己的辅助部分"。[①] 因此古代社会多筑墙挖壕、修建城池,壕沟、护城河起到了很强的辅助性防御作用。我们不难发现,对于秦昭襄王长城的三道堑构筑方式而言,其最上面的堑(第三道堑)及堑台上的夯土墙为其主要的防御设施,这从城墩均设在此台面上不难看出。而对于夯土墙外侧的几道堑来说,也同样达到了很强的辅助性的防御效果。因此,可以说秦昭襄王长城之所以采取三道堑的形式,是

---

① 董耀会:《瓦合集》,第108页。

继承、延续和发展了前代防御工程追求辅助性设施的理念。

从修筑长城的历史过程来看,秦人善于用"堑"这种方式来构筑一些工程,如《史记·秦本纪》载厉共公十六年:"堑河旁";①《史记·秦本纪》载:"堑洛。城重泉。"②也就是通过堑削墙体、构筑山险墙的方式来构筑防御系统,是对自然环境的充分利用。这种堑削山体的方式到秦始皇统一六国后仍依旧在使用,如《史记·秦始皇本纪》载:"除道,道九原,抵云阳,堑山堙谷,直通之。"③《史记·蒙恬列传》载"吾适北边,自直道归,行观蒙恬所为秦筑长城亭障,堑山堙谷,通直道"。④ 因而,秦昭襄王长城的三道堑形式也是继承和发展了秦国一些工程所采用的构筑方法。在沟边险要位置夯筑城墩,或筑瞭望城址、烽燧等,这样不仅省工省力,同时也达到了预警和御敌的目的。彭曦认为,像静宁至西吉的葫芦河、马莲河、环县的黑泉河、城西川、城东沟,吴起的三道川等,总计约350—370多公里,约占全长的20%,这类长城基本是筑有夯土城墩而不筑夯土墙,利用河沟崖岸地形为城,少数沟口或浅沟处才发现筑有夯土墙壁,比如环县演武乡的后沟沟口、城东沟沟口等处。⑤ 延安市文物普查队在对吴起、志丹县境内长城做调查时发现,长城以洛河支流三道川为天堑,每隔2—3公里处筑有烽燧,并在三道川北岸的阳台、长官庙等处山顶上筑有瞭望城址,以备报警。⑥

墙体外配以堑壕,是长城修筑上的一举两得。在城墙外通过堑壕来提高城墙的高度,以此增强墙体防御能力,当然这种沟壕往往是在筑城取土时形成的,如甘肃陇西县德兴乡鱼家嘴至蒙家湾段长城。⑦ 此段长城长约6公里,残高1.2—1.5米,墩高3—4米,外侧有筑城取土而形成的堑壕遗址。长城内外侧高差较大,现外侧垂直高2—3米,有的达6米,而内侧高多在1.2—1.5米,有的地方是缓坡状,墙体修筑方式是在外侧向下堑削,将土上翻施以夯筑。当然除了长城外有堑壕,有些地方长城内也有堑壕,如宁夏固原市明庄至十里铺段长城。⑧

---

① (汉)司马迁:《史记》卷五《秦本纪》,第199页。
② (汉)司马迁:《史记》卷五《秦本纪》,第200页。
③ (汉)司马迁:《史记》卷六《秦始皇本纪》,第256页。
④ (汉)司马迁:《史记》卷八八《蒙恬列传》,第2570页。
⑤ 彭曦:《战国秦长城考察与研究》,第242页。
⑥ 延安地区文物普查队:《延安地区战国秦长城考察简报》,《考古与文物》1990年第6期。
⑦ 彭曦:《战国秦长城考察与研究》,第12页。
⑧ 彭曦:《战国秦长城考察与研究》,第82—84页。

此处城墩城墙高大、宽厚,全线长城遗迹保存较好。墩、墙内侧为 30°—40°的缓坡,一般高 3—5 米。外侧稍陡,坡度在 45°—50°之间,外侧高 8—20 米,外侧城下有清晰的堑壕。城上到壕底垂直高多在 10 至 20 多米。这里的长城筑法内外取土,由于用土量比他处多 5—10 倍,使丘陵缓坡被截断,而形成了许多地方内外有壕。外壕成深堑,内壕为宽达数十米至百余米的平地。

(三) 石砌或土石混筑

以石头为原料筑城墙,主要存在于有石料资源的山区,这种长城坚固耐用,因此遗存情况比较好。主要存在于秦昭襄王长城的陕西省神木市窟野河上游附近和秦始皇长城的内蒙古部分地区。神木市境内战国秦长城就地取材,因应地势而建筑,其高低、宽度和城墩大小、距离及各段落的长短都不一致,而是根据建筑材料、地理形势和防守的需要而变化。石墙的构筑方式,或为中间夯土、两侧砌石,或为中间填碎石、两侧砌片石,为一层片石中间垫一层土砌筑,或为一侧砌石、一侧夯土;在山坡水土流失严重基岩裸露的多石地段用石头垒砌,城垣较窄也不甚高。其地基的处理亦视情况而定,并不拘泥于一式一法,有的直接在山岩上砌筑,如遇山脊窄瘦,则下面铺放一层横木,使基石着面扩大不至于倾塌。而在石头质量差、风化严重的地段,乃先夯土为基,然后砌石成垣。在沙地上以片石为基,基上夯土。总之是采取因地制宜的方法,以雷家石畔长城、傲包梁长城为例。陕西榆林市神木市雷家石畔长城遗迹,[①]起自兔毛川南半山坡,与二郎山庙门隔河相望,下距兔毛川水约 50 米。长垣爬上原头后作东西行,长约百米,遇一支沟而断,此南 30 米,支沟变窄,底岩裸露,长城于是处埋谷而过,继续向西延伸。这段长城是一层黄土夹一层石板夯打筑成,总长 400 余米,宽 4—5 米,残高 2—3 米。长城横过冲沟垣址的选择和建造方法很值得重点说明。垣址选在最窄的地段,沟底到基岩,居跌水崖之上。建筑方法是先挖基槽,长度大于沟宽,即深入冲沟西岸黄土,紧切东岸山岩,下深到沟底基岩,然后用纯净黄土层层夯打,夯层愈到根基愈薄,由下而上分别为 5、6、7、8、10、12 厘米。里外两面内收,收分度大,现高 5.1 米,各内收 1.3 米,外侧(即北面)包以平砌护坡面,用以护墙和下

---

① 陕西省考古研究所陕北考古队、榆林地区文物管理委员会:《神木市窟野河上游秦长城调查记》,《考古与文物》1988 年第 2 期。

雨时滚水。现其东端被雨水冲断约4米多长。神木市傲包梁长城在城墩沟南1公里,杨旺塔村西,梁峁顶有一小庙,由小庙而南至郑沟汇入秃牛川的河口,长城若断若续,保存长度400米左右。在距郑沟口20多米处北面山坡上有一城墩废墟,残破太甚,成一大堆石头,登坡而上,土质松散,含沙多,长城有两小段因地基沙土滑溜顷圮。更上则坡势转陡,城垣厚2.3米,残高1—2米。垣底为原生细沙土,城垣基础部没有垫铺石头,直接在沙土之上夯筑而成,夯层厚16—19厘米,每两层夯层中夹杂有一层石头、石板或石块,石板厚2.5—5厘米,甚至有厚8厘米的,每层石头相距约12厘米,有

图二九　神木市孙家岔镇平士梁村处长城
（张海报提供）

的还夹夯煤炭灰和未完全燃烧的煤渣(图版八,图二九、图三〇)。

秦始皇万里长城的石筑部分更多,特别是表现在阴山北麓地区。包头市固阳和赤峰地区的长城至今仍然不少的地方还有遗留。固阳县境内修筑的秦始皇长城,在阴山北麓石料丰富的山地,一般用石板块错缝垒砌。石筑长城现存的一般为外壁高度4米左右,基宽4米,顶宽2米左右。

采用自然石块为材料的石墙,实行错缝垒砌。外侧选用较为规整的石块进行垒砌,中间填以较小的石块。两外侧石块较大,会有缝隙,就用较小的石块填充。一般经过加工的石块较为规整,垒砌时缝隙较小,这样就加强墙体的整体性,防止垮塌。通常人们要将石块进行加工,稍微规整一些,才可进行垒砌。秦始皇长城东段的赤峰、围场、丰宁一带的长城,经过山地,就地取自然石块垒砌,内外两侧均用较规整的自然大石、中间填以乱石碎块或砾石(图三一、图三二)。[①]

[①] 李孝聪:《秦始皇长城》,《长城百科全书》,吉林人民出版社,1994年,第75页。

图三〇 神木市大柳塔镇油房梁村处长城(张海报提供)

图三一 固阳秦始皇石砌长城局部

图三二　固阳秦始皇石砌长城

(四) 木栅

所谓木栅形式,就是用木质材料做的防护措施。史党社、田静认为:"秦昭襄王长城必定在河流溪谷地方有木栅存在,只不过不便保存下来而已。这些跨越溪谷的木栅,应该像陈梦家以为的那样'实系代替土垣的建筑'。属于长城的一部分,二者是不可分割的。遗憾的是,许多战国秦长城的考察者、论者都忽略了这个问题,而在同时代的《墨子》城守诸篇中却有大量的用木筑城的记载,这样的记载与长城用木筑栅栏有着同样的性质。"[1]笔者认为,史、田两位的观点是有道理的,即长城在部分河流溪谷处,为了加强防御,会树立一些栅栏。但这种方式不会大规模采用,特别是在一些军事地位较低、人烟稀少的地段,没有设栅栏的必要。在河流溪谷处,长城还是以利用自然天险为主,并根据地形需要,设置一些城墩、障城来进行防御。

秦统一后秦始皇并没有放弃昭王长城,而使其继续作为一道防线发挥作用。

---

[1]　史党社、田静:《追寻秦昭襄王长城》,《文博》2004年第6期。

秦始皇统一天下后,秦的疆域向西北扩展,版图扩大,匈奴被逐出了"河南地",秦昭襄王长城已经不能把新得的土地纳入内侧,因此便在昭王长城更北的地区修了一条新的长城。"秦已并天下,乃使蒙恬将三十万众北逐戎狄,收河南。筑长城,因地形,用险制塞,起临洮,至辽东,延袤万余里。于是渡河,据阳山,逶蛇而北"。① 这就是人们常常讲到的秦始皇"万里长城"。彭曦认为"秦始皇时修缮利用过战国昭王长城"。② 秦始皇自即位至北斥匈奴,中间经历30余年,从历史文献中我们能够看到在这期间,嬴政把主要精力放在内部斗争和统一全国的事业上,而西北边境几乎无战事,这很好地反映了秦昭襄王长城所起到的防御效果,因为长城的存在,使得匈奴不敢轻易南下。笔者认为,在秦始皇北斥匈奴、收取河南地以前,是继续利用秦昭襄王长城这条防御系统来抵御匈奴的掠夺和侵扰。新长城修筑后,秦昭襄王长城原来的价值和作用有所淡化。

直至汉初,其军事防御价值又得以凸显。汉承秦制,汉朝初年,国家经济不景气,继续使用该段长城。"十余年而蒙恬死,诸侯畔秦……于是匈奴得宽,复稍渡河南与中国界于故塞"。③ 匈奴得到河南地后,汉便和匈奴隔"故塞"相望,"故塞"便是秦昭襄王长城。西汉前期,由于楚汉战争刚结束,汉王朝国力不振、经济凋零,对匈奴无力反击,只能采取守势,重新利用秦昭襄王长城这个"故塞"来防御匈奴继续南下,《汉书·匈奴传》记元朔二年(前127年)"于是汉遂取河南地,筑朔方,复缮故秦时蒙恬所为塞,因河而为固,汉亦弃上谷之斗辟县造阳地以予胡"。④ 即指此。

二、秦长城的防御体系

长城是一个完整的防御体系,除了主体城垣以外,还有许多配套的其他设施,特别是一些与人有关的城、障、墩台、烽燧、郡县设置等。

由于秦长城的文献资料很少,所以对研究带来很大的困难。用汉代的资料

---

① (汉)司马迁:《史记》卷八八《蒙恬列传》,第2565页。
② 彭曦:《战国秦长城考察与研究》,第256页。
③ (汉)司马迁:《史记》卷一一〇《匈奴列传》,第2887页。
④ (汉)班固:《汉书》卷九十四上《匈奴传》,第3766—3767页。

来研究是没有问题的。因为汉离秦比较近,而且"汉承秦制"。

台湾学者吴昌廉详细梳理了汉代古籍,包括居延汉简中出现的"障"与"塞",指出:"汉代边塞,'障'之意义,除作阻塞遮蔽与长城等解释外,犹有广义与狭义两种解释:(一)狭义之障,系指军事性城堡而言;(二)广义之障,简言之是指障候所肩负之守御区。"至于"汉代边郡'某某塞'之塞字,其意义有三:(一)单指塞墙;(二)指城堡(或兼指塞墙);(三)指塞候之守御区,区内含有城堡与塞墙。"[1] 其结论说明,障与塞都可以有自己的守御区,从而在军事功能以外,承担起屯田民户的管理职能。也就是说,障、塞可以作为长城附属设施,承担军事防御功能,同时也可以独立构成镇戍系统,保障中原王朝势力对新拓展领土的控制。

所谓"城",是与长城紧密相连的城,指在长城沿线所修筑的军事要塞,主要用以驻军,也用于住民,以利军民结合,共同守卫边防,开发边疆。如秦始皇三十三年命蒙恬"城河上为塞",并设置44县,就是在沿黄河筑长城的同时,在各要害处筑了许多城塞,以加强对重点地段的控制和防御。在秦长城沿线,发现许多与长城紧密相连的小城,城的面积不大,城与城之间相距数十里不等,也有的小城建在长城内外的纵深方向,这些城都是用来加强重点地段防御的。所谓"障",即边塞险要处用作防御的城堡。颜师古在《汉书·武帝纪》中注释说:"汉制,每塞要处,别筑为城,置人镇守,谓之候城,此即障也。"[2] 同书《李陵传》颜师古又注:"障者,塞上险要之处,往往修筑,别置候望之人,所以自障蔽而伺敌也。"[3] 秦制亦当如此,秦始皇三十三年命蒙恬在阳山、北假中"筑亭障以逐戎人",[4] 就是在修建长城的同时修建大量障塞的明证。在考古和调查中也发现秦皇长城有不少的障城。

障与城的区别在于大小不一和作用不同。城比障大,既驻军又住民,用来加强重点地段的防御;障比城小,只驻官兵,不住居民,用来加强险要之处的扼守。城和障都是长城的重要组成部分,有了这两项设施,长城的防御作用才能得到充

---

[1] 吴昌廉:《汉代边郡障隧制度之真相》,《傅乐成教授纪念论文集:中国史新论》,(台湾)学生书局,1985年,第293、300页。
[2] (汉)班固:《汉书》卷六《武帝纪》,第202页。
[3] (汉)班固:《汉书》卷五四《李广苏建传》,第2452页。
[4] (汉)司马迁:《史记》卷六《秦始皇本纪》,第253页。

分的发挥和加强。

与长城相配套的辅助设施还有大量的亭燧,或者称为烽燧。关于烽燧的记载,以《史记》最早、最详细。周幽王宠爱褒姒,褒姒不好笑,于是"幽王为烽燧大鼓,有寇至则举烽火。诸侯悉至,至而无寇,褒姒乃大笑。幽王说(悦)之,为数举烽火,其后不信,诸侯益亦不至"。后来,"西夷犬戎攻幽王,幽王举烽火征兵,兵莫至。遂杀幽王骊山下,虏褒姒,尽取周赂而去"。[①] 幽王在位的时间是公元前781至771年,属于西周末年。据此记载可知,西周末年有敌情即举烽燧报警召诸侯援兵,已是习以为常的通例,反映出烽燧之制有悠久的历史,很可能是在商殷之末或西周之初出现的。而中国长城的出现,始于春秋战国时期,以齐长城最早,不仅在文献中多有记载,而且齐长城遗址至今保存完好,有实物为证。齐长城不是一时所修筑,其西段先修,东段后筑。最初修筑的时间应在晋烈公十二年(前408年)以前,即齐宣公在位期间(前455至前405年),以后又不断加以续修,到齐宣王(前342至前324年在位)结束,前后持续了百余年。如果烽燧以出现于周初武王算起(前11世纪),要比长城的出现早600年左右。

烽燧为长城上军事报警的重要设施,也称作烽堠、烽台、烟墩、城墩、狼烟台、亭、燧等等。汉代称作亭、燧,有时亭燧并称,唐宋称作烽台。明朝称作烟墩、城墩等等。是利用烽火、烟气以传送军情的建筑。如遇有敌情,白天燃烟,夜间放火。烽燧的形式是一个独立的高台子,台子上有守望房屋和燃烟放火的设备,台子下面有士卒居住守卫的房屋等建筑。台子的建筑材料和结构与长城一样,有用土夯的,有用石块砌的等等。从汉简反映内容看,每座烽燧编制五六人或十数人不等。其中燧长一人,守望(简文称候)一人,炊事一人,其余人做修建或收集柴草等工作。

亭,本指古代边境上监视敌情的岗亭,有瞭望、战斗、通信等作用,往往与障、燧相结合,所以常常亭障、亭燧并称。燧,本指古代报警的烽烟,实际设施为一高台,上面有卒瞭望,下面有人守卫,发现敌情之后则白日燃烟,夜间点火,因而也称作烽燧或狼烟台。长城出现后,亭与燧相结合,成为长城的重要配套设施和不可缺少的组成部分。秦始皇命蒙恬"筑长城亭障",即包括大量的亭、燧在内。

[①] (汉)司马迁:《史记》卷四《周本纪》,第149页。

亭、燧一般都设在高处,根据地形条件,相距十里左右一个。有些亭、燧分设在长城两侧,以利各段之间互相联络;有些在长城之外向远处延伸,以利提早报警;有些通往首都方向,以利军情尽快上达;还有些通往附近驻军和郡县,以利于协调各有关方面的应敌行动。①

长期以来,每当人们论及秦始皇万里长城问题时,总是先入为主地带有这样一种观念,即万里长城是在地面上人工夯筑而成的、绵延不绝的高大城墙。实质上,秦人在长城修建时充分发挥了聪明才智,不仅在规划设计上实施"因地形,用险制塞""因河为塞",《史记·匈奴列传》云:"因河为塞,筑四十四县城临河。"②达到了设防的需要,而且在施工管理、材料供应、施工方法等方面都有着重大的发明创造,克服各种困难,完成了艰巨的修建任务。由于长城经行的地区地理环境千变万化,长城穿越高山峻岭、大河深谷。因此,在修筑长城的时候,劳动工匠和设计人员在实践的基础上,创造了一条利用自然地形,在险要处修筑城墙、关隘和烽燧、障城等建筑物,用以阻击来犯者以达到防御的目的。这一宝贵的经验是劳动人民从实践中创造的,秦时已经把它肯定了下来,即就地取材的方法。后来的朝代修筑长城时基本都是遵循着这一原则的。试想假如不利用高山险阻修筑城墙,那将花费多出许多倍的劳动力与材料。如果不利用大河深谷作为屏障,而硬是平地筑墙,所费人力物力更是无法计算。

假如有山冈隔绝、地形不便的,就不能按照三十里一烽燧,则要根据实际情况而定,灵活运用。最根本的标准就是要使烽火互相能够看到,才能达到传递军情及时援救的目的。这不仅说明要利用地形而且还说明了烽燧的设置要考虑实际情况。至于修筑城墙利用地形处处皆是。如居庸关八达岭的城墙都是沿着山脊的脊背修筑,因为山脊本身就好似一道大墙,再在山脊上修筑城墙就更加险峻了。而且在修筑时更注意到利用山脊的崖壁来修筑城墙,有的地段从外侧看去长城非常陡险,但里侧却较平缓,因外侧是御故而内侧则是防守士卒上下的。有的山脊外侧巨石悬崖本身即可防御,长城修到这种地方即利用原来的悬崖巨石

---

① 中国军事科学院:《秦代的长城与国防》,《中国军事通史》第四卷《秦代军事史》,军事科学出版社,1998年。

② (汉)司马迁:《史记》卷一一〇《匈奴列传》,第2886页。

或陡坎险坡稍加修筑平整即成险阻。汉元帝时的郎中侯应指出："起塞以来百有余年,非皆以土垣也,或因山岩石,木柴僵落,溪谷水门,稍稍平之,卒徒筑治,功费久远,不可胜计。"①遇到十分高峻的悬崖,长城到此也就中断,因为像这样的悬崖敌人也是无法攀越的,也就用不着修城墙了。利用河流、深谷作为天然屏障与长城配合使用的例子还很多,总之使它能够达到防御的目的就可以了。长城修筑工程的施工管理是一项十分复杂的工作。由于长城绵延万里,工地很长,施工管理更为复杂。当时所采取的办法是与防守任务相统一,即采用分区、分片、分段包干的办法。

我们从现在对长城的实地调查中可以看出,长城确实是利用地形条件来修筑的,凡是修筑关隘的地方不是两山之间的狭口就是河谷会合转折之处,或是平川往来必经之道。这样既能控制险要,又可节约人力与材料。修筑烽燧、障城等更是仔细选择地形,因地制宜而建。

(一) 秦昭襄王长城的防御体系

秦昭襄王长城的整体防御体系,除了墙体这个主要实体外,还有坐落在墙体上的城墩,以及长城沿线的烽燧、障城。

城墩坐落在墙体之上,为黄土夯筑而成。彭曦根据实地考察认为,城墩每公里有3—4个,平均3.5个。故全线最少有城墩650个,现残存约三分之一,约三分之二被自然和人为损毁。这些城墩与城垣的纵轴线完全一致,与后世的"马面"并不完全相同。从残留遗迹来看,一般都高出地面2—3米,平面呈卧鲸伏。从残留的大量瓦砾和"雷石"判断,当初其上皆有居室建筑。大约类似《居延汉简》中记载的"候楼",以供戍守将士们瞭望守备之用。其建筑结构应有左右两侧门与城相通。其当初的平均面积约在20—40多平方米,大约可供至少10人守望居住。因此,昭襄王长城线上平时守备瞭望戍卒约需7万—10万之数。从墩上残存器物分析,主要为陶制器皿,而且皆小型器皿,无大型器皿,可以看出当时是轮流上城值班,平时则居于内侧的大小障塞之中。城墩的间距比较有规律,在地势坡度较大的地方,往往是每50—80米一个,而在平坦处,则为210—220米

---

① (汉)班固:《汉书》卷九四下《匈奴传》,第3804页。

一个。考察中通过反复测量,认为这种200多米的间距,符合战国秦100丈的概数。证明这条长城于施工之初,曾有过统一的规划和施工要求。其坡度大处,城墩间距较密,一是为了加强夯土墙垣的抗剪力,更重要的则是坡度大处往往为险要的谷地或山多现,是为了增加其防御目的。[①] 我们在长城沿线的考察过程中,特别是在宁夏固原段可以清楚看到城墩的形制。

为了保证城墩作用的有效发挥,秦人在城墩的设置上是非常合理的,表现出明显的特征:其一,在一些重要沟壑或谷道正对的墙体部分一定会设有城墩,这样的目的很明显,当站在城墩上时,能把沟壑或谷道内的情况尽收眼底;其二,在河道拐弯处以及多个河道交汇处定会设有城墩,且这些城墩的视野均十分开阔。

秦昭襄王长城一些城墩的建制有其自身特点,这在固原、延安、榆林等地表现明显。它与墩台、马面有相似之处,但又有明显的区别。墩台建立在墙体上,但高出墙体;马面同样坐落在墙体之上,但顶部与墙体在同一水平线上,并且向墙体外侧突出。而秦昭襄王长城上的城墩,虽也是建筑在墙体上,但高于墙体,并且绝大部分是向墙体内侧突出,外侧和堑面保持同一平面上。之所以这样做,主要是为了配合三道堑的构筑形式,如果再向堑面外侧伸出的话,不但增加了工程量,也影响了城墩的整体性。现在所见台体坍塌严重,远望去为一土丘,平面形制诚如彭曦先生所言,呈卧鲸状,城墩中间部分大,而两侧与墙体相接部分明显狭小。[②]

战国秦汉时期,战争频仍,烽燧作为报警系统受到广泛重视。"夫边郡之士,闻烽举燧燔,皆摄弓而驰,荷兵而走,流汗相属,惟恐居后"。[③] 烽燧主要用于侦查、眺望、报警和传递消息。烽燧皆筑于长城沿线内侧较高的山梁之上,用来传递信息,现多坍塌成巨大的圆锥体。烽燧基本上距长城1至2公里,烽燧之间间距大多为2至3公里。在烽燧与长城之间、烽燧与烽燧之间,皆有良好的视野空间。这些前沿烽燧与内传烽燧构成了一个严密的信号系统。前线有敌情出现很快就可以传寄到内地,便于内地调集兵力增援。

在镇原至环县的黑泉柯和合道川之间考察了十多个烽燧。其主要特点表现在:其一,皆筑于高出长城的山梁之上;其二,是形状多呈巨大的圆锥体,少数为

---

① 彭曦:《战国秦长城考察与研究述略》,《宝鸡文理学院学报(社会科学版)》1991年第3期。
② 同上注。
③ (汉)班固:《汉书》卷五七《司马相如传》,第2578页。

覆斗状。另一种值得重视的情况是长城内侧遗址,不论大小皆有一个烽燧,而且这种烽燧上遗留的瓦片特别密集。在秦昭襄王长城内侧遗址中的这类烽燧,全线最少有1 000个。平时值守在每个烽燧的戍卒应不少于5人,故仅烽燧戍卒就不少于5 000多人。所以我们推算这条长城平时守备最少应保持在约十万兵力之数(图三三)。①

图三三 环县秦长城烽燧

障城,即是修建在地势险要之地,用于驻兵之所。障城大小不同,城一般面积大于障,障是指小城。两者修建位置也不同,城一般修建在地势平坦、开阔之处,而障一般修建在长城附近,且修建在地势险要的地方。此外,二者功能也不同,障内主要居住者是士兵,军事防御色彩更为浓重。障城是战国秦长城沿线最基本的防御设施。其规模与明代烽燧围墙院落大小相仿,保存完整者一般为方形,边长五十米左右,个别边长也有百米大小。四周墙体黄土夯筑,一角有高台用来戍守瞭望及与长城守军联络。部分仅残留一道横对长城的障墙,也有仅残

---

① 彭曦:《战国秦长城考察与研究述略》,《宝鸡文理学院学报(社会科学版)》1991年第3期。

存高台而误认为烽燧的。

宁夏境内战国秦长城沿线发现障城21座。以固原市郊长城梁一带保存最好,大概间距1.7—2.5公里分布一座,连续保留有近10座。在黄峁山沟谷地带,多数残留一道障墙,数量较少。在彭阳长城原等土原边,两侧沟畔各分布一座障城,相互呼应,控扼沟谷。从实际考察来看,当时应是1里距离,在墙体上设墩台1座,5里左右设障城1座,一处障城分管墙体5里及5座墩台。人类正常的视力范围,战国秦长城墩台障城这种防御布局高度契合肉眼观测实验,因此是十分高效与科学的。这种障城布局遇警可以迅速地相互传递情报、集结兵力,部分替代烽燧的作用。

宁夏固原规模较大的城址发现4座,分别位于西吉将台堡、原州区南原闫家庄、清水河谷北十里、彭阳长城原张沟圈,城址墙体边长达数百米,城内遗物、遗迹丰富,后期多有沿用。其中北十里城址具有明显控扼清水河谷作用。其余三座间距约30—50公里。西吉将台、彭阳长城梁张沟圈城址处墙体有明显的大角度转折,长城将城址包绕于内,显示出这些防御设施与长城墙体的密切关系,极有可能是先有城址,后循其修筑长城墙体。墙体施工亦可能是分段同时进行,这一点在长城原张沟圈城址处表现特别明显。此地为开阔平坦的原地,长城在此处形成了极为特殊的呈"V"字形转折走向与张沟圈城址衔接,使人极为不解。当地百姓传说当时长城修筑分段进行,西段先竣工,东段长官为赶工期,连夜施工,天亮后发现接边走向有错,但为时已晚,遂成现状。故事固然荒诞无稽,但其中蕴含合理成分。[①]

障城位于长城内侧,为驻军生活工作的地方。障城的位置均选定在长城内侧的山梁以及河谷较高的台地之上,利用高阜地形,将其四周加以堑削,为的是使堑削之垣壁整齐和加固。这种技术也是秦昭襄王长城设施筑造方式中突出的特点之一,与夯土城垣相比,可以起到省工省时的效果。障城遗址每3至5公里会有一个,大小不一。障城内的文化遗存比较丰富,瓦片数量多、堆积厚,灰层灰坑密集,大型生活器皿数量种类繁多、质地精良。有许多动物骨骼,其中又以羊骨为最。障城内还会发现少量的砖及瓦当,这在长城墙体及城墩、烽燧处很难发

---

① 王仁芳:《宁夏战国秦长城布防特征探析》,《河北地质大学学报》2018年第4期。

现,同时障城内多存有烽燧遗迹。吴起薛岔乡周崾岘处障城及横山县横山镇城头山村处障城具有代表性。彭曦[①]、延安地区文物普查队[②]都对周崾岘处障城遗址进行了详细论述,该城址整体利用自然山峁平台地,对其四周进行铲削成坡度较大的立面,然后在外侧部分再加筑夯土层。遗址内遗物相当丰富,有板瓦、筒瓦、瓦当、生活器具残片、铁器残块、车组件、弃骨等。瓦片的纹饰以外绳纹、内麻点纹为主,生活器具主要有瓮、盆、壶、罐、钵等。横山区横山镇城头山村东侧平缓坡地上的障城遗存,位于墙体东侧,南北长86米,东西宽46米,高约4.5米。该城址在修筑时先将东、南、北坡地铲削成立面,再在外部包裹上夯土层,夯层暴露明显,厚约0.04—0.08米,其中城址的西墙利用长城墙体,由于农业生产活动及房屋修建,城址四周围墙与内侧地表齐平。城址内部及附近散落大量板瓦、筒瓦及器物残片,可辨器型有罐等,瓦片外饰绳纹、弦纹,内饰麻点纹、布纹、弦纹、方格纹、菱形纹等,此外还发现卷云纹瓦当残片,从遗物分析,汉代曾对两处城址加以利用。这样,城墙、城墩、烽燧、障城就构成了一个立体式的警戒、防御系统,一旦城墩上戍卒发现敌人,就传递给烽燧,各烽燧间相互通报,直至传给障城内守军和当时的军事指挥中心。

  无论是城墩、烽燧,还是障城附近,我们都会发现有不少的瓦片堆积。对于这些瓦片的用途,由于历史久远,具体用途不详,现在研究者也都有不同的看法。吴礽骧先生认为瓦片是"长城内外墙壁的落水装置,在城墙顶部,隔一定距离平置板瓦,以承受雨水,在城墙两壁,以绳索连接筒瓦四角的钉孔,形成流槽,使雨水排出墙基以外,从而减少雨水对长城墙体的冲刷,以延长长城的使用寿命"。[③]彭曦认为,秦昭襄王长城"不同于汉长城甚至赵长城的最显著特点,是遗存有大量的瓦片堆积。这种建材是为长城城上城下戍守建筑之需而制作"。[④] 史党社、田静怀疑,"大量发现于烽隧、障塞之上的瓦片,也有可能用作守城的武器"(图三四至图三七)。[⑤]

---

① 彭曦:《战国秦长城考察与研究》,第199页。
② 延安地区文物普查队:《延安地区战国秦长城考察简报》,《考古与文物》1990年第6期。
③ 吴礽骧:《战国秦长城与秦始皇》,《西北史地》1990年第2期。
④ 彭曦:《战国秦长城考察与研究》,第243页。
⑤ 史党社、田静:《追寻秦昭襄王长城》,《文博》2004年第6期。

第五章 秦长城的修筑方法与防御体系的形成 259

图三四 吴起县薛岔乡周嶝岘处障城遗存(张海报提供)

图三五 横山县横山镇城头山村处障城遗存(张海报提供)

图三六　横山县横山镇城头山村处障城遗存内遗物(张海报提供)　　图三七　横山县横山镇城头山村处障城清晰的夯土层(张海报提供)

对于以上观点,笔者认为彭曦的说法接近事实。之所以这样认为,是因为我们在实地调查时发现,瓦片在长城墙体上和沿线很少发现,而一旦到了城墩上或城墩附近,就会发现瓦片,并且在重要地段的台体上,瓦片堆积更多,这也成为我们调查之中确定长城线路和城墩的重要依据。

同时在城墩两侧与墙体相连接的部分,我们也不时发现有红砂石块存在,所以从城墩上"残留的大量瓦砾和'磉石'判断,当初其上皆有屋室建筑。大约类似《居延汉简》中的'候楼',以供戍守将士们瞭望守备之用"。[1] 当然,对于出现在烽燧、障塞上的瓦片,"如果说是建筑所用,却不见瓦当、砖等之类另外的材料,而这两类材料在同时期的秦建筑中却大量的发现"。[2] 对于这种说法,笔者认为不应该拘泥地看待。因为城墩主要作用是瞭望守备,军队平时驻扎生活在长城内侧障城内,所以对于城墩上的建筑,要求应尽量简单实用。况且秦昭襄王长城线路长,墙体上每公里又有城墩3至4个,在地势坡度较大的地方,往往是每50至80米一个,如此多的数量,都要求较多的建筑材料,那么工程量一定很大。同时在长城沿线及障城中还是发现有瓦当存在。

从残瓦来看,长城沿线的瓦主要分筒瓦和板瓦两种类型。瓦片的纹饰多样,有细绳纹、粗绳纹、麻点纹(窝点纹、圆点纹)、环轮纹、布纹、菱格纹、方格纹、宽篮纹、瓦棱纹等,彭曦将这些长城沿线所见瓦片称之为"典型纹饰瓦片"。[3] 这些瓦

---

[1] 彭曦:《战国秦长城考察与研究》,第239页。
[2] 史党社、田静:《追寻秦昭襄王长城》,《文博》2004年第6期。
[3] 彭曦:《战国秦长城考察与研究》,第7页。

片也成为判断长城年代的主要标志。①

长城沿线瓦均残破,完整的很少。板瓦大小厚薄不一,有明显的切削边缘,厚的约为 1.5 厘米,薄的 1 厘米,最小的板瓦,外弧宽 23 厘米,约合秦汉一尺。甘肃尧甸镇长城坡一农民家藏有一片完整板瓦,长 63 厘米,一头大,一头小,大的一头宽 53 厘米,小头宽 47 厘米,厚 1.5 厘米。筒瓦两块合起来恰好是个圆筒,直径 15 厘米。无论板瓦、筒瓦,表里均有饰纹,有网纹、粗绳纹、细绳纹、斜绳纹。有的表面还有平行划线纹,划线间相隔 1.5 厘米,有突起的棱脊。有的内缘还有方点窝纹。有的一头有一至二个瓦穿(即钉眼),板瓦的瓦穿,直径 1.5 厘米,筒瓦 1 厘米。②

(二) 秦始皇万里长城的防御体系

秦始皇万里长城的防御体系是在秦人前期修建长城防御体系的基础上逐步加以改善的。首先要考虑的是充分利用自然环境的有利条件。就修筑基本原则来说,可以用"因地制宜,据险制塞"八个字概括。所谓因地制宜,一是指根据地形条件而巧妙修筑;二是指在建筑材料选取上充分利用当地的自然资源。所谓据险制塞,主要是指利用地理天险达到御敌的目的。

万里长城不是一道单纯孤立的城墙,而是以城墙为主体,同大量的城、障、烽燧、亭等相结合的庞大防御体系。城墙是一道高大、坚固而连绵不断的长垣,用以隔断游牧民族的骚扰行动。一般修建在险峻的山梁岭脊之上或大河深谷之侧,以便"因地形,用制险塞",有在草原、荒漠、平原无险之处夯筑城垣。

与长城墙体防御体系紧密结合的是沿边的大量城、障。所谓"城",是与长城紧密相连或者相关的城,是在长城沿线所修筑的军事要塞,主要用以驻军,保卫开发边疆。如秦始皇三十三年命蒙恬"城河上为塞",并设置 44 个县,就是在沿黄河筑长城的同时,在各要害处筑了许多城塞,以加强对重点地段的控制和防御。所谓"障",即边塞险要处用作防御的城堡。秦始皇三十三年命蒙恬在阴山、北假中"筑亭障以逐戎人",就是在修建长城的同时修建大量障塞的明证。在长

---

① 陈守忠:《陇上战国秦长城调查之二——陇东段》,《河陇史地考述》。
② 陈守忠:《甘肃境内秦长城遗迹调查及考证》,《历史教学问题》1984 年第 2 期。

城沿线内侧修建边城。这些边城,多半属于屯戍性质,一般小于内地县城。有的边城使用时间很长,与内地县城无甚差别。城内有官署、民居、街道。

障城是与长城紧密联系的建筑,这些防御建筑物大都建在长城内外,有的沿着长城,有的在离开长城很远的地方。它们与烽燧等不同之处是用以住兵卒防守的,而不是专为传递军情的。这里所说的障城,是指与长城关联的防御性城,非为郡、县城。在河北省围场县境内秦长城遗址旁边,发现了与长城紧密相连的小城,城的面积不大,城与城之间相距数十里不等。也有在长城内外纵深方向发展的小城。障字的本意是障碍、遮隔的意思,障城即是设置小城用以阻挡敌人来犯的建筑物。障城与烽燧有所区别,障城主要是驻兵防守,烽燧(亭燧)则专司烽烟,传递军情。但是亭和障(也即是烽燧和障城)有着不可分离的密切关系。一为驻防,一为通讯,互相配合。历史记载西汉时期在河西地区的长城也曾经有"列亭、障至玉门""行坏光禄诸亭障"等的记载。在内蒙古巴音诺洛、苏亥、阿尔乎热、沃博尔呼热发现的四座"障城"的遗址,大小相似,形制相同,均为每边周长450米的正方形,只有一面开门,在障城的四角还筑有斜出的墙台。其中阿尔乎热障城城门筑有瓮城,四周还有护城河。

到目前为止,已发现的秦始皇长城沿线障城比较多。比如,托克托古城村城址、准格尔旗瓦尔吐沟城址、宁城县黑城子城址、奈曼旗沙巴营子城址等。边城城郭一般用夯土筑造,除个别外,城门都设在南城垣正中。城垣平面有四种形式。其一,方形或长方形,一般每边长420—600米。磴口市布隆淖城址、兰城子城址和奈曼旗沙巴营子城址等属于这种形式。其二,呈"回"字形。城垣内外两重,平面均呈方形。外城垣每边长1 000米左右,内城设在外城内中间,每边长200—250米。官署设在内城,内外城之间为屯戍建筑和民居。磴口市陶升井城址、乌拉特前旗三顶帐房城址、呼和浩特塔布秃城址等属于这种形式。其三,城中设子城,但子城位于城内一隅,城垣规模略小于回形城。呼和浩特二十家子城址、托克托哈拉板申城址、奈曼旗西土城子等属于这种形式。其四,形状不规整。夯土城垣有曲折,如杭锦后旗太阳庙等少数城址。在已发现的边城中,有18座可与史籍记载中的秦汉郡县相印证。例如磴口市布隆淖古城为朔方郡临戎县城址,乌拉特前旗三顶帐房城址为五原郡郡治,托克托县古城村城址为云中郡郡治,准格尔旗瓦尔吐沟古城为西河郡广衍县城址,丹东叆河尖古城为辽东郡西安平县城址,等等。长城内外,凡重要的关口和适于瞭望的地方,都设置鄣塞、烽燧。

鄣塞是边城派出的鄣尉所在,规模较小。鄣门一般设在南垣,作瓮城形。障比城小,只住官兵,不住居民,用来加强险要之处的扼守。城和障都是长城的重要组成部分,有了这两项设施,长城的防御作用才能得到充分的发挥。

烽燧也是与秦始皇长城相配套的辅助设施,长城沿线多见。燧本指古代报警的烽烟,实际设施为一高台,上面有卒瞭望,下面有人守卫,发现敌情则白日燃烟、夜间点火,因而也称作烽燧或狼烟台。长城出现后,障城与烽燧相结合,成为长城的重要配套设施和不可缺少的组成部分。秦始皇命蒙恬"筑长城亭障",即包括大量的亭、燧在内。有些亭、燧分设在长城两侧,以利各段之间互相联络;有些在长城之外向远处延伸,以利提早报警;有些通往首都方向,以利军情尽快上达;还有些通往附近驻军和郡县,以利协调各有关方面的应敌行动。

烽燧是障城的耳目,用以提供信息,均设在视野宽阔的山巅或平地上,沿线罗列,间距0.5—1公里,与长城距离不等。有的设在长城上,有的设在长城附近,有的远隔数峰。设在山巅上的烽燧,一般由石块垒成,作圆柱形或圆锥形,大小高低因地而异。乌不浪山口东侧的一个石烽燧台,倾圮后实测直径10米。个别烽燧四周加筑围墙。设在草原上的烽燧,大部以黄土夯筑而成,作圆锥体或方锥体,大小高低不一,一般基础宽7—8米,高3—4米。

秦始皇长城的烽燧与长城墙体分离,位于长城内侧的山头,烽烽相望,颇为壮观。目前遗留下来的样板工程就是包头市固阳县境内的长城,长达120公里,横穿固阳三个乡镇。依山就险、因坡取势,就地取材。保存较为完好的是固阳县九分子乡一段,长约12公里,城墙外侧有5米高,内侧有2米高,顶宽2.8米,底宽3.1米,墙体多以黑褐色厚石片交错叠压垒砌而成,沿山势而修颇为壮观。当年筑长城的民工和驻兵是把附近的山石一块块切割下来,磨平后干砌在城墙上,每块石片重的有五六十斤,轻的有十余斤,这样干砌起来的长城,历千年而不坍塌。站在高处,依然可见这段秦长城顺山势上下。在城墙内侧,每隔1 000米设一座烽燧。固阳段内共有烽燧4座,也都以石块干砌而成,成为著名的烽燧遗址。烽燧多设在视野宽广的山巅,与长城垂直距离。离烽燧不远的高地上,有房子坍塌后留下的石墙圈遗迹。这乃是驻兵的哨所。固阳秦始皇长城基本包括了秦长城所有建筑类型,专家称之为"秦长城博物馆"。

在巴彦淖尔秦始皇修建的长城主要分布在乌拉特前旗和乌拉特中旗,其中,在乌拉特中旗境内长约190公里,在乌拉特前旗境内长约25公里。中段长城墙体保存状况较好。依山而建,工程浩大,墙体大多由人工打磨的块石垒砌而成。这段长城依傍着险峻的阴山山脉,从而成为横亘在北方的一道坚固防线。该段长城沿线分布有大量障城与烽燧,障城大多修建于地势险要之处,或者修建在军事据点处,且障城内设施完备。该地烽燧分布错落有致,且大多分布密集,例如哈隆格乃沟口内的9座烽燧及巴音哈太苏木的21座烽燧,这些烽燧都与周边的障城有着密切联系。[1]

烽燧作为古代军事警戒和传递军情的重要设施,是修建在长城周边的候望设施。一般建在视野较为开阔的地方,数量依地形山势和目能所及而定。秦长城固阳段沿线的烽燧多选择在长城内侧较高而又比较平缓的山脊,与长城分离,往往修建在高地处,以便于瞭望和将瞭望到的敌情信息迅速传至障塞中的守备部队或附近的郡县,以做好战斗准备。史书上把烽燧亦称亭燧、亭障或单称亭或燧等,《史记·蒙恬列传》云:"吾适北边,自直道归,行观蒙恬所为秦筑长城亭障,堑山堙谷,通直道。"[2]司马迁所云"亭障",就是指烽燧。西汉刘向所撰《新序》卷十《善谋篇》也云:"蒙恬为秦侵胡,以河为境,累石为城,积木为塞,匈奴不敢饮马北河。置烽燧,然后敢牧马"。[3]同样是说的蒙恬治边塞事,一曰筑亭障,一曰置烽燧,说明边塞亭障就是烽燧,两者所云互证。

关于秦长城烽燧的情况由于史料太少难究其详,但"汉承秦制",通过汉代的资料可以窥见秦长城的烽燧概况。

汉简中有燧、亭同名的情况,如居延甲渠塞,82·29简记载有"高沙燧",178·8简记载有"高沙亭部",30·12简记载有"箕山燧",178·7简记载有"箕山亭部",114·18简记载有"灭寇燧",114·20A简记载有"灭寇亭"等等。可见亭、燧、烽燧、亭燧、亭障等至少在边塞有时是不分的。

汉代烽燧中的信息器具有烽、表、灶、苣、积薪、鼓等,其使用情况一直众说纷

---

[1] 陈娇:《巴彦淖尔地区战国秦汉长城研究》,内蒙古大学2017年硕士毕业论文。
[2] (汉)司马迁:《史记》卷八八《蒙恬列传》,第2570页。
[3] (汉)刘向:《新序》,上海古籍出版社,1990年,第65页。

纭,特别是烽,是主夜还是主昼,唐时就形成对立的颜师古与张守节、司马贞两种不同的观点,近代大学者王国维、劳干两位先生力主颜师古说,似成定论。目前对于烽燧一词的解释和功能众说纷纭。《史记·司马相如列传》曰:"夫边郡之士,闻烽举燧燔",《史记集解》引《汉书音义》"烽若覆米奠,悬着桔槔头,有寇则举之,燧,积薪,有寇则燔然之",《史记索隐》烽燧。韦昭曰:"烽,束草置之长木之端,如挈皋,见敌则烧举之。燧者,积薪,有难则焚之。烽主昼,燧主夜。"[1]

在冷兵器时代,在有利地形的帮助下,关发挥了"一夫当关,万夫莫开"的作用,自古乃兵家必争之地,历史兴衰、朝代更迭,就在这些"关"的风雨中形成。函谷关对秦的统一发挥了重要的作用。关口也称作"隘口",意思是狭窄的通道。古时我国各地都有许多关塞隘口,各诸侯国以及各个地方政权或是割据势力把它们作为防御的要地。长城上也有许多的关塞。"天下九塞"一词出自《吕氏春秋·有始》云:"何谓九塞? 大汾、冥阨、荆阮、方城、崤、井陉、令疵、句注、居庸。"[2]居庸塞早在秦始皇统一六国之前就已经存在,这一带峰峦叠嶂、林木葱郁。可见战国时期塞是不少的,其中不少的塞位于北方。凡是险要地带、敌人经常入侵的地方,都要筑城、设险以堵塞其进入,所以称作塞。塞比城的范围还要大些。如秦始皇"西北斥匈奴,自榆中并河以东,属之阴山,以为三十四县,城河上为塞"[3]就是在黄河岸筑城以为防御,这里的城不是单独的一个城而是指一系列的城及长城。"高阙"就是一个重要的塞。

秦始皇长城的防御体系,其总体布局具有鲜明的战略特点,即根据敌情和地形的不同,在西北段、北段和东北段分别建立不同纵深和不同层次的防御体系。当时的都城在关中咸阳,因此关中地区为其根本,秦自立国以后就长期同戎人争夺地盘。匈奴南下占领黄河以南地区后,对咸阳的威胁巨大。因此,秦始皇特别重视西北边防的安全,蒙恬出击匈奴的主要方向在这里,修建万里长城的主要工程也在这里。因此万里长城在西北段的布局,便是由三道边防线构成多层次的纵深防御体系。第一道边防线即秦昭襄王时所建的长城,西起岷县东至今内蒙古托克托附近的黄河之滨,蒙恬曾加以维修,后因边境的开拓,遂转为内边。第

---

[1] (汉)司马迁:《史记》卷一一七《司马相如列传》,第3045—3046页。
[2] (秦)吕不韦撰,陈奇猷校释:《吕氏春秋校释》,学林出版社,1984年,第658页。
[3] (汉)司马迁:《史记》卷六《秦始皇本纪》,第253页。

二道边防线即西起岷县、经过榆中沿黄河向北到内蒙古的长城,此为蒙恬所新筑,以河为险,以堤为城,沿河修筑大量要塞并建44县,从而屏蔽北地、陇西、九原三郡,这是秦代西北最重要的一道防线。第三道边防线,即蒙恬沿阴山北麓所修长城并与燕长城相连,这是秦代最北、最长的一道长城,该长城的西段即构成秦代西北的外边,成为西北第三道防线,用以掩护河南地区和沿黄河所置障塞。三道防线形成纵深防御体系,从而有效地解除了匈奴对关中的威胁,巩固了关中的安全。除西北段外,万里长城在北段和东北段的布局,则随着匈奴势力的逐渐减弱,分别由二道边防线和一道边防线所构成。北段的二道边防线,即由蒙恬所缮修的赵武灵王阴山南长城和阴山北长城。前者为秦初北境的外边,曾有效地制止了匈奴南下,后转为内边;后者是秦代北境的外边,将匈奴阻隔在阴山以北,进一步巩固了中原地区的安全。东北段的一道边防线,即由蒙恬所维修的燕长城,主要防御对象是东胡,而东胡不像匈奴那样强大,因此没有建筑多道防御体系,这就是秦代万里长城在战略上的总体布局。

  因地制宜构建长城防御体系是秦始皇万里长城的重要特征。万里长城西段及其首起地尤为如此。据《史记·韩安国传》记载,蒙恬修建长城时,曾"累石为城,树榆为塞"。① 说明蒙恬所筑万里长城并非全是城墙绵延不绝的长城。劳榦认为:"秦汉的长城,据记载上说,却不全是城垣,有若干地方是木栅。"②《史记·匈奴列传》对秦万里长城西段的特点有着较为详尽的描述:"秦灭六国,而始皇帝使蒙恬将十万之众北击胡,悉收河南地。因河为塞,筑四十四县城临河,徙适戍以充之……起临洮,到辽东万余里。"③ 从司马迁这一记载看,蒙恬当年所筑秦万里长城之西段,是以"因河为塞""临河"筑四十四县城和徙民戍守为特征的一段长城。由此看来,当年蒙恬所筑万里长城之西段,是将具有天然防卫作用的黄河作为主要军事屏障,将匈奴容易渡河处所筑四十四县城作为军事据点,然后徙兵民戍守,而三者的主体则是"因河为塞"。秦始皇时期利用的燕国长城东段也是如此。目前在阜新市"燕北内长城"长约125公里的路线上,已发现墙堑址80余段、烽燧址83墩、障亭址(即山障和城燧组合)26座、堡城址4座、关隘址1处、

---

① (汉) 班固:《汉书》卷五二《窦田灌韩传》,第2401页。
② 劳榦:《释汉代之亭障与烽燧》,《历史语言研究所集刊》第19本,1948年。
③ (汉) 司马迁:《史记》卷一一〇《匈奴列传》,第2886页。

行政性城址1座(高林台城址)。其走向西自牤牛河岸,东经阜新县化石戈、紫都台、红帽子、王府、营城子(新邱区)、阜新、沙拉、大巴、老河土和泡子诸乡镇。① 进入彰武县南部,向东延伸至法库县。在法库县叶茂台镇西山、北山,近年发现了长约2千米的墙体和6墩烽燧(5墩山燧、1墩墙燧)等长城设施。②

秦始皇长城绵延万里,是一条延绵万里的线,但又不是一条孤立的线,而是一个由多种防御工程组成的完整的防御体系。目的是阻挡敌人,而且要与周围的防御工事、政权机构(郡、县等)密切联系,与统治中心、王朝的首都联系起来。长城线上的每一个小据点都通过层层军事与行政机构和中央政权机构相联系。

秦王朝建立以后,军事重心转移到边防,尤其是对北方匈奴的战争。史载:"匈奴,轻疾悍亟之兵也,至如猋风,去如收电,畜牧为业,弧弓射猎,逐兽随草,居无常处,难得而制。"③对这样一个游牧民族,在旷野与其硬拼是不行的。秦始皇深知其中的道理,于公元前215年派蒙恬"筑长城,因地形,用险制塞"。把秦、赵、燕长城联结起来,并向东西延伸,"起临洮至辽东,延袤万余里"。④"筑亭障以逐戎人"。⑤蒙恬没有辜负秦始皇的厚望,在边塞十余年以塞(长城)障和亭隧为依托"却匈奴七百余里,胡人不敢南下而牧马"。⑥

秦始皇长城基本上是依山川形势险要而建,在山口与平原地区,都建筑高大厚实的城墙以截断匈奴骑兵进出之路。除了长城墙体之外,长城内外制高点还建有烽燧,用于侦察敌情和传递消息;在交通路口和谷口,修筑关隘、障城,派军驻守,以加强长城的防御能力。在长城墙体以内,每隔一段距离,都修建驻军的障城,并设有迅速传递消息的驿传系统,以便统一指挥和互相支援。再加上相关的郡县城的修建,形成了以长城墙体为主体,以烽燧、障、城等为配套建筑,从而构成了一套完整科学的军事防御体系。

---

① 国家文物局:《中国文物地图集·辽宁分册》"辽宁省战国秦汉长城遗址",第83页。
② 冯永谦:《东北燕秦汉长城的考古调查与研究》,《辽宁考古文集(二)》;李树林、贾云章:《燕秦汉辽东长城形制考古调查研究》,《边疆考古研究》(第16辑),科学出版社,2014年。
③ (汉)班固:《汉书》卷五二《窦田灌韩传》,第2401页。
④ (汉)司马迁:《史记》卷八八《蒙恬列传》,第2565页。
⑤ (汉)司马迁:《史记》卷六《秦始皇本纪》,第253页。
⑥ (汉)司马迁:《史记》卷六《秦始皇本纪》,第280页。

综上而言,秦长城在防御体系上表现出三个突出特点:

其一,遵循的总原则是"因险制塞",因地制宜,就地取材。由于长城所经地段的自然险阻不同,因此制塞的方法因地制宜。战国秦长城在陕西境内呈东北—西南向分布,自神木县沿牸牛川西岸入境,向南继续沿窟野河向南延伸沿窟野河与秃尾河之间的分水岭向西南延伸。再沿秃尾河支流团团沟与喇嘛沟之间的分水岭向西南至秃尾河东岸,越过秃尾河后经芦沟与红柳沟之间沙漠区域向西南延伸,越过红柳沟,沿红柳沟南岸向西偏南延伸,越过源头钵钵梁再沿头道河(常乐川)南岸向西南延伸,在红石峡处越过榆溪河,向西南进入沙漠地带,顺无定河北侧支流源头北边向西南至乔家峁拐向偏南延伸至无定河北岸,越无定河,沿芦河西岸向南延伸,至靖边县杨桥畔乡砖窑峁(瓦渣梁),继续向南越芦河直至龙州乡黄草圪与明大边长城相交,继续向西南延伸。向南沿芦河与大理河分水岭至天赐湾拐向西南,再沿芦河和延河的分水岭白于山脉向西偏南延伸,沿洛河和芦河分水岭向西偏南延伸,再沿洛河支流周河与宁塞川分水岭向南转西延伸,再向北越洛河支流杨青川沿北岸向西延伸,越过洛河,再沿三道川北岸向西延伸,再沿洛河和泾河的分水岭向西偏北延伸,至吴起县庙沟乡曹儿畔大涧出境进入甘肃省华池县。之所以这样分布,是由于河岸型分布段长城绝大部分都是选择了背河向岸分布,而不是向河背岸分布。例如分布在牸牛川—窟野河的西岸段、分布在芦河西岸段、分布在杨青川—三道川北岸段等都是背河向岸分布。在分水岭型分布段长城大部分是随山势分布,但并没有具体占据最高处随山势屈曲,而是基本选择了背岭向谷的山坡上部分布,但也有部分是向岭背谷分布。例如吴起县雷坡村长城和杨青川长城。平地类型基本是取两点之间直线分布,例如神木县秃尾河以西段长城。[1] 秦始皇长城北段在修建中充分利用了阴山的高山峻岭,主要用石块叠砌在阴山北麓悬崖峭壁之处,往往利用自然崖壁作墙身,稍加补贴或修凿,造成天然屏障。在两峰夹峙之处筑墙以堵豁口,在山间河谷之处,则在河道北岸缘山亘河而筑,使敌方不能利用水源。在层峦叠嶂之处,则筑于群山腹地,敌方要攻陷城垣,必须翻越两重以上山岭,匈奴兵无法逾越,秦朝军队则可以逸待劳。西北方和东北方河流比较多,所以以河险为多。

---

[1] 于春雷:《从战国秦长城选址看当时西北边疆的形势与认知》,《秦汉研究》(第九辑),2015年。

其二，长城沿线烽燧、障塞设置稠密。长城线上烽燧、障塞大量设置，是长城从初创走向成熟和完善化的重要标志。由于秦长城多筑于山地，利用山险，为了适应这种地形的防守，故长城线设置的烽燧比较密集，在乌不浪口、巴音哈太、小佘太、西斗铺等段长城沿线平均半公里就有一个烽燧遗址，一般筑于视野开阔、便于瞭望的山顶。在烽燧的周边大都有房基遗迹，与烽燧连为一体，应是戍守烽燧的兵卒住处。说明这些烽燧不仅是瞭望侦察、举烽传讯的处所，而且是守兵作战的堡垒。障城设置较少，多在山下，离长城线较远。这与西汉筑于蒙古草原和河西戈壁中的长城不同。汉武帝时随着反击匈奴战争的胜利，把"塞垣"推进到草原大漠之中，主要利用骑兵防守。骑兵长于驰驱，故可减少烽燧，为了屯驻马队，故多设障城。[1]

其三，秦长城根据实际需要，各个地段的防御措施不同。秦始皇长城在战国时期长城的基础上扬长避短，在防御体系上具有鲜明的战略特点，即根据敌情和地形的不同，在西北段、北段和东北段分别建立不同纵深和不同层次的防御体系。

---

[1] 何清谷：《秦始皇长城北段的考察》，《人文杂志》1989年第4期。

第六章 秦长城地带的形成

对中原王朝的统治者来说，修建长城的目的，既是为了巩固所开拓的领土，也是为了把游牧文明与农耕文明区隔开来，以保卫农耕文明，同时也保护游牧文明的延续。农业生产的特点在于生产过程固定在某一片土地之上。春耕、夏耘、秋收、冬藏，其生产周期长，生产过程的季节性、时效性明显，如果错过任何一个生产环节，都可能导致作物的减产甚至绝收，二十四节气的出现与农业生产有着密切的关系。对于农业生产者来说，保持社会的稳定，不打乱生产的节奏是第一要务。而游牧业的特点在于其不稳定性，随着季节的变化而移动，其自身产品具有单一性、不耐储存性，这种不稳定性限制了财富的聚集。从而使得游牧民族抗击自然灾害的能力变低，需要适时得到农耕民族的援助与产品补充。如果无法通过交换等正常方式获取农耕民族的产品，他们往往通过掠夺的方式来获取。当风调雨顺、草木茂盛时，他们会过着安定的生活。但当干旱少雨的时候，草木干枯，游牧民族的生活难以维持，他们就只有铤而走险，向农业民族进犯掠夺，得到他们需要的东西。

定居农业与游牧业之间的区别是出现长城的重要原因之一。历史上众多朝代的统治者热衷于修缮长城，本身也说明它在一定历史时期内和一定程度上满足了统治者的需要，保证了中原农业文化和文明的发展与积累，保证了中原农业经济在整个中国的经济中心地位。长城地带的经济扩散和聚合作用也证明了长城的历史地位。中原经济和文化强烈地影响着北方、西北乃至全国各地后进民族的经济与文化的发展，把长城地带游牧民族地区的经济、文化纳入同中原地区先进的经济、文化日益密切联系的轨道。与此同时华夏族从其他民族那里学到许多东西，各民族经济、文化向中原汇聚，促进了中原社会、经济、文化更快地向前发展。

对于长城地带的研究已成为长城研究者非常关注的问题。1930年，日本考古学家江上波夫与水野清一作为伪满考古机构"东亚考古学会"的留学生,考察了长城地带和锡林郭勒盟各旗。1935年二人合撰了《内蒙古·长城地带》一书,至今仍是有关中国北方考古学文化的重要论著。[1] 该书是目前所见最早具体提出和使用"长城地带"这一称法的论著,主要是用来指称地理范畴上内蒙古地区沿长城地带的区域。另一个对长城地带做深入考察和研究的是美国地理学家欧文·拉铁摩尔,拉氏在1930年代初,对中国整个长城边疆地带进行实地考察。1939年写成《中国的亚洲内陆边疆》一书,以长城及其周边的区域作为对象,从边疆史角度探讨中国历史及其地缘政治问题。提出了"长城边疆地带"的概念,认为长城不是一个绝对的边界的"线",而是一种"被历史的起伏推广而成的一个广阔的边缘地带"。[2] 作者认为长城边疆地带的形成是自然、社会等多种因素综合作用的结果。拉氏还指出"长城一带既是中国辽阔边疆的缩影,也是反映中国历史的视窗"。[3] 拉铁摩尔是第一个明确将长城作为一个"地带"去考察其周边区域的人地关系、社会景观、历史功能等的学者,明确了长城地带不仅是地理上的一个"线"或者"带"的概念,更是沿长城一线而形成的一个具有特定历史、人文、自然等综合内涵的区域地带的概念。这一概念的提出促进了日后"长城地带"概念的形成,并推动了其学术意义和研究内涵的丰富和扩展,不容低估。

20世纪七八十年代中国学者开始关注长城地带。1971年,姚大中在台湾出版了《古代北西中国》,[4]作者从边疆史和民族史的角度考察古代长城,认为长城从初建时的国界线到汉代的攻势长城及其后世的防御长城,在历史的不断发展中其性质不断变化。从中探讨分布在古代长城区域中的游牧民族的历史,进而以此来考察分析古代"中国"的历史。其视角和视野都相当有创建性。

最早、最全面对"长城地带"进行论述的是著名考古学家苏秉琦先生。他将全国划分为六大区系的考古学文化,其中之一即为"以长城地带为中心的北方地区",并对长城地带做了一个比较明确完整的区域划分,即从东向西主要包括以

---

[1] [日]水野清一、江上波夫:《内蒙古·长城地带》,《东方考古学丛刊》乙种第一册,新时代社,1935年。
[2] [美]拉铁摩尔著,唐晓峰译:《中国的亚洲内陆边疆》,第163页。
[3] 章永俊:《欧文·拉铁摩尔的中国边疆史研究》,《史学史研究》2006年第2期。
[4] 姚大中:《古代北西中国》,志成出版社,1981年。

昭盟为中心的地区、河套地区、以陇东为中心的甘青宁地区三个部分。[①] 正式把"长城地带"作为北方地区的文化核心。到了20世纪90年代初,李凤山先生从民族关系的角度提出了"长城带"概念,并指出"作为长城民族融合的纽带,应是以这条长城为中,南北各数百公里乃至上千公里,东西数千公里的广阔地带,它的地域范围大致包括今天国界线以内的辽宁、内蒙古、宁夏、甘肃、陕西、山西、河南、河北、北京、天津、山东以及吉林、青海、新疆的相当一部分地区。另外,居住在今天国界线以外的某些民族的先民,也参与了特定时期的长城带的民族融合"。[②] 由此可见苏秉琦、李凤山提出的长城地带,是指在长城修筑之前、长城所在地理范畴内的农牧交错带,其概念是将长城作为地理坐标意义而言的。林沄先生在《夏至战国中国北方长城地带游牧文化带的形成过程》中认为"中国北方长城地带,并非指历代所筑长城经由的全体地域,而是指古来中原农业居民与北方游牧人互相接触的地带而言。这个地区东起西辽河流域,经燕山、阴山、贺兰山,到达湟水流域和河西走廊。大体上包括了今天的内蒙古东南部、河北北部、山西北部、陕西北部、内蒙古中南部、宁夏、甘肃和青海的东北部"。[③] 冯嘉萍等撰写的《万里长城的地理界限意义》一文,从地理学的角度考察长城地带,全面阐释了长城的"地带"意义,认为"自然地理环境是长城形成的基础,然而'人'——不同时期各种政治力量,对地理环境有很强的选择。长城地带正是历代各政治集团的统治者,为了地域的扩张或防御,选择并逐步形成的'力'的平衡带"。[④] 从自然、政治、文化、经济地理的角度,分析了长城的"地带"性特征,对长城地带的地理特征进行了比较系统的阐释和说明。反映了长城地带这一名称含义的不断深化。

由于长城所在地区处于中国自然环境的生态敏感地带。无论是长城还是自然环境都是目前学术界的热门话题,因而研究成为热点。孔繁德从生态学的角度,考察长城在修筑、使用过程中对区域环境的影响,借此分析现代长城地带生

---

① 苏秉琦、殷玮璋:《关于考古学文化的区系类型问题》,《文物》1981年第5期。
② 李凤山:《长城——中国民族融合的历史纽带》,《山海关首届中国长城学术研讨会论文集》,中国标准出版社,1992年,第44—60页;《长城带民族融合史略》,《中央民族学院学报》1993年第1期。
③ 林沄:《夏至战国中国北方长城地带游牧文化带的形成过程》,《燕京学报》2003年第14期。
④ 冯嘉萍、程连生、徐振甫:《万里长城的地理界限意义》,《人文地理》1995年第1期。

态环境问题和解决对策。① 邓辉、韩昭庆等从历史地理学角度出发,以长城作为标尺,考察长城地带历史时期的环境变迁问题。这些研究拓宽了长城地带研究的领域,多学科、多视角的研究也深化了长城学的研究。②

由于自然环境及经济发展不平衡的影响,长城地带的经济文化具有扩散和聚合的作用。长城以南地区的经济和文化相对先进,强烈地影响着我国北方、西北乃至全国各地后进民族的经济与文化发展,因此长城地带具有将后进民族地区的经济、文化纳入中原地区先进的经济、文化的作用。同时中原地区也从其他民族那里得到需要的东西,从而使各民族经济、文化向中原汇聚,促进了中原社会、经济、文化更快地向前发展。王毓瑚指出,战国至西汉时期,"长城基本上成为塞北游牧区和塞南农耕区的分界线","长城的基本走向,同中国科学院地理研究所所划定的农作物复种区的北界大致是平行的,而稍稍靠北一些。复种区的北界以北,可以理解为种植区发展的自然条件比较差的地带。因此从农业的角度来说,古代修筑长城时,显然也考虑到了发展和巩固耕种业的自然条件。筑起长城,把原来黄河流域的农耕区以及自然条件较差而还比较适于发展种植业的沿边一带圈到里面,靠着长城的保障向北推展耕种区,就会更容易一些。而只有沿着与草原田比邻的地带变成了农耕区,边防才能更有保证"。③ 实质上司马迁早在《史记·货殖列传》中就为我们画出了当时的农牧业分界线,他指出"夫山西饶材、竹、縠、纑、旄、玉石;山东多鱼、盐、漆、丝、声色;江南出楠、梓、姜、桂、金、锡、连、丹沙、犀、瑇瑁、珠玑、齿革;龙门、碣石北多马、牛、羊、旃裘、筋角;铜、铁则千里往往山出棋置:此其大较也。皆中国人民所喜好,谣俗被服饮食奉生送死之具也"。④ 明确指出:"龙门、碣石北多马、牛、羊、旃裘、筋角",显然是以牧业作为主体经济形式的地区。事实上秦汉时期"龙门、碣石"一线与长城地带在相当长的区段是相互重合的。

长城地带主导了中国历史发展的基本格局。长城地带就气候而言是与 400

---

① 孔繁德:《中国长城对生态环境的影响及其历史作用》,《长城国际学术研讨会文集》,吉林人民出版社,1995年。
② 邓辉等:《明代以来毛乌素沙地流沙分布南界的变化》,《科学通报》2007年第21期。
③ 王毓瑚:《我国历史上农耕区的向北扩展》,《中国历史地理论丛》(第1辑),陕西人民出版社,1981年。
④ (汉)司马迁:《史记》卷一二九《货殖列传》,第3253—3254页。

毫米等降水量线相一致的,而且与中国的一系列山脉燕山—阴山—贺兰山—祁连山大致重合,这不是偶然的。东南方向吹来的季风受山脉阻挡,山脉两侧的降水量大有不同,因此形成 400 毫米降水的分野,而降水量的多少又决定了古代最重要的经济部门农业的效益,因此长城一线,也就是 400 毫米等降水量线,也就大致成了农耕区和游牧区的分界线。不过这种划分方式并不是泾渭分明的,受历史气候转变的影响,农耕区和游牧区会有交错,从而形成混合经济,即农牧业交错带。长城地带的自然地理环境既宜牧又可扩耕,是农、牧都可争、都想争的地区。这是长城地带成为半农半牧地带的自然基础。更为直接的原因,是随着民族力量的变化,农牧界线呈相应变化,在你进我退,或我进你退的长期对峙、拉锯过程中,使这里成为汉民族和少数民族杂居的融合带。

两千多年来,我国北方的农牧分界线历经变动,形成一个动荡不定的农牧交错带——农牧过渡区。其形成和过渡性的地理环境及交错分布的民族特点有密切的关系。从自然地理环境来看,正如前面所述,这里属于半湿润向干旱气候过渡的地区,水热条件优于北方草原,但不如南方传统的农耕区。对于游牧业来说,是它扩大优良牧场、壮大游牧经济的好场所;对于农耕业来说,这里又是"雨养农业"和"灌溉农业"的分界线。所谓"雨养农业"即通常年平均降水量在 250—300 毫米之间,还可以发展"靠天吃饭"的农耕业;所谓"灌溉农业",即当年降水量不足以满足农耕业的最低需求,必须依靠灌溉,只有在具备灌溉条件的地区发展农耕业。长城地带,东部年降水量超过 400 毫米,西部也在 200—400 毫米之间,所以大部分地区可发展"雨养农业",是农耕民族扩大耕地的主要目标。[①]

秦始皇万里长城自西向东划出一条分界线,将中国的东部和中部分为两部分。长城以北,属于中温带,长城以南,属于暖温带和亚热带。中温带的蒙古高原地区,全年平均气温仅有零下 1 摄氏度到 10 摄氏度,冬季严寒。无霜期很短,全年只有 60—150 天。年均降水量为 50—450 毫米,且百分之七十集中在夏季。如此恶劣的气候条件,使得长城以北,几乎无法进行农业生产,只能放牧牲畜。因此,生活在这里的民众,必然是马背上的民族。

---

① 冯嘉苹、程连生、徐振甫:《万里长城的地理界线意义》,《人文地理》1995 年第 1 期。

农耕地区的环境和草原地区的环境存在着比较大的差异,并由此导致了不同的生产生活方式,即不同的文明类型。《长春真人西游记》记载:邱处机北渡张家口西第一隘口北野狐岭,明确指出:"登高南望,俯视太行诸山,晴岚可爱。北顾但寒沙衰草,中原之风自此隔绝矣。"《辽史·营卫志》云:"长城以南,多雨多暑,其人耕稼以食,桑麻以衣,宫室以居,城廓以治;大漠之间,多寒多风,畜牧畋渔以食,皮毛以衣,转徙随时,车马为家。此天时地利所以限南北也。"①秦长城的规划和修筑充分考虑到生态环境的因素。人们甚至在长城局部区段的走向上也可以发现有关例证。史念海师在实地考察秦昭襄王所筑长城时曾经注意到:"最能显示当时实际从事施工的劳动人民的才智,莫过于现在固原和环县间的一段。这条长城由岷县始筑,迤逦趋向东北,但在过了固原之后,却斜向东南,绕了一个很不小的弯子。为什么如此?现在这个弯子以北的自然条件就足以作为说明。前数年我到这里考察时,这里正是一片盐碱地带,深沟浅壑往往尽呈白色,水草也相当缺乏。这当然不是近年才有的情形。长城到此绕个弯子,就可把不利的自然条件留给攻城的对手。"②2019年8月笔者一行四人在对玉门市长城第十一墩考察时,也明显地能够看到长城内外在自然环境和植被上的巨大差异,长城以内农业区绿意盎然,而长城以外则沙漠纵横。这种情况在秦长城修建过程中多有出现,秦人在修建长城过程中一定把局部良好的自然环境放在长城以内,而不是放在长城以外。

文明特质的差异必然导致双边的交流,这是因为两者之间有一定的互补关系、相辅相成、互相促进。但在更多的情况下,却表现为单向的传输,即由农业文明向游牧文明播撒先进的物质文明和精神文明。交流的方式在相当多的时期内,表现为游牧民族通过武力对农业民族的侵扰和掠夺。因此这种交流对农业民族而言,不仅是被动的,而且也是流血的、痛苦的。交流的规模与多少,首推两种文明的接触地带,这个地带恰恰就是长城所处的位置。游牧民族过着"逐水草而居"的生活,社会发展和生产力水平落后于中原地区,他们依赖于中原地区的农产品和手工制品,如粮食、铁器、铜器、陶器、木器、黄金、服饰、丝织品等。虽然

---

① (元)脱脱等:《辽史》卷三一《营卫志》,中华书局,1974年,第373页。
② 史念海:《黄河中游战国及秦时诸长城遗迹的探索》,《河山集·二集》,第461页。

通过"关市"可以和平互利地获取,但游牧民族往往更多地选择掠夺。游牧民族强悍尚武,精于骑射,长于野战,时刻觊觎中原的富庶。因为他们不仅需要,同时掠夺还可以得到"关市"所不可能得到的物资。

纵观中国古代历史,在汉族与周边其他民族的交往过程中,只有北方的少数民族最为强悍,长时期成为中原政权的心腹之患。这是因为北方游牧民族所处的自然环境以及善于骑射作战的特性,在相当长的历史时期内,对中原地区保持了巨大的军事压力。在地形图上看,从农耕发达的关中平原、黄土高原,再到大漠南北的草原,事实上是蒙古大高原向周边地区的自然延展,连续开阔,中间无明显的天然障碍,十分有利于骑兵的机动。纵观中原地区,西有崇山峻岭和青藏高原相隔,东南为大海所限。唯有正北方向,在边防上犹如敞开的软腹部,是中原王朝难以消除、且又不得不正视的战略缺陷。历史上,游牧民族南下深入黄土高原、兵临中原者便成为司空见惯的现象。铁骑所至,劫夺财物,踩躏庄稼,不仅造成边关地区人民生命财产的巨大损失,破坏社会经济的发展,甚至直接威胁到中原王朝的统治。如汉高祖平城白登之围、宋靖康二帝被掳、明英宗的被俘等。

针对如上情况,不少的中原王朝疲于应付,制定对策,诸如:其一,将政治中心设置于北方,便于指挥作战,以加强北方的边防战略地位;其二,修筑长城。在辽阔的北方原野上修筑城墙,形成一道人为的屏障,达到有效遏制游牧民族入侵的目的。秦"北筑长城而守藩篱,却匈奴七百余里,胡人不敢南下而牧马"。[①] 汉武帝"出师征伐,斥夺此地,攘之于幕北,建塞徼,起亭隧,筑外城,设屯戍以守之,然后边境得用少安"。[②] 长城的军事效能是显而易见的。长城的修建,对于开发边区,发展农牧业经济,起了积极的作用。[③]

中国历史上通过修筑长城御边的,以汉民族建立的政权为主体,但也有入主中原后的北方游牧民族。因此长城不仅是农业民族抵御游牧民族的军事工程,而且是特定时空上社会的、历史的、地理的必然产物,本质上是农业文明与游牧文明接触和分野的界线。

农业生产方式既是经济的再生产,也是自然的再生产。自然条件的特点影

---

① (汉)司马迁:《史记》卷六《秦始皇本纪》,第280页。
② (汉)班固《汉书》卷九四下《匈奴传》,第3803页。
③ 李孝聪:《秦始皇长城》,《长城百科全书》,第76页。

响和限制农业生产的布局和方式。在中国古代这种影响和限制有时甚至是决定性的。在自然条件的诸多因素中,以气候的影响最大。气候条件为植物的生长和繁殖提供了必要的光热条件和水分条件,因此极大地影响文明化的进程。中国位于亚欧大陆的东部,国土的大部分处在温带,属于典型的季风气候。造成夏秋季普遍高温多雨,冬春季则寒冷干燥,水热的配合有利于农业生产。其中,降水来自太平洋上暖湿的夏季风。因而,降水的分布,也以东南沿海地区居多,向西北内陆逐渐递减。在降水中,年降雨量400毫米是个重要的指标。在我国的农业区划中,400毫米等雨量线是确定农区和牧区的界线。长城线虽然在历史上有变更,但大致上和这条线是吻合的。尽管历史上强盛时期往往越过长城占领以北地区,但占领后还是以发展畜牧业为主要产业。

经济文化的交流融合使民族分布的界线逐渐淡漠,长城早已成为各民族普遍接受的中华文化的象征。万里长城首先是一道军事防线,它的墙体、关隘、烽燧、墩台,见证了刀光剑影与炮火连天的岁月。由于长城地处农耕文明与游牧文明交错地带,因此又成为一条自然、经济、民族、文明的分界线。历经战争与和平的风云变幻,沿线以长城为地理依托和文化载体,积淀为一条绵亘万里的"长城文化带"。

如果从政治地理的角度来考察长城地带,可以认为长城是中国历史上各民族政治力量相互对峙、较量形成的平衡地带。尽管长城内外都是中华民族的一部分,但是历史上各民族的统治者,为了夺取空间领域,相互争战是经常发生的,在双方领土的边缘地带,往往是直接摩擦、碰撞、战事最频繁的地带。长城所在地带就处在这样一个政治区位。秦始皇统一中国后,则集中表现在中原农业文化区与北方草原游牧文化区之间的矛盾与对抗。长城的修建首先是承认长城内外相对独立存在,承认不同族群之间有矛盾和冲突,目的是通过长城缓解和减少这种冲突性。

长城是一条实际存在的重要地理界线。历代长城的布设都是以自然地理环境为基础,其走向与我国半湿润与干旱气候分界线基本一致。因此,长城也就成为我国农业经济区和游牧经济区分界线的标志。长城的延伸或回退,基本上反映了农区与牧区的扩张或收缩。从政治地理的角度来考察长城。可以认为,它是我国历史上各民族政治力量相互对峙、较量形成的"角力"的平衡带,长城一方面发挥了分隔两个政治单元的功能,其延伸或收缩在一定程度上反映了两种力量对比的变化;另一方面在先进与落后两种势力的对撞中,客观上促进了相互间经济和文化的交流,促进了不同民族文化的融合。

秦始皇长城分布在半干旱地区向半湿润地区的过渡地带,长城以北其自然景观是草原和森林草原及其过渡地带,长城以南是半湿润地区,是中国典型的农耕区。而半干旱的草原如果有水源也可以发展灌溉农业,草原地区是中国典型的牧业区,草原地区更可以发展成为优质的牧场。因此这一过渡地带从自然资源的利用来讲应该是一片可农耕也可游牧的区域,这就为农耕和游牧两种文化在这一区域的角逐和进退奠定了自然基础。秦长城主要是为保护农耕区而建,它的位置随着代表两种文化的军事集团的实力消长而南北移动。

长城也是中国著名的自然与人文相结合的景观,长城在中国古代不是政权的边界,而是因地理而设置的军事防御工事。由于设防者与被防者之间文化的差异性,使其成为文化地理界线,即中国农耕文化与游牧文化的分界线。从理论上讲,文化的差异性产生于自然环境的差异所造成的对经济生产方式的不同选择。中国古代北方草原地区的各个游牧民族,在历史中创造了与草原自然环境相适应的游牧文化,而游牧文化的特点之一就是具有扩张性。中原政权针对这种扩张性修筑了长城来遏制游牧民族对中原地区的掠夺。这是两种文化冲突的结果。但是,当游牧政权突破长城后,中原政权又向更南的地区修筑新的防御工事,即新的长城来设防。当然,从另一个角度还应看到,游牧文化又具有兼容性。当游牧政权据有中原地区后,又修筑更加向北的长城防御来自活动在更为北方的游牧民族的威胁。所以,历史上的长城随着南北政权势力的伸缩而伸缩,长城也相应地南移和北移,而且这种长城的移动,也并不是传统长城的简单复制,而是根据新的地理环境修筑新的长城。

长城地带的各民族政权,不论和平时期还是战争时期,都处于地区性多元调整状态。通过各民族在长城地带的碰撞与融合,促进了中华民族实体的形成和进一步发展。从这个意义上说,长城是中华民族形成的重要基础。自公元前51年南匈奴归附汉王朝后,中原农业地区的华夏汉族与北方畜牧业地区的匈奴族的汇合,便是中华民族形成之始。

现在的长城作为领土扩张和防御的军事设施作用已不复存在。但是长城在地理上的许多界限指标意义仍然存在,它依然是许多自然环境的敏感地区。

第七章　秦长城修建的作用与意义

公元前221年,秦王政平灭了六国,实现了华夏一统,结束了春秋战国时期数百年诸侯割据称雄的纷争局面。为了适应统一国家的需要,与此同时,秦始皇采取了一系列巩固统一措施,诸如设郡县,实行"书同文""行同伦"以及统一度量衡等,以促进政治、经济、军事、文化的发展。万里长城的修筑就是根据巩固中央集权统一国家的需要所采取的一种军事措施。

秦始皇万里长城是秦文化中最重要的文化符号,是当时最大的人工建筑工程,是中华民族勤劳智慧的结晶,成为中华民族伟大精神的象征。如今虽然经过两千余年的风雨剥蚀使她成了断垣残基,但仍以苍苍莽莽、威武雄浑的气势,浓缩成一种厚实的文化积淀,留在华夏文明的史册中。

对于秦始皇修筑万里长城的评论,两千多年来众说纷纭,有褒有贬。褒扬的主要有汉文帝、司马迁、桑弘羊、唐太宗、杜甫等等。对于这条万里长城,司马迁在《史记》中记载:"乃使蒙恬北筑长城而守藩篱,却匈奴七百余里,胡人不敢南下而牧马,士不敢弯弓而报怨。""秦王之心,自以为关中之固,金城千里,子孙帝王万世之业也。"①汉王朝当时对于修建长城形成了针锋相对的两派意见。桑弘羊指出:"故有备则制人,无备则制于人。故仲山甫补衮职之阙,蒙公筑长城之固,所以备寇难而折冲万里之外也。今不固其外,欲安其内,犹家人不坚垣墙,狗吠夜惊而暗昧妄行也。"②这一派的主张就是要备战设防,否则就不能保卫国家的安全、人民的安定。但另一方面对秦始皇修筑万里长城进行批判,认为秦虽然金城千里,但很快也灭亡了。特别是汉朝的贾谊、唐朝的贯休、宋朝的郑震等人。

---

① (汉)司马迁:《史记》卷六《秦始皇本纪》,第280—281页。
② 马非百:《盐铁论简注》,中华书局,1984年,第356页。

他们斥责秦始皇暴虐,筑长城劳民伤财,导致了秦王朝的速亡。而孙中山先生对秦始皇所建筑的万里长城评价很高,认为功劳可与大禹治水相提并论。他在《建国方略》中指出:"中国最有名之陆地工程者,万里长城也。秦始皇令蒙恬北筑长城,以御匈奴。东起辽沈,西迄临洮,陵山越谷五千余里,为世界建筑史上之奇观。秦始皇虽以一世之雄,并吞六国,统一中国;然彼自度扫大漠而灭匈奴,有所未能也,而设边戍以防飘忽无定之游骑,又有不胜其烦也,为一劳永逸之计,莫善于设长城以御之。始皇虽无道,而长城之有功于后世,实与大禹之治水等。由今观之,倘无长城之捍卫,则中国之亡于北狄,不待宋明而在楚汉之时代矣。如是则中国民族必无汉唐之发展昌大而同化南方之种族也。及我民族同化力强固之后,虽一亡于蒙古,而蒙古为我所同化;再亡于满洲,而满洲亦为我所同化。其初能保存孳大此同化之力,不为北狄之侵凌夭折者,长城之功为不少也。"①

古代中国无论是分裂还是统一,无论是汉族政权统治,还是其他民族统治,生活在长城内外的民族在保持独立性的情况下,都重视和中原地区的一体性。历史上入主农耕地区的其他民族不同程度地接受中原文明的过程,既是中原文明不断发展的过程,也是中华民族的融合过程。长城的修筑保障了长城内社会经济的发展。长城的存在保障了农耕地区大部分时间的安宁,保障了农耕文明的发展。在长城这个平台基础上,长城内外的农耕和游牧民族及其政权才能实现有序的互市贸易和长期的和平共处。长城在农耕文明和游牧文明的结合部构建起维护正常交往的秩序。不同民族间的交流与融合,共同传承发展了中华文明。长城是中华民族融合的纽带,为中国社会形成多元一体的统一多民族国家奠定了良好的基础。

秦始皇长城是特定历史时期的产物,曾起到强大的军事防御作用。由于它在军事上的保障作用,使南北各民族、胡汉之间能够在长城沿线和平相处,进行经济贸易活动,可以说它又是一条民族相互交往、共同发展的纽带。

在冷兵器时代,作为防御体系的长城的军事效应应该说是卓有成效的。罗哲文先生指出:"长城这一防御工程,为什么几十个诸侯和王朝两千多年来费了极大的人力、物力、财力都要修建它,其主要的原因就是它有用。褒之也好、贬之

---

① 孙中山:《建国方略》,中国长安出版社,2011年。

也好,都未曾影响过统治者为保卫自己国家安定和平的需要而修筑这久经考验的最好的防御工事。"①

秦之所以大修万里长城,并不是因为国力虚弱、秦军怯战、敌不过匈奴的强大,而是由于古代中原农业经济民族同北方游牧经济民族的矛盾特殊性所致。游牧民族长于骑射,马上作战聚散自如、机动灵活,尤其在开阔地带冲锋陷阵、纵横驰骋,犹如草原旋风、势不可挡,但攻坚步战则非所长。横亘在骑兵面前突兀而起的城墙迫使敌方的优势顿时化解。作为遏止游牧民族进攻的有效手段,长城的军事效应显而易见,而且从战略布局上看,长城亦非一线排开简单孤立的城墙组合,而是由点到线、由线到面把军事重镇、关城、烽燧、隘口等防御措施有机地联结起来,并于沿线设立障城、墩台、烽燧等,构成了一套完整有效的防御体系。

中原的农业生产需要一个统一、和平、安定的社会环境,以利于耕耘收获,发展经济和文化。而北方的游牧民族则逐水草而居、飘忽无定,由于自然环境特别是干旱气候的影响,草原上草木不茂盛,牛羊无法生存,因而他们会不时地造成对中原民族的进犯。因为游牧民族的生业方式是放牧马牛羊,需要良好的水草,如果出现连年干旱、草不茂盛,马牛羊无吃的,牧民的生活就得不到保障。在这样的背景下,他们就只有铤而走险,骚扰中原。中原政权以大军迎击,匈奴则远走他遁。然而大军一撤,扰掠如故。正如汉代晁错所云:"胡人食肉饮酪,衣皮毛,非有城郭田宅之归居,如飞鸟走兽于广野,美草甘水则止,草尽水竭则移。以是观之,往来转徙,时至时去,此胡人之生业,而中国之所以离南亩也。今使胡人数处转牧行猎于塞下,或当燕代,或当上郡、北地、陇西,以候备塞之卒,卒少则入。陛下不救则边民绝望而有降敌之心。救之,少发则不足,多发远县才至,则胡又已去。聚而不罢,为费甚大;罢之,则胡复入。如此连年,则中国贫苦而民不安矣。"②这就是自战国中期以来秦、赵、燕大修边地长城的根本原因。

秦始皇深知秦国军事力量强大,能够东平六国,南灭百越,也可以一举击败匈奴,"鞭笞天下,威振四海"。然而,由于生活方式的不同,击败匈奴却不能征服

---

① 罗哲文:《长城》,第5页。
② (汉)班固:《汉书》卷四九《袁盎晁错传》,第2285页。

匈奴和占有匈奴，无法改变其生活方式、环境和习性，也无法根除其飘忽无定、出没无常的侵扰之患。正是从一劳永逸的百年大计出发，才决定对匈奴采取积极防御的战略方针，一方面从军事上给匈奴以严厉的打击，另一方面大修万里长城，确保边防的巩固和国家的安全。

秦长城作为当时军事斗争的产物，其主要作用是防范北方少数民族的入侵，其出发点并非为了打仗，历史也证明秦长城的作用不是为了打仗。现在人们一提到长城，脑海首先想到的是你攻我守、拼死争夺的战争场面。但实质上真正在长城上打仗的时间很少，打过仗的长城就更少。长城只是预防战争的手段，是筑在敌对者眼前和心理的一个有形无形的险阻屏障，反而起到的是促进和平的作用。长城已经成为中华民族坚强意志的象征，长城是中国文化与民族精神的重要载体，是中华民族抵御外侮、不屈不挠的象征。近代以来，中国人更是被长城的壮美所折服，以长城作为中国的象征，就像国歌里唱的："不愿做奴隶的人们，把我们的血肉筑成我们新的长城。"号召人们在国家危亡的时候，团结一致，誓死捍卫。从这个意义上讲，其深远的历史价值和意义早已超越了当初建设者的初衷。

对秦长城的评价，要站在当时历史的角度，实事求是，才会得出合理的结论。其作用和意义表现在历史意义和现实意义两个方面。既要看到它的积极的一面，也要看到其负面影响，进行公正的评价。

一、正 面 意 义

秦始皇万里长城绵延曲折，其分布地域之广阔、建筑规模之宏大、防御体系之复杂、文化内涵之丰富都是空前的，是世界建筑史的杰作，因此于1987年成为中国加入联合国教科文组织后的第一批"世界文化遗产"，是中华民族在漫长发展历史中的杰出创造，在全世界范围内都具有突出和普遍的价值。联合国教科文组织世界遗产委员会评价长城的内容为：约公元前220年，一统天下的秦始皇，将修建于早些时候的一些断续的防御工事连接成一个完整的防御系统，用以抵抗来自北方的侵略。具有历史价值、艺术价值和科学价值。长城的修建几乎历经整个古代社会，绵延持续了两千多年的时间，见证了整个中国古代历史。具有各时代各自不同的特点,反映了一定历史时期的人类社会活动、社会关系、上层建筑和经济基础以及利用自然、改造自然和当时的生态环境的状况、当时的社会安定状况和军事防御能力;

艺术价值:长城体现出高度的建筑艺术,墩台、烽燧高大雄伟,城墙沿山脊修筑,起伏曲折,气势磅礴;长城体现出高度的景观艺术,是融入风景名胜中的人文景观;

科学价值:长城的规划设计体现出科学价值。其选址布局在重要道口、山口、山海交界处,设立关城,既便于交通,又利于防守,由城墙、敌楼、关城、墩堡、营城、卫所、镇城烽燧等构成完整的军事防御体系;长城的结构、材料和工艺体现出当时的科技水平。它所经地形极为复杂,又就地取材、因地制宜采用夯土、块石片石、砖石混合等结构,坚固实用;长城本身是战时运送士兵的交通要道,平时又供信使及商旅往来;长城记录着2 000多年来建筑技术、防御技术不断进步的过程。

秦长城的正面意义表现在:

(一) 保障了边防安全

长城是一种"有备则制人,无备则制于人"[①]的军事防御设施,保障了边疆地区的社会安全和人民生命财产的安全。长城的外在形态是军事对峙下的产物,其本质却是对国家利益和人民生命财产的守护。游牧民族的掳掠骚扰,给中原农耕地区的人民造成许多灾难和痛苦,自然也影响到一个国家的安全与稳定。《诗经》中所谓"靡室靡家,猃狁之故""天子命我,城彼朔方"。[②] 猃狁是当时北方的游牧民族,给当时经营农业的周人带来极大的困扰,周人不得不筑城自守。这应该是农耕民族对待少数民族骚扰采取筑城以自卫的源头。中国北方的古代民族由于自然环境的限制以游牧生业方式为主,是马背上的民族,来去飘忽不定。秦时北方的游牧民族主要是匈奴族。秦军同匈奴军相比,组织严密,装备精良,训练有素,车、步、骑配合协同,但当时骑兵很少,从秦始皇兵马俑考古现场就可

---

① 马非百:《盐铁论简注》,第356页。
② 十三经注疏编委会:《毛诗正义》,第697页。

以看出,长于大规模集团作战,但灵活性和机动性差,受地形条件的限制较多,短于翻山越岭、长途奔袭、分散作战,后勤保障亦十分困难。匈奴军同秦军相比则恰恰相反,没有严格的组织、训练,武器装备比较简单而落后,也没有多兵种的配合,但人人习于骑射,勇于战斗,长于奔驰突袭,"利则进,不利则退,不羞遁走"。[1] 因而能灵活机动,出没无常,分散作战,无须后勤保障。而短于攻城克坚,则是其一大弱点。正因为秦代边防有万里长城作屏障,使匈奴骑兵的活动受到限制,化长为短,匈奴难以轻易地出入边塞;而秦军则化短为长,守御有余。因此秦代,未闻记载当时匈奴人入侵内地之事件,这和万里长城的作用是分不开的。

蒙恬之所以能够顺利地击败匈奴,这固然要归因于秦军的强大和作战策略的正确,但和他第一阶段认真维修利用秦昭襄王长城是密切相关的。秦与匈奴边界长达数千里,倘无长城屏蔽,秦军处处分兵守卫,就难以集中优势兵力发动战略进攻。即使能发动进攻,匈奴也可以退此进彼,到处周旋和扰乱,因为这对于马背上的民族来说太容易了。正因为长城有效地巩固了边防,保障了秦军侧翼的安全,蒙恬才得以集中数十万大军,在主要战略方向上发动猛烈进攻,迅速取得胜利,一举收复河南地,夺得阴山,给予匈奴以很大的打击。匈奴一则由于军事上吃了败仗,二则由于秦边疆处处有长城掩护,无隙可乘,遂被迫退往阴山以北。蒙恬取得军事上的胜利,进而开始第二阶段的修建长城,来巩固已经取得的胜利。

不少人以为修建长城是为了打仗,实际上是因为不想打仗、避免打仗才会下这么大的力量去修长城。秦军同匈奴军相比,具有组织严密、装备精良、训练有素的特征。从秦始皇陵兵马俑二号坑中军阵的排列就可以看出,秦兵马俑二号坑是由步兵、车兵、骑兵联合组建的多兵种的曲尺形军阵,阵形整齐,兵器先进。秦军大多为步兵和车兵,因此长于大规模集团作战,但灵活性和机动性差,受地形条件的限制较多。匈奴人人习于骑射,长于骑马奔驰突袭,因而能灵活机动,出没无常。正因为秦代边防有万里长城作屏障,使匈奴骑兵的活动受到极大的限制,骑兵难以轻易地出入边塞。

---

[1] (汉)司马迁:《史记》卷一一〇《匈奴列传》,第 2879 页。

当自然屏障难以阻挡游牧民族对农耕地区的冲击时,修筑长城,建起一座人工屏障,则成为农耕民族隔离游牧民族的重要手段。正如《后汉书》所言:"天设山河,秦筑长城,汉起塞垣,所以别内外,异殊俗也。"①"于是出现了这么一种内部循环的动力机制,即长城的阻断强化了农耕经济与游牧经济的地理分异,加深了长城内外的文化差异,而这又必然导致更激烈的军事冲突,长城的重要性进一步加强,于是又要求加强长城的隔离作用,如此循环下去,直到双方之一彻底赢得边界的胜利,即或者游牧民族入主中原,或者汉族统治范围大大越过长城。"②由此可见,万里长城不只是用来防御的重要手段,也是保障进攻、巩固胜利成果的重要手段。

(二) 保障了边疆地区的开发和建设

历史上修筑长城和使用长城带动了长城沿线的经济开发。长城所经之处,为了构筑和护卫长城所采取的一系列措施,极大地刺激了长城地带经济的发展。数以百万的屯垦军民带着中原的先进生产工具、技术和经营方式,在边疆建立起新的农业经济区。秦汉是经营北部长城地区最好的时期,移民规模很大,有时一次就达十多万人。经济发展好的时候,饱经战乱之苦的长城地区,也曾多次出现牛马布野的繁荣景象。

农业生产需要安定的自然环境,才能有好的收获,而游牧民族统治者则逐水草而居,游移无定。游牧民族统治者经常来中原掳掠,而中原人想击败他们,又不那么容易,你追他跑,你退他来。只有通过修长城加以防范,才是最佳办法。

北方的匈奴人会不时地造成对中原民族的骚扰和掠夺。中原以大军出击,匈奴则远走他遁;而大军一撤,扰掠如故。拉铁摩尔在《中国的边疆》(也被译为《中国的亚洲内陆边疆》)一书中从自然因素和社会环境的影响分析了长城边疆(边界)的形成。他认为:"在外表上,中国的长城线是世界绝对边界之一。""在长城以内的农业很盛,人口繁殖。长城以外则人口较少,散居亦稀。"长城内外除了自然因素的差别外,"还有其他的差别——包括种族、语言、宗教和政治组织——

---

① (南朝宋) 范晔:《后汉书》卷九〇《乌桓鲜卑列传》,第 2992 页。
② 邓锋:《长城:文化的界线——兼与英国哈得里安城墙比较研究》,《渝州大学学报》1996 年第 3 期。

也可以依长城线来划分"。拉铁摩尔指出:"长城也只是近于一个绝对边界,它是环境分界线上社会势力的产物。……对中国长城地理的历史研究需要确切了解环境对社会的影响,社会对环境的适应,和各种不同社会在它们的环境范围中成熟、活动并发展,而且企图控制它的方式。"① 在拉铁摩尔看来,长城线也只是一个大致的边界,长城边疆地区的形成是自然、社会等多种因素综合作用的结果。长城地带既是中国辽阔边疆的缩影,也是反映中国历史的视窗。这个观点是值得商榷的,将长城作为边界线既缺乏充分的历史依据,也不完全符合中国的历史实际。在中国历史上,"长城乃是宏观上巩固边防,抵御北方游牧民族劫掠,拱卫中原的战略防线,并非就是位列最前沿的边境线,更非国界线"。但是,拉铁摩尔认为长城是人类最伟大的标志,代表着中国历史的象征等有关长城历史地位的论述,基本上还是值得肯定的。有学者认为:长城防线"不但保护了中原社会经济、文化的发展,保证了中原地区的强大和统一,而且促进了边疆的繁荣,促进了北方游牧民族与中原农业定居民族在封建文明高层次上融合发展。""两千多年来长城在中国政治、经济、军事、文化等方面产生的积极效应构成中华民族心理认同的客观依据。"②"长城的修筑能在剧烈的军事冲突中形成一种暂时的均势和缓冲,使得双方在矛盾冲突的过程中,得以冷静地看待、学习和借鉴对方的文化,反思各自的民族政策和文化交流的对策,从而实现文化的高端融合,并促进文化的发展。这是长城的双边文化融合功能。从某种意义上来讲,异质文化之间的双边融合要比单边融合更能推动文化的发展。因为它能让人们去思考在不同的环境下人类适应环境和利用环境的方式,从而更能开阔人们的视野,启迪人们的思维。"③

长城不仅保护了中原地区的经济文化免遭匈奴之破坏,而且对边疆地区的开发建设作出了积极的贡献。在长城沿线设立郡县,促进这边疆地区的开发,郡县制的政治区划,将秦帝国的中央集权有效地贯彻到北部边地上,避免了边地的混乱,强化了地方管理机制,实现了对边疆地区的整合。秦王朝建立之初,为避免继续出现"诸侯并争""天下散乱"的政治局面,李斯谏言:"今海内赖陛下神灵

---

① [美]拉铁摩尔著,赵敏求译:《中国的边疆》,正中书局,1941年,第13、15、16页。
② 曹大为:《长城:碰撞与融合的界碑》,《中州学刊》1993年第6期。
③ 王亚力、吴云超:《民族文化地理视角下的长城文化研究》,《西南民族大学学报》2012年第10期。

一统,皆为郡县,诸子功臣以公赋税重赏赐之,甚足易制。天下无异意,则安宁之术也",主张在全国推行郡县制,以实现皇权高度集中、海内一统的安定局面,消除"天下共苦战斗不休,以有侯王。赖宗庙,天下初定,又复立国,是树兵也,而求其宁息,岂不难哉"的隐患。① 郡县制在全国的推行,是当时稳定国家政局的一项极其重要的政策,此项政策的执行同样有益于边疆的统治。

秦始皇时期在修筑长城的同时,对边疆进行实质性开发,发展农牧业生产。秦代在长城北边沿线设置陇西、北地、上郡、九原、云中、雁门、代郡、上谷、渔阳、右北平、辽西、辽东等十二个郡,有些郡的辖境远出长城之外,在西边设置了四十四个县。并且"徙民实边",充实边郡的人口,为边郡开发增加了劳动力。长城地带是农、牧两大生业系统都十分关注的地方。秦在修筑长城的同时,大规模向长城沿线移民居住、屯戍,加强对长城沿线的开发,作为增强长城城防的基础。如秦初在派蒙恬率 30 万大军北击匈奴与修筑长城的同时,秦始皇三十三年"筑亭障以逐戎人,徙谪,实之初县"。② 秦始皇三十六年,"迁北河、榆中三万家",③估计有 15 万人左右。秦始皇三十三年(前 214 年)在打退匈奴之后,"自榆中并河以东,属之阴山,以为三(四)十四县,城河上为塞"。④ 这些郡和县都是专门设置在长城地带以开发经济并保证长城沿线的物资供应的。

匈奴为秦时最强大敌人,对秦政权稳定及北部、西部边疆的安定影响甚大,而要实现长期防御和有效打击匈奴势力,就必须采取十分有效的地方管理体制。既有利于中央集权,又有利于地方安定的郡县制便成为治集团的首选。长城地带的这些郡县多与军事有关,上郡的设立就是如此,"魏筑长城,自郑滨洛以北,有上郡"。⑤ 秦昭襄王所设的陇西、北地、上郡三郡,带有强烈的军事色彩,以军领政以后才逐渐转有行政职能。⑥ 这些地区在长城的保护之下,人民得以安居乐业,土地得到开发,农业生产得到长足发展。特别是河南地区和黄河沿岸,经

---

① (汉)司马迁:《史记》卷六《秦始皇本纪》,第 239 页。
② (汉)司马迁:《史记》卷六《秦始皇本纪》,第 253 页。
③ (汉)司马迁:《史记》卷六《秦始皇本纪》,第 259 页。
④ (汉)司马迁:《史记》卷六《秦始皇本纪》,第 253 页
⑤ (汉)司马迁:《史记》卷五《秦本纪》,第 202 页。
⑥ 游逸飞:《从军区到地方政府——简牍及金文所见战国秦之郡制的演变》,《台湾大学历史学报》2015 年第 56 期。

秦始皇"徙民实边"和新设置44县之后,很快成为新的经济繁荣地区。[①]

"徙民实边"的思想源于秦朝,秦朝曾用"谪戍"和"拜爵"等办法把中原人迁到新设立的边疆郡县来充实户籍和开垦新的土地。从而让驻防兵卒能就地获取一部分粮草,以减轻民间差徭和社会负担,当时的"河南地"不仅气候温润,富于水草,利于游牧和农耕,而且北据黄河,是屏蔽关中的要地,具有重大的战略意义。秦始皇决心把这片土地开发起来,以增强北部边防的实力基础。公元前211年,秦始皇以"拜爵一级"的办法,一次迁"北河榆中三万家"到内蒙古河套地区的北河(乌加河)、榆中(今兰州以东榆中区)等地进行垦戍,鼓励从事农业生产和土地开发。按照秦的制度,拜爵一级,即可"益田一顷(百亩)、益宅九亩",从而很快就把"河南地"开发成富庶之地,成为抵御匈奴的战略基地。通过鼓励人们去边疆拓荒,逐步将长城脚下变为一条经济地带。今河套以北阴山以南夹山带河之地被称为"北假"。何谓"北假"?"北假,北方田官,……故云北假。"[②]也就是说秦朝占领这里后,为开发该地,将大量人口迁入并将此地贷给贫民耕种。这一地带大多是未开发的游牧区,尤其河套地区有丰富的水源,灌源条件便利,土壤肥沃。秦人认为该地和关中地区一样富饶,并设置了九原郡。使得该地区经济得到迅速发展。

迁移人口的到来,带来了各地的生产和生活方式,这些生产生活方式在长城地带的交汇、碰撞、融合必然促进该地区经济文化的融合与发展。这一方面表明了长城的单边文化融合功能;另一方面,则表现为异质文化之间的差异和互补,差异导致矛盾和冲突,互补则为交流和融合预留了空间、奠定了基础。随着长城沿线农业经济的兴盛,以农业经济为主导,畜牧业在原来的基础之上也获得了发展。《史记·货殖列传》说"天水、陇西、北地、上郡与关中同俗,然西有羌中之利,北有戎翟之畜,畜牧为天下饶"。[③]《汉书·张良传》也云关中地区"北有胡苑之利"。这里讲的"戎翟"或"胡苑之利",主要就是秦朝北边的少数民族,包括林胡、楼烦、匈奴等族的牲畜。塞外出现牛马成群的富有之家桥姚"致马千匹,牛倍之,

---

[①] 中国军事科学院:《秦代的长城与国防》,《中国军事通史》第四卷《秦代军事史》,军事科学出版社,1998年。

[②] (汉)司马迁:《史记》卷一一〇《匈奴列传》,第2887页。

[③] (汉)司马迁:《史记》卷一二九《货殖列传》,第3262页。

羊万头,粟以万锺计"。①

　　这种"徙民实边"形式对于长城防御体系的形成可谓一举多得,当时交通条件相对落后,运输粮草异常艰难,因此缩短给养供应线是继续戍防的首要战略手段,而给养供应线的缩短,只有通过移民实边、合理调整农业劳动力分布状况来实现。两次移民的结果,至少有近30万人迁入河套地区,从事开垦和农耕。这是中原农业人口第一次推进到如此远的北方,阴山南麓成为中国农业区新的北界,这是一次成功的农耕文明的北上。农业人口的北徙和不断增加,促进了秦代长城地带农业经济的发展。

　　"新秦中"名字的出现就是因为长城的修建而伴随出现的。秦长城推进至河套,河套平原及整个鄂尔多斯地区,皆属垦区之列。最大限度地逼近了400毫米降水量线。以农立国的古代中原王朝,屯垦是长城边防的物质基础。大量的戍边将士,以及屯垦实边之民,使得长城一线的常住人口,呈现超常规的增加。解决长城沿线戍边将士的军资给养,就成为一个大问题。司马迁指出:"百里不贩樵,千里不贩籴。"②因为当时的交通环境转运粮食的成本太大了。因此,倘使完全依仗于内地供给,对于自给自足的经济来说,不仅是无法承受的,也是不可能的,由此而引发的长城边防的可靠性就是一个大问题,因此长城修筑之时,必然有大规模的移民徙民实边。只有这样,才可以立足于边关,使"常居者家室田作",形成"兵可不费中国而粮食自足"③的边疆治理效果。公元前215年,秦始皇派蒙恬率众30万北击匈奴,收复了河套南北的广大地区后,便着手边防建设,因为长城还是需要大量人力资源去戍守的,这些人既要守边,又要维持自己的生活,屯田成为重要的生产生活方式。

　　随着西北边郡移民屯垦事业的发展,农业经济曾经大幅度向西北推进,农耕区域一直扩展到了阴山脚下,秦长城以南处处阡陌相连、村落相望,其中"河南地"的新兴农业尤为繁荣,堪与关中地区相媲美,在当时被称为"新秦中"。徙民实边的结果,使陕北、宁夏平原和内蒙古鄂尔多斯高原一带农业经济得到空前发

---

① (汉)司马迁:《史记》卷一二九《货殖列传》,第3280页。
② (汉)司马迁:《史记》卷一二九《货殖列传》,第3271页。
③ (南朝宋)范晔:《后汉书》卷四七《班梁列传》,第1576页。

展,这里的富庶程度不亚于关中平原。"秦中"指关中,而新秦中也就是说可以与关中相媲美。秦始皇修建长城后不久秦就灭亡了,对边疆地区起到的开发作用并不十分明显,而汉代对长城沿线的开发作用可以从侧面证明长城对边疆经济发展的促进作用。西汉晁错也曾两度向文帝献徙民实边政策,提出"然今远方之卒守塞,一岁而更,不知胡人之能。不如选常居者家室田作,且以备之"。① 只有徙民实边,做到"营邑立城,制里割宅,通田作之道,正阡陌之界",使民乐其处而有长居之心,方可收"邑里相救,赴胡不避死"之效,使"塞下之民父子相保,无系虏之患"。② 晁错募民实边的对策是针对文帝修城治塞配套措施提出的,其结果不但"使屯戍之事益省,输将之费益寡",而且兼收"营邑立城"、开发建设边疆的功效。长城地带陆续出土的大量秦汉文物表明甘肃河西走廊、内蒙古鄂尔多斯以及辽阳等地已使用铁犁、牛耕,使用的货币、衡器、量器与内地并无差异。

为了实施防御的需要,在长城地带也修建了道路系统,两者相辅相成。北疆交通网络最初也是直接由于构筑长城防务的军事需要开辟建立起来的。畅达无阻的交通网道是运输粮草装备、调集兵马,使长城防线贯通一气的动脉。作为长城防御体系的有机组成部分。北边道是沿长城线横贯东西的,西起九原郡东到右北平郡。王子今认为"出于战争的需要,北边交通系统具有更完备的结构,不仅有与长城并行横亘万里的主要干线,也包括出塞道路和与内地联系的许多条大道,以及保证北边新经济区正常生产与流通的疏密相间的道路网。秦汉北边交通道路是随着长城防御系统的建立和健全而发展起来的,因而其通行状况又与长城的作用有直接联系。东汉以来,出现北方游牧族以入侵和内附等形式南下的趋势。中央政府也曾组织北边居民向东向南迁徙"。③ 文物工作者发现,从甘肃北峡口进入宁夏后,长城墙基沿袭形成的公路路基,至今仍是重要便捷的交通线路。同时坚固宽大的长城墙体,也极大方便了长城沿线守军间的联络应援,对于加强秦人在这一线统治发挥了重要作用。在长城沿线建设交通网络,也是长城防御体系的有机组成部分。

---

① (宋) 司马光:《资治通鉴》,第 488 页。
② (汉) 班固:《汉书》卷四九《袁盎晁错传》,第 2286 页。
③ 王子今:《秦汉长城与北边交通》,《历史研究》1988 年第 6 期。

(三) 巩固了军事征服取得的成果

秦始皇在修筑长城的同时,在长城内外均修建有宽大的直道和驰道道路系统,与首都咸阳相通,沿着长城的十二个郡也有大道相通,无论传递文书还是商旅往来都比较方便,这对发展中原与边远地区的社会经济有着重要的作用。

在整个长城防御体系当中,军用道路可能是最先完成的部分。这是因为,数十万修筑长城的施工人员分布在连绵数千里的广阔地带,他们的给养运输不可或缺,这就首先要求道路必须畅通。当长城防御体系初步完成之后,为满足皇帝巡边、大军出塞以及传递情报等方面的需要,也势必要对道路的平整和畅通提出较高的要求。秦始皇时期,为了保证对蒙恬所筑长城地区人马的快速调集和军用物资的运输,修筑了从云阳到九原的秦直道。出于战争的需要,北边交通系统具有更完备的结构,不仅有与长城并行横亘万里的主要干线,也包括出塞道路和与内地联系的许多条大道,以及保证北边新经济区正常生产与流通的疏密相间的道路网。在这条交通线上,郡县与秦封泥中出现的名称对应的有平城2、延陵2、宁城1、夷舆1、无终1、徐无1、夕阳1、上谷府丞1。郡县共8目10品。[1] 王子今认为,长城工程又导致了新的交通条件的完备,长城本身形成了特殊的交通带,同时亦促进了"北边"地方空间幅度十分宽广的交通体系。"关市"交通、"当路塞"的作用以及长城防线与内地的交通联系也值得重视。[2]

秦始皇修建的直道与长城号称是秦的两大军事工程,于是秦长城和秦直道构成了秦帝国的"丁"字形防御北方匈奴的军事体系。对于秦长城和秦直道的关系,既可以比喻为盾和矛的关系,也可以比喻为弓和箭的关系。也就是说北部的秦长城是一面盾,起到的是防御匈奴入侵的作用,那么直道无疑就是一把锋利无比的矛或者剑,直接插入匈奴王朝的心脏。两者共同的作用就是防御北方强大起来的匈奴对秦王朝的威胁和挑衅,以保证长城以南社会的正常生活和经济发展。秦直道是世界古代道路交通史上筑路历史最长、路线最直、路面最宽、工期最短和修建最早的一条军事专用道路,也是世界高速公路的鼻祖。它南起陕西淳化,北至内蒙古自治区的包头,全长七百公里。其先进的勘探、选址、测绘、建

---

[1] 张宁:《秦封泥历史地理研究》,首都师范大学2012年硕士毕业论文。
[2] 王子今:《交通史视角的秦汉长城考察》,《石家庄学院学报》2013年第2期。

筑技术体现了我国古代劳动人民高超的智慧。尽管经过两千多年的自然侵蚀与人为破坏,大部分秦直道已无迹可寻或深埋地下,但仍不失为世界古代最伟大的道路工程之一。

秦直道的修建加强了中原与北疆地区的联系,为秦王朝长城防线的巩固起到了重要的作用,战略意义非常重要。秦王朝在修建直道时,注重道路本身的实用性和附属设施的完善,集中全国的政治、经济、军事等各方面的实力,结合沿线地理实际,把长城沿线地区与统治中心关中地区有机地融合在一起。同时,在修建秦直道过程中,秦也将大量人口迁徙到直道沿线,使得秦直道沿线地区的社会经济和生产力水平有很大提高。秦王朝灭亡后,继之而起的西汉,仍然长期沿用秦直道与匈奴作战,汉武帝也曾利用秦直道巡游。

横有秦长城,纵有秦直道,是秦留给后人的杰作。宽阔的秦直道和绵延的万里长城构成了一道收放自如的攻防体系。如果说长城像一面横挡着的盾,那么秦直道就是一柄直刺而出的矛;如果说长城是一张拉开的弓,那么秦直道就是一支即将飞出的箭。修直道与筑长城从性质上讲是既相同又不同的两项工程,修长城是出于军事斗争的需要,为抵御北方游牧部落的侵扰,可谓军事工程。而直道则是一条交通线。战时直道可以运输军队和军用物资,没有战事的时候,又具有民用交通的功能,所以不能单纯地称为军事道路。秦直道的修建,在维系、沟通中原地区和北方边陲地区中一直发挥着十分重要的作用。

(四) 促进了边疆地区文化交流

长城建筑在农耕民族与游牧民族的分界地带与过渡地带,双方都有互相利用的资源,长城自然担负了联系双方的功能和职责。长城作为农耕文化与游牧文化的交汇线,两种文化的相互接触与传播,往往是从长城脚下开始的。这里,有中原政权与北方游牧民族之间的刀光剑影、征战往来。战争固然带来生灵涂炭,但同时也打通了文明的通道,为文明的交融创造了条件,也是联系和融通的重要方式。《史记》云:"今帝即位,明和亲约束,厚遇,通关市,饶给之。匈奴自单于以下皆亲汉,往来长城下。"[①]虽然记载的是汉代的事,但秦汉时期长城的功能

---

① (汉) 司马迁:《史记》卷一一〇《匈奴列传》,第 2904 页。

是一致的,所对应的北方少数民族也是一致的,是可以作为证明材料的。

长城是定居农业经济和游牧经济的天然分界线。其主观目的是阻隔游牧文化与农耕文化之间的联系,但由于两种文化之间具有强烈的互补性,长城又建立在农耕区与游牧区的过渡地带上,聚集了两种文化,因为长城的修建,长城地带必然比过去的人员要多,客观上造成两者之间的联系不仅没能阻断,而且在长城地带相互冲突、相互碰撞、相互影响、相互交融、相互借鉴,因此,长城在客观上发挥了融通游牧文化与农耕文化的功能。

长城的修筑,使农耕文明的活动领域极大地向西北、东北和北方地区扩展,秦王朝通过屯田、移民等方式,将原来介于农耕区与游牧区之间的混合经济地带逐次开发为农耕经济区,使农耕区与游牧区之间直接接壤,增强了两种文化的碰撞接触机会与频率。而农耕生产方式与游牧生产方式之间,本身就具有很大的互补性,牧区向农区提供的畜产品,特别是耕牛、战马等,可以提高农业劳动生产率,增强中原国家的军事实力,加快各个地区的联系与往来速度。游牧民族对中原农耕民族的经济依赖更为强烈。因此,文明互鉴、互通有无是游牧民族与农耕民族的共同愿望。

秦统治者为了长期维护长城沿线地区的安全,采用"徙民实边"、发展农业生产的政策和措施,促进了当时长城沿线经济、文化的汇聚交融。长城沿线是农、牧两大系统民族十分重视的中心地区。占据中原的历代统治者都在修筑长城的同时,大规模向长城沿线移民居住、屯戍,加强对长城沿线的开发,"缘边城守之地,堪垦食者皆营屯田",①作为增强长城城防的基础。一般来讲,民族间相互交流的方法和途径是多种多样、不拘一格的,但最方便最快捷的还是通过双方人员的交往。这种交往既有主动的,也有被动的,其中"亡入匈奴者"不在少数。实质上,长城除了具有防御游牧民族入侵、保卫农业文化区的生产外,也发挥了分隔农耕与游牧两种文化区域的功能,也就是长城的对内功能。汉元帝时,内附的呼韩邪单于希望汉朝"罢边备塞吏卒,以休天子人民",撤销长城及边防设施,侯应提出了十条不能撤销长城及边防哨所防务的理由,其中三条涉及这些军事设施的存在,不仅是为了防御匈奴,也是为了防止汉人"亡走北出",逃入匈奴境内。

---

① (唐)魏徵:《隋书》卷二四《食货志》,第678页。

侯应指出了一个容易被人忽略的事实,那就是秦汉时期长城防务的一个重要功能就是对内的防范作用,"设塞徼,置屯戍,非独为匈奴而已""往者从军多没不还者,子孙贫困,一旦亡出,从其亲戚……又边人奴婢愁苦,欲亡者多。曰'闻匈奴中乐,无奈候望急何',然时有亡出塞者"。[1] 这里虽然讲的是西汉时期的情况,然而"汉承秦制",秦时百姓亡入匈奴除被掳掠者外大体也就是这些原因。《汉书·匈奴传》记载:公元前84年,匈奴单于年少初立,内部闹矛盾,出现分裂,常恐汉兵袭击。于是卫律为单于谋划,"穿井筑城,治楼以藏谷,与秦人守之。汉兵至,无奈我何"。随即挖井数百,砍伐木材数千。此处"秦人",师古注云:"秦时有人亡入匈奴者,今其子孙尚号秦人。"卫律能向单于建议让"秦人"为其守护城堡,可见"秦人"的数量不会太少。[2] 秦人比较多亡入匈奴是在秦二世之时。当时,"诸侯畔秦,中国扰乱,诸秦所徙谪戍边者皆复去,于是匈奴得宽,复稍度河南"。[3] 这些人哪里去了呢? 可能大多数回到了内郡,小部分则进入了匈奴地区。因此《史记·匈奴列传·索隐》引应奉说:"秦筑长城,徒役之士亡出塞外。"[4]秦人亡入匈奴,带去了内地先进的农业技术、生产生活方式和先进的文化。考古工作者在秦长城沿线的内蒙古准格尔旗布尔陶亥详西沟畔发现一处战国晚期匈奴墓地,出土器物中的铜镜和铁剑,"显然体现了中原地区的影响,或者就是中原的产物。……西沟畔发现的布帛残迹,也说明了匈奴人衣着用的布帛也往往来自中原"。除此而外,墓地出土的二件"虎豕咬斗绞金饰牌"和七件"银虎斗(节约)"格外引人注目,金牌的背面边缘处均刻划文字:M2∶26为"一斤五两四朱少半",M2∶27为"一斤二两廿朱少半",还另刻"故寺豕虎三"五字,银节约背面也均刻有铭文。同一墓葬中所出的金饰牌和银节约,可能是不同地区铸造的。[5] 金饰牌上的刻字作风和衡制单位受秦的影响较大。银节约则可能是三晋地区赵国王室所造。汉字和中原衡制至迟在战国晚期已经传入匈奴。在长城内外发现的北方式青铜器就是长城内外互相交流联系的产物,北方式青铜饰牌

---

[1] (汉) 班固:《汉书》卷九四《匈奴传下》,第3804页。
[2] (汉) 班固:《汉书》卷九四《匈奴传上》,第3782页。
[3] (汉) 司马迁:《史记》卷一一〇《匈奴列传》,第2887页。
[4] (汉) 司马迁:《史记》卷一一〇《匈奴列传》,第2883页。
[5] 伊克昭盟文物工作站、内蒙古文物工作队:《西沟畔匈奴墓》,《文物》1980年第7期;田广金,郭素新:《西沟畔匈奴墓反映的诸问题》,《文物》1980年第7期。

主要是指发现在我国北方长城内外铸有动物纹的青铜饰牌而言。由于最早发现于内蒙古鄂尔多斯草原以及河套地区附近,所以又称之为"鄂尔多斯"式青铜器,或称"鄂尔多斯文化"。这种动物纹在国外称之为"野兽纹"。北方青铜器上的动物纹,一直延续到西汉或更晚的时间。青铜短剑、刀子、马具、带具、饰牌等,都包含在这一类器物中。就北方式青铜器整体而言,青铜短剑、青铜刀子和动物纹饰牌,是北方式青铜器构成的三要素。地域方面波及了我国北方西起新疆东到渤海之滨的整个长城地带,包括现在的内蒙古、陕西、宁夏、山西、河北、辽宁的部分地区。大量的考古资料表明,在秦与匈奴经济交流的同时,秦的文字、制度已开始传入匈奴。这与秦长城的修建有密切的关系。

当然,由于秦与匈奴的接触时间过于短暂,秦匈之间的经济文化交流还远不如汉代以后发达,即便这种交流尚处在初级阶段,但它在促进秦与匈奴双方经济的发展、社会的进步、民族的交流融合等方面仍然起到了积极的作用。农耕与游牧这两种经济类型间的交互关系,冲突和战争只是一个方面,另一方面则是文化互补、民族融合,而且战争本身也是文化互补、民族融合的一种激烈形态。对农耕经济来讲,决定其经济、社会发展的关键因素是对土地的占有和利用;对游牧经济来讲,决定其发展的关键因素同样在于迁移游牧区域的控制权。两种经济在长城地带的相互竞争,充分说明修建长城调整农牧关系及构建政权的意义。

农耕经济与游牧经济相互往来和交流,对于两种生产方式都是有用的,也是必要的。这种交流也大体沿着长城地带展开,进而向更广阔的地域伸延。一方面,农耕民族可以学习游牧民族的骑射技术,吸收游牧人从远方带来的异域文化,并以粗犷强劲的游牧文化充作农耕文化的复壮剂和补强剂。战国时赵武灵王"变俗胡服,习骑射",就是对游牧文化的学习,从而使赵国迅速强大起来。后来的唐王朝承魏晋南北朝以降汉胡文化融合之势,为社会增添了新的生命活力,成为唐代昌盛繁荣的重要因素,都是农耕区从游牧区获得积极影响的生动事例;另一方面,游牧文化从农耕文化那里学习先进的生产方式、政治制度乃至改变生活习俗,促使自身的社会形态发生历史性飞跃。以迁徙、聚合、战争、互市等形态为中介,农耕人与游牧人彼此交往,相互融合,不断实行互补,历数千年,方汇成今日气象恢宏的中华文化。农耕与游牧作为东亚大陆两种基本的经济类型,是中华文化的两个彼此不断交流的源泉。在一定意义上可以说,中华文化是农耕民族与游牧民族的共同创造,中华文化是农耕人与游牧人在长期既相冲突又相融会的过程中整合而成的。而长城正是实现这个整合过程的交汇线,迁徙、聚合、战争、互市都在这条交汇线上波澜起伏地展开。①

游牧民族在对中原进行侵扰的过程中,不断地吸收中原文化,也不断以自己的文化补充着中原文化,为中华文化的发展作出贡献。以农耕文化为主体的中华文化,之所以能够融合各民族,从根本上说还是因其文化精神的深厚博大。没有中华文化的凝聚力和影响,也就不可能有中华民族现在的多元一体格局。中华文化的很多内在成分,都是农耕文化和游牧文化两种文化形态相互影响的结果。游牧民族的文化为农耕文化不断地补充着活力,使农耕文化最后发展成为今天的中华文化主体部分。中华文化是中国各民族,经过长期碰撞、交流、融合而形成的多元一体文化。不同地域、民族的文化以和而不同的方式,交流融会构成中华民族多元一体的文化共同体。

文物工作者在内蒙古包头市色尔腾山中的此老兔沟至阿贵沟长约 3 公里的长城地段内,发现了内侧壁上凿刻有岩画,现存有岩画的都是黑色石头,已发现有 107 幅。岩画内容丰富、题材广泛。有北山羊、骆驼、舞者、骑者、兔、蛇等,构图简练,形象生动鲜明。作画风格以写实、具象、粗犷、稚朴的风格为主,也有少量抽象、夸张和程式化的作品。其中不乏精品和富有震撼力、内涵极为丰富的岩画作品。这是长城岩画首次在包头市发现,对于研究北方游牧民族古代经济文化和考究内蒙古岩画的历史有很高的价值。其中有一些岩画是秦汉时期往来于长城的匈奴人的作品,闪耀着我国古代北方游牧民族的创作才华。它不仅提供了秦汉以来色尔腾山秦始皇长城沿线各民族生产、生活图景,而且具有很高的历史和艺术观赏价值。岩画的发现有着极其重要的意义。

(五) 加深了民族融合

长城不只是军事防御工程,其所在区域是古代各民族交错杂居,既是互相对抗,又是互相学习、共同生活的地方,由此产生了广泛的民族融合。正如王绍东所云:"以战国秦汉时期的长城为例,它的功能与作用就是多方面的。既有防御

---

① 冯天瑜:《长城的文化意义》,《湖北社会科学》1990 年第 10 期。

功能,也有开拓功能,其中向游牧区的开拓扩张功能占据着重要地位;此外,中原王朝统治者修筑长城主观上希望它发挥隔离农耕文化区与游牧文化区的作用,而客观上却起到了联系与融通农耕文化区与游牧文化区的作用。"[①]

游牧民族在对中原进行侵扰的过程中不断地吸收中原文化,也不断以自己的文化补充着中原文化,为中华文明的发展作出贡献。以农耕文化为主体的中华文化,之所以能够融合各民族,从根本上说还是因其文化精神的深厚博大。没有中华文化的凝聚力和影响,也就不可能有中华民族现在的多元一体格局。中华文化的很多内在成分,都是农耕文化和游牧文化两种文化形态相互影响的结果。游牧民族的文化为农耕文化不断地补充着活力,使农耕文化最后发展成为今天的中华文明主体部分。中华文明是各民族经过长期碰撞、交流、融合而形成的多元一体文化。不同地域、民族的文化以和而不同的方式,交流融会构成中华民族多元一体的文化共同体。毋庸讳言,在中国历史上,长城地带各民族间都进行过频繁的大规模战争,其中不少是掠夺性战争,曾给各族人民造成巨大的灾难和痛苦,在较长的历史时期内,战争中被俘将卒和被掠人众被当作劳动力使用,成为强制性民族融合的一种方式。

匈奴在秦时期势力达到鼎盛并控制了长城以北的广大地区。提起当时的秦匈关系,人们首先想到的就是战争。其实从史料来看,秦始皇长城修建后未记载两者之间的战争。尽管当时秦匈之间处于对峙战争状态,但这并未妨碍两地间的文化交流。战争中的人员调配、流动和物资传输对文化的传播以及民族融合均有着积极的作用。同时战争也为经济文化的交流创造了更加有利的条件,尽管战争本身的目的不在于此。秦攻打匈奴动辄出兵数十万,深入匈奴腹地,其对匈奴的影响是显而易见的。特别是战争过后,因流散以及逃亡等原因加入匈奴的秦流民,他们不但充实了匈奴的劳动力,而且也带去了先进的生产技术,从而向匈奴社会的下层传播秦文化,促进了匈奴社会经济和文化的发展以及民族融合。

(六) 现实意义

秦长城并非简单孤立的一线城墙,而是由点到线、由线到面,把长城沿线的

[①] 王绍东、杜婷:《论战国秦汉时期长城的多重功能》,《内蒙古社会科学》2015年第2期。

隘口、军堡、关城和军事重镇连接成一张严密的网络,形成一个完整的防御体系。这个体系具有观察、战斗、通讯等多种功能,并配置有长驻军队的点线结合防御工程体系。正因为如此,1987年,长城作为"全人类最令人震惊的文化遗产之一",因其独特的历史、艺术和科学价值被整体列入《世界遗产名录》,成为中国首批的"世界文化遗产"之一。秦长城作为军事防御设施,早已完成了它的历史使命,使兄弟民族之间化干戈为玉帛。这项举世瞩目的伟大工程的历史价值,就在于它已转化为中华文化的瑰宝,是全人类共同的文化遗产。今天,当人们把长城喻为中华民族的象征之一时,长城又具有了新的现实意义。

秦长城的修建体现了当时人类追求和平、避免战争的愿望,同时长城还是中华民族伟大力量的精神象征,体现了中华民族不畏艰难险阻、利用自然、改造自然的智慧和气魄。正如国歌"把我们的血肉筑成我们新的长城"一样,无论何时何地、何种处境,长城精神深深地根植于我们的思想,是一种力量和智慧的象征,是华夏儿女热爱自己的祖国和民族、维护国家和民族尊严不受损害的精神标识。又如现代流行歌曲所唱"长城、长江,黄山、黄河,只在我心中",说明长城已不只是中华儿女精神的力量象征,也是精神的寄托、国家和民族的象征和标志。秦长城作为历代长城的一部分,为长城的延续起到了承上启下的作用。

2016年国家文物局发布《中国长城保护报告》,对长城的文化与时代价值作了特别阐释:"长城……凝结着中国古代劳动人民的心血和智慧,积淀着中华文明博大精深、灿烂辉煌的文化内涵,体现着中华民族的精神品质和价值追求,已经成为中华民族的精神象征。……长城蕴含着团结统一、众志成城的爱国精神,坚韧不屈、自强不息的民族精神,守望和平、开放包容的时代精神,历经岁月锤炼,已深深融入中华民族的血脉之中,成为实现中华民族伟大复兴的强大精神力量。"陈同滨等撰写的《长城的文化遗产价值研究》将长城文化遗产价值概括为三个方面:超大型军事防御工程体系的建筑遗产;中国北方农牧交错地带人地互动的文化景观;中华民族坚韧自强、众志成城、包容开放的精神象征。[①] 长城于1987年列入《世界遗产名录》时,ICOMOS评价其符合文化遗产遴选标准C(Ⅰ)(Ⅱ)(Ⅲ)(Ⅳ)(Ⅵ);2012年,ICOMOS回顾登录补充了长城的完整性和真实性,

---

① 陈同滨、王琳峰、任洁:《长城的文化遗产价值研究》,《中国文化遗产》2018年第3期。

指出"长城完整地保存了承载其突出普遍价值的全部物质、精神要素,以及历史文化信息。长城约2万公里的整体线路,以及历代修建的、组成其复杂防御体系的墙体、城堡、关隘、烽燧等各要素完整地保存至今,完整保存了不同时期、不同地域长城修建的工事做法,长城在中华民族中以无与伦比的国家、文化象征意义传承至今"。

长城是我国古代农耕和游牧文化相互碰撞、相互交融的见证,它在冷兵器时代有效地保护了中原农业文明的发展。长城沿线发生的多次战争表明,巍峨坚固、体系完整的长城是不能轻易逾越的屏障,这也是多个朝代不惜耗费极大的人力、物力、财力进行不懈建设的重要原因。随着清王朝定都北京,广袤的蒙古高原、辽阔的东北平原与中原大地在政治上连成一体,长城的军事功能逐渐衰退、文化象征意义不断丰富。巍然屹立的万里长城与中华民族威武不屈、敢于抗击一切来犯之敌的精神高度契合,在抵御日本等外来侵略的近现代时期尤其如此。

长城是中国古代文明的象征,是中华民族的图腾。它既有浓烈的民族特性,又深深植根于人类追求真善美的共性厚土之中。许多热爱东方文化的外国友好人士与科学工作者,不远万里来到中国,跋涉于高山、大漠、草原,用他们的照相机、摄像机采撷长城令人扼腕的壮美辉煌,并把自己的感受介绍给自己国家的人民。长城成为外国政要来北京访问后必须去的地方,美国前总统尼克松参观万长城后啧啧赞叹:"只有一个伟大的民族,才能造得出这样一座伟大的长城!"英国前首相希思则以艺术家的气质发出相见恨晚地感慨:"中国的过去与它的将来一样具有魅力……抵达长城时,我觉得它比我以前从照片、刺绣和绘画上见到的更壮观!"日本的著名乐队指挥小泽征尔看了长城竟潸然泪下,表现了对军国主义当初亵渎圣洁、践踏文明的不可思议:"这样一个有伟大文化的民族,为什么日本要侵略它?!"

千百年来,经济文化的交流融合使民族分布的界线逐渐淡漠,长城早已成为各民族普遍接受的中华文化的象征,"大江南北、长城内外"变为形容祖国辽阔领土的常用语。

从时间、空间、文化、社会等维度审视这条文化景观线路,广泛开展长城文化遗迹的野外调查和多种类型的学术研究,是认识历史、保护遗存、传承文化的前提和基础。从追寻时代变迁入手了解长城文化带的形成过程,从空间角度研究文化遗迹的分布特征与地理背景，通过以往的政治关联、军事行动、经济交往、文化传播、民族融合等角度分析长城沿线的人类活动，站在历史发展与民族精神的高度阐发长城的文化象征意义，应当成为历史、文化、考古、地理等领域的专业工作者基本的学术视角。

尽管长城经两千多年历史风雨的剥蚀，仍以苍苍莽莽的气势、威武雄浑的姿态，浓缩成为一种厚实的文化积淀，以永恒的苍凉和悲壮，永远镌刻在中华文明乃至世界文明的史册里。

凝聚着中华民族勤劳、聪明、智慧和血汗结晶的万里长城，是祖先遗留给我们的一笔丰厚的文化遗产，是屹立在中华大地上的一座不朽的历史丰碑，是中华文明的精神标识，是人类文明史上的骄傲。

长城，对于中国人来说，是意志、勇气和力量的标志。长城以它的巍巍雄姿和坚强不屈的性格，象征着中华民族伟大的力量。邓小平同志也为长城题词："爱我中华，修我长城。"这不但更加增强了中华民族的自豪感、自信心和爱国热情，而且作为名胜古迹、世界奇观，也更具有了旅游观光价值。长城不仅对中国的旅游事业作出了贡献，而且对弘扬中华民族悠久的历史文化，促进改革开放，对外文化交流和经济发展都起到了积极的作用。很多的外国元首和友人均以登上长城为骄傲。

长城的修筑对中华民族多元一体格局的形成起着至关重要的作用。从空间结构来看，作为文化梯度的地理标志，长城是异质民族文化的分界，它诠释着中华民族及其文化多元性的特征，并制约着其空间分布的基本格局。促进了民族文化之间的融合与发展，对中华民族及其文化统一体的形成意义重大。

目前长城国家文化公园的建设已经提上国家的议事日程，正在加紧建设，是国家提出的要建设的四大国家文化公园之一，同时提出了营建要求和建成的时间等，充分体现出其现实意义之所在。建设国家文化公园，是发掘好、利用好丰富文物和文化资源，让文物说话、让历史说话、让文化说话，推动中华优秀传统文化创造性转化创新性发展、传承革命文化、发展先进文化等一系列重要指示精神的重要举措，是《国民经济和社会发展第十三个五年规划纲要》《国家"十三五"时期文化发展改革规划纲要》确定的国家重大文化工程。国家文化公园建设，就是要整合具有突出意义、重要影响、重大主题的文物和文化资源，实施公园化管理运营,实现保护传承利用、文化教育、公共服务、旅游观光、休闲娱乐、科学研究功能,形成具有特定开放空间的公共文化载体,集中打造中华文化重要标志。对长城国家文化公园建设进行安排部署,是国家推动新时代文物和文化资源保护传承利用的战略决策,对于进一步坚定文化自信,充分彰显中华优秀传统文化持久影响力、革命文化强大感召力、社会主义先进文化强大生命力将产生广泛而深远的影响。长城国家文化公园,包括战国、秦、汉长城,北魏、北齐、隋、唐、五代、宋、西夏、辽具备长城特征的防御体系,金界壕,明长城。涉及北京、天津、河北、山西、内蒙古、辽宁、吉林、黑龙江、山东、河南、陕西、甘肃、青海、宁夏、新疆15个省区市。

董耀会认为:"长城的意义主要表现为促进了中华民族的发展,长城的历史文化价值主要体现在对人类文明的贡献。在社会和文明发展过程中,人类始终面临生死存亡、构建社会秩序、传承和发展文明三大基本问题。长城从产生到发展,绝大部分时间都与解决人类面临的这三个基本问题息息相关。"[①]

二、负面影响

当然在肯定秦始皇时期修长城的功绩时,也得考虑其负面影响。修建长城使用的劳动力过多,强迫大量农民脱离生产去服徭役。当时全国人口约二千万左右,劳动力不到一千万,男劳力仅五百万左右,修阿房宫、秦始皇陵和其他宫室苑囿占去了约一百五十万,守五岭约五十万,筑长城约五十万,加上其他杂役约在三百万人,占全国丁男劳力的一半以上。因此,全国经济必然受到影响,人民生活更加痛苦,促使阶级矛盾更为尖锐。秦始皇死后不久便爆发了陈胜、吴广领导的农民大起义,秦王朝刚建立十五年就宣告覆灭。历史上不少人以此斥秦始皇之无道,应该说与秦始皇修长城有一定的关系。

司马迁曾经到过长城,他有一番感慨。太史公曰:"吾适北边,自直道归,行观蒙恬所为秦筑长城亭障,堑山堙谷,通直道,固轻百姓力矣。夫秦之初灭诸侯,天下之心未定,痍伤者未瘳,而恬为名将,不以此时强谏振百姓之急,养老存孤,

---

[①] 董耀会:《长城意义、定义及相关概念再认识》,《河北地质大学学报》2017年第1期。

务修众庶之和,而阿意兴功,此其兄弟遇诛,不亦宜乎？何乃罪地脉哉？"[1]

从战国时的秦国、赵国、燕国开始到明朝末年修筑的长城,历来就是中原农耕民族对付北方游牧民族的手段。且不说长城沿线埋下了多少尸骨,耗费了多少财产。长城虽然遏制了北方游牧民族对南方的入侵和破坏,但同时对民族间的交流和融合也有副作用,固定了农牧业的界线。秦王朝由于统治时间很短,这一副作用表现得并不十分明显,而历史上修筑长城次数最多、工程量最大、质量最高的明朝,正是对西北和北方最保守、最无作为的王朝。随着长城的最终完成,明朝的势力再也没有越出嘉峪关一步。相反,能够把农业和牧业民族同时统一起来的政权就不需要,也绝不会修筑长城。到了清朝,长城内外归于一统,残留的长城开始还作为地区间的关卡,以后就被完全废弃了。而且长城等军事防御体系只是在王朝统治处于兴盛时期才会发挥作用,一旦统治王朝失去军事实力,到王朝末期,长城就形同虚设。秦始皇死后匈奴就越过长城又一次占领了河套地区。

修建长城在当时是国家大型工程,无疑要动用大量的劳动力,影响社会生产的正常进行。到底动用了多少劳动力修建长城呢？《史记·六国年表》云：秦始皇三十三年,"筑长城河上,蒙恬将三十万。"[2]三十四年,"谪治狱吏不直者筑长城。"[3]《史记·蒙恬列传》秦已并天下,"乃使蒙恬将三十万众北逐戎狄,收河南。筑长城,因地形,用险制塞,起临洮,至辽东,延袤万余里。于是渡河,据阳山,逶蛇而北。暴师于外十余年"。[4] 司马迁亲自考察这一段长城后曾感叹说：蒙恬所为秦筑长城亭障,堑山堙谷,通直道,固轻百姓力矣。《淮南子·人间训》："因发卒五十万,使蒙公、杨翁子将筑修城,西属流沙,北击辽水,东结朝鲜。中国内郡,挽车而饷之。"[5]

修筑万里长城这样规模宏大而又艰巨的工程,在劳动力的调配、材料来源、规划设计和施工等方面都是相当复杂的。秦人具有修建大型工程的经验,从郑

---

[1] （汉）司马迁：《史记》卷八八《蒙恬列传》,第 2570 页。
[2] （汉）司马迁：《史记》卷一五《六国年表》,第 758 页。
[3] （汉）司马迁：《史记》卷六《秦始皇本纪》,第 252 页。
[4] （汉）司马迁：《史记》卷八八《蒙恬列传》,第 2565—2566 页。
[5] 刘文典撰,冯逸、乔华点校：《淮南鸿烈集解》,第 751—752 页。

国渠、直道、长城、阿房宫等的修建都可以看出。众多的劳动力是从哪里征集来的？秦长城的修筑是一个巨大的人力资源工程，必然动用大量的劳动力。通过研究分析，修筑秦长城的劳动力来源，大体包括以下几个方面：

其一，戍边的军队。这是修筑长城的主要力量。如秦始皇时修筑长城，即是大将军蒙恬在打退匈奴之后，以三十万大军戍防并修筑。经过了九年多的时间才修成。在秦始皇以前各诸侯国家修筑长城也大都以军队为主要劳动力。

其二，强迫征调的民夫。这是修筑长城的重要力量。秦始皇时除所派蒙恬率领的三十万军队之外，还强征了大量的徭役和民夫，至少有五十万左右。

其三，发配充军的犯人。秦时专门有一种刑罚叫作"城旦"，就是罚去修长城的人。据《史记·秦始皇本纪》记载，公元前213年，秦始皇采纳了丞相李斯的主张，下令除秦纪、医药、种树等类书籍之外，民间所藏诗、书一律都要焚毁。"令下三十日不烧，黥为城旦"，凡抗拒不烧书的，就在你脸上刺字涂墨后罚去修长城。城旦所罚，据《史记》集解引如淳曰："《律说》论决为髡钳，输边筑长城，昼日伺寇虏，暮夜筑长城。城旦，四岁刑。"① 就是说如果把你判为城旦之罪，剃了头，颈上加上铁圈，送去修筑长城。白天还要轮流看守巡逻，夜间则修筑长城，是十分辛苦的。这种刑罚为期四年。秦代刑徒数目比较大，其存在对维持帝国运转具有重要意义。《睡虎地秦墓竹简》中涉及"城旦舂"刑名者有46条之多。张金光先生认为，秦代刑徒"不仅数量惊人，而且其中多城旦等重刑"。② 秦简中有许多关于城旦罪的记载。诸如：完为城旦舂、黥为城旦舂、黥劓为城旦舂、斩左止（趾）为城旦舂等名称，则以"城旦（舂）"字样命名的刑罚多达七种。睡虎地秦墓竹简《秦律十八种·司空》记载："隶臣妾、城旦舂之司寇、居赀赎责（债）毄（系）城旦舂者，勿责衣食；其与城旦舂作者，衣食之如城旦舂。隶臣有妻，妻更及有外妻者，责衣。人奴妾毄（系）城旦舂，貣（贷）衣食公，日未备而死者，出其衣食。"③《岳麓书院藏秦简》中记载："城旦舂亡而得，黥，复为城旦舂；不得，命之，自出殹（也），笞百。"④"城旦舂司寇亡而得，黥为城旦舂，不得，命之，其狱未鞫而自出殹（也），

---

① （汉）司马迁：《史记》卷六《秦始皇本纪》，第255页。
② 张金光：《秦制研究》，上海古籍出版社，2004年，第545页。
③ 睡虎地秦墓竹简整理小组：《睡虎地秦墓竹简》，文物出版社，1990年，第52页。
④ 陈松长：《岳麓书院藏秦简（肆）》，上海辞书出版社，2015年，第54页。

治(笞)五十，复为司寇。"①尽管学术界也有人认为，犯"城旦"罪的人并非全部取修长城，我认为这一罪名的设立一定与修长城有密切的关系。卫宏《汉旧仪》载："秦制：……凡有罪，男髡钳为城旦，城旦者，治城也。"②

其四，统治者为了征调修筑长城的劳动力，还巧立了许多名目，以强迫人民去修筑长城。

修建万里长城，在当时的生产力水平下，由于工程浩大、时间紧迫，绝非轻而易举之事，势必加重人民的负担，造成劳民伤财。如果按照《淮南子》的说法修长城者50万人左右，那就是说当时每20个劳动力中就有一个修长城，再加上当时修长城而从事运输的人就更多了。而此时的秦王朝，刚统一六国不久，经过长期的战乱，社会生产还未恢复，经济很脆弱。因此，虽然修长城从主观上来讲是为了中原的安定，但客观上也有反面作用。

《水经·河水注》引杨泉《物理论》云：始皇使蒙恬筑长城，死者相属。民歌曰："生男慎勿举，生女哺用脯。不见长城下，尸骸相支拄。"③反映出当时修筑长城给人民带来的灾难之重。到汉时，"长城之歌至今未绝"。④ 据《史记·平津侯主父列传》载：当时在"北河"筑长城，粮食由内地人民提供，"又使天下飞刍挽粟，起于黄、腄、琅邪负海之郡，转输北河，率三十锺而致一石。男子疾耕不足于粮饷，女子纺绩不足于帷幕。百姓靡敝，孤寡老弱不能相养，道路死者相望，盖天下始叛也"。⑤ 浩浩荡荡的送粮大军无法忍受这种惨重的苦役。可谓秦的速亡不能说与修长城无关系。但是我们实事求是分析秦始皇修长城这件事，并不像汉代及其以后记载的那么严重，笔者认为汉代在"过秦"思潮的影响下有夸大化的现象，因而对后代造成了"以讹传讹"的影响，乃至于汉代人也不敢直称长城而称长城为"塞"，杜撰出来的"孟姜女哭长城传说"甚嚣尘上，明代人修了那么气势壮观的长城只能称"边"了。因为秦始皇大多只是对战国时期秦赵燕三国的长城加以修缮和连接，新修的部分很少，而且蒙恬率领的三十万大军还有军事防守的

---

① 陈松长：《岳麓书院藏秦简(肆)》，第55页。
② (清)孙星衍等辑，周天游点校：《汉官六种》，中华书局，1990年，第85页。
③ (北魏)郦道元著，陈桥驿校证：《水经注校证》，第77页。
④ (汉)班固：《汉书》卷六四下《严朱吾丘主父徐严终王贾传》，第2831页。
⑤ (汉)班固：《汉书》卷六四上《严朱吾丘主父徐严终王贾传》，第2800页。

任务。更何况汉代和明代也同样修建了更为壮观和更长的长城,并没有快速灭亡。

总而言之,秦为了保卫边疆实行的修建长城、"徙民实边"政策,既带来了社会发展与进步,开发了边疆地区经济。同样也带来了负面影响,由于长城地带自然环境相对较差,干旱少雨,沿边十二个郡的设立,从内地迁徙去了大量的人口进行屯田,加大了土地开发的力度,但由于边疆地区自然环境脆弱,开发过度也造成了大量的水土流失、沙漠化的扩大,从而影响了环境平衡,造成了黄河水泥沙沉积和泛滥。

秦始皇为了修筑长城动用了众多劳动力,创造了人类建筑史上的伟大奇迹。当然这一繁重的修筑工程,也给当时的人们带来了极大的痛苦和灾难,从而加速了秦王朝的灭亡。

自秦代以后,万里长城为许多王朝的统治者所继承并发扬光大,经过2 000多年的不断修缮和扩筑,规模越来越宏伟壮观,至今仍引以为中华民族的骄傲。秦长城是我们中华民族的瑰宝,也是世界建筑上的奇迹,更是我们中华民族辉煌的历史和灿烂文化的象征。如今虽然被历史的风雨剥蚀成了断垣残基,但仍以苍莽的气势、威武雄浑的景观,浓缩成了一种厚实的文化积淀,以永恒的苍凉和悲壮,永远留在华夏文明的记忆中。

第八章 "过秦思潮"影响下的"孟姜女哭长城传说"的讹传

西汉王朝是建立在秦王朝短命基础上的,汉初的统治者面临着如何不步秦王朝快速灭亡的后尘,以及如何巩固政权的重大问题。因此当汉高祖刘邦还陶醉在眼前的胜利时,追随刘邦打天下的陆贾,便已开始探讨亡秦之鉴,他提出了总结秦亡教训以制定新的治国策略。他向刘邦发问:"乡使秦已并天下,行仁义,法先圣,陛下安得而有之?"这引起了刘邦的高度重视,于是要求陆贾:"试为我著秦所以失天下,吾所以得之者何,及古成败之国。"[1]因此陆贾撰著《新语》一书,成为汉高祖以及君臣共同认识必须以"过秦"作为汉代替秦的御用理论工具。

一、"过秦思潮"的兴起

秦国的快速崛起与秦王朝的快速灭亡,使一批关注秦亡汉兴的政治家开始思考秦为何如此强大的帝国会短命而亡,于是在汉朝初年便形成了"过秦思潮"。所谓"过秦",是指论述秦王朝的过失。同时一些政治家、思想家就把秦的快速灭亡与修长城联系起来了。陆贾认为秦失天下的原因之一是"筑长城于戎境,以备胡、越……乃举措太众、刑罚太极故也"。[2] 汉武帝时,主父偃上书反对征伐匈奴,指出:"昔秦皇帝任战胜之威,蚕食天下,并吞战国,海内为一,功齐三代。务胜不休,欲攻匈奴。李斯谏曰:'不可。夫匈奴无城郭之居,委积之守,迁徙鸟举,难得而制也。轻兵深入,粮量必绝;踵粮以行,重不及事。得其地不足以为利也,遇其民不可役而守也。胜必杀之,非民父母也。靡弊中国,快心匈奴,非长策

---

[1] (汉)司马迁:《史记》卷九七《郦生陆贾列传》,第2699页。
[2] 王利器:《新语校注》,中华书局,1986年,第62页。

也.'秦皇帝不听,遂使蒙恬将兵攻胡,辟地千里,以河为境。地固泽卤,不生五谷。然后发天下丁男以守北河。暴兵露师十有余年,死者不可胜数,终不能逾河而北。是岂人众不足、兵革不备战?其势不可也。又使天下蜚刍挽粟,起于黄、腄、琅邪负海之郡,转输北河,率三十钟而致一石。男子疾耕不足于粮饷,女子纺绩不足于帷幕。百姓靡敝,孤寡老弱不能相养,道路死者相望,盖天下始畔秦也。"① 主父偃反对汉武帝出征匈奴的理由,与陆贾以征伐匈奴为秦失天下的原因有着一致性。陆贾认为,为防范匈奴,秦在边地驻守重兵,造成百姓无法安心于耕织是秦失天下的重要原因。

"过秦思潮"中最有影响的要数贾谊,贾谊在《过秦论》中云:"及至秦王,续六世之余烈,振长策而御宇内,吞二周而亡诸侯,履至尊而制六合,执棰拊以鞭笞天下,威振四海。南取百越之地,以为桂林、象郡,百越之君俯首系颈,委命下吏。乃使蒙恬北筑长城而守藩篱,却匈奴七百余里。胡人不敢南下而牧马,士不敢弯弓而报怨。……天下以定,秦王之心,自以为关中之固,金城千里,子孙帝王万世之业也。……一夫作难而七庙堕,身死人手,为天下笑者,何也?仁义不施而攻守之势异也。"② 汉朝自陆贾首发"过秦"之嚆矢,中经张释之、贾山、贾谊、晁错等人的继续发力,到武帝时期,"过秦"已经成为汉代一种社会思潮。王绍东认为:汉代史论家的"过秦"思潮,曾经对巩固汉朝的统治起过积极作用,但也存在着历史局限,一是"重其亡而忽其兴",对秦朝的兴盛过程与历史地位研究不够,重视不足,不利于对秦朝历史的全面认识和客观评价。二是"扬道德而非法治",对秦朝的法治主义全盘否定,对道德因素在治理国家中的作用无限拔高,既制约了汉代政治制度的建设与完善,也弱化了中国古代国家治理中的法治意识。三是"笃于义而薄于利",对秦功利主义价值观的过度批判,限制了古代社会对个人利益的追求与个性特点的发展。③ 实质上,"过秦"是汉对秦代失败教训的深刻反思,而"宣汉"就是对汉代社会的大力肯定。

在中国历史上开启修长城者并非秦始皇,而是战国时期齐、楚及与北方匈奴相邻的秦、赵、燕等诸国。而且当时修建的也不只一条长城,山东六国为了防守

---

① (汉)司马迁:《史记》卷一一二《平津侯主父列传》,第2954页。
② (汉)司马迁:《史记》卷六《秦始皇本纪》,第280—282页。
③ 王绍东:《论汉代"过秦"思想的历史局限》,《史学史研究》2009年第3期。

各自都修筑了长城。秦始皇统一后的工作只是将这些与匈奴接壤的不连贯的长城加以修缮并连接起来,由于疆域的扩大,部分地方是新修的,从而形成了中国历史上第一条万里长城。秦朝之后,除了元朝之外,历代不论是汉族皇帝还是少数民族皇帝,都或多或少地修建了长城。因此不能都由秦始皇一个人来承担与长城相关的负面结果。

秦始皇兼并六国之后,并没有马放南山、刀枪入库,而是继续南征百越、北击匈奴,为建立一个统一的大帝国持续发力。由于战争的残酷和工程的浩大,秦始皇的这些举措无疑大大加重了秦帝国百姓的负担,同时也成就了一个庞大帝国的版图。毫无疑问在冷兵器时代长城所具有的军事防御功能是不言而喻的,而且从中国和世界历史上修长城可以看出,修长城并不意味着怯懦与防守,也并不都是国势衰微的闭关退守之策,相反在武力强大之时,不少帝王都把修建长城作为防御外来侵略的举措。如今的长城不再具有军事防御功能,它已经成为一个文化符号,成为中华民族凝聚力的象征。然而从汉代以后"孟姜女哭长城传说"成为一个流传甚久、影响甚大的民间传说。

二、"孟姜女哭长城传说"的流传与演变

"孟姜女哭长城传说"是我国古代著名的四大民间传说之一,千古流传,而且成为"非物质文化遗产"。传说在秦始皇的时候,有一对夫妻,男的叫范喜良,女的叫孟姜女。结婚刚刚三天,范喜良就被征发去修筑长城,不久因饥寒和劳累死去。孟姜女历经千辛万苦,万里寻夫到长城,结果得知丈夫已死,便放声大哭,于是就哭倒了长城八百里。从此,山海关就被指定为"孟姜女哭长城传说"之地,在那里修建有"孟姜女庙"。该故事流传至今,已经有两千多年的历史了。

实质上,孟姜女是一个演义出来的人物,而且后来演义成忠贞爱情的象征和反对战争的化身。在山海关长城上有一个姜女庙,笔者曾去参观考察过。其正殿的楹联是把孟姜女和秦始皇作对比:"秦王安在哉,万里长城筑怨;姜女未亡也,千秋片石铭贞",横批是"万古流芳"。这显然是在抨击秦始皇修建的万里长城。

秦始皇该不该修长城?有没有比修长城更节省民力的办法?回答这些问

题,不能超越时代,今人也不可能代替古人去改写历史。秦始皇既然是我国第一个大一统专制帝国的皇帝,当然有理由去巩固自己的社稷江山和边疆安全,要求自己的臣民承担一定的国防费用或者劳役,古代统治者大多修建有长城,这在当时是无可非议的。只要我们对这个传说穷根溯源,就可以发现这个民间传说纯属虚构,是汉代"过秦思潮"影响下的产物。因为山海关所存的长城是明朝才修筑起来的,而秦始皇所筑长城距山海关北去数百里,时代相差太远,本来山海关上的姜女庙与秦始皇没有任何关系,但还是被后人胡拉乱扯到一起,编织在一起成为一个故事。而且人哭倒长城是根本不可能的事,但却以讹传讹,似乎变成了真实的事件,成为抨击秦始皇的有力论据。

历史上的传说大多是可以找到依据的,然而"孟姜女哭长城传说"缺乏最基本的依据。历史上有哭城墙的记载,但故事发生的时间比秦统一六国还要早得多,因此和秦始皇根本风马牛不相及。"孟姜女哭长城传说"的故事,是随着历代时势和风俗不断变化而变异的。孟姜女的故事发生在春秋时期,据《左传·襄公二十三年》记载:春秋初期的齐庄公时代(前794—前781年),齐国人杞梁在攻打莒国(今山东莒县)的战役中阵亡。杞梁的妻子悲痛欲绝,爬在杞梁的尸体上,在城墙下痛哭。传说哭了七天七夜,城墙崩塌了,这是"孟姜女哭长城传说"的原始文献资料。到战国中期,《礼记·檀弓下》记载了同一件事,不过增加了"其妻迎其柩于路而哭之哀"一语。著名历史学家顾颉刚研究后指出:"这是很重要的一变,古今无数孟姜女的故事都是在这'哭之哀'的三个字上转出来的。"稍后的文献《孟子·告子下》中记载了淳于髡的话:"杞梁之妻善哭而变国俗。"意思是说杞梁之妻的哭调成了一时的风尚,从而改变了齐国的风俗。齐国人喜欢学杞梁之妻的哭调,这是孟姜女故事能够流传的一个重要原因。西汉代替秦王朝以后,刘向在《说苑·列女传》中把杞梁作为烈女之一,予以表彰,并在原传说的基础上,增加了杞梁的妻子连哭"十日"以后"赴淄水而死"的情节再一次把"哭"与"死"联系在一起。晋人崔豹《古今注》一书记载的内容与《左传》记载大体相似。但上述各书中指明杞梁姓范,还没有出现过"孟姜女"的名字。

唐朝是代替了短命的隋王朝而建立的,将秦隋短命的原因混为一谈。因此在敦煌石窟中唐朝曲子词中便见到最早记载孟姜女送寒衣赴长城,为"孟姜女哭长城传说"的故事增添了"送寒衣"的情节。唐末《杞梁妻》一诗中,把杞梁的妻子说成秦朝人,她去长城哭吊丈夫,"一号城崩塞色苦,再号杞梁骨出土"。到了宋代,被广泛流传的杞梁开始有了姓,不过说法不一,有说姓范,又说姓万,还有叫杞郎和喜良的。南宋郑樵曰:"杞梁之妻,与经传所言者,数十言耳,彼则演成万千言……"①看来"孟姜女哭长城传说"是由杞梁妻哭城演变而演变来的,故事的最后形成时间是北宋年间。

宋代儒家思想得到了发扬光大,孟姜女也成为当时统治者提倡追捧的对象,因此孟姜女的故事被编成评词话本,谱成歌曲杂弹,"孟姜女庙"里四时香火不断,前来立碑献匾、拜庙赋诗的上至皇帝、下至仕宦,孟姜女随之成为"贞烈女神",成为儒家标榜的典型,被列入"二十四孝"中的二十一孝,神化成"七仙女下凡"。到明代中叶,全国各地盛行为孟姜女立庙之风。

由于故事流传较远和民间以讹传讹,孟姜女的丈夫名字出入比较大,有范杞梁、万喜良、范喜良、万杞梁、杞良、范杞良、范希郎、范喜郎等不同名字。孟姜女的故事经历了两千多年的流传和演变,其故事本身的内容也大相径庭,说法不一,如何看待这一故事,则更是众说纷纭、莫衷一是。

实质上把齐国的孟姜捏造成秦国的孟姜女,把攻打莒城改为修筑长城,是后代有意往秦始皇身上栽赃。不可一世秦王朝的遽兴忽亡,对后来替而代之的汉王朝来说无疑是需要认真总结经验教训的。汉王朝建立后,面临着如何巩固政权的问题,当高祖刘邦还陶醉在布衣天子、美梦成真的胜利喜悦时,陆贾就提出了"居马上得之,宁可以马上治之乎"②的问题,认为只有认真总结秦朝速亡的历史教训,才能找到汉王朝长治久安之策。这种对历史成败经验的总结是应该的,但是由于刘邦的平民身份而当上皇帝总觉得"名不正,言不顺",因此只有把秦说得越坏越好,这样汉王朝代秦和刘邦当上布衣皇帝就是理所当然的。于是在"过秦思潮"中一些莫须有的罪名就应运而生,比如:秦始皇的"坑儒"就是莫须有的罪名,秦始皇当时坑杀的是欺骗他的方士,后来演变成儒生。"孟姜女哭长城传说"更是张冠李戴了。

---

① (宋)郑樵:《通志·乐略》,中华书局,1995年。
② (汉)司马迁:《史记》卷九七《郦生陆贾列传》,第2699页。

三、"孟姜女哭长城传说"的讹传

"孟姜女哭长城传说"是中国人妇孺皆知的故事,历史上不少人从这个故事出发而认为秦始皇是历史上的暴君。然而这只是一个讹传。

孟姜女是春秋时期齐国的故事,后人将春秋时期的战将杞梁讹传为范杞梁,从而臆造出孟姜女寻其夫范杞梁哭倒长城的传说,历史上还有朝代根据此事为孟姜女立庙作像。其实孟姜女哭倒的并非秦朝时的长城,而是齐国的城墙。明代冯梦龙在其所著《东周列国志》中于几百年前便作了澄清:齐庄公之大将杞梁战死于疆场,"其妻孟姜氏奉夫棺,露宿三日,抚棺大恸,涕泪俱尽,继之以血。齐城忽然崩陷数尺,由于哀恸迫切,精诚之所感也。后世传秦人范杞梁差筑长城而死,其妻孟姜女送寒衣至城下,闻夫死痛哭,城为之崩。盖即齐将杞梁之事,而误传之耳"。

退一步来讲,"孟姜女哭长城传说"即使与长城有关系,也应该源于齐长城,齐长城是我国最早修建的长城,在齐长城沿线流传着不少有关孟姜女的传说和故事,随处可见孟姜女庙、坟的遗迹。在山东安丘境内的齐长城遗址上,同样流传着孟姜女的传说,在吾山与柘山交界处大车山长城岭的南坡上有着满山遍野疙瘩样的圆石头,人们传说这些石头是当年孟姜女为修建长城的丈夫送的疙瘩汤变成的,这些故事如泣如诉,令人痛断心肠,这也许是秦长城上孟姜女千里寻夫送寒衣的雏形,它是以《左传》载"杞梁妻哭夫崩城"的故事为原型,经后代人们不断流传演绎和艺术加工而成的,后人作为反抗秦王朝的暴政的例证,便将发生在齐长城上的传说克隆到了秦始皇长城上。

四、揭秘"孟姜女哭长城传说"故事的历史真相

"孟姜女哭长城传说"是我国古代著名的民间传说故事,可谓家喻户晓。它以戏剧、歌谣、诗文、说唱等多种形式出现,广为流传。关于孟姜女名称的来历本身就充满了传奇,传说江苏松江有个孟家庄,有一孟姓老头善种葫芦,由于葫芦根深叶茂,其茂盛的葫芦蔓延伸到了邻居姜家院子,于是孟、姜两家相约结了葫

芦一家一半。转眼收获的季节到了,葫芦里却经常传出一阵阵小孩的哭声。于是孟老汉小心翼翼地切开葫芦一看,有个胖胖的漂亮小女孩端坐其中,孟老汉和姜家婆婆喜欢得不得了,都想要。最后由村中长老判定两家合养,并取名孟姜女。孟姜女长大后,心灵手巧,聪颖美丽。忽然有一天,孟姜女到后花园去散心,遇到一年轻男子立在树下,满面风尘,精神疲惫。原来这个年轻人名叫范喜良(又说杞梁),自幼喜欢读书,满腹经纶。是为了躲避徭役逃匿到这里来。孟姜女见范喜良知书达礼、忠厚老实,便一见钟情,芳心暗许。孟老汉也觉得该男子知书达礼,非常赞成这门婚事,于是便和姜家商议挑选良辰吉日,为他们举办了婚礼。然而不幸的是刚刚新婚三天,一群官兵冲进来,把范喜良五花大绑带走修长城去了。孟姜女日夜思夫,茶饭不思,忧伤不已。转眼冬天来临,大雪纷飞。孟姜女想着丈夫修长城,天寒地冻,无衣御寒,便日夜赶着缝制棉衣,历尽千辛万苦,终于来到了长城脚下。经多方打听,孟姜女才知道自己的丈夫范喜良早就劳累致死,被埋在长城中了。孟姜女一听,心如刀绞,悲愤交加,向着长城昼夜痛哭。哭了三天三夜,哭得黑天昏地、死去活来。忽听轰隆一阵巨响,一时间地动山摇,长城崩塌了八百余里,竟然露出了范喜良的尸骨。秦始皇闻讯后大怒,下令把孟姜女抓来。但见她年轻漂亮,美若天仙,便欲纳她为妾。孟姜女悲痛欲绝地回答道,你先答应我三件事:一要造一座长桥,十里长,十里阔;二要十里万山造坟墩;三要你披麻戴孝到我丈夫坟前亲自祭奠。秦始皇沉思片刻便答应了。不几日的功夫,长桥坟墩全都造好,秦始皇身穿麻衣,过长城上长桥,来到范喜良的坟前祭奠。秦始皇便要孟姜女随他回宫。孟姜女冷笑一声:"你昏庸残暴,害尽天下黎民,如今又害死我夫,我岂能做你的娘娘,休想。"说完便怀抱丈夫遗骨,跳入了波涛汹涌的大海。

这个故事情节婉转凄凉、催人泪下。然而"孟姜女哭长城传说"的故事流传是经过不断演变而成的,经历了反反复复曲折的演变过程。而且有多种流传版本:

其一,"孟姜"说。古时孟为长子或长女,姜为姓,是美女的象征性称呼,在《诗经》中多次出现,《诗经·郑风·有女同车》中即有"彼美孟姜,洵美且都";《毛传》认为:"孟姜,齐之长女。"[①]

---

① 十三经注疏编委会:《毛诗正义》,第349页。

其二,《左传》说。最先记载"孟姜女哭长城"的是春秋末年鲁国史官左丘明所著的《左传》。公元前550年,齐庄公派大将杞梁、华周攻打莒国。杞梁、华周与莒国国君在蒲侯氏相遇,莒国国君想策反二人,便用重金贿赂他们并请求结盟。杞梁、华周表示:"贪图私利,违抗君令,这是君主所不齿的!早晨接受命令,中午便弃之不顾,今后又有何颜面侍奉君主呢?"于是,二人与莒人大战于蒲侯氏。莒国国君亲自击鼓迎战齐军,结果,齐军战败,杞梁被杀。齐庄公被迫与莒国讲和,然后撤军而归。《左传·襄公二十三年》云:齐国武将杞梁的妻子,无名无姓,称为杞梁妻。"齐侯归,遇杞梁之妻于郊(梁战死,妻行迎丧),使吊之。辞曰:'殖之有罪,何辱命焉?(言若有罪,不足吊)若免于罪,犹有先人之敝庐在,下妾不得与郊吊。'齐侯吊诸其室。"[1]从《左传》记载来看,其意为,齐庄公回国以后,在郊外遇到杞梁的妻子,派人向他吊唁,她辞谢说:"杞梁有罪,岂敢劳国君吊唁?如果能够免罪,还有先人的破屋在那里,下妾不能在郊外接受吊唁。"于是齐庄公又到杞梁家去吊唁。文献中既没有"哭",也没有长城或者城墙,更没有"城崩""投水"等情节。"哭"的情节在《礼记·檀弓下》中开始出现,"杞梁死焉,其妻迎其柩于路而哭之哀,庄公使人吊之"。[2] 这说明杞梁之妻遇见齐侯为的是迎柩,"哭之哀"三字又被涂上感情色彩了。

其三,《孟子说》。《孟子·告子下》记载:"昔者王豹处于淇,而河西善讴,绵驹处于高唐,而齐右善歌,华周、杞梁之妻善哭其夫,而变国俗。"[3]把杞梁妻的哭和王豹、绵驹的歌讴同举,并说她哭夫而变国俗,可见齐国唱她的哭调的风气在当时是很盛行的。

其四,刘向说。到了汉代,杞梁妻故事有了重要发展,讹的成分越来越强。刘向的《列女传》中增加了哭倒"城墙"的内容。开始出现杞梁妻"哭城"的故事,但此时的城并非指长城,而是城墙。他在《说苑·善说》中指出:"昔华舟、杞梁战而死,其妻悲之,向城而哭,隅为之崩,城为之阤。"[4]是从《孟子》书中引用了前半句,增加了"哭城墙"的环节。从此以后书中不但出现了"哭城"的情节,还出现了

---

[1] 十三经注疏编委会:《春秋左传正义》,北京大学出版社,2007年,第1147页。
[2] 十三经注疏编委会:《礼记正义》,北京大学出版社,2007年,第356页。
[3] 十三经注疏编委会:《孟子注疏》,北京大学出版社,2007年,第387页。
[4] (汉)刘向:《说苑》,第93页。

"崩城"的情节。"哭城"的情节尽管生动形象,但与《左传》《礼记》记载杞梁妻在郊外"知礼"的行为相比,简直判若两人。而且刘向又在《列女传》中加入了杞梁妻"投淄水"而死的情节:"杞梁之妻无子,内外皆无五属之亲。既无所归,乃枕其夫之尸于城下而哭之,内诚动人,道路过者莫不为之挥涕,十日,而城为之崩。既葬,曰:'吾何归矣? 夫妇人必有所倚者也。父在则倚父,夫在则倚夫,子在则倚子。今吾上则无父,中则无夫,下则无子。内无所依,以见吾诚。外无所倚,以立吾节。吾岂能更二哉! 亦死而已。'遂赴淄水(靠近齐国都城临淄)而死。"刘向仅仅记载了杞梁妻"哭城"一事,但并未记载杞梁妻哭的是哪一座城。

其五,王充说。东汉时期王充在《论衡·变动》中说杞梁妻哭的是杞国的杞城,还提到杞城被哭崩五丈,"或时杞国且圮,而杞梁之妻适哭城下……又城老墙朽,犹有崩坏。一妇之哭,崩五丈之城……"。当然王充也质疑说:"哭能崩城,复能坏山乎?"[①]意思是说,如果哭能够使城墙崩塌,那么它不会使山崩塌吗? 东汉末年的文学家邯郸淳在《曹娥碑》也提到"杞崩城隅",西晋时期的经学博士崔豹的《古今注》也说"杞都城感之而颓"。事实上,无论是杞国还是杞城,都与杞梁以及其死亡之地无关,或许正是因为杞梁的名字中带有"杞"字,所以才出现了杞梁妻哭崩杞城的传说。

其六,《黄初六年令》说。三国时候,曹植在《黄初六年令》中说"杞妻哭梁,山为之崩",又在《精微篇》中提到"杞妻哭死夫,梁山为之倾"。于是更进一步,出现了杞梁妻"哭崩山"的传说,并且说被哭崩的山就是梁山(今山西西南部和陕西东部),之所以与梁山扯上关系,是因为春秋时期梁山的确曾经发生过一次巨大的崩塌事件,正是因为有了王充的"崩山说",再加上杞梁的名字中带有"梁"字,所以才会有杞梁妻哭崩梁山的传说。故事越来越玄乎。

其七,唐《同贤记》说。此传说愈来愈接近现在的故事梗概。该书记载:秦朝时,秦始皇征发劳役修建长城,燕人杞良为躲避劳役,跳进了孟超家的后园。当时,孟超的女儿孟仲姿正在后园中的水池里洗澡,不小心被杞良看了个精光。古代女性很注重个人名节,所以孟仲姿就请求杞良娶她为妻,于是杞良迎娶了孟仲姿。成亲后,杞良返回家中,但不幸被主管征发劳役事务的官员发现。官员对

[①] (汉)王充撰,黄晖校释:《论衡校释》,中华书局,1990年。

杞良的逃走耿耿于怀，便打死了杞良，并将其尸骨埋进了长城的城墙内。孟仲姿听说后，赶到长城下号啕大哭，致使长城崩塌。在倒塌的废墟上露出很多尸骨，并且互相交错。孟仲姿分辨不出哪具才是杞良的，在寻找的过程中，导致刺破手指，将血滴在尸骨上，并说："如果是杞良的尸骨，血液就流进去吧！"通过"滴血认骨"，孟仲姿终于找到了杞良的尸骨，然后将其带回家安葬了。这个记载与先前的史籍记载有五处不同：一是故事的主人公由"杞梁"变成了"杞良"；二是主人公由春秋时期的齐国人变成了秦朝时的燕地人；三是之前杞梁的妻子由于没有留下姓名而被称为杞梁妻，现在变成了有名有姓的"孟仲姿"；四是杞梁原本是在与莒国国君作战时被杀，在此处变成了被官员打死的；五是多出了一段孟仲姿通过"滴血认骨"找到杞良尸骨的情节。与上面的故事中有雷同的，也有创新演义的成分。孟姜女是由"孟仲姿"演义而来，而杞梁由齐人之所以变成燕人，是因为燕地靠近秦长城，秦始皇曾经利用过燕国长城，而且燕国长城离海比较近，实质上就是要和秦始皇修长城联系在一起。然而更离奇的是，"滴血认骨"始于三国，兴盛于六朝，比秦朝晚了近四五百年。"滴血认骨"虽然不科学，但古人仅仅使用于有血缘关系的直系亲属之间，绝不会用于夫妻之间，所以孟仲姿"滴血认夫"显得极为荒诞。比《同贤记》稍晚的《唐抄文选集注汇存》与《同贤记》内容大致相似，但稍有不同，一位叫孟姿的女子居住在长城附近。有一天，她正在后园的水池中玩耍，恰巧看到了为躲避徭役而逃入她家后园的杞梁。孟姿请求杞梁娶她为妻，杞梁谢绝，但孟姿执意要嫁给杞梁，于是两人开始交往。后来，孟姿听说杞梁去世，尸体被埋进长城，于是向城而哭，长城为之崩塌。由于尸骨太多，难以辨认，孟姿变泪为血，然后"滴血认骨"，找到了杞梁。《唐抄文选集注汇存》并未说杞梁是哪里人，也没说杞梁是如何去世的，仅仅把《同贤记》中的"杞良"又改为了"杞梁"，"孟仲姿"也变成了"孟姿"，似乎与孟姜女的"孟姜"更为接近了，因为"姿"与"姜"都带有"女"字旁，并且字形也有些相似。

由于秦始皇的知名度和秦王朝的影响，以及之后出现的"过秦思潮"，使得杞梁妻故事一经与秦筑长城挂上钩就出现了质的变化。之所以如此，是因为唐朝之前在北方筑长城徭役最重、民怨最大的要数北齐和隋朝。其统治时间不长，但暴君文宣帝高洋驱赶百姓大规模地修筑长城，在短短的六年里筑长城三千余里。隋代也是如此，开皇元年至大业三年的 27 年中，修筑长城凡五次。如隋炀帝"大业三年七月,发丁男百余万筑长城"。这些修长城事件对唐代文人影响很大,特别是唐人也在总结强大的秦、隋王朝为何短命而亡。因此秦、隋筑长城的史实,为"杞良妻"哭倒长城的民间传说的产生和流传提供了适宜的土壤和气候。于是唐诗人贯休在《杞梁妻》一诗中,将故事时间移动至秦朝,并将"崩城"变成"崩长城"。"秦之无道兮四海枯,筑长城兮遮北胡。筑人筑土一万里,杞梁贞妇啼呜呜。上无父兮中无夫,下无子兮孤复孤。一号城崩塞色苦,再号杞梁骨出土。疲魂饥魄相逐归,陌上少年莫相非。"①是最早将杞梁与秦始皇长城扯在一起的。王翰也写出了"回来饮马长城窟,长安道傍多白骨。问之耆老何代人,云是秦王筑城卒。黄昏塞北无人烟,鬼哭啾啾声沸天。无罪见诛功不赏,孤魂流落此城边。当昔秦王按剑起,诸侯膝行不敢视。富国强兵二十年,筑怨兴徭九千里。秦王筑城何太愚,天实亡秦非北胡。一朝祸起萧墙内,渭水咸阳不复都"这样的诗句。② 在敦煌石窟发现的隋唐乐府中,"孟姜女"这个名字第一次出现于《敦煌曲子词》中的《捣练子》一诗:"孟姜女,杞梁妻,一去燕山更不归,造得寒衣无人送,不免自家送征衣。"此时,由"夫死哭城"变成了"寻夫送衣"。

作为长期流传的传说总要附会到一个大家都知道的事物上,才能为更多的人记住,于是唐代将秦始皇与孟姜女联系在一起。经过长期的演变流传,传说越来越离奇,孟姜女开始哭的是一个城邑的城墙。随着不断传播,需要说成一个为更多人所知晓的地方的城墙。当故事在齐鲁大地流传时,就成了哭崩齐国城墙。传播到全国范围时,就需要孟姜女哭倒一个全国都知道的城墙。原本没有"哭"的孟姜女,从春秋到了唐朝,终于"哭倒"了秦长城。

其八,宋元明清时期,该故事流传更广。宋元时有《范杞良一命亡沙塞,孟姜女千里送寒衣》之戏文,而元明杂剧亦有《孟姜女死哭长城》之剧。南宋郑樵曰:"杞梁之妻,与经传所言者,数十言耳,彼则演成万千言……。"③到了明代,明政府为了防止瓦剌入侵,明朝初年就提出了"高筑墙",因此更是大修长城,招致民怨沸腾。老百姓为了发泄对统治者的不满,又改杞梁妻为"孟姜女",改杞梁为"万喜梁"(或范喜梁),加了诸如招亲、夫妻恩爱、千里送寒衣等情节,创造出全新

---

① 中华书局点校本:《全唐诗》卷八二六《贯休一》,中华书局,1999年,第9388页。
② 中华书局点校本:《全唐诗》卷一五六《王翰》,第1607页。
③ (宋)郑樵:《通志》,第911页。

的"孟姜女哭长城传说"传说。这时的内容和后来的故事已经相似了。杞梁后来讹化成万喜良或范喜良,其妻成为孟姜女。

北宋时期,民间出现了祭祀孟姜女的祠庙。随着孟姜女形象不断高大,孟姜女传说如雨后春笋般地在全国各地传播开来,传说的内容进一步丰富,情节进一步完善,加上宋明时期理学家对纲常道德的提倡,孟姜女的形象更高大了。从明朝中叶开始,全国各地兴起了为孟姜女立庙的高潮。孟姜女故事进入文学创作以后,通过小曲、鼓词、平话和戏剧等文艺形式的传唱,使其内容不断完善和丰富。孟姜女的性格越来越鲜明突出,形象越来越血肉丰满。人们对这位贤德妇人非常景仰和崇拜,逐渐把她当成圣者加以神化。至清代,孟姜女传说已非常成熟。孟姜女这个名人也成为各地争取的对象。根据1461年编撰完成的《大明一统志》记载:"孟姜女本陕之同官人,秦时以夫死长城,自负遗骨以葬于县北三里许,死石穴中。"同官(今陕西铜川),在春秋战国时期隶属于秦国,如果孟姜女来自同官,那么她便成了秦人。1519年,安肃(今河北徐水)知县张镇作在宋朝时期建造的孟姜女庙的古迹上重新修建,并在石碑中说孟姜女是燕人,安肃就是孟姜女的故乡。到了1534年,湖南巡抚林大格修建了澧州孟姜女祠。澧州人李如圭在祠记中说孟姜女出生在秦国的澧州,去世时却是在同官。陕西人马理所著《同官孟姜庙碑记》《孟姜女补传》及《孟姜女集》都继承了这种说法。1594年,山海关尹张栋在山海关为孟姜女立祠,碑文上说,孟姜女姓许,名叫许孟姜,丈夫范郎筑城而死,许孟姜得知后,去寻找其夫,最后痛哭而亡。黄世康作的碑文也说孟姜女姓许,嫁给了秦人范植。范植去世后,孟姜女在城下痛哭三日而亡。主持修建长城的大将军蒙恬大为感动,便将二人合葬在山海关。此时,孟姜女的墓地已经有四处:临淄、同官、安肃和山海关。

在山东当地一直流传着这样一个故事,在泰山西边有一条由齐国通往鲁国的交通要道,在这条大道的咽喉处,南北排列着几个村庄,最南边的叫界首,中间的叫皮家店,再往北的村庄叫铺子。当时这里正是齐鲁两国的交界点,鲁国为了防御强大的齐国,就在边界一带由西向东修建了一道边防寨墙,只在路口处留有寨门,并屯兵把守。不久就形成了一个村庄,取名就叫界首。以后为了经商的方便,齐国商人便把货物运到两国边界附近的地方安顿下来,并在这里建商铺客店,很快形成村名为"铺子"和"店子"的村落。有一年铺子村迁来一户齐国都城临淄的姜姓人家,生了个女孩,取名叫孟姜。小时候孟姜聪明伶俐,十分招人喜爱。随着年龄的增长,小孟姜不仅长得越来越漂亮,而且手也越来越灵巧,爹娘一直都把她当成掌上明珠。当孟姜女长到十七八岁的时候,上门求亲的人家络绎不绝,最后爹娘为她选中了一户也由都城临淄迁来的万姓人家的男青年,名字叫万杞梁。结婚后二人恩恩爱爱,相敬如宾。但他们结婚不久,齐国为了加强防御,就在国内大力征调人力修筑长城。当时青壮年基本都被征调,万杞梁也在其中。起先他在家乡一带修长城,虽然又苦又累,但终究因为离家较近,所以孟姜女能随时到山上探望丈夫,送衣送饭。经过几年的艰苦修筑,在铺子村的东西山上都建起了十分高大的长城。泰山以西的长城修筑完以后,万杞梁又被征调到沂山以东去修筑长城,一去几年,杳无音信。有一年冬天特别寒冷,孟姜女心疼在外的丈夫,便连夜赶制棉衣,沿着长城向东,为丈夫千里送寒衣。她一路经历众多艰难险阻,最后终于在莒国打听到丈夫的消息,但是此时丈夫已经累死,被埋在了长城之下。孟姜女十分悲伤,如万箭穿心,再也忍受不住心头的悲痛,一头扑向埋葬丈夫的城墙边上大哭起来。哭了十天十夜,感动了上天,长城崩塌了一大片,自己丈夫万杞梁的尸体也完好地显露了出来,她扑上去为丈夫穿上了新做的棉衣,并选了背风向阳的地方重新埋葬。孟姜女本想随夫而去,但为了照顾公婆,强忍泪水返回。但不久公婆从别人嘴里得知儿子已死的消息,因伤心去世。孟姜女在万念俱灭的情况下,投进村东的红石江而死。铺子村的村民为了纪念孟姜女,便把村子改名为"长城铺",后又改成"长城村",并在城门阁楼东边修建了孟姜女庙,庙内香火不断,"孟姜女哭长城传说"的故事,也就世世代代流传了下来。

杞梁妻哭夫的故事最早的记载是公元前549年,这时的秦始皇长城还没有修建。而齐长城西段早在周灵王十五年(前557年)就已完成。因此孟姜女哭的是齐长城,和秦始皇长城没有任何关系。齐长城考察队对齐长城进行了全面考察后,认为孟姜女的原型就是杞梁妻,孟姜女埋完丈夫后,回到长城铺,痛哭一场,投村东红石江(现有殉情遗址)。通过这个传说,可以看出孟姜女是在长城铺哭夫,进而演化为"孟姜女哭长城传说"。

孟姜女故事的原型到底是谁?她与秦始皇之间到底有无关系?顾颉刚是史学大家,也是研究孟姜女故事的专家,他对传说故事进行精细和系统的考证,写出了《孟姜女的故事转变》和《孟姜女故事研究》，从纵横两方面提出了故事的历史系统和地理系统，对孟姜女的传说进行了系统的研究，提出了自己的看法，他认为，从孟姜女故事已看不清杞梁妻的真正历史面目了。因而顾颉刚先生提出了唐代以来孟姜女故事由春秋时杞梁之妻演化而来的说法。这种看法是有见地的。因为民间传说是民间文学的一种形式。在流传过程中不断变化，而且孟姜女这个故事，流传了2 000多年，正因为传播地区广泛，其故事情节的变化是必然的。孟姜女传说，由原来的齐国杞梁之妻，逐渐演变到了隋唐之前，急剧转变为孟姜女哭倒埋夫尸的万里长城，正是民间文学这种规律的表现。

历史上的杞国是个小国，史书记载甚少，《史记》中虽有《陈杞世家》记载了陈国、杞国两国的历史，但对杞国的描述只有270多个字，而且还特别说到：杞国微小，其事迹不值得记载。这样的小国，在周围强邻的压迫下，被迫屡次迁徙。《史记》中也没有"孟姜女哭长城传说"的相关记载。"孟姜女哭长城传说"纯属虚构，山海关上的孟姜女庙更是离奇。因为山海关长城是明代修建的，比秦始皇长城晚得多，而且秦始皇修筑的长城，距山海关北去数百里。既然当时当地并无长城，哭长城之事自然是不可能有。实质上可以看出，"孟姜女哭长城传说"是一个不断附会、不断添加的故事，与历史事实相差太远。

现在我们听得最多的孟姜女传说，其故事核心经过长期的演变在唐朝已经定型。这个故事情节非常简单，目的就是要达到"哭倒长城"和"批判秦始皇"之目的。这是该传说中最重要的两个节点。历史上，为了防御外强入侵，历朝历代都在修筑工事。修筑长城是中国历史上最为宏大的军事防御工程，也是历代王朝各种劳役中最为残酷、最具代表性的一项劳役，从春秋至明代，近两千年漫长的岁月中，长城屡修屡补，强征了无数的民夫，任何时候都可能产生像孟姜女那样的遭遇。因此，孟姜女和范喜良，是无数劳动人民在承受无限度的劳役中塑造出来的两个典型人物，集中表现了千百万下层百姓被劳役逼得家破人亡、妻离子散的灾难。"孟姜女哭长城传说"的故事，采用了不同的艺术形式，情节经过了历史上无数次的演变，它是对古代统治阶级暴虐行为的控诉，也是对被奴役者不畏强暴、坚贞不屈精神的歌颂。

由上所述可见，孟姜女哭长城的传说故事，是在长期的文化演变中逐渐丰满起来的。动人的哭长城故事，是对统治阶级暴虐行为的控诉，也是对被奴役者不畏强暴、坚贞不屈精神的歌颂。而秦始皇就有点委屈了,被称为暴君,一件子虚乌有的事情,经过历代人们的加工,最终变得面目全非。

对于"孟姜女哭长城传说"的演变,有学者认为:如果从"孟姜女哭长城"故事迁移的地域来看,这个故事是随着历朝历代文化中心的迁移而改变的。春秋战国时期,齐、鲁的文化最高,所以此事起于齐地。西汉定都长安,长安位于齐国西部,因此故事向西迁移,才有了哭崩梁山和长城的传说。随后,沿着长城迁移。长城东至辽左,《同贤记》中便有了杞梁为燕人之说;长城西至临洮,《敦煌曲子词》中便有了孟姜寻夫之说。北宋定都汴梁(河南开封),传说又从西部来到中部,因此才有雍丘县的范郎庙。湖南受到陕西的影响,所以才有澧州的孟姜山。广东、广西一方面受到北方的影响,一方面又继续往东影响福建、浙江,浙江又向江苏传播。江浙一带是南宋时期的文化圣地,虽然受到传说影响较晚,但对全国的影响却非常大。封建王朝从辽到清朝一直建都于北京,因此北方逐渐成为传说的后起之秀,并有了孟姜女与夫合葬山海关的传说。①

长城是"孟姜女哭长城传说"的最核心因素。历史上除了秦始皇时期修长城以外,以后的多个王朝也在修建,修建长城在当时尽管是必要的,但是这样的大工程毕竟给当时的老百姓增加了徭役、加重了负担,对于一般老百姓来讲就是劳民伤财的工程。因此孟姜女传说的几次大范围的传播和演绎,都与当时的修筑长城有关,而秦始皇也因此与孟姜女"穿越时空"见面了。其实,根据《左传》的记载,秦始皇同孟姜女的原型"杞梁妻"相隔数百年,是绝无可能产生瓜葛的。现在流传最广的"孟姜女哭长城传说"版本是明代形成的,而明代正是中国古代社会最后一次大修长城的时期,劳动人民把现实中因长城带来的苦难同秦始皇这个统治者的代表联系在一起,通过文学艺术的形式来发泄其内心的不满。

从最初的杞梁妻故事到最后的孟姜女哭长城传说,其演变过程历经两千余年。一个故事能长时间为人民群众所喜爱,并不断地被改造、加工,并非偶然。其主要原因是因为这个故事代表了老百姓的共同愿望,抒发了劳动人民最真实的心声。那就是向往和平、追求稳定、渴望家庭生活的幸福和安宁。因此伴随着历史的脚步,经过了长期集中、提炼、丰富发展的典型化过程。它的故事情节由

---

① 韩明辉:《这些年,我们还在相信的历史谣言》,浙江大学出版社,2016年。

非常单一到复杂曲折；人物性格由概括到鲜明突出；浪漫主义的传奇色彩也日益浓重。孟姜女这个民间普通妇女的形象，集中表现了人民的正直、善良、勤劳、勇敢的高贵品质，以及不畏强暴、敢于斗争的英雄主义精神。

"孟姜女哭长城传说"之所以能流传千古、妇孺皆知，是因为这个传说是古人反抗暴政的体现，体现了古代劳动人民的反抗心声。特别是汉朝的"过秦思潮"对后世产生了重要的影响，汉王朝第一个叙述崩城之事的人是刘向。此时，孟姜女的故事已不仅仅是一场可歌可泣的爱情悲剧，更融入了反对暴政的抗争色彩。

"孟姜女哭长城传说"尽管是一个传说，但流传甚广，对中国古代社会影响甚大，已经完全超出了文学作品影响的范围。

总而言之，"孟姜女"原型"杞梁妻"的故乡就在中国历史上第一个修筑长城的齐国。齐长城的修建无疑增加了劳动人民的赋税和徭役。据调查，在齐长城经过的地方，都有"孟姜女哭长城传说"的广泛传播。因此"孟姜女哭长城传说"在起源之时所哭的应为"齐长城"。在秦始皇统一六国后，故事才随着齐地居民的迁徙而传播到各地。尤其是随着秦始皇修筑长城，人民苦难不断加深，这一故事的传播力不断被放大。更为重要的是，汉王朝代替秦王朝以后，必须寻找代替秦王朝的缘由，只有把秦说得越坏越好，没有贵族血统的刘邦代替秦王朝才是合理合法的，平民皇帝刘邦就能顺理成章成为汉朝的开国皇帝，于是就有了一股"过秦"思潮。汉朝的"过秦"思潮，把不该是秦始皇承担的责任也全部转嫁到秦始皇的身上。同时为了与秦始皇长城划清界限，汉代把长城称为"塞"而不称为长城，把秦昭襄王时期的长城称为"故塞""与中国界于故塞"。[①] 明代的长城也不得不称为"边墙""大边""二边"。

---

① （汉）司马迁：《史记》卷一一〇《匈奴列传》，第 3492 页。

第九章 "汉承秦制"影响下的汉长城

汉王朝虽然代秦而立,对秦朝制度有所损益,但也充分表现出"汉承秦制"。"汉承秦制"不仅表现在政治制度上,在长城的修建上也表现得淋漓尽致。汉王朝也修建了长城,而且有过之而无不及。之所以如此,是因为秦汉时期主要的敌人都是匈奴,尽管秦始皇时期对匈奴已经形成很大压力,但秦很快就灭亡了,匈奴势力东山再起,继续向汉王朝形成强大的压力,汉王朝不得不采取诸多办法,利用秦长城与"和亲"是汉朝前期的方法,从汉武帝开始采取武力征服并继续加大长城的修建,才真正解决了匈奴的问题,巩固了边疆地区。

一、西汉为何也要修建长城

汉朝初年由于秦末的战乱经济不好,国力弱小,被秦始皇赶到阴山以北的匈奴卷土重来,对汉王朝带来了严重的影响。汉高祖刘邦虽然动用三十万兵力去攻打匈奴,但以失败告终。所以汉朝初年的统治者对强大的匈奴只有采取"和亲"政策,但并不能从根本上解决匈奴问题。汉武帝时期在文景之治的基础上变汉初的无为而治政策为有为政策,除了用兵匈奴以外,就是修建长城。

汉代对长城的修建极为重视。《史记》记载严安上书武帝:"今欲招南夷,朝夜郎,降羌僰,略濊州,建城邑,深入匈奴,燔其茏城,议者美之。此人臣之利也,非天下之长策也。今中国无狗吠之惊,而外累于远方之备,靡敝国家,非所以子民也。行无穷之欲,甘心快意,结怨于匈奴,非所以安边也。"[1]主父偃建议汉武帝由进攻匈奴转为守边防御,置朔方郡"外阻河"以御匈奴。西汉时期,虽然在西

---

[1] (汉)司马迁:《史记》卷一一二《平津侯主父列传》,第2959页。

南、岭南与蛮夷偶尔也有战争,但军事上的防御重点依然是北方的匈奴及西北地区的羌人。但是汉王朝忌讳秦修长城导致秦快速灭亡的教训,遂称长城为"塞"或者"障塞",称秦长城为故塞。故《汉书·高帝纪》载,二年(前205年),"兴关中卒乘边塞";①"复缮故秦时蒙恬所为塞"。②《史记·匈奴列传》云:"汉使光禄徐自为出五原塞数百里,远者千余里,筑障城列亭至庐朐。"③《汉书·张骞传》也云:"击破姑师,虏楼兰王。酒泉列亭障至玉门矣。"④《汉书·赵充国辛庆忌传》曰:"自敦煌至辽东万一千五百余里,乘塞列隧有吏卒数千人。"⑤

秦对匈奴的用兵只在北方地区,而汉对匈奴的用兵已经伸展到了河西走廊和西域地区,规模扩大,防御体系的范围也一定要扩大,否则会前功尽弃。因此西汉王朝在派卫青、霍去病等大将取得河南、河西、漠北三大战役的胜利之后,向西把烽燧、亭障从酒泉伸展到盐泽(今新疆罗布泊);向北则把"塞外列城"修到了居延海。这样一来,就控制了祁连山和焉支山,打通了河西走廊,从而比较彻底地解除了匈奴的威胁。同时派张骞两次出使西域,使丝绸之路畅通无阻,中西经济文化交流日益频繁,推动了河西走廊与西域地区经济的大发展。与此同时呼韩邪单于自请留居塞下,为汉守边,则开了匈奴政权接受中原政权领导的先河。以后的六七十年间,西北地区可谓边城晏闭、牛马布野。

长城作为一种势力范围的标志,显示着某种战略优势,构成了一种对敌人的潜在威慑。汉王朝在威慑所及的地区设屯戍守卫,组织大规模移民垦殖,迁徙安置降众,逐渐拓展了中原先进的耕作制度与生产方式,也促进了边境地区经济的繁荣和各民族间文化的交流与渗透。长城非但没有割裂各民族间的联系,反倒是因为有了长城及其戍守军人的管理监护,才更加有利于各民族之间的有序交往与文化趋同。因为不少朝代都注重把依附而来的游牧民族安置于长城内外的边境郡县,这就使他们更有机会接近中原地区的生产方式与文化传统,同时也为边境口岸的双向贸易提供了市场。如今沿长城一线不少称为"口"的城镇,都是

---

① (汉)班固:《汉书》卷一上《高帝纪》,第38页。
② (汉)班固:《汉书》卷九四上《匈奴传》,第3766页。
③ (汉)司马迁:《史记》卷一一〇《匈奴列传》,第2916页。
④ (汉)班固:《汉书》卷六一《张骞李广利传》,第2694页。
⑤ (汉)班固:《汉书》卷六九《赵充国辛庆忌传》,第2989页。

基于边境贸易而逐渐发展起来的。

汉代为了避免秦筑长城而短命的历史宿命，不称长城而称汉塞、汉塞垣，如《史记·匈奴列传》载"复缮故秦时蒙恬所为塞"。[①]《史记·朝鲜列传》载"复修辽东故塞"。[②]《后汉书·乌桓列传》载"秦筑长城，汉起塞垣"。[③] 西汉初年防御方面很大程度上延续了秦王朝的方针，特别是"白登之围"后，多沿用秦长城。武帝时由于国力和军事力量的提升，由战略防守变为战略进攻，在军事战争取得胜利的前提下，在河西地区和西域也修建汉长城。武帝后，西汉没有大规模对外用兵，同时由于汉与西域诸国关系缓和，故此后西汉对汉塞多修缮，较少新建。

西汉之所以修缮和新建长城，与春秋战国时期中原王朝与游牧民族之间修建长城相比有着共同的外因——外族的侵扰，同时西汉也有其特殊的内因——自身无法完全摆脱被威胁的压力，无论是真实存在的，还是心理层面的。因此内外双重压力造成了西汉政府不得不沿袭传统的防御理念，并将其完善。

由于匈奴的不断侵扰，长城修筑的外在因素便是存在的。所以，首先要明确是否真实存在匈奴的侵扰。因为武帝马邑伏击之后，汉匈处于战争期，汉匈关系发生了实质性变化，所以不能将匈奴的侵扰情况一概而论，要分时段分析。以武帝出击匈奴为界点，将匈奴侵扰情况分为三个阶段，一是高祖"和亲"到武帝马邑之前，二是武帝汉匈战争时期，三是武帝对匈奴战争之后。

匈奴发展到冒顿时期实力最强，不但匈奴贵人大臣皆服，而且"尽服从北夷，而南与中国为敌国"，[④]控弦四十万侵扰汉边，高祖迎战被围，险些被俘虏；后冒顿常侵盗代地。汉患之，"高帝乃使刘敬奉宗室女公主为单于阏氏，岁奉匈奴絮缯酒米食物各有数，约为昆弟以和亲，冒顿乃少止"，[⑤]然扰边情况并未彻底解决。

汉匈和亲后，史书用"冒顿乃少止"概言，说明仍有进犯，但无详细记载，仅"燕王卢绾反，率其党数千人降匈奴，往来苦上谷以东"，说明降匈奴的燕王曾有

---

① （汉）司马迁：《史记》卷一一〇《匈奴列传》，第2906页。
② （汉）司马迁：《史记》卷一一五《朝鲜列传》，第2985页。
③ （南朝宋）范晔：《后汉书》卷九〇《乌桓传》，第2992页。
④ （汉）司马迁：《史记》卷一一〇《匈奴列传》，第2890页。
⑤ （汉）司马迁：《史记》卷一一〇《匈奴列传》，第2985页。

进犯,但时间和次数未详。故除此外,从和亲到高祖十二年去世的六年中,无其他进犯的情况。《汉书·高后纪》载:六年六月"匈奴寇狄道,攻阿阳。七年冬十二月,匈奴寇狄道,略二千人。师古曰:狄道属陇西。阿阳,天水之县也"。① 《史记·文帝本纪》载:三年五月,匈奴入北地,居河南为寇;十四年冬,匈奴谋入边为寇,攻朝那塞,杀北地都尉印;至文帝后二年,间者累年,匈奴并暴边境,多杀吏民;后六年,匈奴三万人入上郡,三万人入云中。② 文帝十四年,匈奴单于十四万骑辱朝那、萧关,杀北地郡都尉印,虏人民畜产甚多,遂至彭阳。使奇兵入烧回中宫,候骑至雍甘泉……匈奴日已骄,岁入边,杀略人民畜产甚多,云中、辽东最甚,至代郡万余人。文帝后四岁,老上稽粥单于死,子军臣立为单于。军臣单于立四岁,匈奴复绝和亲,大入上郡、云中各三万骑,所杀略甚众而去。③《汉书·五行志》载文帝后六年秋,匈奴大入上郡、云中,烽火通长安。④《汉书·天文志》载文帝后六年十一月,匈奴入上郡、云中。⑤ "文帝十七年即后元年,匈奴数入边",⑥ "文帝后三年匈奴愈骄,侵犯北边,杀略多至万余人"。⑦ "景帝时,匈奴时时小入盗边,无大寇"。⑧ 汉武帝即位后,"匈奴自单于以下皆亲汉,往来长城下";"匈奴绝和亲,攻当路塞,往往入盗于边,不可胜数"。⑨

据统计,匈奴对汉的侵扰惠帝、高后的十四年中2次,平均7年1次;文帝的23年中7次,平均3年多1次;景帝16年中4次,平均4年1次。

武帝时期派兵出击匈奴后,匈奴远遁,对西汉的侵扰逐渐减少,危害也微乎其微。即使匈奴有狩猎、零星的农业、手工业等为辅助生计,还有贸易的往来、西汉和亲贡赐等都带来丰厚的利益,使得游牧自身的生产局限有所缓解。但是匈奴的游牧本质决定其存储财富有限,在恶劣的特殊气候出现时,不但游牧主业不

---

① (汉)班固:《汉书》卷三《高后纪》,第99页。
② (汉)司马迁:《史记》卷一〇《文帝本纪》,第425、428、431页。
③ (汉)司马迁:《史记》卷一一〇《匈奴列传》,第2901、2904页。
④ (汉)班固:《汉书》卷二七下《五行志》,第1384页。
⑤ (汉)班固:《汉书》卷二六《天文志》,第1303页。
⑥ (汉)班固:《汉书》卷二五上《郊祀志》,第1215页。
⑦ (汉)班固:《汉书》卷二七上《五行志》,第1346页。
⑧ (汉)司马迁:《史记》卷一一〇《匈奴列传》,第2904页;(汉)班固:《汉书》卷九四上《匈奴传》上,第3765页。
⑨ (汉)司马迁:《史记》卷一一〇《匈奴列传》,第2904、2905页;(汉)班固:《汉书》卷九四上《匈奴传》,第3765页。

支,其副业缓解力度也有所降低。在这种紧急情况下,虽然西汉防御体系的完善会使匈奴掠夺付出代价不断增加,但特殊气候造就的"紧急情况"、掠夺代价两害相权取其轻,匈奴仍会选择侵扰。因此游牧民族自身的生产基础,在面临特殊气候时会有效地推动匈奴采用侵扰获得补给。而且除了匈奴自身原因和气候影响外,西汉政府和逃亡到西汉的汉人也诱使和督促了匈奴发动侵扰。

受匈奴自身生产基础和特殊气候影响,在西汉王朝和投降匈奴的汉人影响等因素的促成下,匈奴的侵扰以汉前期为主。汉武帝马邑伏击之后,汉匈的关系发生了实质性的变化,不再是和亲掩盖下的匈奴单方面的扰边,双方完全处于战争期,而且此时期西汉匈奴均有主动出击,故匈奴发动的扰边事件属于战争时期的正常反应。武帝之后的昭帝、宣帝时期,匈奴扰边微乎其微,尤其在匈奴内乱和南匈奴内迁之后,未再有侵扰,然此时长城依然存在,甚至元帝时呼韩邪单于上书愿保塞上谷以西至敦煌,请罢边备塞吏卒时,仍未通过。[①] 而且西汉长城除了沿用秦长城外还有新建部分,且新建的长城主要是在武帝战争胜利之后,宣帝时也有烽燧的修建,而事实上此时匈奴的侵扰已经不是主要原因了,但是仍然利用长城来防御,说明西汉长城的修建除了外因匈奴侵扰外,还有西汉自身的内在原因。

高祖时多内战,其后主要是匈奴侵扰,社会承受着内忧外患的双重压力,战争滋扰无法提供一个安定环境,百姓自然无法安心生产,尤其边郡深受匈奴侵扰,影响了整个西汉社会经济的发展和累积。还有西汉建立时的经济基础比较薄弱,当时整个社会经济受到了极大的破坏,"汉兴,接秦之弊,诸侯并起,民失作业,而大饥馑。凡米石五千,人相食,死者过半,高祖乃令民得卖子,就食蜀汉。天下既定,民亡盖藏,自天子不能具醇驷,而将相或乘牛车"。[②] 可以看出,西汉初年处于百废待兴之际,政局不稳,战争、灾害等对财富的消耗,当然没有足够的实力修筑新的防御工事。刚建立起来的西汉统治集团多平民出身,没有足够的应对匈奴经验,只能借鉴"秦有陇西、北地、上郡,筑长城以距胡。而赵武灵王自代并阴山下至高阙为塞,而置云中、雁门、代郡……燕亦筑长城,自造阳至襄平,置上谷、渔阳、右北平、辽西、辽东郡以距胡……秦灭六国,使蒙恬将数十万之众

---

① (汉)班固:《汉书》卷九四下《匈奴传》,第3803—3805页。
② (汉)班固:《汉书》卷二四上《食货志》,第1127页。

北击胡,悉收河南地,因河为塞,筑四十四县城临河,徙适戍以充之"①的历史,选择长城阻隔强悍的匈奴。又因为高祖"平城之围"的影响,使得惠帝至景帝的几位帝王在位期间虽骑兵比高祖时有所增多,经济实力也有所增长,但仍不敢贸然主动出击匈奴。

汉初的匈奴却处于强盛时期,并且趁汉初经济不好不断南下骚扰。匈奴"儿能骑羊,引弓射鸟鼠;少长则射狐兔用为食。士力能弯弓,尽为甲骑。其俗,宽则随畜,因射猎禽兽为生业;急则人习战攻以侵伐,其天性也"。② 匈奴游牧的本性使他们可以长途跋涉逃避打击,当西汉大部队撤退后,又可机动的返回,而历史没有提供除长城外更多可行选择,故在新占领区域修筑长城。且关键还在于西汉在战争中消耗较大,经济实力无法继续支持深入追击匈奴或保持胜利局势,所以也不得不运用长城保卫战争果实。匈奴骑兵以运动和速度见长,他们像草原上的旋风一样来去神速。但长城的出现,成为一条牢固的绊马索,有力地减缓并削弱了骑兵的进攻速度和能力,使骑兵的优势迅速变成了劣势,在汉匈战争史上有着深远的军事意义。

二、西汉长城的修建

汉王朝修长城大体上可分为三个阶段:其一,汉朝建立两年后,即公元前201年缮治河上塞;其二,汉武帝时期,国力强盛,派卫青、霍去病征伐匈奴,将长城向西北扩至河西走廊及其以西;其三,公元前102年,武帝又命光禄卿徐自为修筑五原塞外列城,匈奴人自此彻底退至大漠以北。

西汉长城是修缮利用前代长城并新建长城,也就是在沿用前代长城的基础上对部分地段新建。修缮的主要是战国长城、秦始皇长城,如在河南地、阴山南北麓、燕山地区的河北省、内蒙古自治区、辽宁省,以及朝鲜境内几乎全部沿用战国赵长城、燕秦长城和秦始皇长城。新建的主要是河西及西域长城、外线长城,因此西汉也是第一个将长城修建在河西以及西域的中原王朝。而且汉长城"至

---

① (汉)班固:《汉书》卷九四上《匈奴传》,第3747—3748页。
② (汉)司马迁:《史记》卷一一〇《匈奴列传》,第2879页。

晋、魏、隋、唐时期,它仍是军事战略的运输线、边疆安全的保障线、祖国疆界的奠基石"。① 甚至有些烽燧仍被后世修葺延用,如河西长城永昌县段中的河西堡东南、头墩西北5.5公里的明代边墙线上,发现一座烽燧遗址,"此城墩应始建于汉代,历经五凉、唐代,至明、清仍在使用"。②

西汉长城是修缮利用前代长城以及新建长城的典范,即在沿用基础上部分路段的新建。秦朝末年,由于中原纷扰,匈奴乘机南侵,"与中国界于故塞",③而这个所谓的"故塞"便是指战国时期的秦昭襄王长城和赵武灵王长城,如此一来,秦朝与匈奴的边界又退回至蒙恬略取"河南地"之前的状况,而这种状况一直持续到汉武帝元朔二年(前127年)卫青略取"河南地"为止。在汉武帝出击匈奴取得胜利前,西汉长城多修缮少修建,如高祖二年"置陇西、北地、上郡、渭南、河上、中地郡,关外置河南郡……缮治河上塞";④武帝元光五年(前128年)"发卒万人治雁门险阻";⑤武帝元朔二年"复缮故秦时蒙恬所为塞,因河为固"。⑥ 新修建的部分集中在武帝战争取得胜利后,如"太初三年,汉使光禄徐自为筑障城列亭至卢朐,韩说、卫伉屯其旁,使路博德筑居延泽上"。⑦

文帝景帝曾多次采取措施予以回击,如文帝后元六年(前157年)以中大夫令免为车骑将军,屯飞狐、句注、北地,坚守以备胡,并修缮了秦时所筑长城。⑧ 然而西汉大规模的抗击匈奴和修筑长城,是汉武帝时进行的。汉武帝元朔二年(前127年),"卫青复出云中以西至陇西,击胡之楼烦、白羊王于河南,得胡首虏数千,牛羊百余万。于是汉遂取河南地,筑朔方,复缮故秦时蒙恬所为塞,因河为固"。⑨ 这是汉代第一次大规模对长城的修葺;公元前121年,汉收复河西后,便把长城由朔方沿黄河往西延长至令居(今甘肃永登)。为了充实河西走廊一带的边备,汉在这里设了郡县,首次在匈奴浑邪王旧地设酒泉郡,《史记·大宛列传》

---

① 甘肃省文物局:《疏勒河流域汉代长城考察报告》,文物出版社,2001年,第84页。
② 吴礽骧:《河西汉塞调查与研究》,文物出版社,2005年,第33页。
③ (汉)司马迁:《史记》卷一一〇《匈奴列传》,第3492页。
④ (汉)司马迁:《史记》卷八《高祖本纪》,第369页。
⑤ (汉)班固:《汉书》卷六《武帝纪》,第164页。
⑥ (汉)司马迁:《史记》卷一一〇《匈奴列传》,第2906页。
⑦ (汉)司马迁:《史记》卷一一〇《匈奴列传》,第2916页。
⑧ (汉)班固:《汉书》卷四《文帝纪》,第130—131页。
⑨ (汉)司马迁:《史记》卷一一〇《匈奴列传》,第2906页。

云:"汉始筑,令居以西,初置酒泉郡以通西北国。"①发关东饥民罪犯数十万屯垦,开水利。而随着河西郡县的设置,长城也延伸到了酒泉;元鼎二年(前115年)汉武帝命张骞出使乌孙及中亚各国,汉与匈奴的斗争逐渐向西北转移,长城也便一步一步地向西北延伸。元鼎六年(前111年),汉又完成了张掖、敦煌两郡的建置,"于是酒泉列亭障至玉门矣",②长城又从酒泉延伸到了玉门关;太初三年(前102年),汉不仅修固了朔方以东的长城。还将之向东北延伸。至太初四年(前101年),"汉使光禄徐自为出五原塞数百里,远者千里,筑障城列亭至卢朐"。③ 长城修到了卢朐河(今克鲁伦河上游)。另外,是年汉还在朔方以西的居延泽(今内蒙古居延海)筑了长城,派重兵驻守以防御匈奴右贤王对新建的河西郡县的扰乱,同时从玉门关以西"列亭障至盐泽"。将长城西延至新疆罗布泊盐泽。至此一条自敦煌至辽东一万一千五百余里的长城屹立在汉王朝的北方(图三八)。

图三八 甘肃玉门汉长城

---

① (汉) 司马迁:《史记》卷一二三《大宛列传》,第3170页。
② (汉) 司马迁:《史记》卷一二三《大宛列传》,第3172页。
③ (汉) 班固:《汉书》卷九四上《匈奴传》,第3776页。

汉武帝时期,于建元二年(前139年)和元狩四年(前119年)两次遣张骞凿空丝绸之路,并对匈奴发动了大规模战争。元狩二年(前121年),骠骑将军霍去病率军两次长途奔袭,进攻匈奴右郡河西地区,采取大迂回战术,经居延攻打祁连山北麓的匈奴部落,从此匈奴节节溃散,败走漠北,只留下"亡我祁连山,使我六畜不蕃息;失我焉支山,使我妇女无颜色"的挽歌。

河西段汉长城共分为三段,东段修筑最早也最完整,史称"令居塞",东起今永登县滨河处,向西北绕过民勤县北部,西过永昌、山丹、张掖之北,经过东山寺口子、人宗口、加岭墩等地,越临泽、高台,而达酒泉以北的金塔县境;中段是酒泉至玉门关之间的边塞,东起金塔县境,西越敦煌西北至玉门关;西段是敦煌至盐泽之间的边塞,东起玉门关,西沿疏勒河向西,经哈拉湖到达盐泽(今新疆罗布泊)。

汉长城修筑以"察地形、依险阻、坚壁垒、远望候"为原则,根据当时河西地理条件,勘测线路,因地制宜,因陋就简,就地取材。河西令居塞,大致沿龙首山、合黎山南麓向西北行,逢山掘崖,逢河劈岸,逢原挖塞,分段开挖"阔塞"(宽而深的壕沟),铺设"天田"(用作侦察敌人踪迹的沙田),并辅以军事坞堡、报警烽燧、交通驿站和保障粮囤。整条长城以壕沟代替墙垣,全线由壕沟、山崖石壁、自然河岸和故城、坞堡、墩台、亭燧等列障构成,形成了塞防天堑、要隘守关、墩堠相望、烽火示警的防御体系。

西汉时期,在修筑长城塞堑加强防御的同时,大量调遣士卒,增筑堡垒,修造烽台,迁徙移民,设置村堡,屯垦实边,并于祁连山北麓大马营一带,筑造屯马墩、屯田墩,设置马苑养育良马。由于历史上徙民实边、屯民联防措施的实施,内地移民对河西的开发,增进了民族融合,促进了农牧生产,固守了西部边塞,确保了长城沿线安定,保障了古丝绸之路的畅通,使河西出现了"驰命走驿不绝于时月,胡商贩客日款于塞下"的繁荣昌盛景象。

史载中有大量置郡、置田的记录,然不可能只设郡县而无防或置田而无保护,因此笔者同意白音查干观点,即在设郡同时建有防御措施。[①] 故元鼎六

---

① 白音查干:《长城与汉匈关系》,《内蒙古师范大学学报(哲学社会科学版)》1998年第6期。

年①初置张掖、酒泉,开始修筑东起令居,西至酒泉的防御工程。元封元年至元封三年"酒泉列亭鄣至玉门"。② 元封四、五年,置敦煌郡,开始令居以西至盐泽地区的开辟,筑酒泉塞。③ 太初三年"自贰师将军伐大宛之后,自敦煌西至盐泽,往往起亭",④即修建了东起敦煌,西至盐泽(今新疆罗布泊)的长城。太初三年在酒泉、张掖北之居延泽、休屠泽筑塞设防。天汉初筑敦煌以西之烽燧线。⑤ 昭帝元凤六年,"募郡国徒筑辽东玄菟城",⑥约是今东北地区南部及朝鲜北部清水江(汉时称为浿水)出海处的番汗附近。⑦ 宣帝神爵三年置西域都护护北道,徙屯田,田于北胥鞬,⑧治乌垒城,去阳关二千七百三十八里,与渠犁田官相近,楼兰至渠犁的一系列烽燧亭障组成的长城建成(图三九)。

汉代为何要步秦修建长城的后尘继续修建长城,而且将长城继续向西延伸,这是由于汉王朝的情况与秦始皇时期基本相同,北方的匈奴族仍然是心腹大患,不断挑衅汉王朝。汉初采取的和亲政策并不能从根本上解决问题,汉武帝采取两手政策,即将军事打击与修建长城结合起来才解决了这一问题。

匈奴人之所以不断地向汉王朝用兵骚扰,与游牧民族的生业和生活方式有密切的关系。王明珂认为:"匈奴的整体经济是以牧业为主体,并从事其他生计活动来补充生活资源,及减少游牧生产不稳定性造成的危机。对外掠夺与贸易,是匈奴采取补助性资源最普遍的途径。"⑨刘光华认为:"作为世界史上的一个普遍现象,游牧民族是不能生产其生活和生产上所需要的全部物资。游牧民族为了获得他们所需要的物资,只有两条途径:一为掠夺;二为交易。"⑩均属于经

---

① 河西四郡的修建时间参考陈梦家:《河西四郡的设置年代》,《汉简缀述》,中华书局,1980年,第179—190页;张荣芳、王川:《西汉长城的修缮及其意义》,《长城国际学术研讨会论文集》,吉林人民出版社,1995年,第105—108页;王昱、崔永红:《令居塞建立时间考辨》,《青海社会科学》1987年第4期。
② (汉)班固:《汉书》卷六一《张骞传》,第2695页。
③ 吴礽骧:《河西的汉代长城》,《文博》1991年第1期;吴礽骧:《河西汉塞调查与研究》,文物出版社,2005年,第17页。
④ (汉)班固:《汉书》卷九六上《西域传》,第3873页。
⑤ 吴礽骧:《河西的汉代长城》,《文博》1991年第1期;吴礽骧:《河西汉塞调查与研究》,第17页。
⑥ (汉)班固:《汉书》卷七《昭帝纪》,第232页。
⑦ 张荣芳、王川:《西汉长城的修缮及其意义》,《长城国际学术研讨会论文集》,第108页。
⑧ (汉)班固:《汉书》卷九六上《西域传》,第3874页。
⑨ 王明珂:《游牧者的抉择》,广西师范大学出版社,2008年,第141页。
⑩ 刘光华:《西北通史》第一卷,兰州大学出版社,2005年,第1页。

场,非有必要不长程迁移。"① 可见匈奴游牧生活,冬春是比较羸弱时节,夏季草场牧草丰盛,牲畜成长的最佳季节,而秋季又忙于准备过冬,需要做很多工作。而匈奴选择繁忙秋季和不易出行的冬季节侵扰,必定有不得不为的原因。从史料记载"宽则随畜,因射猎禽兽为生业,急则人习战攻以侵伐"②的顺序看,选择攻伐是在"急"的情况下,故其攻伐"可能也有被动的因素"。③

关于匈奴气候记载,最早见于《史记·匈奴列传》载"元封六年冬,匈奴大雨雪,畜多饥寒死"。④ 武帝元封六年之前的情况如何,未有记载,一种可能是西汉对此并不关心;二是未恶劣到如此惨烈情况,因为这次记载是由于引起"左大都尉欲杀单于"⑤的政局动荡。而在匈奴发动侵扰的年份中或之前,文献中有详细的西汉气候记载,如文帝三年"秋,天下大旱",⑥后元年"诏书曰:间者数年比不登,又有水旱疾疫之灾",⑦后二年"上幸代,地动",⑧后六年"春,天下大旱"、⑨"四月,大旱,蝗"、⑩"冬,天下旱,蝗"。⑪ 景帝中六年三月,风雪,⑫雨雹;⑬后二年"正月,地一日三动";⑭又有"景帝时,上郡以西旱"。⑮ 而侵扰发生在文帝三年五月、后元年、后三年和景帝中六年六月、后二年三月;文帝在位时被侵扰7次中的4次、景帝在位时被侵扰4次中的2次是在灾情后不久发生的,这恐怕不能仅仅用巧合来解释。又因为以上灾害天下旱、风雪、雨雹均未注明具体地方,而匈奴所处之地较之内地更为干旱、寒冷,因此想要逃避上述特殊气候事件的影响恐怕很难,而且很有可能比西汉灾害更为严重,因此难免会使匈奴处于"急"的情况,从

---

① 王明珂:《游牧者的抉择》,第107、21—22、125页。
② (汉)司马迁:《史记》卷一一〇《匈奴列传》,第2879页。
③ 王子今:《秦汉边疆与民族问题》,第78页。
④ (汉)司马迁:《史记》卷一一〇《匈奴列传》,第2915页。
⑤ (汉)司马迁:《史记》卷一一〇《匈奴列传》,第2915页。
⑥ (汉)班固:《汉书》卷二七中《五行志》,第1391页。
⑦ (汉)班固:《汉书》卷四《文帝纪》,第128页。
⑧ (汉)司马迁:《史记》卷一七《汉兴以来将相名臣年表》,第1128页。
⑨ (汉)班固:《汉书》卷二七中《五行志》,第1392页。
⑩ (汉)班固:《汉书》卷四《文帝纪》,第131页。
⑪ (汉)司马迁:《史记》卷一〇《孝文本纪》,第432页。
⑫ (汉)班固:《汉书》卷五《景帝纪》,第149页。
⑬ (汉)司马迁:《史记》卷一一《孝景本纪》,第446页。
⑭ (汉)司马迁:《史记》卷一一《孝景本纪》,第448页。
⑮ (汉)司马迁:《史记》卷三〇《平准书》,第1419页。

而导致"人类行为的因应"。①特别是匈奴在初春发动侵扰,必是储存不够、畜牧无所食之非常"急"的情况下,不然不会在人饿畜疲季节发动侵扰。

综上,纵然匈奴有狩猎、零星的农业、手工业等为辅助生计,还有贸易的往来、西汉和亲贡赐等都带来丰厚的利益,使得游牧自身的生产局限有所缓解。然而匈奴游牧生业的本质决定其存储财富有限,在恶劣的特殊气候摧残时,不但游牧主业不支,其副业缓解力度也有所降低。在这种紧急情况下,虽然西汉防御体系的完善会使匈奴掠夺付出代价不断增加,但特殊气候造就的"紧急情况"、掠夺代价两害相权取其轻,匈奴仍会选择侵扰。因此游牧民族自身的生产基础,在面临特殊气候时会有效地推动匈奴采用侵扰获得补给。而且除了匈奴自身原因和气候影响外,西汉政府和逃亡到西汉的汉人也诱使和督促了匈奴发动侵扰。

在匈奴自身生产基础和特殊气候影响下,在西汉王朝和投降匈奴的汉人影响等因素的促成下,匈奴的侵扰以汉初为主。武帝马邑伏击之后,汉匈的关系发生了实质性的变化,不再是"和亲"掩盖下的匈奴单方面的扰边,双方完全处于战争状态,而且此时期的西汉和匈奴均有主动出击,故匈奴发动的扰边事件属于战争时期的正常反应。武帝之后的昭帝、宣帝时期,匈奴扰边微乎其微,尤其在匈奴内乱和南匈奴内迁之后,未再有侵扰,然此时长城依然存在,甚至元帝时呼韩邪单于上书愿保塞上谷以西至敦煌,请罢边备塞吏卒时,仍未得到允许。②而且西汉长城除了沿用秦长城外还有新建部分,且新建的长城主要是在武帝时期对匈奴战争取得胜利之后,宣帝时也有烽燧的修建,而事实上此时匈奴的侵扰已经不是主要原因了,但是仍然利用长城来防御,说明西汉长城的修建除了外因匈奴侵扰外,还有西汉自身的内在原因。

秦末内乱使长城疏于防御,匈奴趁机发展到长城内部,于是"是以外而不内,疏而不戚,政教不及其人,正朔不加其国;来则惩而御之,去则备而守之"③传统做法遭到破坏,汉初一方面整修防御,一方面采用和亲的方式来缓解关系,然侵扰依然存在。受五服观念影响,淮南王建元六年上书谏言"自三代之盛,胡越不

---

① 王子今:《西汉时期匈奴南下的季节性进退》,《秦汉边疆与民族问题》,第81页。
② (汉)班固:《汉书》卷九四下《匈奴传》,第3803—3805页。
③ (汉)班固:《汉书》卷九四下《匈奴传》,第3834页。

与受正朔,非强弗能服,威弗能制也,以为不居之地,不牧之民,不足以烦中国也。故古者封内甸服,封外侯服,侯卫宾服,蛮夷要服,戎狄荒服,远近势异也",[1]而雄心大志的汉武帝则"闵众庶陷害,欲刷耻改行,复奉正义,厥路亡繇",[2]欲一统天下,实现圣王的四面八方臣服来贡,因此对匈奴的出击除了军事需要外,还有着政治观念、文化因素的影响。从元朔六年"今中国统一而北边未安,朕甚悼之"[3]的诏书内容可见武帝对"中国一统"的迫切心情,一统的目标在《泰山刻石》"四海之内,莫不为郡县;四夷八蛮,咸来贡职。与天无极,人民蕃息,天禄永得"中也有所表现,并将得大宛马作为四夷臣服的一种标志,从其创作的《西极天马之歌》"天马来兮从西极,经万里兮归有德。承灵威兮降外国,涉流沙兮四夷服"便可看出。[4] 于是武帝打破汉初只守不攻的历史,主动出击匈奴,并在取得胜利后遣使郭吉出使匈奴,希望匈奴"南面而臣服",[5]然未实现,匈奴只好辞甘言求和亲;后又遣使杨信,希望匈奴"以单于太子为质于汉和亲"[6]也未实现。故武帝的战争并未实现武帝希望的匈奴纳贡称臣的政治局面,反而使西汉消耗的没有足够经济军事实力来继续对匈奴穷追猛打。且这种消耗给其后人也留下了心理负担,如宣帝甘露元年,匈奴内乱,远不如以前时,呼韩邪称臣求汉助,汉仍有"汉虽强,犹不能兼并匈奴"的顾虑。

又因为华夏对蛮夷长久以来扰乱者定位的心理认识,使西汉认为若无法彻底消灭或兼并匈奴,则扰乱者就仍然存在。同时武帝时期社会仍然有匈奴乃野蛮之人、侵盗是其天性观念的意识,如主父偃认为"夫匈奴行盗侵,所以为业,天性固然。上自虞夏殷周,固不程督,禽兽畜之,不比为人"。[7] 所以才有"夷狄之人贪而好利,被发左衽,人面兽心……天地所以绝外内也"。[8] 则若要通过礼仪道德感化匈奴,恐怕是做不到的。而董仲舒的匈奴入质子汉厚待之方法也不可

---

[1] (汉) 班固:《汉书》卷六四上《严助传》,第 2777 页。
[2] (汉) 班固:《汉书》卷六《武帝纪》,第 165 页。
[3] (汉) 班固:《汉书》卷六《武帝纪》,第 173 页。
[4] 崔明德:《两汉民族关系思想史》,人民出版社,2007 年,第 30—31 页。
[5] (汉) 司马迁:《史记》卷一一〇《匈奴列传》,第 2912 页。
[6] (汉) 司马迁:《史记》卷一一〇《匈奴列传》,第 2912 页。
[7] (汉) 班固:《汉书》卷六四上《主父偃传》,第 2801 页。
[8] (汉) 班固:《汉书》卷九四下《匈奴传》,第 3834 页。

行,因为战争期间"匈奴人民每来降汉,单于亦辄拘留汉使以相报复。其桀骜尚如斯,安肯以爱子而为质乎?此不合当时之言也。若不置质,空约和亲,是袭孝文既往之悔,而长匈奴无已之诈也。夫边城不选守境武略之臣,修障隧备塞之具,厉长戟劲弩之械,恃吾所以待边寇。而务赋敛于民,远行货赂,割剥百姓,以奉寇仇。信甘言,守空约,而几胡马之不窥,不已过乎!"①因此在汉人心理上匈奴的威胁依然存在的,且依靠战争或和亲某一方面都无法实现和平,因此防御是必须的。

正是汉人对匈奴本性贪婪、不讲诚信、无法礼教感化的认知,才使得汉人无法从心理消除匈奴军事的威胁。在武帝之后这种心理表现得更为明显,如宣帝时,呼韩邪前来朝拜,萧望之认为"单于非正朔所加,故称敌国,宜待以不臣之礼,位在诸侯王上。外夷稽首称藩,中国让而不臣,此则羁縻之谊,谦亨之福也。《书》曰'戎狄荒服',言其来服,荒忽亡常。如使匈奴后嗣卒有鸟窜鼠伏,阙于朝享,不为畔臣。信让行乎蛮貊,福祚流于亡穷,万世之长策也",②表示对处于荒服的匈奴臣服不寄希望,这也是当时多数汉人的态度,即不将匈奴作为臣服者而作为敌国看待,所以敌对的立场仍然没有改变。甚至到元帝时,匈奴威胁甚小,且邻近汉境的呼韩邪单于已臣服多年,此时呼韩邪单于上书愿保塞上谷以西至敦煌,请罢边备塞吏卒。汉郎中侯应以为不可,因为"周秦以来,匈奴暴桀,寇侵边境,汉兴,尤被其害。北边塞至辽东,外有阴山,东西千余里,草木茂盛,多禽兽……至孝武世,出师征伐,斥夺此地,攘之于幕北。建塞徼,起亭隧,筑外城,设屯戍,以守之,然后边境得用少安……匈奴失阴山之后,过之未尝不哭也。如罢备塞戍卒,示夷狄之大利,不可一也;……夫夷狄之情,困则卑顺,强则骄逆,天性然也。前以罢外城,省亭隧,今裁足以候望通烽火而已。古者安不忘危,不可复罢,二也;中国有礼义之教,刑罚之诛,愚民犹尚犯禁,又况单于,能必其众不犯约哉!三也"。③可见武帝修筑防御工事后边境只是少安,威胁依然在;且知侯应对匈奴的认知与汉人的一贯认知一致,说明汉人对匈奴的认知未变,匈奴困则卑顺、强则骄逆又没有礼仪之教化,因此不能掉以轻心。因此武帝之后西汉虽然受

---

① (汉)班固:《汉书》卷九四下《匈奴传》,第3831—3832页。
② (汉)班固:《汉书》卷七八《萧望之传》,第3282页。
③ (汉)班固:《汉书》卷九四下《匈奴传》,第3803—3804页。

到匈奴侵扰的历史事实非常少,但汉人内心防范意识依然存在,故仍时时防范,所以运用长城的防御未松懈,如宣帝设置西域都护府,治乌垒城,将长城烽燧建筑向西延伸至库车西北,然而这时期长城修筑也只是"足以候望通烽火而已",多是出于汉人"安不忘危"的心理防御需要。

汉代除了在西北修建了新的长城外,其他的北边长城大多沿袭秦始皇时期沿用的赵国长城、燕国北部长城。

西汉时,为防御北方匈奴入侵,重视缮治北方长城,汉承秦制,除了在西北河西地区大修长城以外,其他的长城大多沿用秦始皇时期的长城。直到汉武帝时期,才在国力强盛、兵强马壮的时代背景下,命卫青、霍去病等杰出将领统率几十万汉军展开攻守易位的浩大反击,变过去与匈奴关系的被动为主动。在这场持续44年的汉匈鏖战中,汉军杀伤匈奴15万精锐,令匈奴丧失沃土千里、牛羊百万,从此一蹶不振。但汉帝国的损失同样惨重,"文景之治"所积累的财富消耗殆尽,大汉成年男子伤亡过半,史载"海内虚耗,户口减半"。在汉武帝去世前两年,面对严酷现实,这位一生自负的皇帝终于颁布了中国历史上的第一份帝王罪己诏——轮台罪己诏,表达了自己对穷兵黩武、劳民伤财的悔意。客观而言,以当时汉朝与匈奴两国间真实的国力对比,汉朝虽强,却尚无能力实现灭亡匈奴的战略目的。在远击匈奴、开疆扩土的同时,汉帝国也元气大伤,虽节节胜利,毕竟战线太长,实已难以为继。

据《史记·匈奴列传》记载,汉文帝遣使遗匈奴书中言:"先帝制:长城以北,引弓之国,受命单于;长城以内,冠带之室,朕亦制之。"[1]很明显,到秦汉时期,长城已具有了典型意义上的农耕与游牧文化地理分界线的意义。

河西地区的汉长城在当时发挥了重要作用,表现在:

从防御作用上来看,河西长城的墙体并不十分高大,顶端的宽度也不能很好地让士兵进行激烈的攻防战。它的作用更倾向于遮挡敌军的视线,使得他们疑惑畏进,更重要的是它能够阻挡游牧民族的骑兵冲锋。河西长城不但起到隔绝汉匈的作用,也起到了对内防御的作用。公元前33年,昭君出塞之后,匈奴单于请求为汉朝戍守边塞,并请朝廷撤去长城防线。郎中侯应则上书说:"设塞徼,置

---

[1] (汉)司马迁:《史记》卷一一〇《匈奴列传》,第2902页。

屯戍，非独为匈奴而已，亦为诸属国降民，本故匈奴之人，恐其思旧逃亡……盗贼桀黠，群辈犯法，如其窘急，亡走北出，则不可制……"①绵延的长城不但防止敌人的进入，也防止境内不法分子外逃；从军事战略上看来，修建长城控制河西对建都关中的西汉来说有着重要意义。之前匈奴占据河西，向西控制西域诸国，向东联合众羌族，以此为根据地三番四次侵扰汉朝的陇西地区，严重威胁了关中的安全。汉武帝夺取河西之后，剪除了匈奴右翼，修建了河西长城，彻底隔绝了匈奴和羌人的联系。使得匈奴失去了外援，在与汉朝的军事斗争中处于孤立无援的境地；从经济上来看，河西长城的修筑沉重地打击了匈奴的社会经济：其一，匈奴失去漠南地区之后游牧区域大大减少，漠北地区的草场质量也远远逊色于漠南地区，这就使得匈奴的游牧业开始萎缩，动摇了匈奴社会的经济基础。其二，河西长城的修建削弱和阻碍了汉朝和匈奴之间的正常贸易往来，这对长期依赖南方提供农作物和手工制品的匈奴部落是致命的打击。

汉代新修河西长城，从修筑的工艺和用料上来看和秦长城一样，是因地制宜的。比如疏勒河地段的城墙大都是使用红柳、芦苇、砂石混合修筑而成，外观呈现鱼脊状，城墙厚度约为3米，最高处2.5米。玉门关一带一般使用流沙、石子、芦苇层层上铺堆砌而成，整个墙体高度可以达到3米。永登县境内的墙体则是直接在平地上修筑起土墙，只在两层黄土之间夹入一层草土混合物。长城的各段虽然用料不同，但是都采用混合而成的材料，这样修建起来的城墙具有更好的抗震作用。

秦汉时期长城的修建，对于汉民族的正式形成意义重大。筑长城以拒匈奴，并非始于秦汉，早在战国时代已有之。《史记·匈奴列传》记载："秦昭王时，义渠戎王与宣太后乱，有二子。宣太后诈而杀义渠戎王于甘泉，遂起兵伐灭义渠，于是秦有陇西、北地、上郡，筑长城以拒胡。而赵武灵王亦变俗胡服，习骑射，北破林胡、楼烦，筑长城，自代并阴山下，至高阙为塞，而置云中、雁门、代郡。其后，燕有贤将秦开为质于胡，胡甚信之。归而袭破走东胡，东胡却千余里。与荆轲刺秦王秦舞阳者，开之孙也。燕亦筑长城，自造阳至襄平。置上谷、渔阳、右北平、辽

---

① （汉）班固：《汉书》卷九四下《匈奴传》，第3804页。

西、辽东郡以拒胡。当是之时,冠带战国七,而三国边于匈奴。"①与匈奴接壤的秦、赵、燕均筑长城以拒匈奴。由此可见,汉民族虽说形成于秦汉,然其民族自我意识的萌芽却很早,至迟不会晚于战国。秦、赵、燕三国筑长城拒匈奴即是这种民族自我意识的表现,是秦汉长城的滥觞。

秦汉之际,汉民族是否形成了自己的共同地域呢?《史记·匈奴列传》记载:孝文帝后元二年(前162年)遗书匈奴曰:"先帝制:长城以北,引弓之国,受命单于;长城以内,冠带之室,朕亦制之。"②并于是年制诏布告天下:"匈奴无入塞,汉无出塞。"③由此可见,至迟在汉代,中原汉族与北方游牧民族匈奴均有各自的活动地域,且彼此间正是以长城作为分界线的。

秦统一中国后,马上就采取了许多统一措施,其中采取的"车同轨、行同伦、书同文"等措施,经秦一代的实施,遂使汉民族形成了共同语言,共同经济生活和表现于共同文化上的共同心理状态。而"秦已并天下,乃使蒙恬将三十万众北逐戎狄,收河南,筑长城,因地形,用制险塞,起临洮,至辽东,延袤万余里"。④与此同时,还"自榆中并河以东,属之阴山,以为四十四县,城河上为塞,又使蒙恬渡河取高阙、阳山、北假中,筑亭障以逐戎人,徙谪实之初县"。⑤这一系列军事防御措施,无疑就是在汉民族与周边民族之间,特别是与北方匈奴族之间筑起了一道藩篱,使彼此间产生了明显的隔离。据史载:"蒙恬北筑长城而守藩篱,却匈奴七百余里,胡人不敢南下而牧马。"⑥这样,汉民族便在长城以内的广大疆域里初步确定了一个共同的活动区域。不过此时这个民族疆域还不十分牢固。秦朝末年,匈奴族乘内地农民起义之机,大举南侵,占领了河套以南。于是汉一建立,就面临着与匈奴的疆域之争。汉民族为了巩固其疆域,不断加强对边防,尤其是长城这道藩篱的经营。

汉民族形成于秦汉之际,是中原农业民族在共同抵御周边少数民族的长期斗争过程中发展起来的,秦汉长城的建置,就是汉民族基本形成的标志。不过,

---

① (汉)司马迁:《史记》卷一一〇《匈奴列传》,第2884—2885页。
② (汉)司马迁:《史记》卷一一〇《匈奴列传》,第2902页。
③ (汉)司马迁:《史记》卷一一〇《匈奴列传》,第2903页。
④ (汉)司马迁:《史记》卷八八《蒙恬列传》,第2565—2566页。
⑤ (汉)司马迁:《史记》卷六《秦始皇本纪》,第253页。
⑥ (汉)司马迁:《史记》卷六《秦始皇本纪》,第280页。

在这里有一点必须说明,我们把秦汉长城一线作为汉民族与北方游牧民族的分界线,并不意味着也把长城看成是秦汉的北边疆域,众所周知,自秦汉始,我国就是一个统一的多民族的中央集权国家,秦汉之际的北疆,均已远远超出长城一线,我们在这里是把秦汉长城放在民族学上考察,根据当时长城的文化性格而提出这个看法的,与我国历史上的疆域是两个完全不同的问题。而我们把秦汉长城当作南北两种文化分界线的同时,也认为长城是当时南北两种文化的交汇线,当时南北两种文化互相接触与传播,都是从长城脚下开始的。关市使"今帝(汉武帝)即位,明和亲约束,厚遇,通关市,饶给之。匈奴自单于以下皆亲汉,往来长城下"。[1] 于是南北两种文化在此不断得到交流和传播。

---

[1] (汉)司马迁:《史记》卷一一〇《匈奴列传》,第 2904 页。

参 考 文 献

一、古籍文献

（秦）吕不韦著,陈奇猷校释：《吕氏春秋校释》,学林出版社,1984年。
（汉）司马迁：《史记》,中华书局,1959年。
（汉）班固：《汉书》,中华书局,1962年。
（汉）刘向：《战国策》,上海古籍出版社,1985年。
（汉）刘向：《新序》,上海古籍出版社,1990年。
（汉）许慎：《说文解字》,中华书局,1963年。
（汉）桓宽著,马非白注释：《盐铁论简注》,中华书局,1984年。
（北魏）郦道元著,陈桥驿校证：《水经注校证》,中华书局,2007年。
（南朝宋）范晔：《后汉书》,中华书局,1965年。
（唐）李吉甫著,贺次君点校：《元和郡县图志》,中华书局,1983年。
（唐）李泰：《括地志辑校》,中华书局,1980年。
（唐）杜佑：《通典》,中华书局,1988年。
（宋）司马光：《资治通鉴》,中华书局,1956年。
（清）顾祖禹：《读史方舆纪要》,中华书局,2005年。
（清）张澍辑,刘庆柱辑注：《三秦记辑注》,三秦出版社,2006年。
刘文典撰,冯逸、乔华点校：《淮南鸿烈集解》,中华书局,2013年。
十三经注疏编委会：《十三经注疏》,北京大学出版社,2000年。
睡虎地秦墓竹简整理小组：《睡虎地秦墓竹简》,文物出版社,1990年。
陈松长：《岳麓书院藏秦简（肆）》,上海辞书出版社,2015年。

二、著　作

[美]阿瑟·沃尔德隆:《长城:从历史到神话》,江苏教育出版社,2008年。

艾　冲:《中国的万里长城》,三秦出版社,1994年。

[加]卜正民:《哈佛中国史》,中信出版社,2016年。

[英]崔瑞德、[英]鲁惟一编:《剑桥中国秦汉史》,中国社会科学出版社,1992年。

陈　平:《关陇文化与嬴秦文明》,凤凰出版社,2005年。

陈守忠:《河陇史地考述》,甘肃人民出版社,2007年。

董耀会:《长城》,中国水利水电出版社,2004年。

董耀会:《瓦合集》,科学出版社,2004年。

董耀会:《万里长城纵横谈》,人民教育出版社,2004年。

段清波、徐卫民:《中国历代长城发现与研究》,科学出版社,2014年。

高　旺:《内蒙古长城史话》,内蒙古人民出版社,1991年。

顾颉刚:《史林杂识初编》,中华书局,1963年。

后晓荣:《秦代政区地理》,社会科学文献出版社,2009年。

黄麟书:《秦皇长城考》,造阳文学社,1972年。

黄文弼:《西北史地论丛》,上海人民出版社,1981年。

景　爱:《中国长城史》,上海人民出版社,2006年。

[美]拉铁摩尔著,唐晓峰译:《中国的亚洲内陆边疆》,江苏人民出版社,2010年。

陆思贤:《长城话古》,内蒙古人民出版社,1986年。

罗哲文:《长城》,北京出版社,1982年。

马非百:《秦集史》,中华书局,1982年。

马风磊:《赤峰古代长城》,内蒙古文化出版社,2012年。

马建华、张力华:《长城》,敦煌文艺出版社,2004年。

彭　曦:《战国秦长城考察与研究》,西北大学出版社,1990年。

谭其骧:《中国历史地图集》,中国地图出版社,2002年。

王国良:《中国长城沿革考》,商务印书馆,1931年。

王国良、寿鹏飞:《长城研究资料两种:中国长城沿革考、历代长城考》,台湾明文书局,1982年。

王绍东:《碰撞与交融——战国秦汉时期的农耕文化与游牧文化》,内蒙古大学出版社2011年。

许　成:《宁夏古长城》,宁夏人民出版社,1988年。

薛　长:《西塞雄风:陇右长城文化》,甘肃教育出版社,1999年。

姚大中:《古代北西中国》,台北三民书局股份有限公司,1981年。

张海斌、杨愘恩:《固阳秦长城》,内蒙古大学出版社,2007年。

张维华:《中国长城建置考》上编,中华书局,1979年。

朱耀廷、郭引强、刘曙光:《战争与和平的纽带——古代长城》,辽宁师范大学出版社,1996年。

三、论　文

白音查干:《汉长城考察与研究》,《内蒙古师范大学学报(哲学社会科学版)》1987年第1期。

鲍　桐:《高阙地望新探》,《中国历史地理论丛》1993年第2期。

鲍　桐:《蒙恬修筑阴山北麓长城考察记》,《长城学刊》1991年第1期。

曹大为:《评长城的历史作用》,《长城学刊》1991年第1期。

曹国厂:《河北发现"战国七雄"之外的中山国长城》,《新华每日电讯》2007年9月25日。

陈　娇:《巴彦淖尔地区战国秦汉长城研究》,内蒙古大学2017年硕士毕业论文。

陈守忠:《甘肃境内秦长城遗迹调查及考证》,《历史教学问题》1984年第2期。

陈同滨、王琳峰、任　洁:《长城的文化遗产价值研究》,《中国文化遗产》2018年第3期。

程　实:《河北唐县发现战国古长城》,《历史教学》1997年第11期。

戴志尚、刘合心:《榆林市境内新发现一段秦汉长城遗址》,《文博》1993年第

2期。

董耀会:《长城意义、定义及相关概念再认识》,《河北地质大学学报》2017年第1期。

范学勇:《秦长城西端起点临洮望与洮州边墙考》,《西北民族学院学报(哲学社会科学版)》2003年第1期。

费孝通:《中华民族的多元一体格局》,《北京大学学报(哲学社会科学版)》1989年第4期。

冯天瑜:《长城的文化意义》,《湖北社会科学》1990年第10期。

盖山林、陆思贤:《内蒙古境内战国秦汉长城遗迹》,《内蒙古文物资料续辑》,1984年。

巩如旭:《秦始皇万里长城首起处遗迹求索》,《西北史地》1984年第2期。

顾颉刚:《孟姜女故事的转变》,《歌谣》周刊第69号,1924年11月23日。

顾颉刚:《孟姜女故事研究》,《孟姜女故事研究集》第一册,中山大学语言历史学研究所,1928年。

郭德政、杨姝影:《中国北方长城的生态学考察》,《环境保护》2005第1期。

郭　勇:《赤峰境内战国燕北长城调查研究》,辽宁师范大学2014年硕士毕业论文。

韩若春:《烽燧考辩》,《咸阳师范学院学报》2001年第4期。

何清谷:《高阙地望考》,《陕西师范大学学报(哲学社会科学版)》1986年第3期。

何清谷:《关于高阙位置的反思——兼答鲍桐同志》,《中国历史地理论丛》1993年第2期。

何清谷:《秦始皇长城北段的考察》,《人文杂志》1989年第4期。

何　钰:《定西地区战国秦长城遗迹考察记》,《文物》1987年第7期。

何　钰:《秦长城西部起首崆峒山刍议》,《社科纵横》1994年第1期。

贺　慧:《雕阴城城址考察》,《秦汉研究》(第八辑),陕西人民出版社2014年。

黄永美:《秦昭王长城"堑"特征新探——以陕西吴起秦昭王长城为例》,《延安大学学报(社会科学版)》2017年第2期。

黄永美:《西汉长城若干问题研究》,西北大学2013年博士毕业论文。

黄永美、徐卫民:《中国长城起源探析》,《江西社会科学》2013年第2期。

金　迪：《甘肃定西地区战国秦长城若干问题研究》，西北大学 2011 年硕士毕业论文。

景　爱、苗天娥：《剖析长城夯土版筑的技术方法》，《中国文物科学研究》2008 年第 2 期。

景生魁：《岷县秦长城遗址考察》，《丝绸之路》1996 年第 2 期。

康　群：《试论孟姜女故事的演变》，《河北学刊》1984 年第 2 期。

李殿福：《东北境内燕、秦长城考》，《黑龙江文物丛刊》1982 年第 1 期。

李　琳：《对秦长城西起临洮即今甘肃岷县的再认识》，《丝绸之路》1999 年第 2 期。

李文龙：《中国古代长城的四个历史发展阶段》，《文物春秋》2001 年第 2 期。

李文信：《中国北部长城沿革考（上）》，《社会科学辑刊》1979 年第 1 期。

李文信：《中国北部长城沿革考（下）》，《社会科学辑刊》1979 年第 2 期。

李逸友：《中国北方长城考述》，《内蒙古文物考古》2001 年第 1 期。

梁景之：《自然灾害与古代北方草原游牧民族》，《民族研究》1994 年第 3 期。

罗庆康：《战国及秦汉长城修建原因浅析》，《内蒙古社会科学（文史哲版）》1988 年第 6 期。

罗哲文：《临洮秦长城、敦煌玉门关、酒泉嘉峪关勘查简记》，《文物》1964 年第 6 期。

马桂英：《万里长城对人与自然关系的折射》，《兰州学刊》2007 年第 12 期。

聂倩倩：《长城与秦朝政治经济再研究》，苏州大学 2012 年硕士毕业论文。

聂新民、聂　莉：《秦简公堑洛及相关的历史地理问题》，《秦文化论丛》（第十一辑），三秦出版社，2004 年。

瓯　燕：《我国早期的长城》，《北方文物》1987 年第 2 期。

瓯　燕、叶万松：《"上郡塞"与"堑洛"长城辨》，《考古与文物》1997 年第 2 期。

彭　曦：《十年来考察与研究长城的主要发现与思考》，《长城国际学术研讨会论文集》，吉林人民出版社，1994 年。

彭　曦：《战国秦长城考察与研究述略》，《宝鸡文理学院学报（社会科学版）》1991 年第 3 期。

沈长云：《赵北长城西段与秦始皇长城》，《历史地理》第七辑，上海人民出版社，

1990年。

施爱东：《顾颉刚故事学范式回顾与检讨——以"孟姜女故事研究"为中心》，《清华大学学报（哲学社会科学版）》2008年第2期。

史党社：《陕西渭南地区的秦魏长城及城址考察》，《秦文化论丛》（第十辑），三秦出版社，2003年。

史党社：《陕西渭南市的秦魏长城及城址考察》，《秦文化论丛》（第五辑），西北大学出版社，1995年。

史党社：《寻找长城变迁之印记：秦简中的"故塞"与"故徼"》，《光明日报》2020年4月29日第11版。

史党社、田静：《关于秦始皇长城西端起首地"临洮"的几种说法简评》，《秦汉研究》第1辑，三秦出版社，2007年。

史党社、田静：《追寻秦昭王长城》，《文博》2004年第6期。

史念海：《黄河中游战国及秦时诸长城遗迹的探索》，《陕西师范大学学报（哲学社会科学版）》1978年2期。

史念海：《论西北地区诸长城的分布及其历史军事地理》（上篇），《中国历史地理论丛》1994年第2期。

史念海：《论西北地区诸长城的分布及其历史军事地理》（下篇），《中国历史地理论丛》1994年第3期。

史念海：《洛河右岸战国时期秦长城遗迹的探索》，《文物》1985年第11期。

史念海：《新秦中考》，《中国历史地理论丛》1987年第1期。

谭其骧：《秦关中北边长城》，《历史地理》第3辑，复旦大学出版社，1983年。

唐晓军：《甘肃境内的长城与烽燧分布》，《丝绸之路》1996年第5期。

田广金、史培军：《中国北方长城地带环境考古学的初步研究》，《内蒙古文物考古》1997年第2期。

王冠英：《战国长城对中国古代地域国家形成的作用》，《中国文物报》2007年8月31日。

王绍东：《长城非"华夏农耕民族封闭、保守象征"论——以战国秦汉时期为视角》，《南开学报（哲学社会科学版）》2017年第6期。

王绍东：《长城非"中国古代中原政权边界"论——以战国秦汉时期为视角》，《西安财经学院学报》2014 年第 1 期。

王绍东:《论汉代"过秦"思想的历史局限》,《史学史研究》2009 年第 3 期。

王思尹:《甘肃通渭战国秦长城遗址的调查与保护研究》,西北师范大学 2017 年硕士毕业论文。

王亚力、吴云超:《民族文化地理视角下的长城文化研究》,《西南民族大学学报(人文社会科学版)》2012 年第 10 期。

王子今:《交通史视角的秦汉长城考察》,《石家庄学院学报》2013 年第 2 期。

王子今:《秦汉长城的生态史考察》,《中国长城历史文化研讨会论文集》,(香港)长城文化出版公司,2002 年。

王子今:《秦汉长城与北边交通》,《历史研究》1988 年第 6 期。

王宗元、齐有科:《秦长城起首地——"临洮"考》,《西北师大学报(社会科学版)》1992 年第 3 期。

吴昌廉:《汉代边郡障隧制度之真相》,《傅乐成教授纪念论文集:中国史新论》,台湾学生书局,1985 年。

吴礽骧:《战国秦长城与秦始皇》,《西北史地》1990 年第 2 期。

萧景全:《辽东地区燕秦汉长城障塞的考古学考察研究》,《北方文物》2000 年第 3 期。

辛德勇:《阴山高阙与阳山高阙辨析——并论秦始皇万里长城西段走向以及长城之起源诸问题》,《文史》2005 年第 3 期。

辛德勇:《张家山汉简所示汉初西北隅边境解析——附论秦昭襄王长城北端走向与九原云中两郡战略地位》,《历史研究》2006 年第 1 期。

许　成:《宁夏境内战国、秦汉长城》,《宁夏考古史地研究论集》,宁夏人民出版社,1989 年。

许志国:《辽北境内燕秦汉长城及相关遗迹遗物的发现和研究》,《博物馆研究》2007 年第 2 期。

严　宾:《高阙考辨》,《历史地理》第 2 辑,复旦大学出版社,1982 年。

杨　婷:《秦始皇及战国秦长城研究综述》,《中国史研究动态》2014 年第 2 期。

于春雷:《从战国秦长城选址看当时西北边疆的形势与认知》,《秦汉研究》(第九辑),陕西人民出版社,2015 年。

于春雷：《秦简公"堑洛"考》，《考古与文物》2012年第5期。

于春雷：《战国魏西长城的界定》，《考古与文物》2017年第4期。

余华清等：《战国、秦、汉长城调查（笔谈）》，《文物天地》1986年第2期。

张彩萍：《固原市原州区战国秦长城调查与发掘》，《宁夏师范学院学报》2011年第4期。

张海报：《陕北地区秦昭王长城研究》，西北大学2010年硕士毕业论文。

张萍：《谁主沉浮：农牧交错带城址与环境的解读——基于明代延绥长城诸边堡的考察》，《中国社会科学》2009年第5期。

张润平：《秦长城首起于岷县的文献疏理与调查考证》，《丝绸之路》2019年第4期。

张润平等：《秦长城首起于岷县的文献梳理与调查考证》，《丝绸之路》2019年第12期。

张维华：《赵长城考》，《禹贡》第七卷，1937年。

赵实：《宁夏北部秦汉长城的探寻发现》，《银川新消息报》2008年12月21日。

郑承燕：《秦始皇时期的北方边政经略》，《内蒙古文物考古》2006年第1期。

四、考古调查资料

包头市文物管理处、达茂旗文物管理所：《包头境内的战国秦汉长城与古城》，《内蒙古文物考古》2000年第1期。

布尼·阿林：《河北省围场县燕秦长城调查报告》，《中国长城遗址调查报告集》，文物出版社，1981年。

定西地区博物馆、临洮县博物馆：《秦代长城西端遗迹的调查》，《考古学集刊》（第13集），中国大百科全书出版社，2001年。

甘肃省文物局：《疏勒河流域汉代长城考察报告》，文物出版社，2001年。

甘肃省文物局、甘肃省文物考古研究所：《临洮战国秦长城山丹汉、明长城调查报告》，甘肃人民出版社，2007年。

国家文物局：《中国文物地图集·辽宁分册》，西安地图出版社，2009年。

国家文物局：《中国文物地图集·内蒙古自治区分册》，西安地图出版社，

2003年。

国家文物局:《中国文物地图集·宁夏回族自治区分册》,西安地图出版社, 2000年。

国家文物局:《中国文物地图集·陕西分册》,西安地图出版社,2002年。

河北省文物局长城资源调查队:《河北省明代长城碑刻辑录》,北京科学技术出版社,2009年。

李怀仁等:《西吉县文物志》,宁夏人民出版社,2016年。

内蒙古自治区文化厅(文物局)、内蒙古自治区文物考古研究所:《内蒙古自治区长城资源调查报告——东南部战国秦汉长城卷》,文物出版社,2014年。

内蒙古自治区文化厅(文物局),内蒙古自治区文物考古研究所:《内蒙古自治区长城资源调查报告——鄂尔多斯—乌海卷》,文物出版社,2016年。

内蒙古自治区文物考古研究所:《内蒙古自治区长城资源调查报告——战国赵北长城卷》,文物出版社,2018年。

宁夏回族自治区博物馆、原州区文物工作站:《宁夏境内战国、秦、汉长城遗迹》《中国长城遗迹调查报告集》,文物出版社,1981年。

宁夏文物考古研究所:《宁夏早期长城调查报告》,文物出版社,2019年。

文物编辑委员会:《中国长城遗迹调查报告集》,文物出版社,1981年。

项春松:《昭乌达盟燕秦长城遗址调查报告》,《中国长城遗址调查报告集》,文物出版社,1981年。

郑绍宗:《河北省战国、秦、汉时期古长城和城障遗址》,《中国长城遗址调查报告集》,文物出版社,1981年。

郑绍宗、郑立新:《河北古代长城沿革考略》(上),《文物春秋》2009年第3期。

后 记

"秦筑长城比铁牢,蕃戎不敢过临洮",是唐代诗人汪遵对秦长城的评价。长城是中国古代一项最为雄伟壮观的人工建筑奇迹,是规模庞大的军事防御工程体系,也是中华民族文明历史的重要标志和象征,为世界新七大奇迹之一。它既有浓烈的民族特性,又深深植根于人类追求善美的共性厚土之中。秦长城在中国历代长城中占有非常重要的地位,可谓承上启下。

世界上许多热爱东方文化的外国友好人士与旅游爱好者,不远万里来到中国,怀着"不到长城非好汉"的雄心壮志,绕过高山,穿越大漠,用他们的照相机、摄像机采撷长城的壮美辉煌,并把自己的感受介绍给自己国家的人民。美国前总统尼克松登上长城后啧啧赞叹:"只有一个伟大的民族,才能造得出这样一座伟大的长城!"英国前首相希斯则以艺术家的气质表达出相见恨晚的感慨:"中国的过去与它的将来一样具有魅力……抵达长城时,我觉得它比我以前从照片、刺绣和绘画上见到的更壮观!"所有这一切都充分表明,长城有一种因时间流逝而不断增值的文化内涵和意境。它所经历的磨难、所熬过的岁月、所代表的人文精神和价值判断,足以唤醒良知、折服世界。

长城承载着中华民族的梦想和荣耀。世事沧桑,长城历史上既有的地位和作用已经成为过去。但长城两千年悲壮的歌哭,数万里艰辛的攀援,最终铸成一种大气若虹的民族精神。"起来,不愿做奴隶的人们,把我们的血肉,筑成我们新的长城",《义勇军进行曲》的传唱及其被定为中华人民共和国国歌,充分肯定了长城作为我们民族肝胆与骨气象征的人文价值。中国政府把"万里长城"的精美挂毯赠送给联合国大厦,也寄托着我们民族自强不息、厚德载物的精神情怀。邓小平"修我长城,爱我中华"的题词,更赋予长城以新的时代意义,唤起了海内外赤子振兴中华的巨大热情。新近中央提出的建设"长城国家文化公园"的决定,必将对长城的保护利用产生十分重要的影响。

在中国历代长城中,秦长城具有承上启下的作用,影响了中国历史的发展,因此对其进行研究显得非常重要。展示在读者面前的这本小书,是作者多年来出于对秦文化研究的兴趣和对秦长城的关爱,应秦始皇帝陵博物院和上海古籍出版社的邀请写成的。近些年我多次对秦长城进行实际考察,到甘肃、去陕北、走内蒙、趋宁夏,进行实地考察,更加深了我对秦长城的认识,于是把结合文献资料和实地考察的一些心得体会写出来,与读者进行交流。由于长城的重要性,前辈学者多有研究,笔者在写作过程中参阅了前人的不少研究成果。特别是在多年前国家文物局组织的长城普查过程中,我的研究生前后十多人参与其中,也写出了不少相关论文,我在写作的过程中多有参考,诸如于春雷、黄永美、张海报、金迪、杨婷、贺慧、陈探戈、王金都等,他们也为我提供了照片等资料。责任编辑为本书的出版也付出不少,在此向为我写作提供帮助的各位表示衷心的感谢。

文中有不妥之处,敬请各位专家、读者提出宝贵的修改意见。

2020 年 3 月

于西北大学